《山右吉金》编辑委员会

主　任｜王晓毅

副主任｜郑　媛　刘　岩　南普恒　高振华

编　委｜朱忠武　卫　宁　贠泽荣　赵　辉
　　　　张光辉　王艳忠　张海蛟　马煜娟

幽吉金

隰县瓦窑坡东周墓地考古发掘报告

山西省考古研究院
临汾市博物馆 编著
隰县文化和旅游局

王晓毅 狄跟飞 王进 主编

山西出版传媒集团
山西人民出版社

本书的研究及出版

得到国家重点文物保护专项补助资金项目

国家社会科学基金项目（14BKG011）

资助

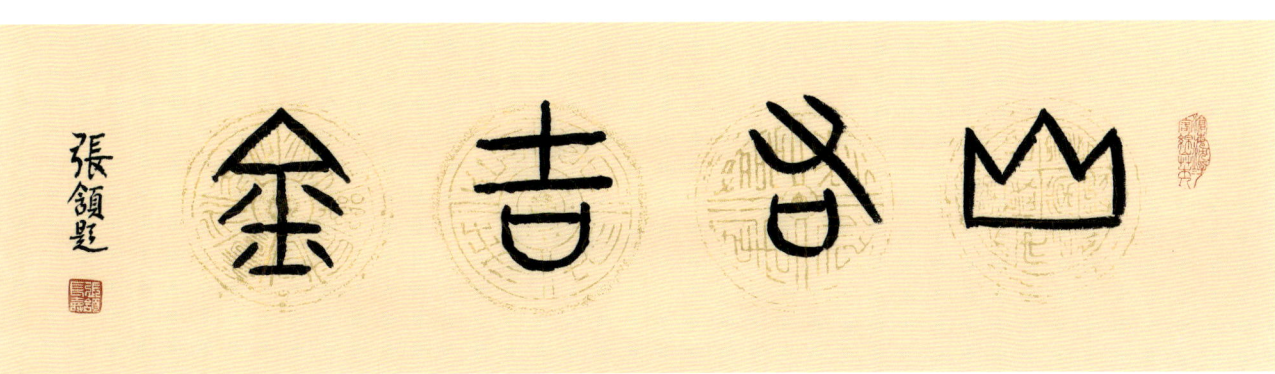

目 录

第一章　绪　论　　　　　　　　　　　　　*001*

　　1.1　地理环境　　　　　　　　　　　　*001*

　　1.2　历史沿革　　　　　　　　　　　　*002*

第二章　发掘经过与资料整理　　　　　　　*009*

　　2.1　墓地概况　　　　　　　　　　　　*009*

　　2.2　发掘经过　　　　　　　　　　　　*009*

　　2.3　资料整理　　　　　　　　　　　　*012*

第三章　墓葬分述　　　　　　　　　　　　*015*

　　3.1　铜器墓　　　　　　　　　　　　　*015*

　　3.2　陶器墓　　　　　　　　　　　　　*223*

第四章　墓葬分组与年代　　　　　　　　　*237*

　　4.1　墓葬分组　　　　　　　　　　　　*237*

　　4.2　年代判断　　　　　　　　　　　　*241*

第五章　结　语　　　　　　　　　　　　　　　　　　　　*255*

附录1　加速器质谱（AMS）^{14}C年代测试报告　　　　　*257*

附录2　隰县瓦窑坡墓地随葬动物分析　　　　　　　　　*258*

附录3　隰县瓦窑坡墓地人骨的C、N稳定同位素检测报告　*267*

附录4　隰县瓦窑坡墓地遗骸DNA研究报告　　　　　　 *270*

后　记　　　　　　　　　　　　　　　　　　　　　　　*279*

第一章 绪 论

1.1 地理环境

隰县位于山西省临汾市西北部。从自然地理来看，属于晋西吕梁山脉南麓，地跨东经 110°55′～111°15′，北纬 36°30′～36°55′，东临汾西，西连永和，南与蒲县、大宁接壤，北与石楼、交口毗邻，东西宽 45 公里，南北长 52 公里，总面积 1415.3 平方公里。瓦窑坡墓地即在隰县城川河西岸台地之上。

隰县处于吕梁山大背斜轴部，境内塬面高阔残缺，沟壑纵横，梁峁交错，山麓连绵，植被稀疏，地势呈东北高、西南低，逐渐倾斜之势。

隰县自然环境复杂。地质方面，隰县在地质构造上属于吕梁山大背斜，经过燕山运动和喜马拉雅造山运动等两次大的构造运动，奠定了该区域地质地貌的基础，形成三级基岩夷平面。其中，紫荆山大断层岩石分布由老到新，出露齐全。大断层走向东北转西，有蓬门背斜、朱家峪背斜、桃坡背斜、水堤背斜、水堤向斜等。更新世以来，地壳发生了三次剧烈的抬升，伴随着河流的下切，形成了厚约 100 米的湖沼型午城黄土；后又堆积有离石组风成黄土，并形成了一、二级阶地，午城镇柳树沟黄土剖面为午城黄土的典型地质结构。

地貌方面，隰县境内多为黄土残垣、黄土梁川地貌，垣面高阔残缺，沟壑纵横交错，山峦连绵，丘陵起伏。隰县主要有"一山""二川""七垣""八大沟"，海拔大部分在 950 米至 1300 米之间，东部紫荆山最高峰海拔 2012 米，为吕梁山在晋西南地区第一高峰、临汾西山第一高峰。南部胡城村最低点海拔 760 米，相对高差 1252 米。地表大部分为新生代第四纪马兰黄土所覆盖，除水堤村少许川地有"剥土见石"的情况外，其他地区土层厚度均在 50～100 米之间。由于自然和历史原因，特别是地表径流的长期冲刷，形成植被稀少和"残塬、沟壑、梁峁、多坡"的地形特征。地貌分为剥蚀构造山地地貌、侵蚀黄土残塬丘陵地貌及堆积川谷地貌三大类。1公里以上的河道有1124条，沟壑密度每平方公里达3.4公里，故呈块状地貌特征。地貌类别可以分为高塬沟壑区、丘陵沟壑区及高山森林区，其中高塬沟壑区总面积达763.33平方公里，占到总面积的53.9%以上，森林覆盖率极低。丘陵沟壑区大部分为梁峁地形，生长有自然草林及小块森林，大多数为蒿草群落和沙棘群落等灌木。高山森林区分布面积不大，森林生长茂密，大部分为阔叶林，也有零星的小片针叶林。

气候方面，该地属暖温带大陆性季风气候，春季多风少雨，蒸发量大；夏季温度较高，雨量集中在7、8、9三个月份；秋季天高气爽；冬季寒冷少雪。年平均气温7～10℃，降水量500～750毫米，年平均日照时数2741小时，无霜期年均150天。

河流方面，境内河流均属黄河水系，有小泉水约80处，紫川河、东川河、刁家峪河为黄河二级支流，枯水期水质清冽、流量小；丰水期水流量大。由于处于黄土高原腹地，河道坡陡弯急，冲刷剧烈，泥沙含量大，洪水利用率低。动物资源有国家级保护动物褐马鸡、金钱豹、黄羊等；植物资源有木本17类，草本2类。自然灾害以干旱、冰雹、暴雨为主，霜冻、大风、沙尘、雪灾、连阴雨次之，干热风危害甚轻[1]。

隰县地形以高原沟壑为主，丘陵、川谷相伴，地形地貌丰富。河流冲积作用又在河谷地带形成小的冲积平原，古代的地理环境和植物资源相对今天来说要更加丰富，气候更加适宜，总的来说，能够为古今生活于此的人们提供便利的生产、生活条件。

1.2 历史沿革

隰县古为蒲，因"州带泉泊下湿，故以隰为名"。隰县历史悠久，素有"河东重镇、三晋雄邦"之美誉。据考古发现，早在新石器时代就有先民在此繁衍生息，当地发现有仰韶晚期（午城镇桑梓遗址）、庙底沟二期（龙泉镇接官坪遗址）、陶寺文化时期的遗址（下李乡长寿村、下均庄等）多处[2]。

目前，隰县没有发现明确属于二里头文化时期的考古遗存。

1987年3月，隰县城南乡庞村发现一座商代古墓葬，随葬有5件青铜器，分别为鼎、斝、觚、爵、戈，年代相当于殷墟一期左右[3][4]。

---

[1] 隰县志编纂委员会：《隰县志》，中华书局，2015年。
[2] 国家文物局：《中国文物地图集·山西分册（下）》，中国地图出版社，2006年。
[3] 王进：《山西隰县庞村出土商代青铜器》，载《文物》，1991年第7期。
[4] 王进、南普恒：《隰县庞村出土商代青铜器再认识》，载《中原文物》，2018年第1期。

殷墟二期之后，吕梁山地发现的青铜器数量很多，隰县文化和旅游局收藏有一件出土地点不详、年代相当于殷墟二、三期的铜瓿，大概也是早年当地的出土品[1]。晚商时期，南流黄河两岸流行的是一类以花边鬲、簋、豆、甗、盆、三足瓮等器类为组合的遗存。其中，黄河东岸的山西做过考古工作的主要是柳林高红遗址[2]，这类遗存在位置比隰县更加靠南的吉县卦甲山遗址[3]也曾有发现；黄河西岸的陕西地区在清涧县李家崖[4]、辛庄[5]遗址，绥德薛家渠[6]遗址均做过考古工作。这类遗存向南到渭南市合阳县也有分布[7]。因此，从黄河两岸的考古发现来看，晚商时期与高红以及李家崖相似遗存的分布范围远比隰县的地理位置偏南。所以，隰县在晚商时期也大致属于这类遗存的分布范围。

西周时期，周王封邦建国，在晋南地区建立了许多诸侯国，在隰县周边有霍、杨、蒲等国。霍一般认为在现今的霍州，洪洞的坊堆—永凝堡遗址一般认为与杨国有关。隰县所在的区域，文献中没有明确的归属。但从春秋时期的相关记载来看，西周时期隰县大概是戎狄居住的地域。

春秋时期，隰县属晋。据《史记·晋世家》记载，晋献公"十二年，骊姬生奚齐，献公有意废太子，乃曰：'曲沃吾先祖宗庙所在，而蒲边秦，屈边翟，不使诸子居之，我惧焉。'于是使太子申生居曲沃，公子重耳居蒲，公子夷吾居屈"。待太子申生自杀，骊姬又向献公进言诬陷重耳、夷吾二公子后，"二子闻之，恐，重耳走蒲，夷吾走屈，保其城，自备守。初，献公使士蔿为二公子筑蒲、屈城，弗就"。"二十二年，献公怒二子不辞而去，果有谋矣，乃使兵伐蒲。蒲人之宦者勃鞮命重耳促自杀。"《左传·庄公二十八年》载："夏，使大子居曲沃，重耳居蒲城，夷吾居屈。群公子皆鄙，唯二姬之子在绛。"《集解》引杜预曰："蒲今平阳蒲子县是也"；据清康熙《隰州志》卷二："隰在禹贡为冀州之域，唐虞夏商之畿内地。春秋时，晋有之曰蒲城，逮三家分晋而魏都安邑，属魏为西河地，秦为河东郡，汉为河东郡蒲子县地。"《国语·晋语》记载一位名叫蒲城午的晋国大夫去劝说夷吾继位。这位蒲城午可能便是当时蒲地的地方长官。

---

[1] 隰县文物旅游局藏品，未公布。
[2] 山西省考古研究所：《2004柳林高红商代夯土基址试掘简报》，见《三晋考古》（三），山西人民出版社，2006年。
[3] 山西省考古研究所、吉县文物管理所：《吉县州川河流域区域考古调查发掘报告》（四），科学出版社，2017年。
[4] 陕西省考古研究院：《李家崖》，文物出版社，2013年。
[5] 文艳：《辛庄遗址首次发现铸铜的陶范》，载《西安日报》，2015-12-9（5）。
[6] 北京大学考古系商周考古实习组等：《陕西绥德薛家渠遗址的试掘》，载《文物》，1988年第6期。
[7] 作者于2017年8月在渭南市博物馆参观时见到合阳县采集到的一件完整的筒腹大带足花边鬲。

战国时归魏，蒲因处蒲水之北，所以也称蒲阳。《史记·秦本纪·惠文君十一年》载："张仪相秦，魏纳上郡十五县。"《史记·魏世家》载："（襄王）七年，魏尽入上郡于秦。秦降我蒲阳。"《史记·张仪列传》载："秦惠王十年，使公子华与张仪围蒲阳，降之。"秦惠王十年，魏纳上郡十五县于秦，隰县所在的蒲阳便是其中一县。《史记·秦始皇本纪》载："九年，彗星见，或竟天，攻魏垣、蒲阳。"自此之后，蒲地的归属再未见其他记载，至秦王政二十二年秦灭魏，蒲地应当一直归属于秦。此外，出土实物资料中可见战国时期"隰城""莆子"平肩方足布币[1]。中国国家博物馆藏有战国时期魏国的"三年蒲子（令）戟（戈）"[2]。据此亦可为佐证，战国时期蒲地归魏。

蒲地位于魏韩交界处。值得注意的是，近年流散的蒲子戈，从铭文体例和其中一些字体的写法来看，国别属于韩国，反映出韩国也曾一度占据蒲地。[3]

隰县被秦占据的时间，文献没有确切的记载。据李晓杰研究，至少在公元前280年，隰县已经归入秦国[4]。秦王朝建立之后，推行郡县制，隰县属河东郡。

汉置蒲子县，属河东郡。《汉书·地理志》载"河东郡，秦置"，辖下有蒲子县。

三国时期属魏，魏正始八年（247年），分河东郡汾北九县置，并分蒲子县置狐讘县，共领十县，治平阳[5]。

西晋时期蒲子属平阳郡。《晋书·志第四》载："平阳郡故属河东，魏分立。……蒲子狐讘襄陵公国相。"据《资治通鉴·晋纪八》孝惠皇帝永嘉二年（308年）载："秋，七月，甲辰，汉王渊寇平阳，太守宋抽弃郡走，河东太守路述战死；渊徙都蒲子。""九月，汉王弥、石勒寇邺，和郁弃城走。诏豫州刺史裴宪屯白马以拒弥，车骑将军王堪屯东燕以拒勒，平北将军曹武屯大阳以备蒲子。"孝怀皇帝永嘉三年（309年）载："春，正月，辛丑朔，荧惑犯紫微。汉太史令宣于修之，言于汉主渊曰：'不出三年，必克洛阳。蒲子崎岖，难以久安；平阳气象方昌，请徙都之。'渊从之。大赦，改元河瑞。"永嘉年间，蒲子处于刘渊的控制之下，一度成为国都。清人毕沅《晋书·地理志新补正》载："《十六国春秋》，刘元海僭号称汉，初理于蒲子，后徙平阳，又于此置大昌郡以蒲子属焉。"[6]

---

[1] 国家文物局《中国古钱谱》编纂组：《中国古钱谱》，文物出版社，1989年。
[2] 黄盛璋：《试论三晋兵器的国别和年代及其相关问题》，载《考古学报》，1974年第1期。
[3] 吴良宝：《莆子戈与邨戈考》，载《中国文字学报》（第五辑），商务印书馆，2014年。
[4] 李晓杰：《中国行政区划通史（先秦卷）》，复旦大学出版社，2009年。
[5] 梁允麟：《三国地理志》，广东人民出版社，2004年。
[6] 《晋书斠注》卷十四及《十六国疆域志》卷一亦引用此史料。

东晋属雍州平阳郡。十六国时期分别归属于后赵、前秦、后秦。

北魏北周时期，据《魏书·志第五》载："汾州延和三年为镇，太和十二年置州。治蒲子城。孝昌中陷，移治西河。"另据《太平寰宇记》载："隰州……后魏初属仵城郡。孝文改蒲子为长寿县。太和十二年，于此置汾州。周宣帝大象元年，于今州东百步置龙泉郡。"《元和郡县志》载："周宣帝置长寿县，隋开皇十八年改为隰川县。"按《魏书》中并无长寿县，可能为脱误。另，《北周地理志》中汾州领龙泉、吐京、临河三郡。

隋朝统一全国，视晋西为冲要。《隋书·地理志》载："后周置汾州，开皇五年改为隰州总管。"《元和郡县志》载："后魏太和十二年于此置汾州，隋开皇五年改为隰州，大业三年又改为龙泉郡。"《隋书·地理志》："蒲，后周置。"《元和郡县志》载："蒲县，本汉蒲子县地，后魏于此置石城县，后废。周宣帝于石城故县置蒲子县，因汉蒲子县为名也，属定阳郡。隋开皇五年改属隰州，大业二年改为蒲县。"王仲荦《北周地理志》云："定阳郡治山西吉县，与蒲子县境界不相邻接，中隔五城郡；《地形志》石城县属汾州伍城郡，故今仍《地形志》属之伍城郡。"今从之。又，《隋书·地理志》云后周置蒲县，有脱误，今从《元和志》[1]。

唐初，隰州在晋西占有重要地位。《旧唐书·地理志》载："隰州下隋龙泉郡。武德元年，改为隰州，领隰川、温泉、大宁、石楼四县。二年，置总管府，领隰中、昌、南汾、东和、西德六州。三年，又置北隰州属焉。贞观元年，省中、昌、西德、北隰四州，又以废昌州蒲县来属，仍督隰、南汾、东和三州。三年，废都督府，又以废东和州永和县来属。天宝元年，改为大宁郡。乾元元年，复为隰州。旧领县六，户八千二百二十二，口三万八千三百九十五。天宝，户一万九千四百五十五，口十二万四千四百二十。在京师东北九百六里，至东都八百八十里。隰川：州所理。汉蒲子县地，隋为隰川县。"

《新唐书·地理志》载："隰州大宁郡，下。本龙泉郡，天宝元年更名。土贡：胡女布、蜜、蜡烛。户万九千四百五十五，口十三万四千四百二十。县六：有府六，曰隰川、大义、孝敬、修善、玉城、屈产。隰川，中。蒲，中。武德二年以县置昌州，并置仵城、常安、昌原三县。贞观元年州废，省昌原、仵城、常安，以蒲来属。西南有常安原。大宁，中。本仵城，武德二年更名，是年置中州，并置大义、

---

[1] 施和金：《中国行政区划通史·隋代卷》，复旦大学出版社，2009年。

白龙二县。贞观元年州废，省大义、白龙，以大宁来属。有孔山。西有马斗关。"

五代十国时期，隰县分别归属于后唐、后晋、后汉、后周等国。据李晓杰《中国行政区划通史·五代十国卷》，后唐同光二年（924年）六月，绛州别属河中府，河东节度使所领慈、隰2州来属。唐天祐四年（907年），隰州领隰川、蒲、温泉、大宁、石楼、永和等6县。此后至清泰三年（936年）十一月，晋州建雄军节度使领晋、慈、隰3州，隰州领县未更。天福元年（936年）十一月，后晋代后唐，至开运三年（946年）十二月，晋州建雄军节度使领州、隰州领县未更。天福十二年（947年）底，后汉代后晋，至乾祐三年（950年）十一月，晋州建雄军节度领州、隰州领县未更。广顺元年（951年）正月，后汉代后晋，至显德六年（959年）十二月，晋州建雄军节度领州、隰州领县未更。

宋代隰县属河东路。《宋史·志第三九》载："河东路……隰州，下，大宁郡，团练。熙宁五年，废慈州，以吉乡县隶州，即县治置吉乡军使，仍省文城县为镇隶焉。元祐元年，复慈州。……县六：隰川，温泉，蒲，大宁，石楼，永和。"据宋代成书的《太平寰宇记》记载："蒲水，源出县东北蒲川石楼山，经县西，又南流入大宁县界。黄栌谷水，出县东北黄栌谷。蒲邑故城，在今县北四十五里。晋公子重耳邑也，事已具上。蒲子故城，在县东北一里，汉蒲子县。长寿故城，在县北四十里。后周置，隋改为隰川县。龙泉故郡城，在县东一百三十步，周龙泉郡也。故横城，在县南三十五里。隋仁寿四年，杨谅作逆，谴伪将吴子通屯兵筑城于此，横绝蒲川道，因以为名。"《太平寰宇记》对各代所建故城之方位均有记述。

金代隰县属河东南路。《金史·志第七》载："河东南路……隰州，上，刺史。宋大宁郡，团练。旧大宁郡军刺史，天会六年（1128年）改为南隰州，以与北京隰州重也，天德三年去'南'字。……仵城兴定五年正月升隰川之午城镇置。"

元初，隰州隶属平阳路。大德九年（1305年），因地震改名晋宁路。《元史·志第一〇》载："隰州。下。唐初为隰州，又改大宁郡，又仍为隰州。元以州隶晋宁路。领五县：隰川，中。州治所。至元三年，省大宁、蒲、温泉三县入焉。大宁，下。至元三年，省入隰川。廿三年复置。"《新元史·志第十四》载："隰州。下。金故州，属河南东路，又改南隰州，后复去南字。元初因之。旧领隰川、大宁、仵城、永和、石楼五县。元初，以仵城本隰州之仵城镇，仍省入隰川，蒲县本隰州属县，金兴定时升为蒲州，仍降为县来属。隰川，中。州治所。大宁，下。至元三年，省入隰川。"

明初隰州隶平阳府，附郭的隰川县省入州，蒲县改直隶于平阳府，州领大宁、石楼、永和等县。石楼县万历四十年改属汾州府。《明史·志第一七》载："隰州洪武初，以州治隰川县省入。西有蒲水，南入大河。东北有广武庄巡检司。"

清顺治元年，沿明制，隰州领大宁、永和县。《清史稿·志第三五》载："雍正二年，蒲、解、绛、吉、隰直隶。……赵曲镇。汾西简。（平阳）府西北百九十里。雍正二年隶隰。"雍正九年九月，因"汾西实为平阳之臂指"，析隰州直隶州属之汾西县还属于府[1]。

中华民国元年（1912年）5月，隰州改隰县，直隶山西省。民国3年（1914年）划属河东道，民国19年（1930年）撤销河东道，仍直隶山西省。民国26年（1937年）9月，山西省第六行政督察专员公署移驻隰县黄土村，晋西事变后又移驻城关镇，辖汾西、霍县、灵石、石楼、永和、隰县、大宁、蒲县、吉县（次年划出）、乡宁（次年划出）、临汾、赵城、洪洞、襄陵、汾西等15县。民国35年（1946年）11月28日，隰县解放，九地委、九专署、九分区驻隰，辖隰县、蒲县、永和、汾西、洪洞、赵城、大宁、石楼等县[2]。民国38年（1949年）6月撤专区，改为隰县中心县。

中华人民共和国成立后，1949年10月属山西晋南专区。1950年1月属临汾专区。1954年9月属晋南专区。1958年，隰县与大宁合并为隰宁县。同年又与蒲县、永和、石楼合并组建吕梁县。1961年恢复隰县建置。1970年4月属临汾地区至今。1975年划出石口、交口、川口、康城4个公社给新成立的交口县[3]。

---

[1] 傅林祥、林涓等：《中国行政区划通史·清代卷》，复旦大学出版社，2013年。
[2] 隰县志编纂委员：《隰县志》，中华书局，2015年。
[3] 山西省隰县志编纂委员会：《隰县志》，方志出版社，2007年。

第二章 发掘经过与资料整理

2.1 墓地概况

瓦窑坡墓地位于山西省临汾市隰县龙泉镇瓦窑坡村，距离县城西北约 3 公里，东临城川河，西南距佛教圣地小西天约 1.5 公里。

2005 年，由于墓地严重被盗，临汾市文物局与隰县文物旅游局（现隰县文化和旅游局，下同）联合对该墓地进行了抢救性发掘。其中，勘探总面积 7 万平方米，整个墓地发现并清理墓葬 17 座，其中包括 1 座陪葬马坑，出土一批重要的青铜器、陶器、玉器、石器等。这一墓地是隰县有史以来发现的最大规模的东周墓地，也是近年来山西地区东周考古的重要发现。墓葬年代自春秋中期延续至春秋晚期到战国早期之际，是一处以晋文化因素为主，并吸收了部分北方戎狄文化、南方楚文化因素的晋国墓地。

这批高等级墓葬的发现，填补了山西地区春秋中期高等级铜器墓葬的空白，发现的青铜器为东周时期晋国的历史文化研究提供了新的材料，对于认识当时青铜器的生产和流通以及青铜器风格从西周向春秋的演变具有重要意义。

2.2 发掘经过

2005 年 9 月中旬，隰县文物旅游局接到群众关于盗墓活动的举报，于是立即赶赴现场进行调查，发现在瓦窑坡墓地所在的东西长约 600 米、南北宽 60～70 米的山梁上，有盗坑 10 多个，并且在盗坑周围散落有人骨、兽骨、碎铜片等，被盗情况严重。隰县文物旅游局立即向上级文物主管部门和公安机关报告，并配合公安机关追缴流失的文物。由于盗墓活动猖獗，隰县文物旅游局和临汾市文物局决定成立联合考古队，对该墓地进行抢救性发掘。鉴于事态的严重性，县政府紧急拨款 4 万元支持考古发掘工作。

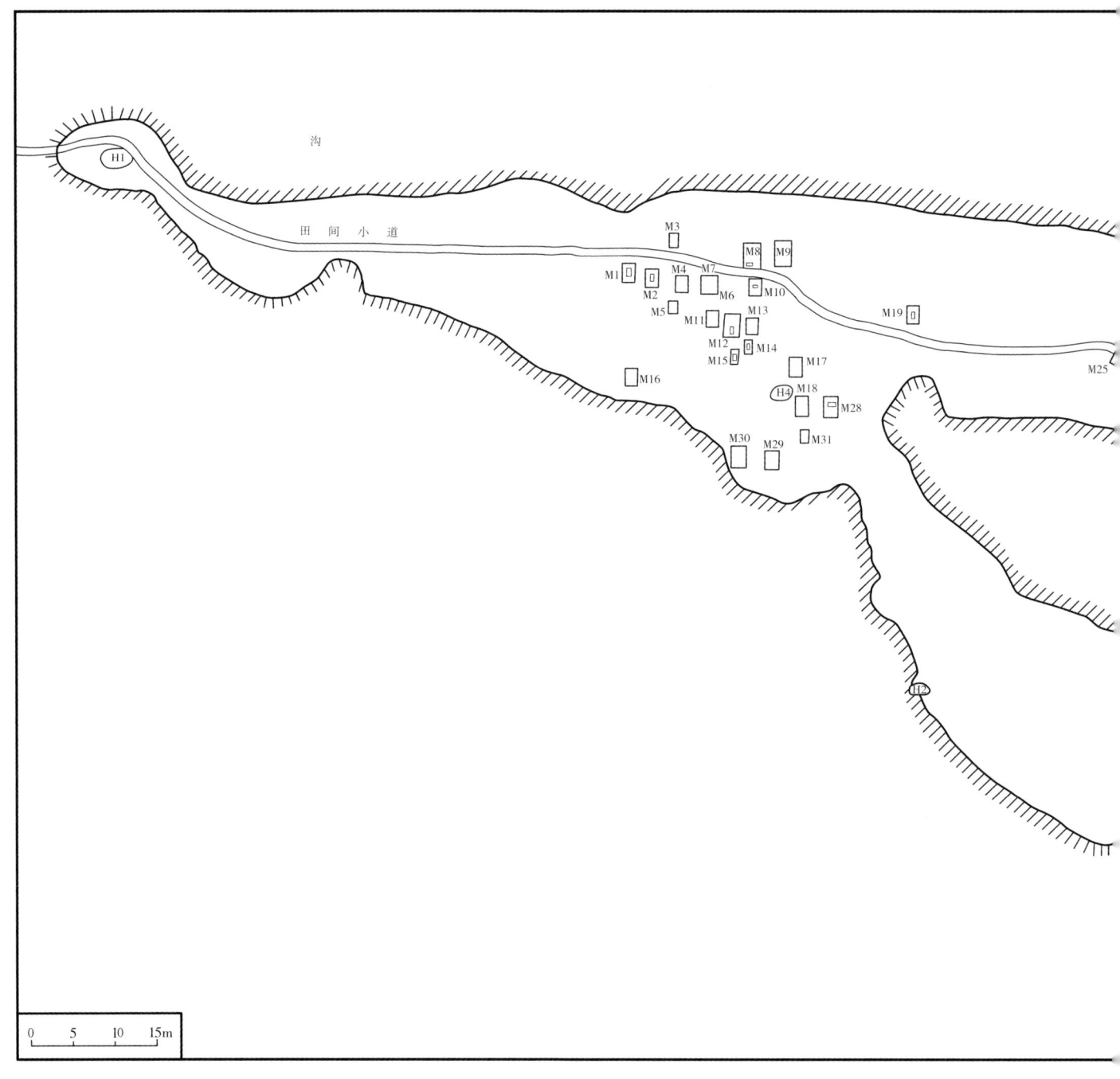

图一 瓦窑坡墓地总平面图

瓦窑坡墓地的发掘从2005年10月初开始至12月中旬结束，在此期间，基本完成了墓葬发掘、清理、测绘、拍照、初步整理、登记等工作。勘探总面积7万平方米，整个墓地发现并清理墓葬17座，其中包括陪葬马坑1座，铜器墓11座，陶器墓4座，还有1座空墓。（图一）

瓦窑坡墓地是以家族为单位的墓地，墓葬数量较少，文化性质单纯，墓葬之间距离较近，且无打破关系，部分墓葬距离较近，显示出较亲密的关系。诸如M29、M30两座墓，M29为六鼎墓（其中一件为镬鼎）、M30为五鼎墓，均是较

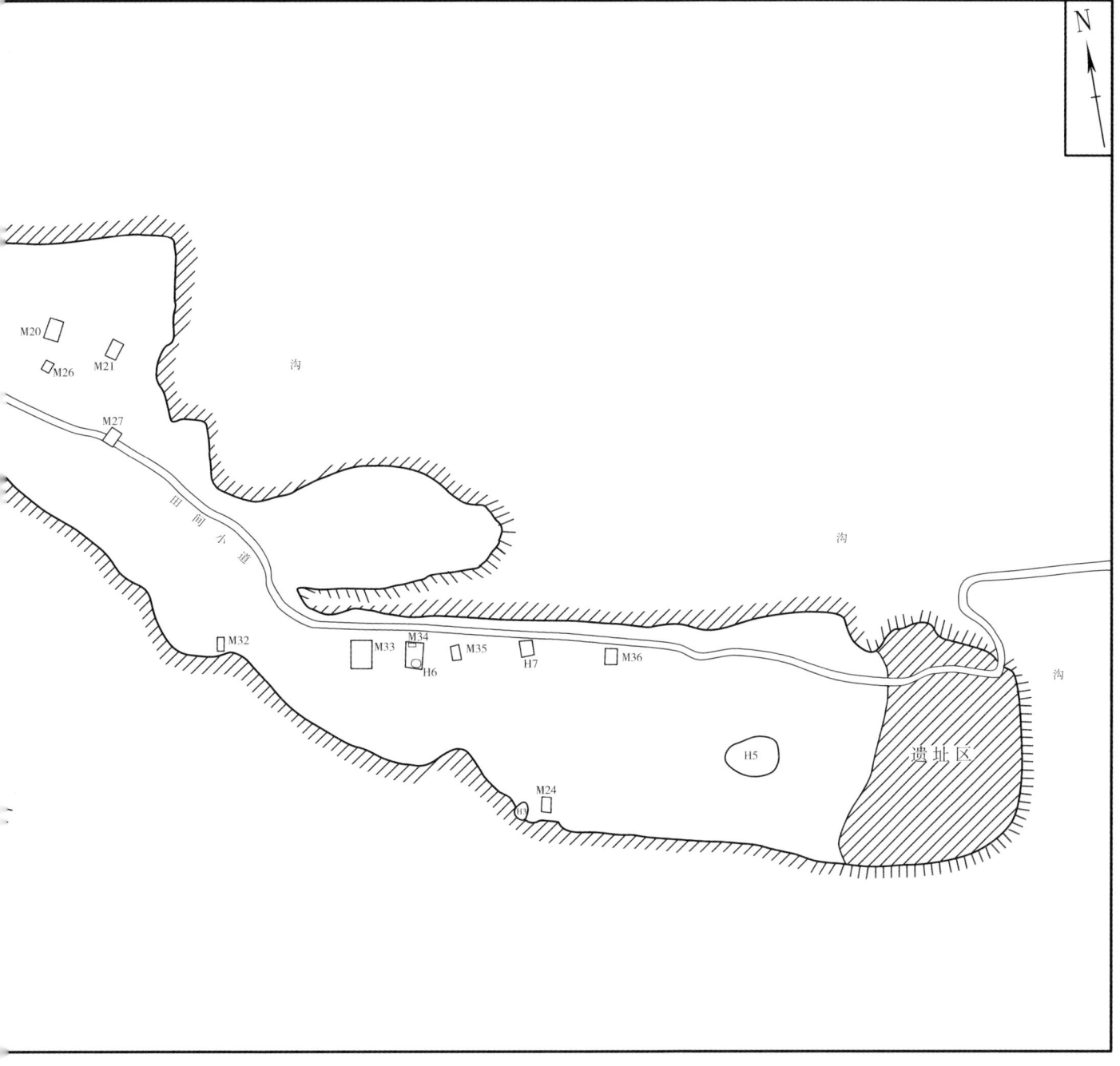

高等级的墓葬。M29出土兵器，M30则不见，M30发现有4组珏，而M29中未发现，这表明M29、M30可能为夫妻异穴墓。其他部分墓葬也有成组的现象。墓葬的分布，主要可以分为三部分，最北端为M20、M21，M21、M20，向南约5米为M26、M27，M26西侧分别为M22、M23、M25。墓葬发掘区中南部为M17、M18，M18东侧8米为M28，向南4米为M31，西南方为M29、M30，M29南部有一条冲沟，这一区域地势北高南低，相对平缓。此外还有部分散乱的小型墓葬，随葬品较少。墓穴均为土坑竖穴墓，头向主要为北向和东北向，基本无其他方向，

墓葬深 3～4 米，葬具使用的是木质棺椁，棺椁数量的多少和规模大小视墓主的级别等具体情况而定。随葬器物随墓葬等级大小而有差别，主要有青铜器、陶器、玉石器、骨器等器类。特别值得一提的是，M29、M30 中出土的铜壶、铜鉴、铜编钟、石磬等器物都造型精美，纹饰华丽，是不可多得的珍贵文物。

经整理出土器物，未发现墓主名字或与墓主有关的旁证材料，从器物的造型及风格来看，大体为春秋中晚期墓地。据清康熙《隰州志》卷二："隰在禹贡为冀州之域，唐虞夏商之畿内地。春秋时，晋有之曰蒲城，迨三家分晋而魏都安邑，属魏为西河地，秦为河东郡，汉为河东郡蒲子县地。"另，《中国历史地图集》也指出"蒲"在春秋时期指今山西隰县西北。可见，在春秋时期，隰县为"蒲"地所在。另据《史记·晋世家》记载："十二年，骊姬生奚齐，献公有意废太子，乃曰：'曲沃吾先祖宗庙所在，而蒲边秦，屈边翟，不使诸子居之，我惧焉！'于是使太子申生居曲沃，公子重耳居蒲，公子夷吾居屈。"由"蒲边秦"可知，春秋时期蒲地处于晋国与秦国的边界地带，且《史记》中多次提到在"蒲"地发生战争，"蒲"当为军事重镇，有重兵把守。

据史料和出土器物推断，瓦窑坡墓地附近很可能有晋国统辖的一个城邑，而与墓地相应的城址尚未发现，有待进一步的考古工作。该墓地的最高等级墓葬采用五鼎制，应该是晋国地位显赫的卿大夫或者镇守蒲地的地方长官，其家族或世族共用一个墓地，经过春秋时期多年使用而形成这些墓葬遗存。还有一种可能是低等级贵族使用了高等级的礼制，是春秋晚期"礼崩乐坏"的具体表现。

2.3 资料整理

发掘之后，这批材料一直存放于隰县文物旅游局文物库房中，没有修复文物和整理资料。2011 年，隰县文物旅游局委托山西省考古研究院（原山西省考古研究所）对两件铜壶进行修复。当文物运输至山西省考古研究院修复室后，王晓毅研究馆员了解到这两件文物均出土于瓦窑坡墓地，而且该墓地还有一大批亟待进行保护修复的青铜器时，向隰县文物旅游局提议由山西省考古研究院负责对整个瓦窑坡墓地出土青铜器进行保护修复。经过认真的前期调研和病害分析，同年 11 月，瓦窑坡墓地青铜器保护修复方案编制完成，并上报至山西省文物局和国家文物局。2012 年 3 月，国家文物局批复同意方案实施，并下拨了专项补助经费，文物修复工作随即展开。经过紧张的保护修复实施，2015 年 10 月，山西省考古研究院完成了瓦窑坡墓地 M29 和 M30 出土 73 件青铜器的保护修复。2015 年 11 月，山西省文物局组织相关专家对修复项目进行了结项验收，并同意结项。由于经费较少，M17、M18 及 M20 等出土青铜器未进行保护修复。于是，2015 年 11 月，山西省考古研究院又编制了《隰县文物旅游局馆藏青铜器、锡器保护修复方案》，并于同年 12 月上报至山西省文物局和国家文物局。2016 年 4 月，国家文物局批复同意方案实施，并下拨了专项补助经费，M17、M18 及 M20 等青铜器的修复工作随即展开。2018 年 6 月，瓦窑坡墓地出土青铜器的保护修复全部完成。2018 年 12 月，山西省文物局组织专家对修复项目进行了专项验收。

在保护修复实施中，有感于瓦窑坡墓地出土遗物丰富、材料重要，王晓毅研究馆员提议对此批材料进行资料整理和报告编写。经多次协商，决定由山西省考古研究所（现山西省考古研究院）牵头，联合临汾市博物馆、隰县文物旅游局、山西大学历史文化学院（现山西大学考古文博学院）对瓦窑坡墓地出土资料进行整理和研究，并编写田野考古发掘报告，具体由王晓毅研究馆员组织实施。

由于材料较多，为尽早使这批珍贵的资料展现在大家面前，同时规范报告的编写，选择部分较为重要的墓葬，以简报的形式先行报道。2014 年，首先对隰县瓦窑坡墓地发现的 4 座未被盗掘的陶器墓进行了整理，由王进、陈小三执笔，将 4 座陶器墓的简报发表在《中国国家博物馆馆刊》2014 年第 10 期；2016 年，完成了瓦窑坡墓地 M29 和 M30 的资料整理，由王晓毅、陈小三、狄跟飞等执笔，简报发表在《考古》2017 年第 5 期；2019 年，完成了瓦窑坡墓地 M23 的资料整理，由南普恒、陈小三、王晓毅等执笔，简报发表在《中原文物》2019 年第 1 期；2020 年，完成瓦窑坡墓地 M18、M20、M21、M22 及 M36 5 座铜器墓的资料整理，由陈小三、王晓毅、狄跟飞、王进执笔，简报发表在《中国国家博物馆馆刊》2020 年第 10 期；2021 年，完成瓦窑坡墓地 M17 铜器墓的资料整理，由狄跟飞、王晓毅、王进等执笔，简报发表在《江汉考古》2021 年第 2 期；2022 年，完成瓦窑坡墓地 M25、M26 两座墓葬的资料整理，由王艳忠、刘文杰、陈小三等执笔，简报发表在《文物季刊》2022 年第 1 期。

第三章 墓葬分述

3.1 铜器墓

一、M29

M29 位于发掘区的南部，西邻 M30 约 4.5 米，东北部有 M18，东部有 M31，南部邻近冲沟，地势略为缓坡。

（一）墓葬形制

该墓为长方形竖穴土坑墓，开口于耕土层下，墓口距地表 0.3～0.5 米，方向 10 度。长方形竖穴，口略大于底，墓口长 4.65、宽 3.38 米，墓底长 4.59、宽 3.3、深 7.1 米。墓壁略显倾斜，壁面较平光，墓底平坦。

填土为黄褐色五花土，略经夯压，质地较硬，包含有少量陶片。

（二）葬式葬具

木质葬具均已朽尽，仅存灰痕，从灰痕推测葬具为一椁两棺，椁室平面呈"口"形，椁板四角均外伸 0.03～0.1 米，通长 4.4、通宽 3.16、椁痕最高 1.05 米，立板厚 0.2～0.22、盖板、底板同厚 0.1 米，盖板为 19 块宽窄不等的木板横向铺设，宽为 0.15～0.3 米，中间多已塌陷，底板为纵向铺设，数量不详。外棺位于椁室的中部偏南，平面呈"口"形，立板南北两端外伸不等，0.03～0.06 米，通长 2.53、宽 1.15、板厚 0.1、残痕高 0.5 米。内棺位于外棺室中部，平面呈"口"形，立板南北两端略有外伸，通长 2.05、宽 0.75、板厚 0.1、残痕高 0.35 米。

人骨保存较差，仰身直肢，头向北，面向上。（图二、图三、图四）

（三）随葬器物

随葬器物共 48 组件，按照功用的不同分别放置，铜礼器及日用器放置于椁室与外棺之间的北部，乐器、兵器、车马器放置于西部，小件饰品则放置于

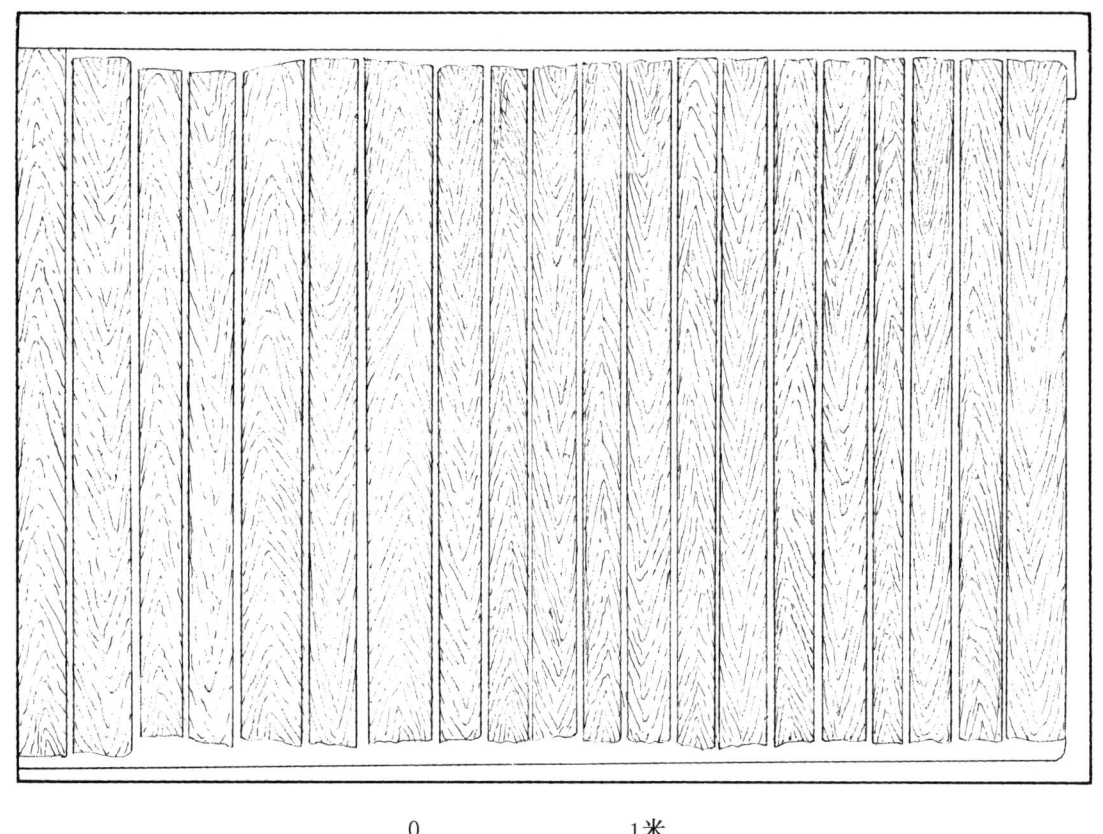

图二 M29椁盖平面图

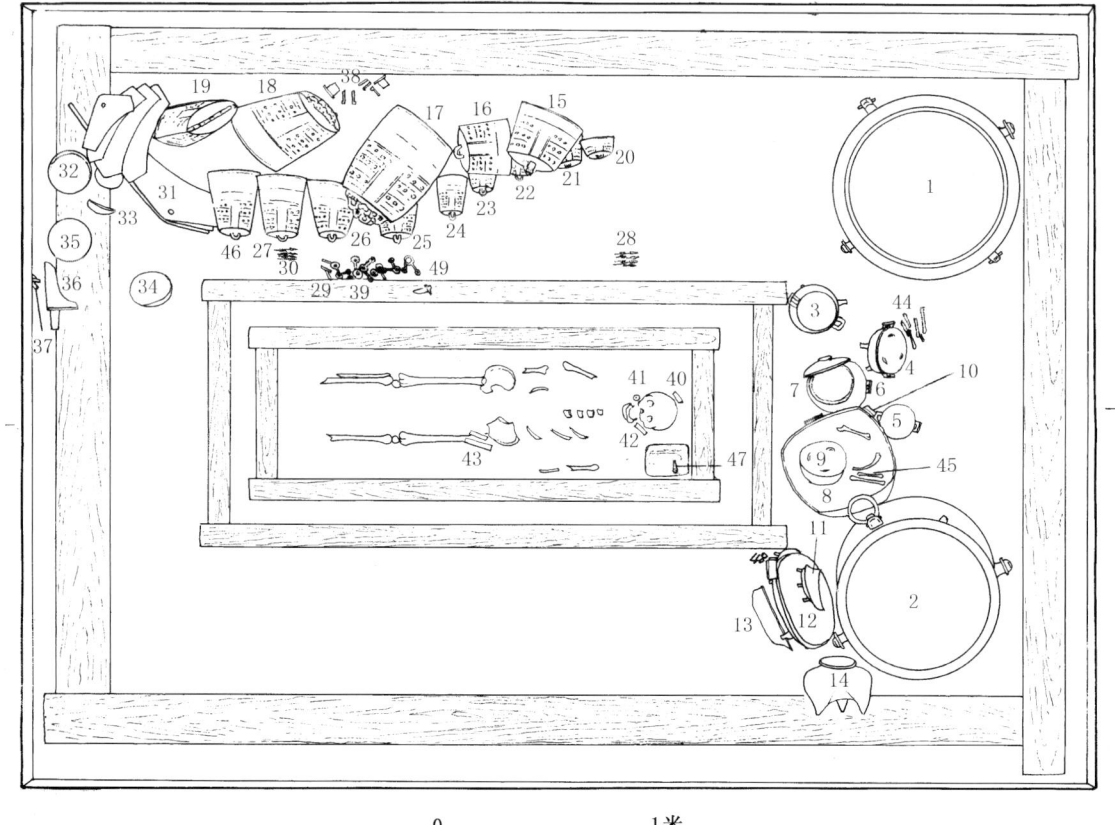

图三 M29平面图

1、2.铜鉴 3~6、48.铜鼎 7.铜盆 9.铜敦 10.铜舟 11.铜匜 12.铜盘 13.铜甄 14.铜鬲 15~19.铜镈钟 20~27、46.铜钮钟 28、30.铜镞 29.骨镞 31.石磬 32~35.盾钖 36.铜戈 37.铜矛 38.铜车軎 39.铜马衔 40.玉璜 41、42.璜形玉饰 43.磨石 44、45.兽骨 47.骨簪 49.铜戈

图四 M29 剖面图

图五 M29 出土铜鼎

1. 铜鼎（M29:8） 2. 铜鼎（M29:5）
3. 铜鼎（M29:4） 4. 铜鼎（M29:3）
5. 铜鼎（29:48） 6. 铜鼎（M29:6）

内棺及人骨的盆骨与头部，铜镞放置于外棺与内棺之间的西部。铜鼎6件、铜敦1件、铜盆1件、铜鉴2件、铜匜1件、铜盘1件、铜舟1件、铜甗1件、铜鬲1件、铜盾钖4件、铜戈1件、铜戟1件、铜矛1件、铜马衔1件（套）、铜车軎1件（套）、铜镞2件、镈钟5件、编钟9件、石磬1件（套）、玉片2件、玉玦1件、玉器1件、骨笄1件、兽骨2件。

1. 铜容器

共14件，有鼎、甗、敦、盆、舟、盘、匜、鉴。

铜鼎 6件。（图五）

M29:8，体型较大，无盖。口沿平折，方唇，腹部外鼓，圜底近平。上腹有两个直立的长方形附耳，耳下部呈钝角折拐以与器壁相连接，中部内侧有两个圆梗与口沿相连，下腹有三个粗壮的蹄形足。腹部中央有一道凸弦纹，通身光素。鼎身可见三道清晰的竖行范线与器底的圆形范线相交，三蹄形足两侧均可见范线，内侧齐平，其中两足下部有补铸痕迹。器耳与器身浑铸，三足为后铸。口径45～49、腹深19.8、足高21.5、通高41.2厘米。（图六）

M29:5，平盖，盖面正中有一环钮，接近盖的边缘平均分布有三个曲尺形立钮，盖口沿下折略微外侈，形成母口；上腹内折形成子口，用以承盖，球形腹，腹

图六 铜鼎 M29:8

a

b

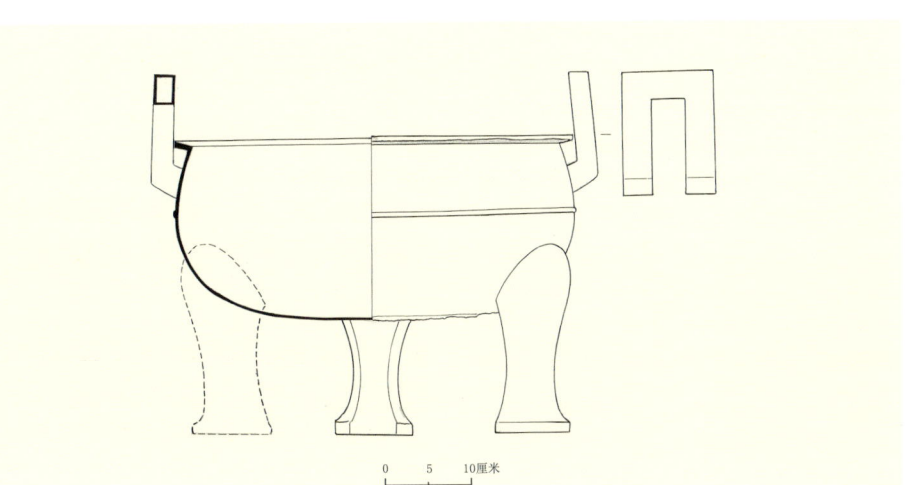

c

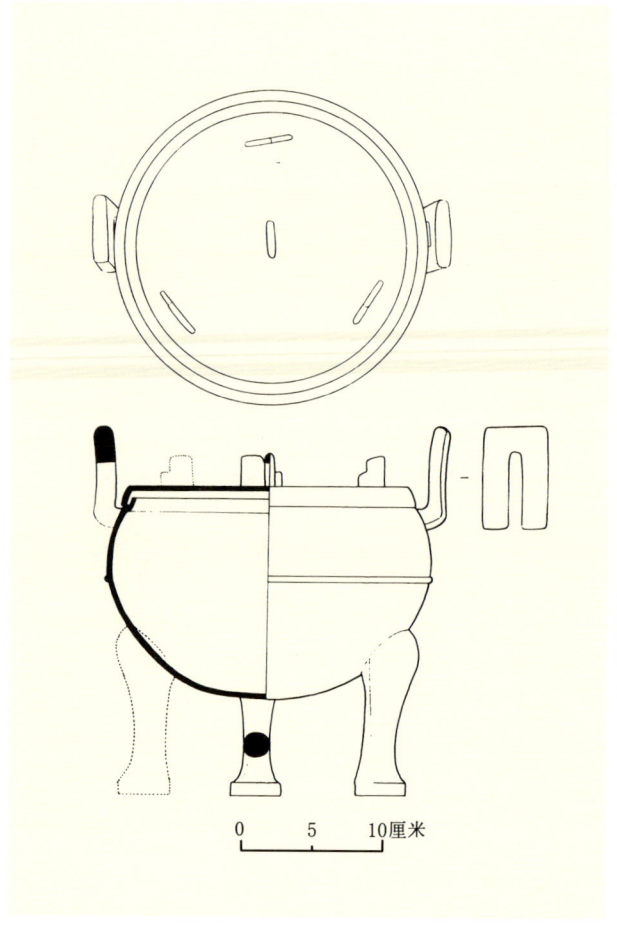
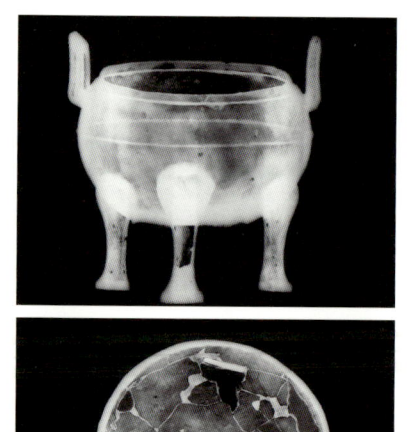

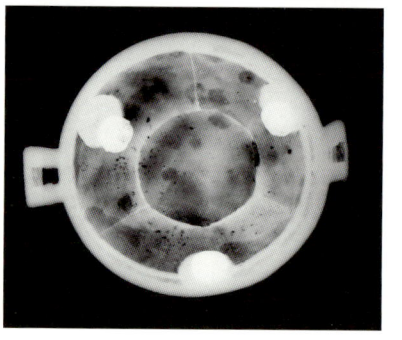

图七 铜鼎 M29:5

较深，下腹内收，圜底近平，下腹承以三个较高的蹄形足。鼎身上腹有两个直立的长方形附耳。腹部中央有一道凸弦纹，通身光素。鼎身可见三道清晰的竖行范线与器底的圆形范线相交，三个蹄形足两侧均可见范线，内侧齐平。盖钮

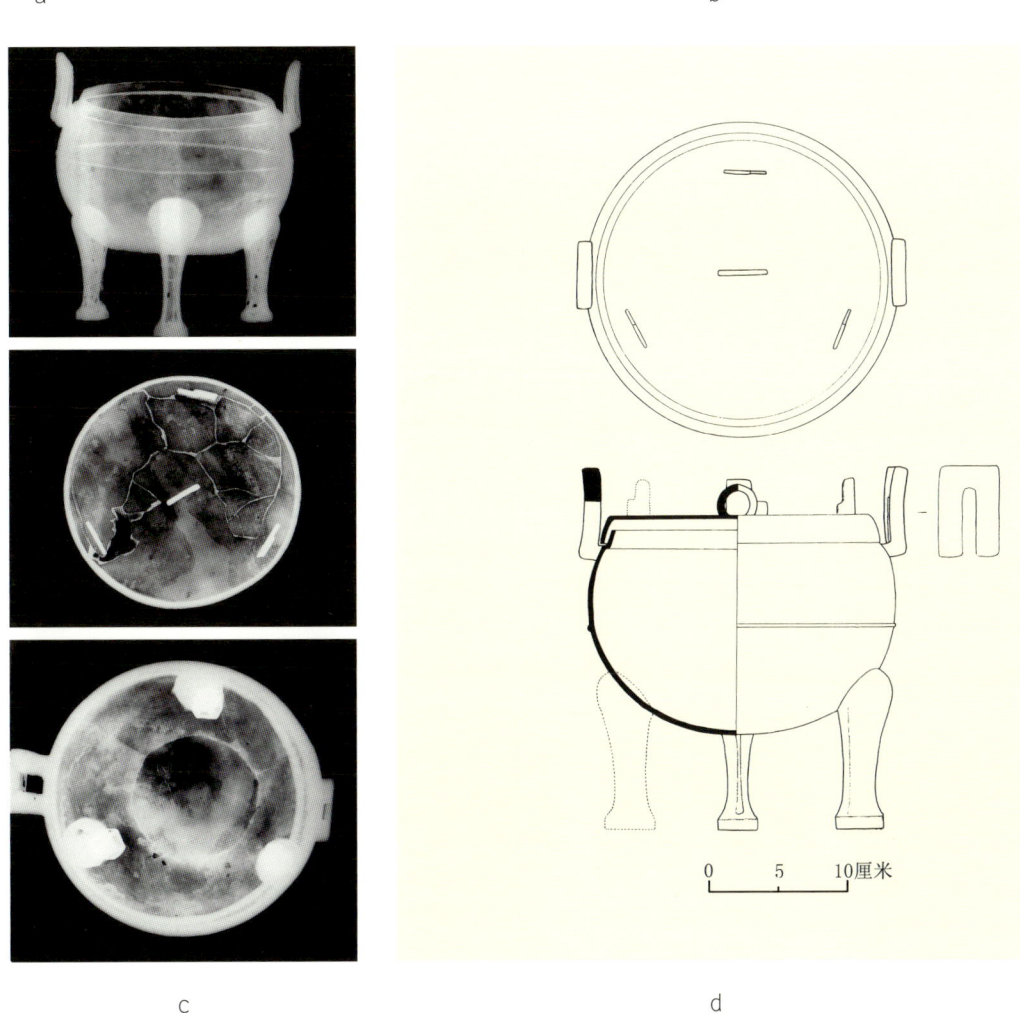

图八 铜鼎 M29:4

先铸，器耳与三足为后铸。口径25.0、腹深15.3、腹最大径23.7、耳距22.2、足高12.0、通高25.0厘米。(图七)

M29:4，平盖，盖面正中有一环钮，接近盖的边缘平均分布有三个曲尺形立钮，

a

b

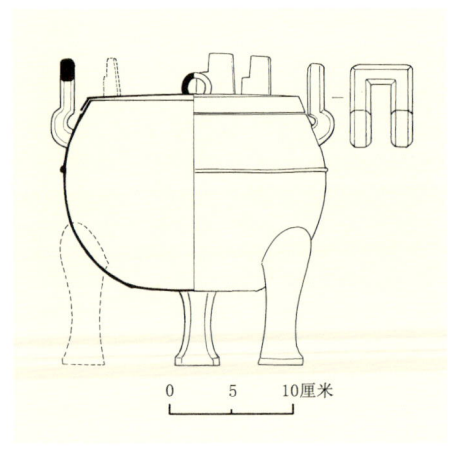
c

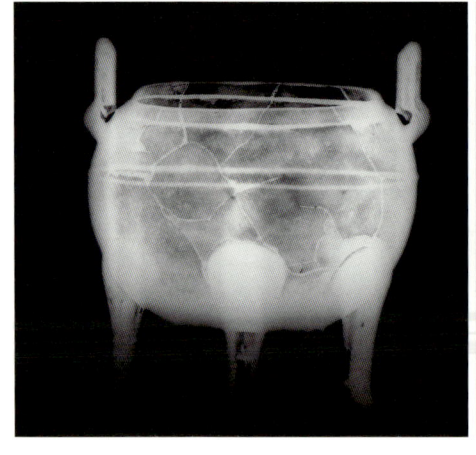

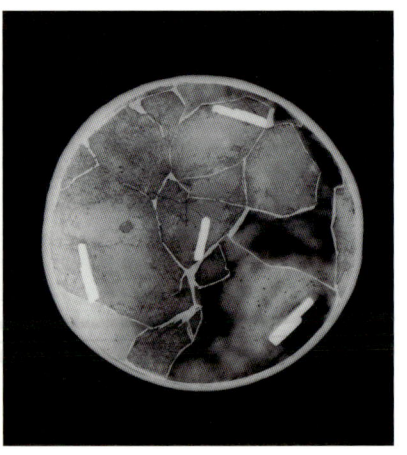
d

图九 铜鼎 M29:3

盖口沿下折略微外侈，形成母口；上腹内折形成子口，用以承盖，球形腹，腹较深，下腹内收，平底，下腹承以三个较高的蹄形足。鼎身上腹有两个直立的长方形附耳。腹部偏上有一道凸弦纹，通身光素。鼎盖局部有残留的织物痕，上腹部局部有粘连的席痕。鼎身可见三道清晰的竖行范线与器底的圆形范线相交，三个蹄形足两侧均可见范线，内侧齐平。盖钮先铸，器耳与三足为后铸。口径 20.1、腹深 16.0、腹最大径 24.4、耳距 23.2、足高 12.2、通高 27.7 厘米。（图八）

M29:3，平盖，盖面正中有一环钮，接近盖的边缘平均分布有三个曲尺形立钮，盖口沿下折略外侈，形成母口；上腹内折形成子口，用以承盖，球形腹，腹较深，下腹内收，平底，下腹承以三个较高的蹄形足。鼎身上腹有两个直立的长方形附耳，两耳下部与器身相接处呈弯曲状。腹部偏上有一道凸弦纹，通身光素。鼎盖、上腹部局部有残留的织物痕。鼎身可见三道清晰的竖行范线与器底的圆形范线

a

b

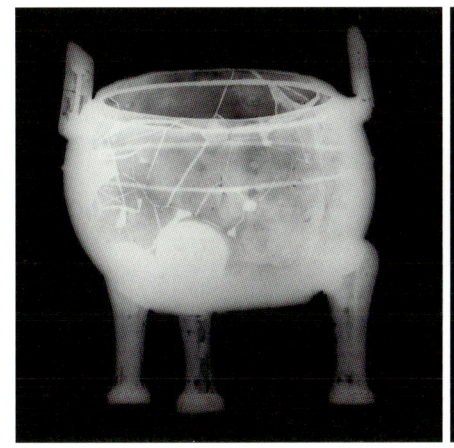
c

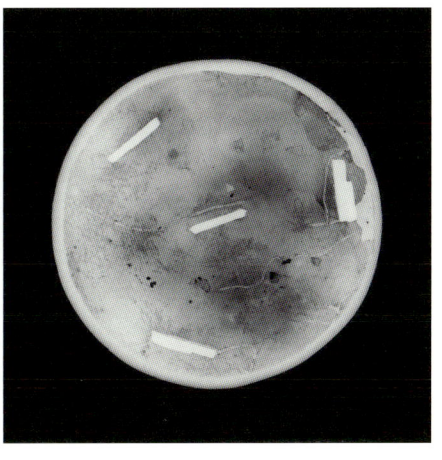

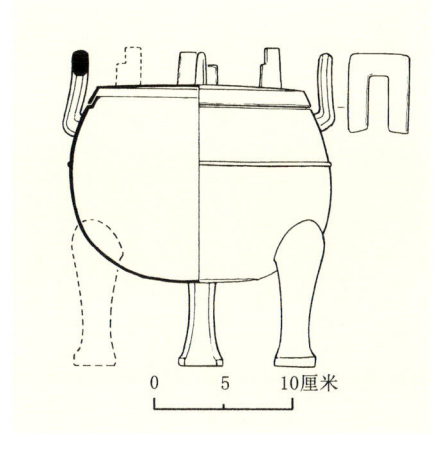
d

图一〇 铜鼎 M29:48

相交，三个蹄形足两侧均见范线，内侧齐平。盖钮为先铸，器耳与三足为后铸。口径16.7、腹深15.2、腹最大径21.0、耳距18.2、足高11.6、通高24.8厘米。（图九）

M29:48，平盖，盖面正中有一环钮，接近盖的边缘平均分布有三个曲尺形立钮，盖口沿下折略微外侈，形成母口；上腹内折形成子口，用以承盖，球形腹，腹较深，下腹内收，平底，下腹承以三个较高的蹄形足。鼎身上腹有两个直立的微内倾的长方形附耳。腹部偏上有一道凸弦纹，通身光素。鼎身可见三道清晰的竖行范线与器底的圆形范线相交，三个蹄形足两侧均可见范线，内侧齐平，芯土外露。口径14.9、腹深13.0、腹最大径18.3、耳距16.7、足高10.9、通高23.2厘米。（图一〇）

M29:6，平盖，盖面正中有一环钮，接近盖的边缘平均分布有三个曲尺形立钮，盖口沿下折略微外侈，形成母口；上腹内折形成子口，用以承盖，鼎身圆形腹，

墓葬分述 | 023

a   b

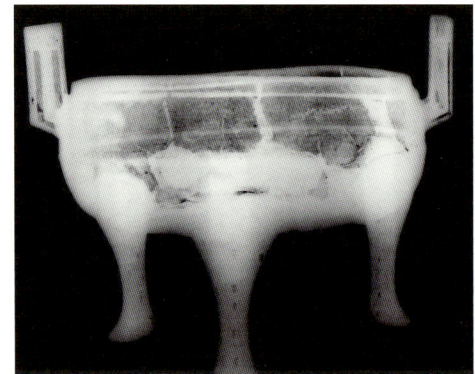
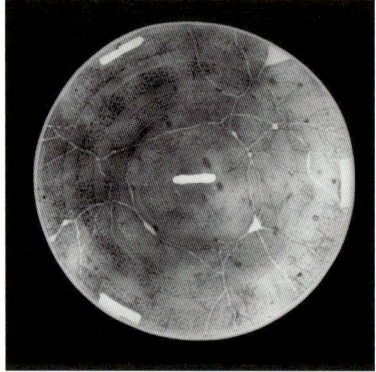
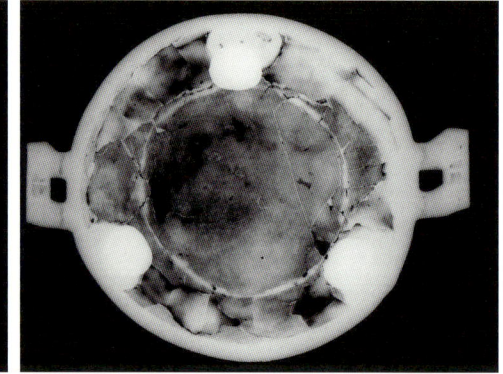

c

图一一 铜鼎 M29:6

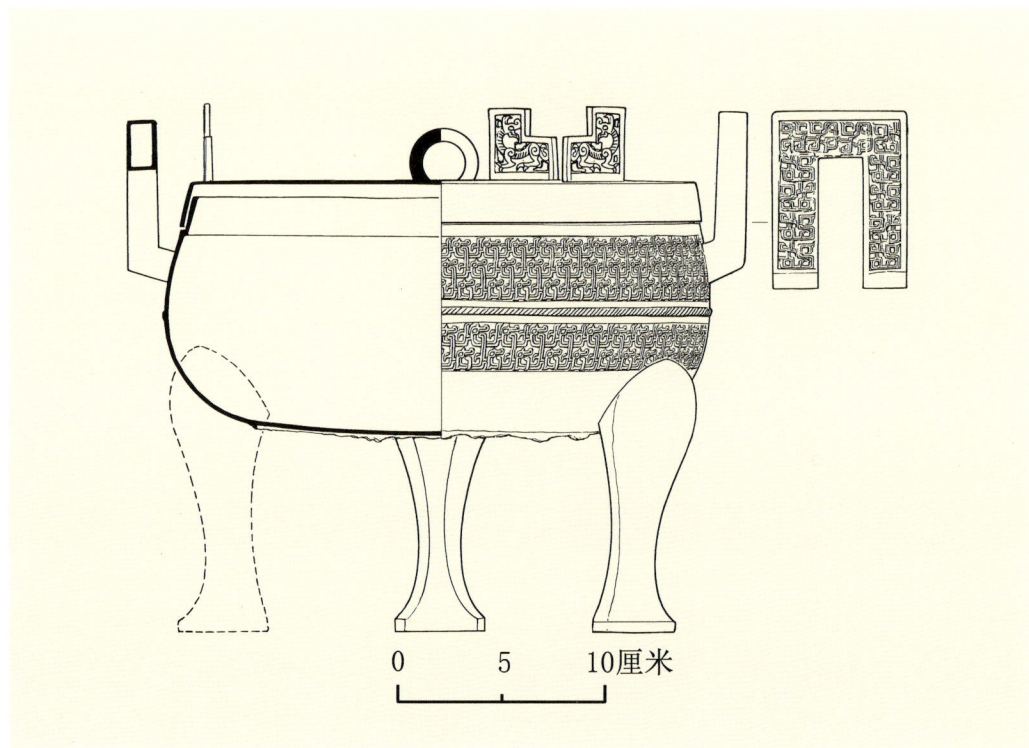

d

024 | 墓葬分述

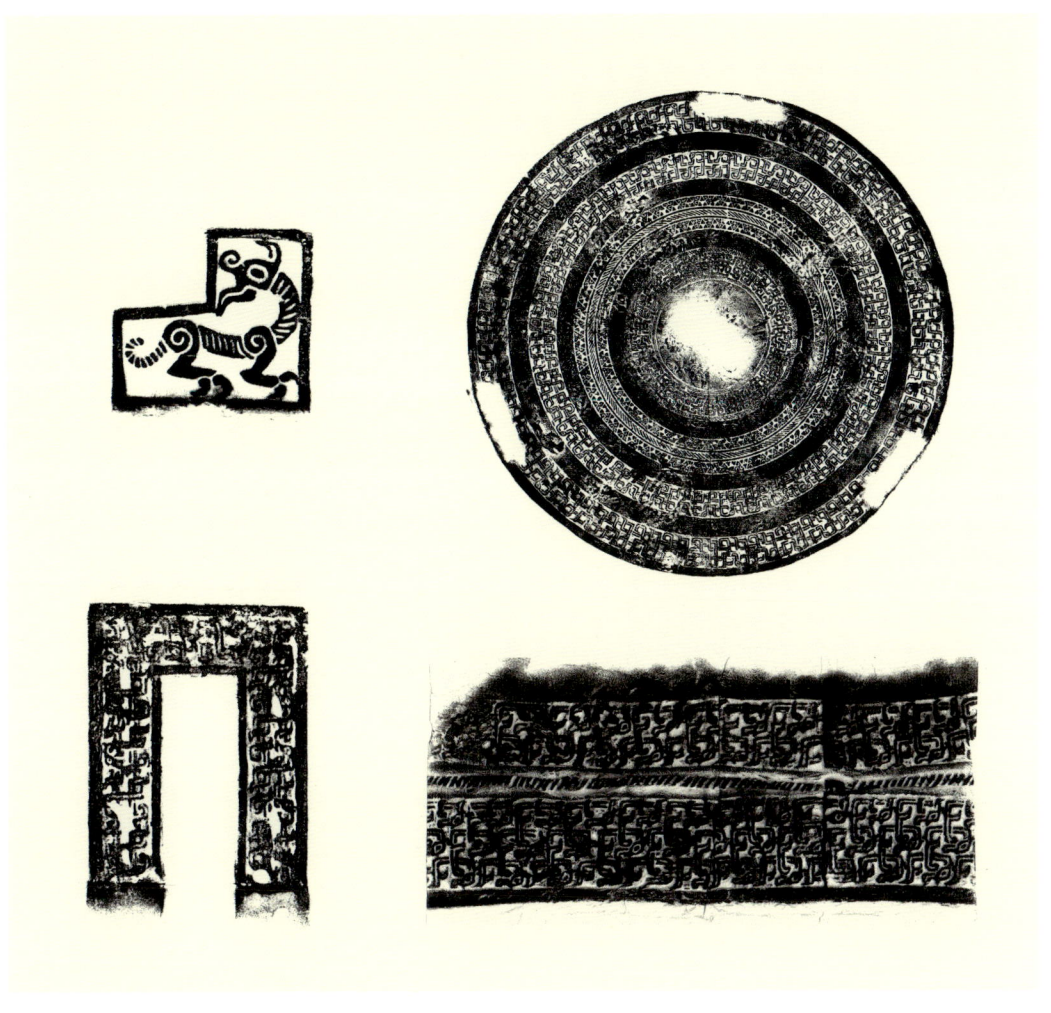

e

腹较浅，下腹内收，圜底近平，下腹承以三个较高的蹄形足。鼎身上腹有两个直立的长方形附耳。盖面有多层纹饰，由内到外依次为：正中央一个素面圆，其外是一周上下以绹纹为界栏的蟠虺纹，间隔一周素带，其外是一周上下为三角形纹、中间为绹纹的纹饰带，隔一周素带，其外为一周蟠螭纹，间隔一周素带外又是一周蟠螭纹。曲尺形钮上饰镂孔的虎纹。鼎腹中央有一道绹纹，其上为三层蟠螭纹组成的纹饰带，其下为两层蟠螭纹组成的纹饰带。鼎身可见三道清晰的竖行范线与器底的圆形范线相交，三个蹄形足两侧均可见范线，内侧齐平。口径 23.5、腹深 10.3、腹最大径 27.5、耳距 27.2、足高 13.5、通高 24.8 厘米。（图一一）

铜盆 1 件。

M29:7，圆隆盖，上有喇叭形捉手，器盖口沿下平均分布着三个小的卡扣；器身宽平沿，方唇，束颈，斜腹内收，平底微凹，腹部左右两侧各有一环形錾耳。通身光素，在腹部偏上有两道凸弦纹。喇叭口捉手、盖沿上残留有大片织物痕迹。

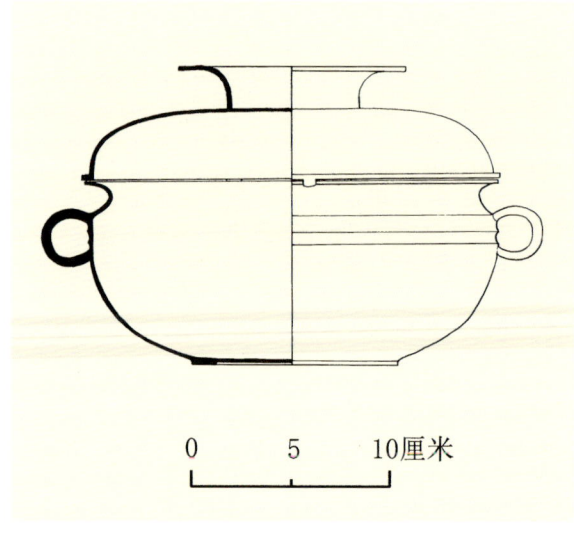

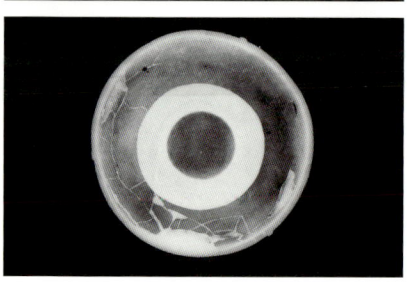

图一二 铜盆 M29:7

器身看不出范线，器耳与器身浑铸。口径 21.6、底径 10.5、腹深 8.9、腹最大径 21.2、耳距 24.9、通高 14.3 厘米。（图一二）

铜舟 1 件。

M29:10，平盖，上有五个环形钮，其中一个位于盖面的中央，另外四个分布在盖面的四角，盖口沿下折内敛，形成母口；器身子口内敛，斜折沿，束颈，鼓腹，平底，腹部长轴方向有两个环形錾耳。通身光素，腹部局部残留有织物痕迹。盖面上的环形钮已嵌入盖体，可知环形钮为先铸。底部顺长轴方向可见一道范线痕迹。口长轴 16.8、短轴 12.6 厘米；底长轴 9.6、短轴 6.5 厘米；器盖长轴 18.2、短轴 13.9 厘米；通高 9.9 厘米（图一三）。

图一三 铜舟 M29:10

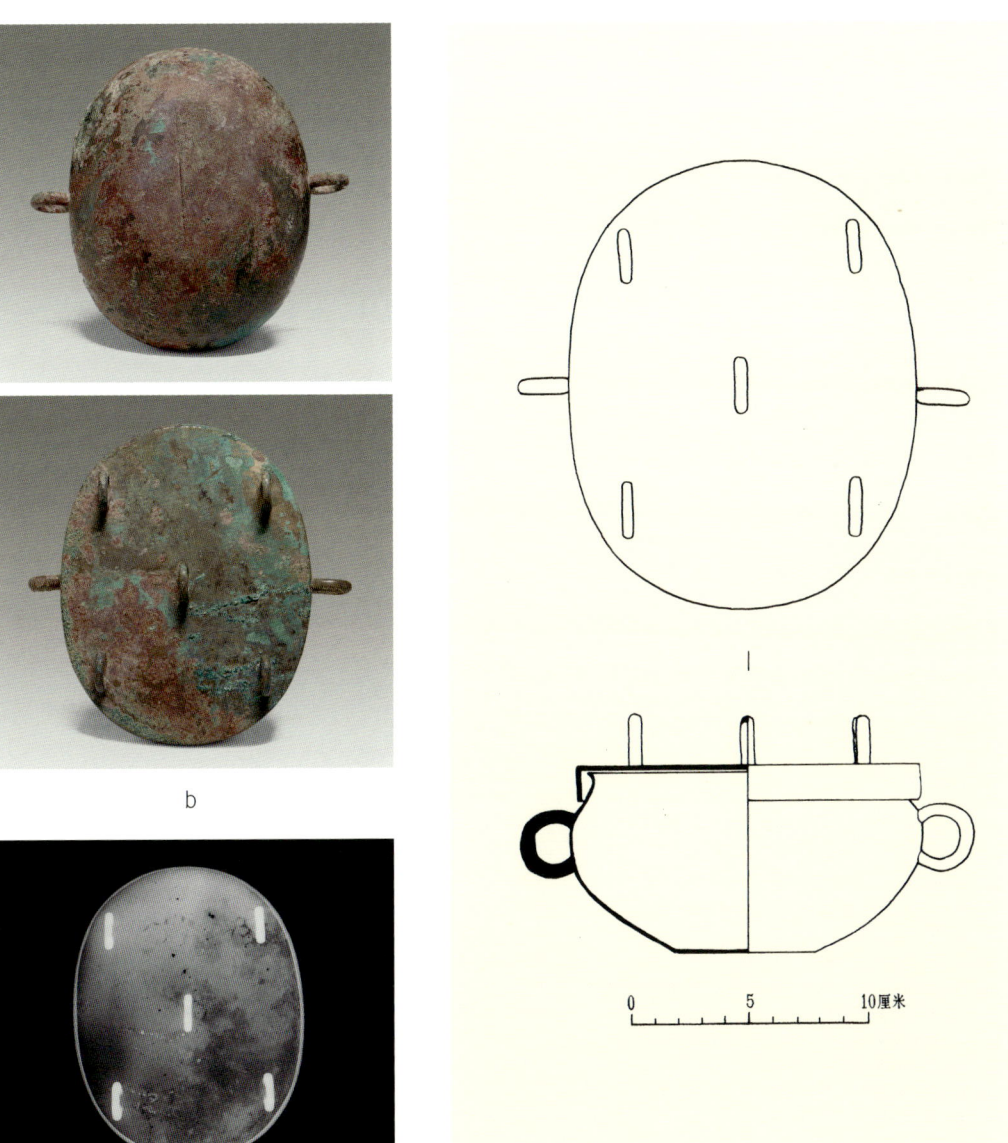

图一四 铜敦 M29:9

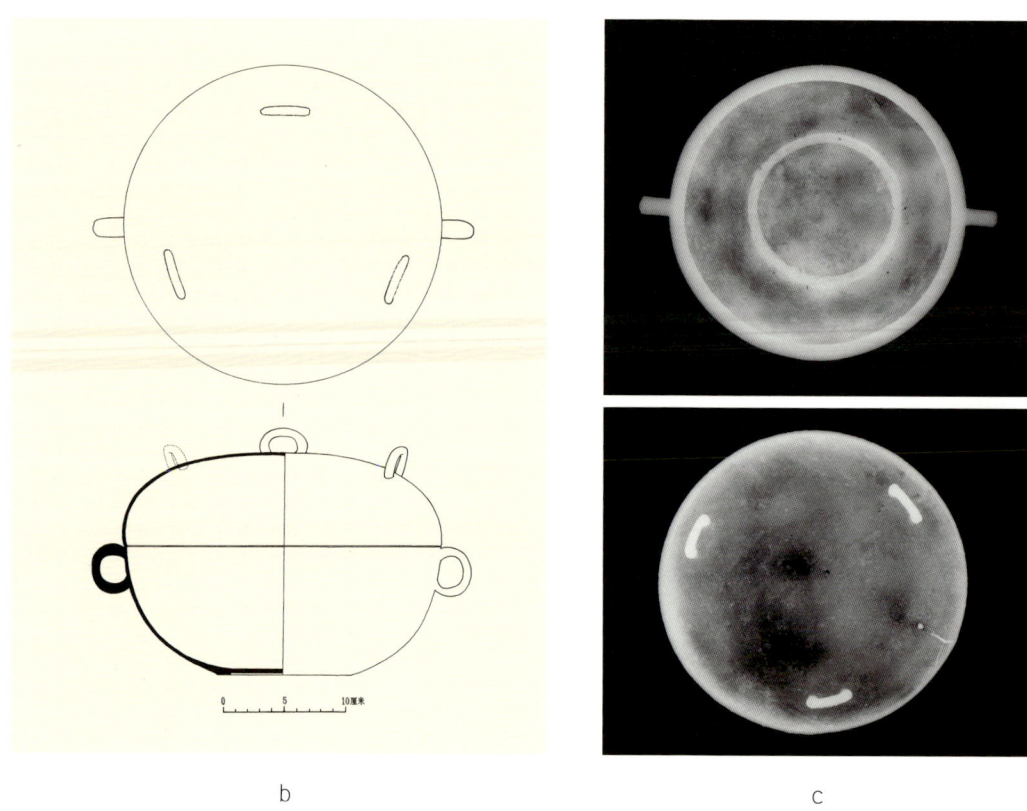

a

b　　　　　　　　c

铜敦 1件。

M29:9，卷沿，方唇，束颈，圆鼓腹，平底微凹，腹部左右两侧各有一环形鋬耳；圆隆盖，盖面近边缘处平均分布有三个环形钮。通身光素，在器盖边缘残留有织物痕迹。盖面正中央可见一道范线，器身范线不明显。口径18.9、底径11.0、腹深10.3、通高14.7厘米。（图一四）

a

b

图一五 铜甗 M29:13

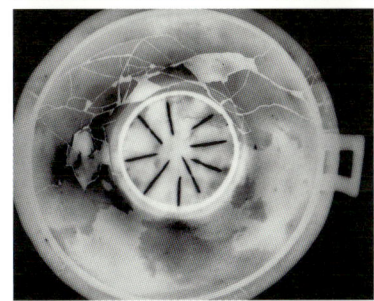
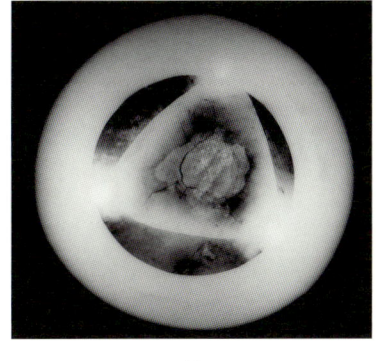
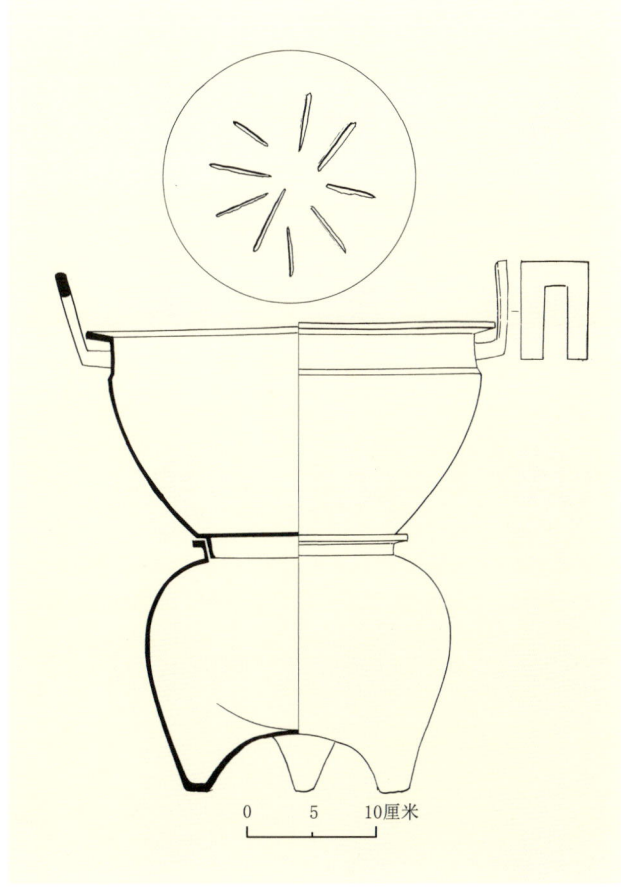

c

d

图一六 铜盘 M29:12

铜甗 1件。

分体甗。M29:13，甑为平沿，束颈，在颈部的中轴线上对称分布有两个长方形附耳，附耳与口沿有小柱连接，底部有九条呈放射状的箅孔。M29:14，鬲体为小口，宽平沿外翻，束颈，肩部圆鼓，裆部较矮。甑体底部向外凸出的子口与鬲体相应的母口连接。甗通体光素。甑口径30.9、高21.5厘米，鬲高20、通高40.1厘米。（图一五）

铜盘 1件。

M29:12，斜折沿，方唇，直腹，平底，腹部左右两侧各有一个向外平折的附耳，底部有三个矮蹄形足。器身光素，附耳上端有镂孔的多条龙交缠的纹饰。盘底从中央向外延伸有三道范线的痕迹，两足底部内有芯土，另一足底部中空。口径43.1、深5.9厘米；附耳高4.8、宽8.5厘米；通高11.5厘米。（图一六）

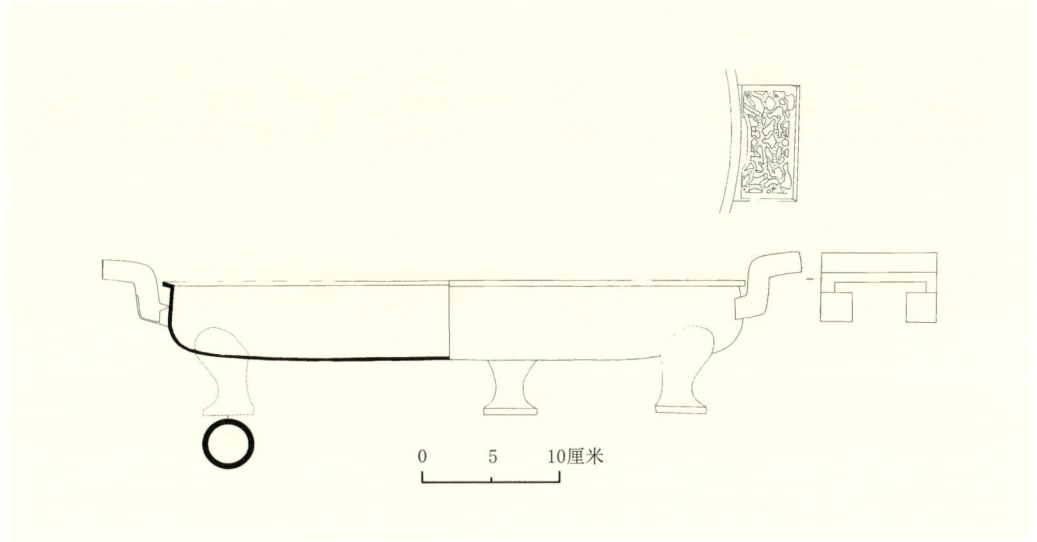

d

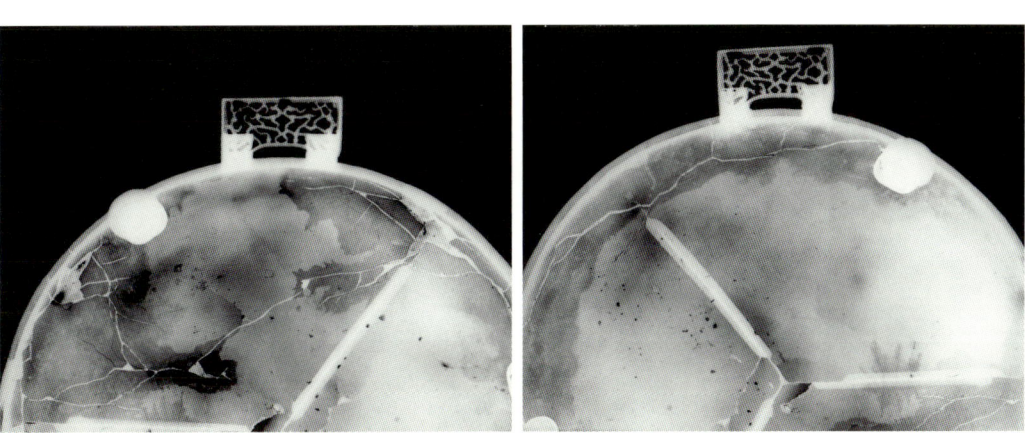

e

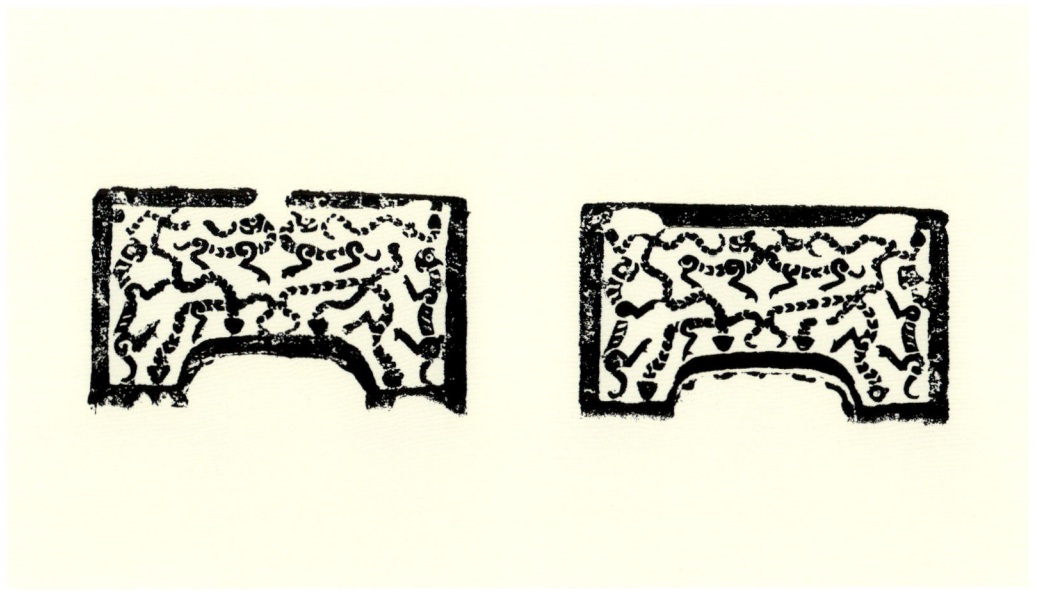

f

图一七 铜匜 M29:11

a

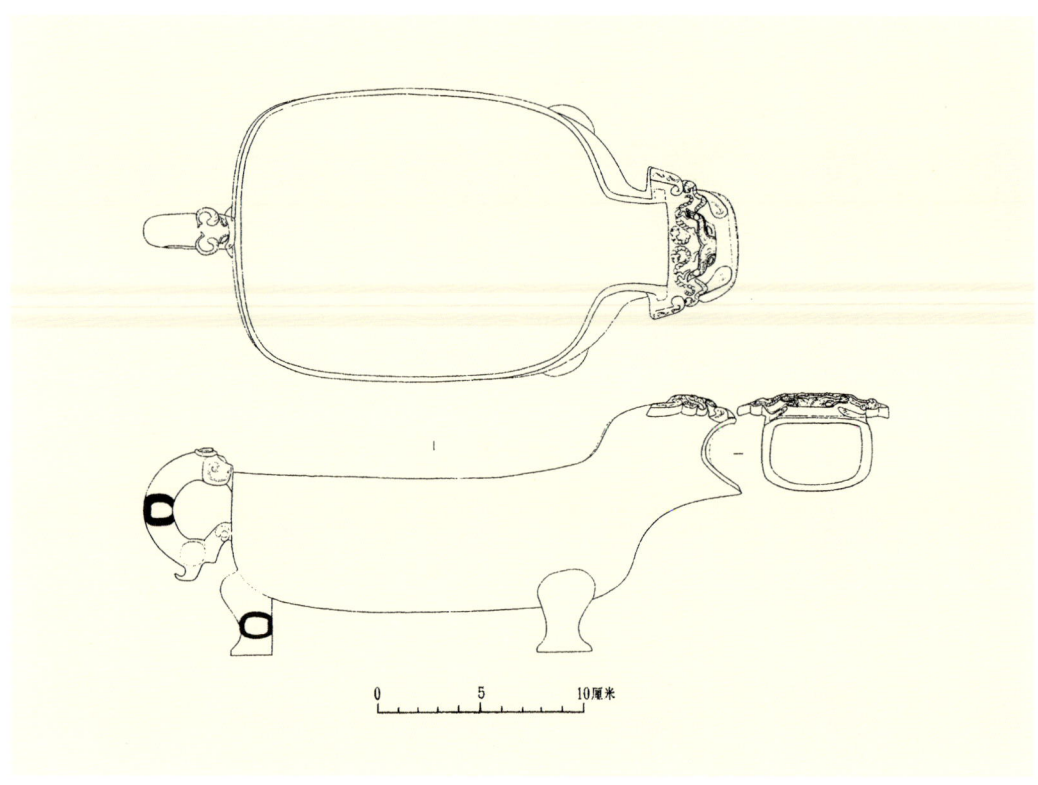

b

铜匜 1件。

M29:11，封口流，流口为兽首状向前平伸，兽口为流口，腹部平面略呈圆角长方形，深腹，平底，尾部有兽首形半环形鋬，下附三个矮蹄形足。通身光素。底部可见一道范线痕迹。长29.3、宽14.4、通高12.8厘米。（图一七）

c

d

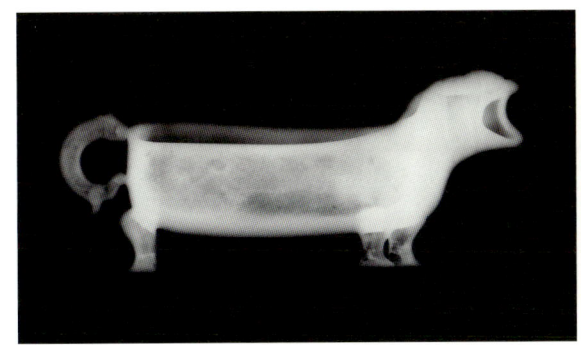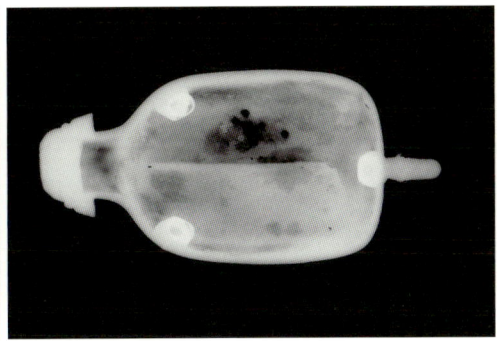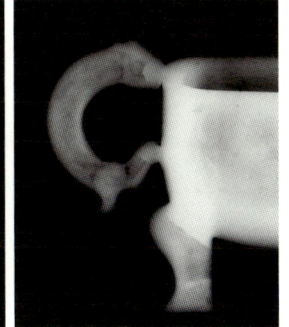

e

铜鉴 2 件。(图一八)

M29:1，宽平沿，外缘较厚，向内形成一折棱，束颈，下腹斜收，平底。颈腹相接处平均分布有四个兽首衔环，其中两个中间在颈部有一个流，流口为兽首状。颈部上端饰一组两层较细密的蟠螭纹，其下为一组折线三角纹。颈腹

图一八 M29 出土铜鉴

1～2. 铜鉴（M29:1、2）

图一九 铜鉴 M29:1

a

b

c

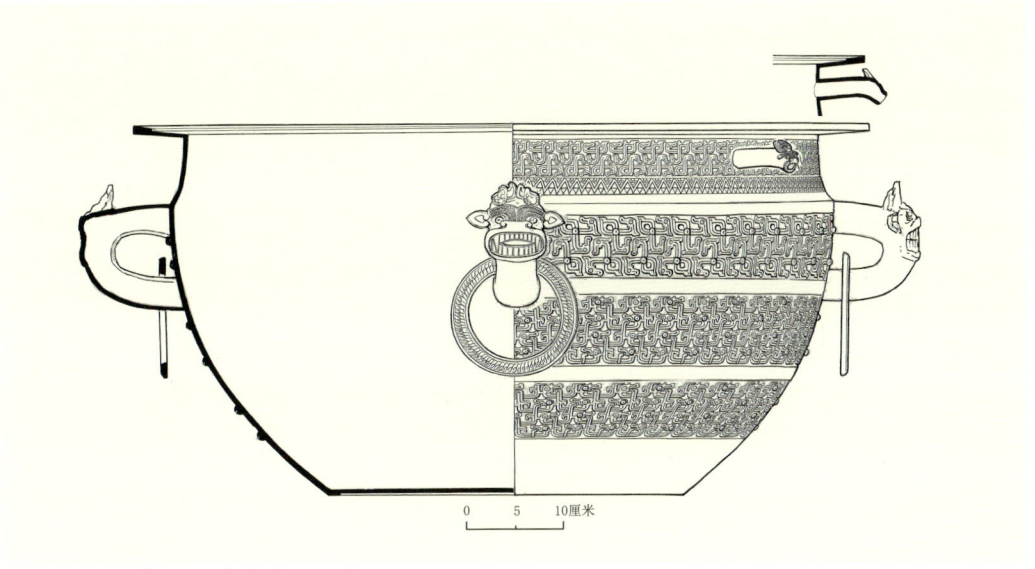

d

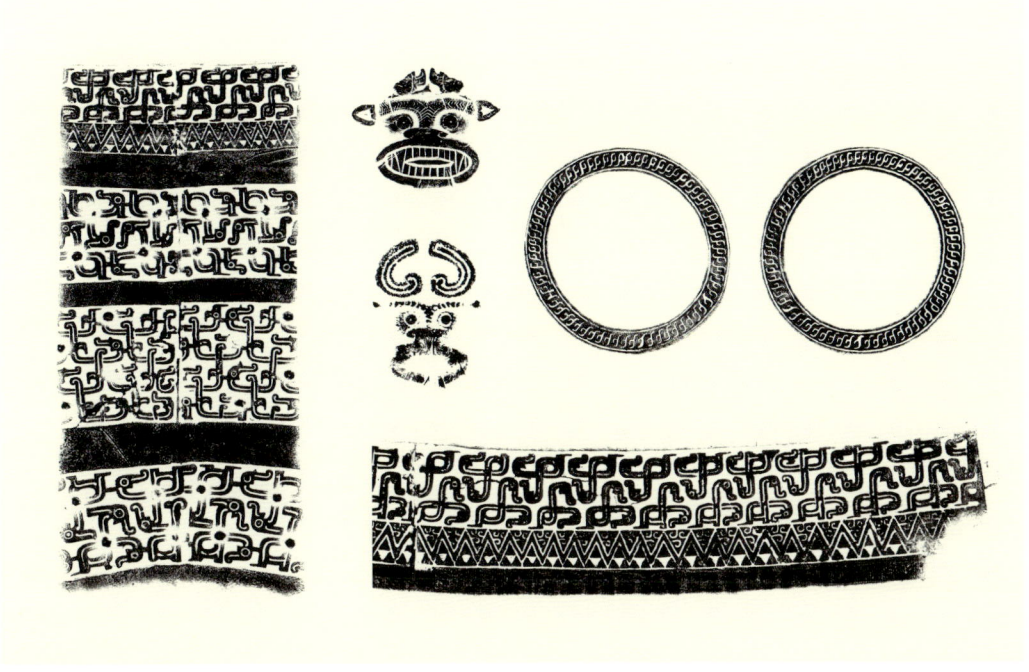

e

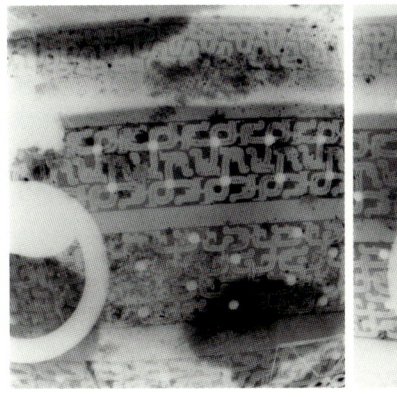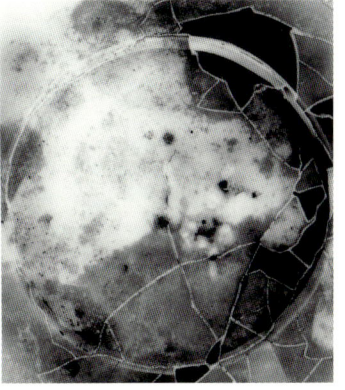

f

图二〇 铜鉴 M29:2

a

b

c

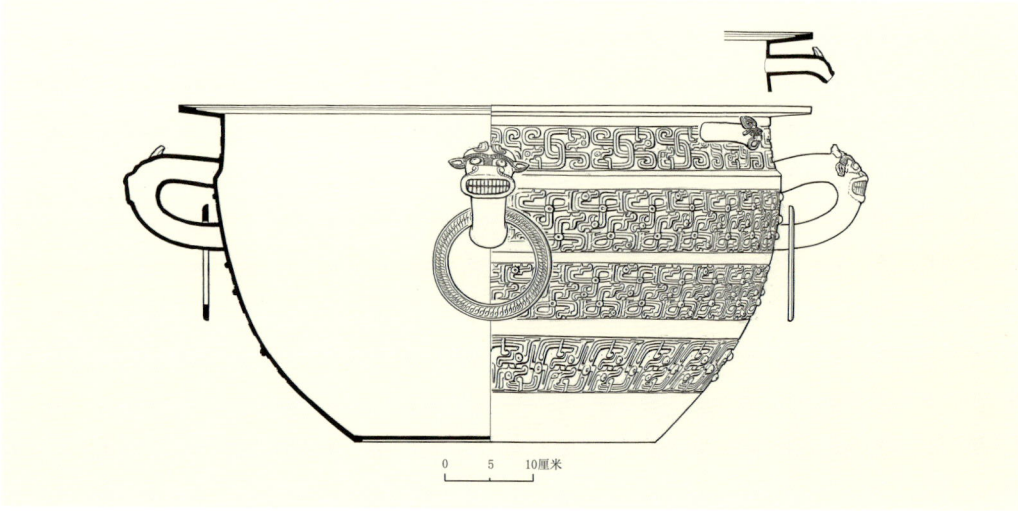

d

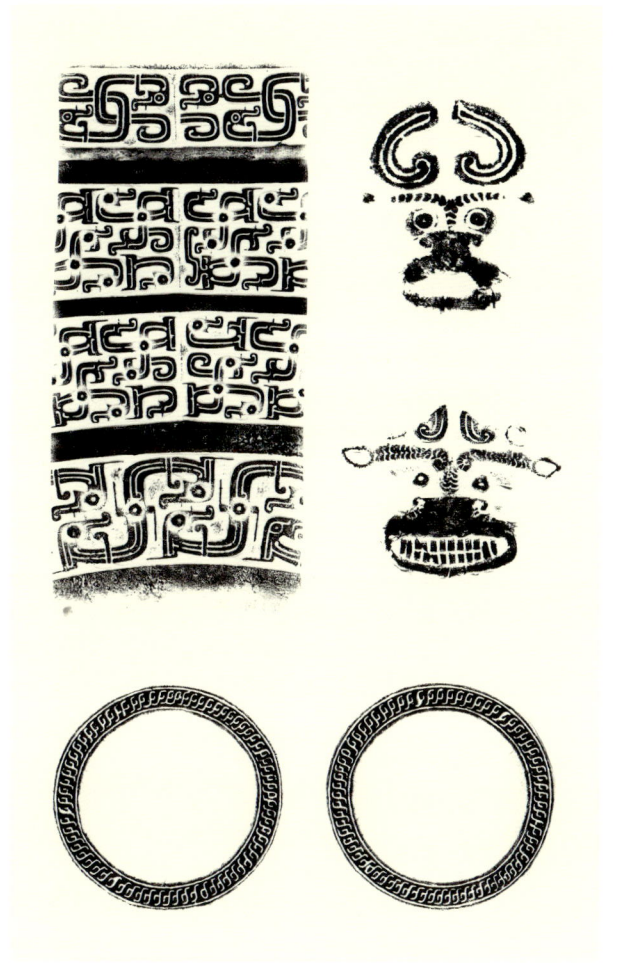

e　　　　　　　　　　　　　　　　f

之间有素带相隔，腹部饰三道细密的蟠螭纹，中间有两道素带相隔。兽首衔环耳的环面上饰有 f 形纹饰。器身在兽首衔环处及其中间部位可见八道竖行范线。四耳与器身相接处有浇溢的铜液，且将局部纹饰带覆盖，可知兽首衔环耳为后铸。口外径 76.2、内径 64.5、底径 35.7、腹深 37.4、衔环环径 12.4、通高 36.6 厘米。（图一九）

M29:2，宽平沿，外缘较厚，向内形成一折棱，束颈，下腹斜收，平底。颈腹相接处平均分布有四个兽首衔环，其中两个的中间有一个流，流口为兽首状。颈部饰一组较疏朗的蟠螭纹，腹部饰三道蟠螭纹，中间有两道素带相隔，其中下方的蟠螭纹带较窄，与上面两道蟠螭纹略异。兽首衔环耳的环面上饰有 f 形纹饰。器身在兽首衔环处及其中间部位可见八道竖行范线。四耳与器身相接处有浇溢的铜液，且将局部纹饰带覆盖，可知兽首衔环耳为后铸。口外径 71.6、内径 61.5、底径 35.5、腹深 36.8、衔环环径 12.6、通高 36.5 厘米。（图二〇）

墓葬分述 | 037

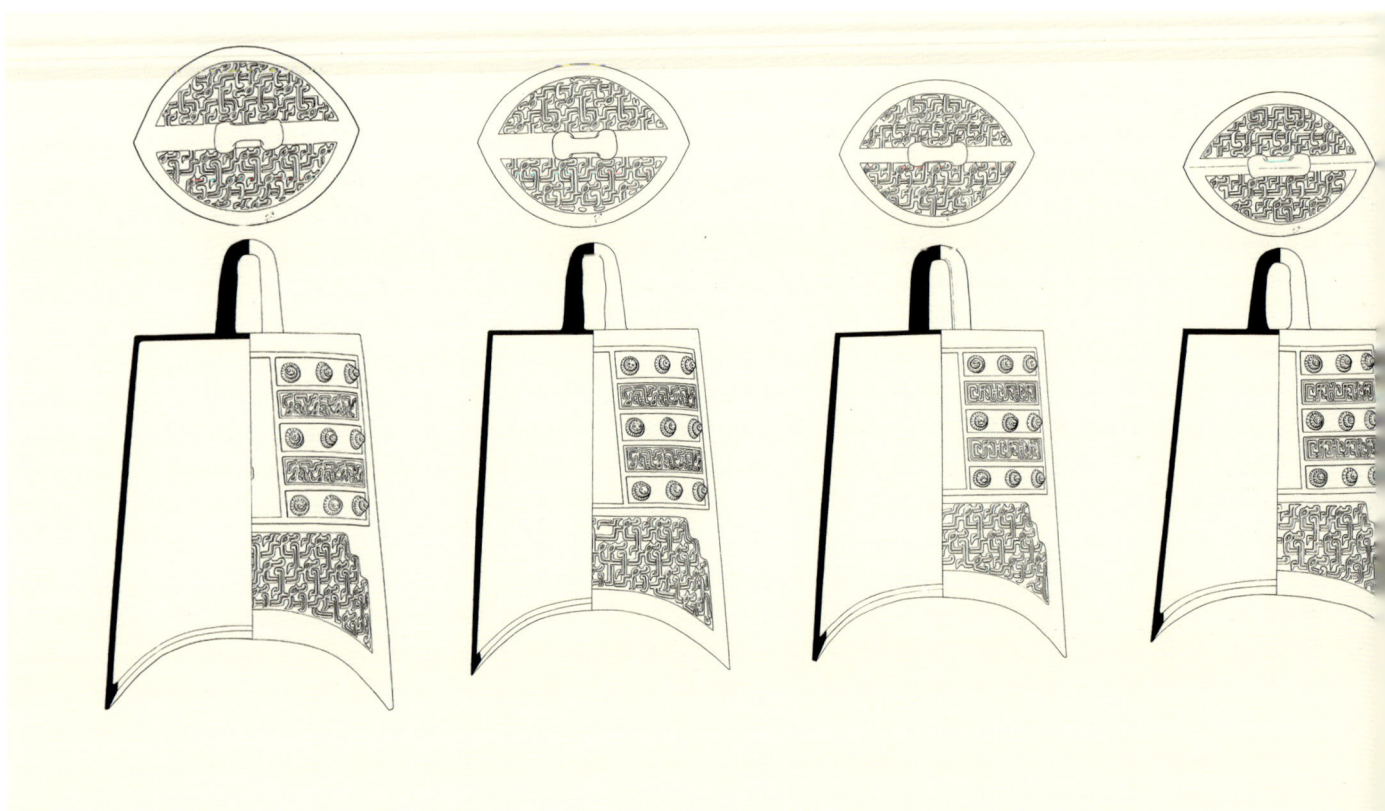

图二一 M29 出土铜编钟

1～9. 铜编钟（M29:46、27、26、25、24、23、22、21、20）

a

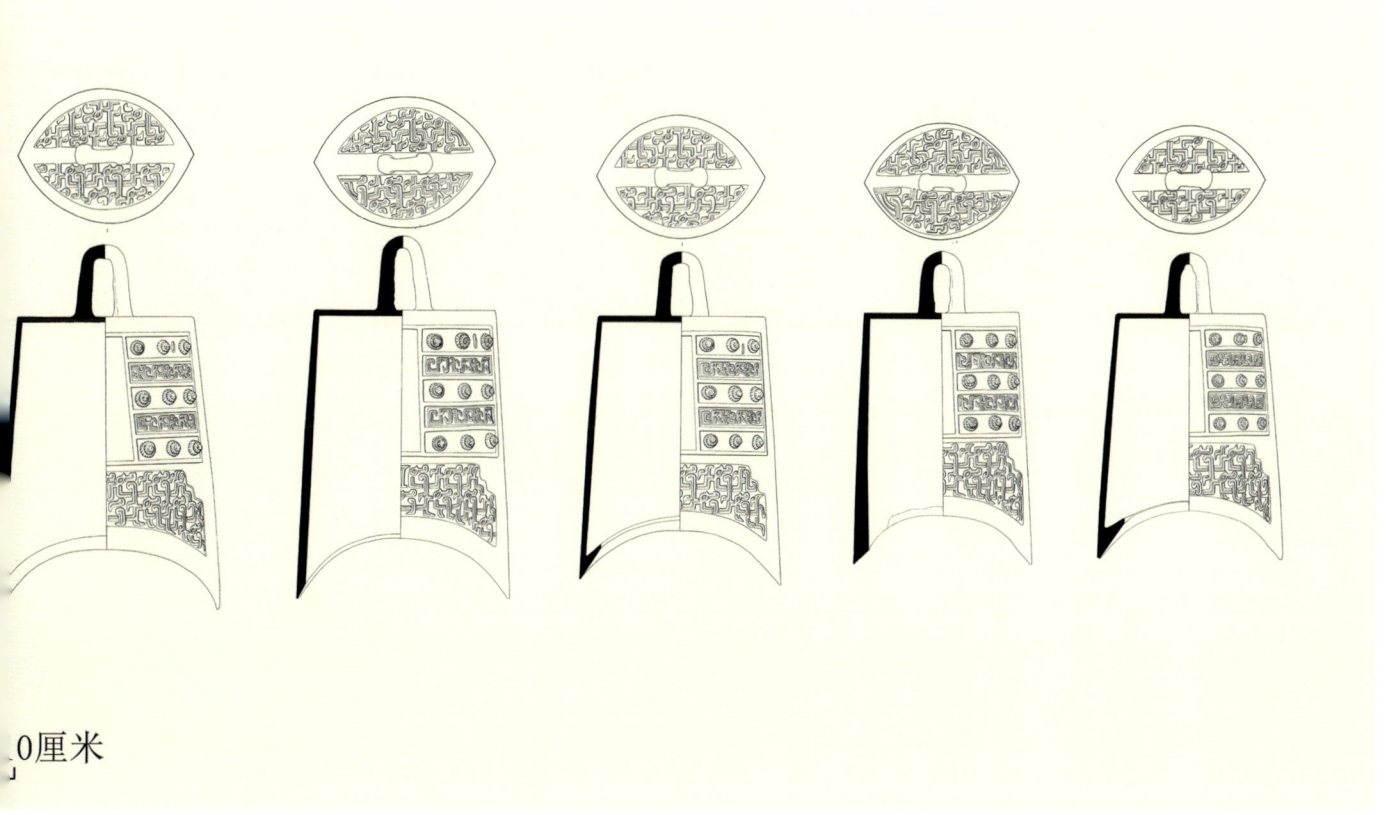

0厘米

b

墓葬分述 | 039

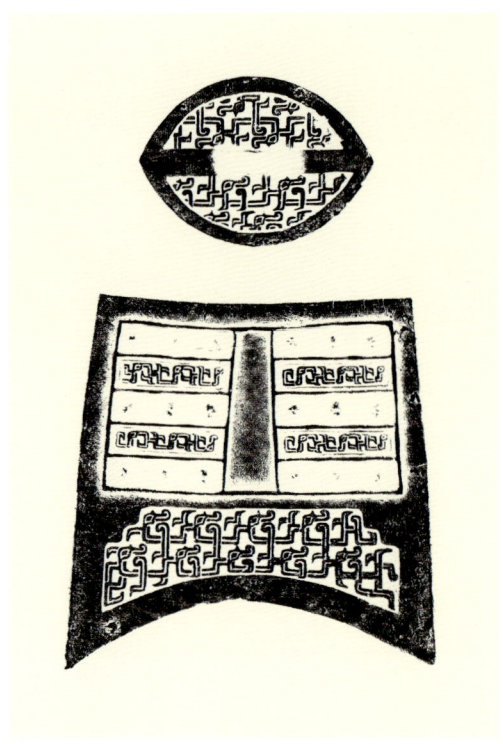

图二二 铜编钟 M29:22

a　　　　　　　　　　　　　　b

c　　　　　　　　　　　　　　d

2. 乐器

编钟　9件。形制、纹饰基本相同，大小相次。钟钮作环形，两铣斜直，铣间呈弧形。舞饰蟠螭纹，钲部篆带两层，饰蟠螭纹。篆带上下及两篆间饰蟠曲的兽首组成的枚，每区三层9枚，正背四区共计36枚。钟体较厚。（图二一）

M29:22，高23.0、钮高4.6、舞广8.6、舞修11.5、铣宽10.1、铣间13.7厘米；M29:21，高22.0、钮高4.2、舞广8.3、舞修10.3、铣宽9.1、铣间12.4厘米；M29:20，高21.5、钮高4.3、舞广7.3、舞修10.3、铣宽9.1、铣间12.8厘

图二三 铜编钟 M29:21

a

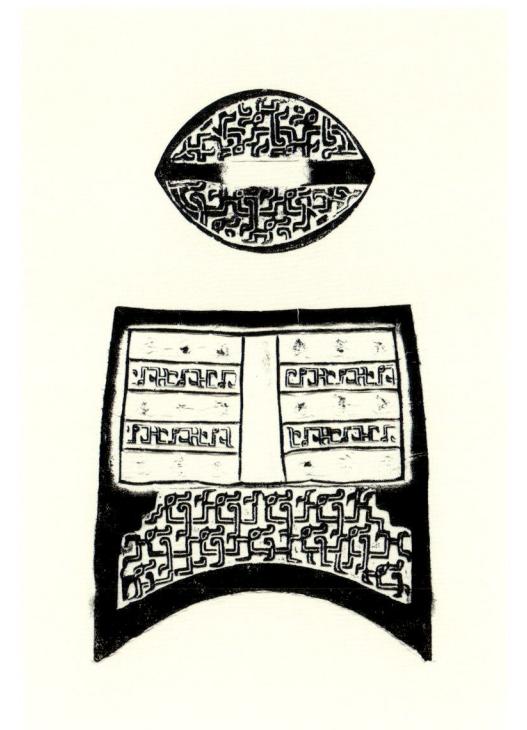
b

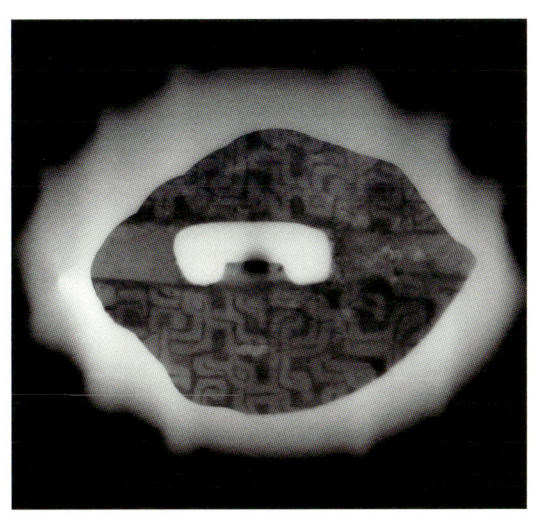
c

d

米；M29:46，高31.5、钮高6.0、舞广11.9、舞修15.4、铣宽14.8、铣间19.2厘米；M29:27，高29.7、钮高6.0、舞广11.5、舞修15.0、铣宽13.5、铣间18.0、厘米；M29:26，高28.2、钮高5.7、舞广10.5、舞修13.6、铣宽11.9、铣间17.0厘米；M29:25，高27.8、钮高5.7、舞广10.2、舞修13.5、铣宽11.4、铣间17.0厘米；M29:24，高25.7、钮高5.2、舞广9.6、舞修12.3、铣宽11.3、铣间15.0厘米；M29:23，高25.5、钮高4.8、舞广9.5、舞修12.6、铣宽10.3、铣间14.5厘米。（图二二至图三〇）

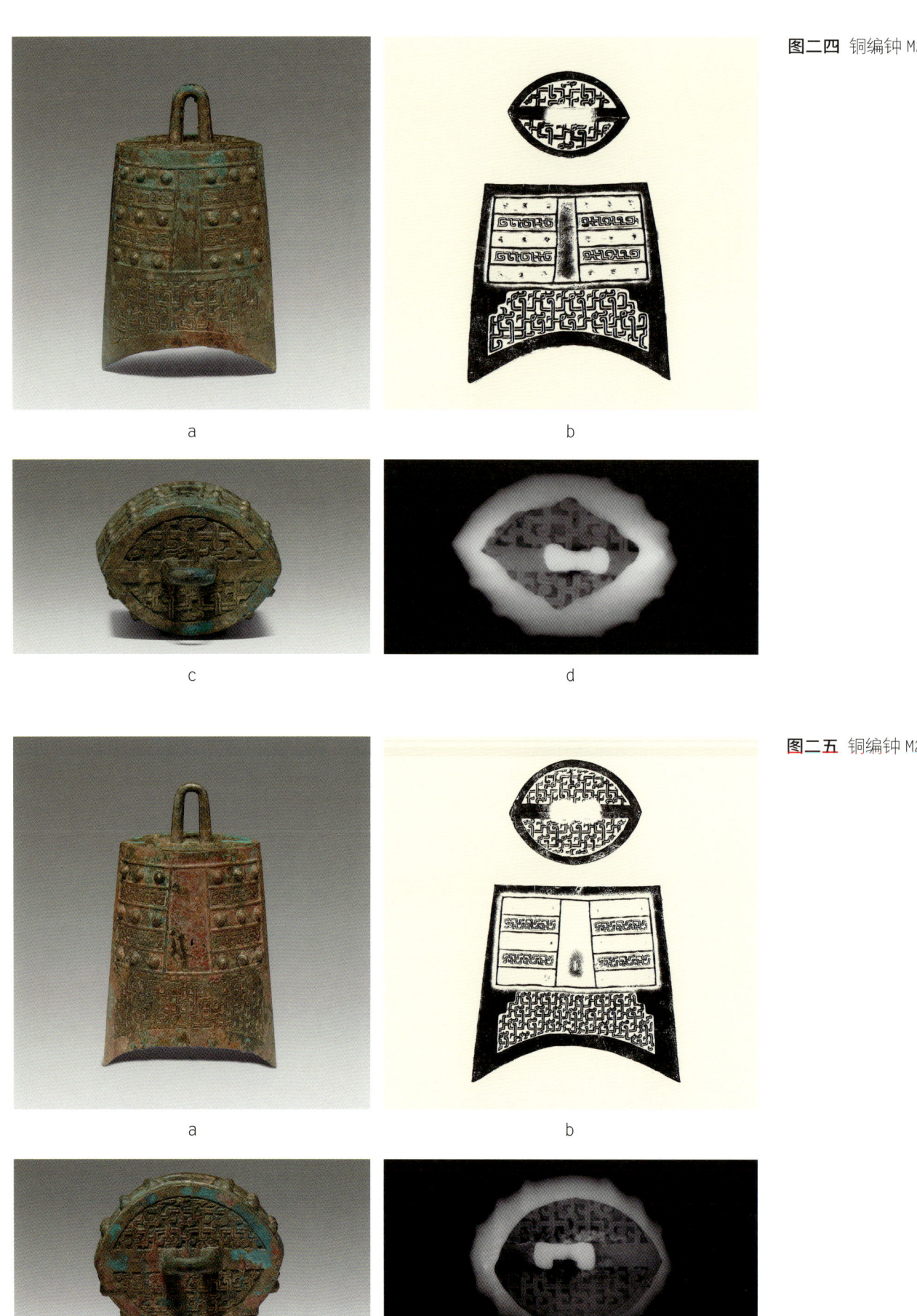

图二四 铜编钟 M29:20

图二五 铜编钟 M29:46

042 | 墓葬分述

图二六 铜编钟 M29:27

a

b

c

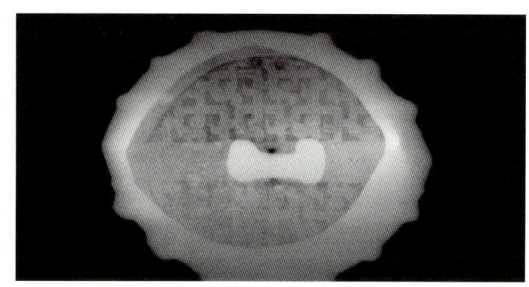

d

图二七 铜编钟 M29:26

a

b

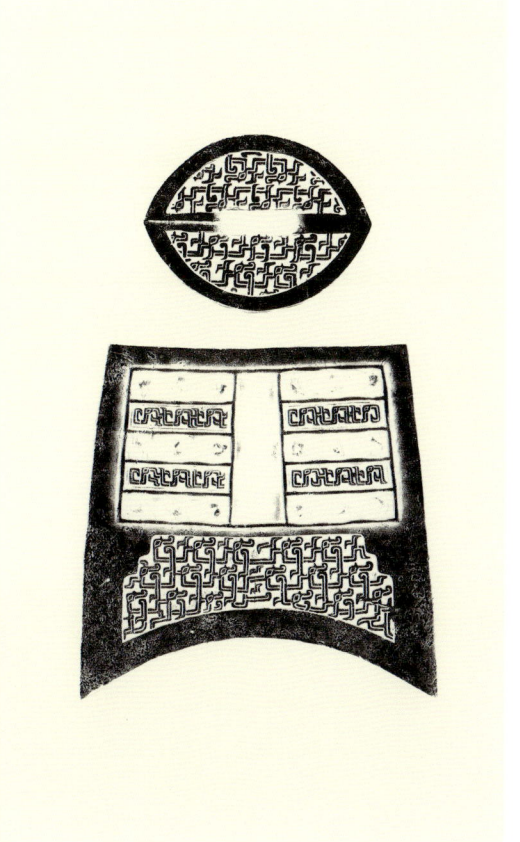

c

墓葬分述 | 043

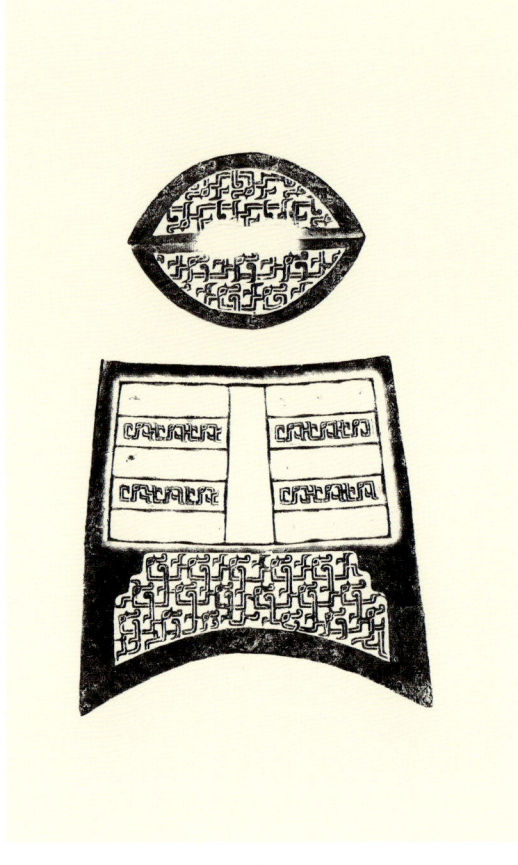

a

b

c

图二八 铜编钟 M29:25

a

b

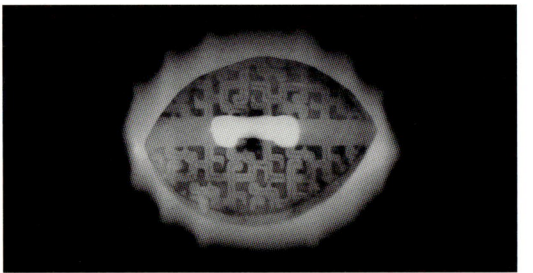

c

d

图二九 铜编钟 M29:24

图三〇 铜编钟 M29:23

a

b

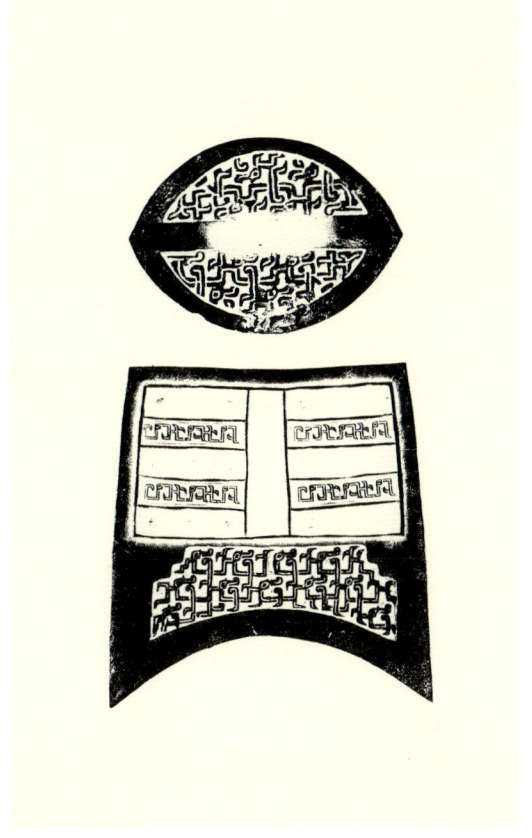
c

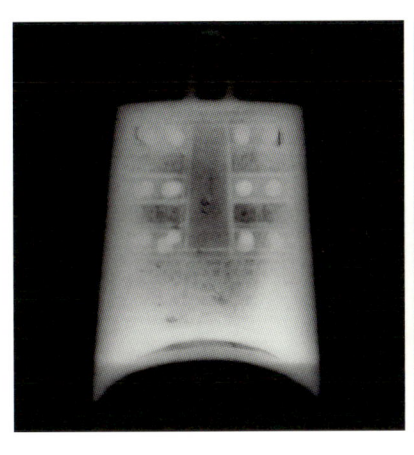

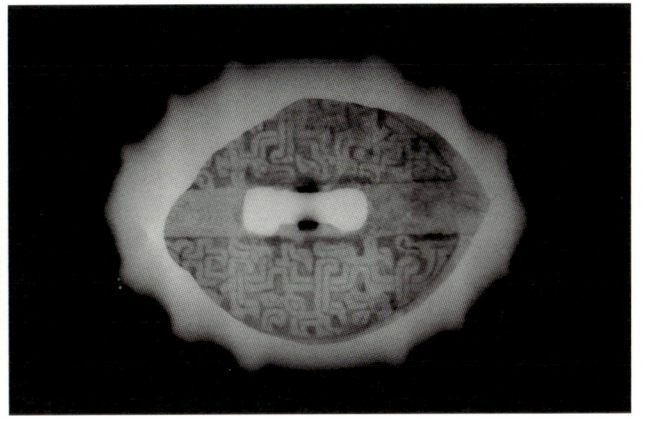
d

铜镈钟 5 件。形制、纹饰基本相同，大小相次。

钟钮作四兽两两对峙状，偏上的一组兽首相背，偏下的一组兽首相对，镈体两侧中部微鼓，铣间平直。钮部兽首身饰阴线的"人"字形纹饰，舞部、篆部及鼓部饰蟠螭纹。篆带上下及两篆间饰两条蟠曲的兽体组成的枚，每区三层 9 枚，正背四区共计 36 枚。枚上的两条蟠曲的兽体，一条身饰"人"字形的鳞纹，一条为素面。钟体较厚。（图三一）

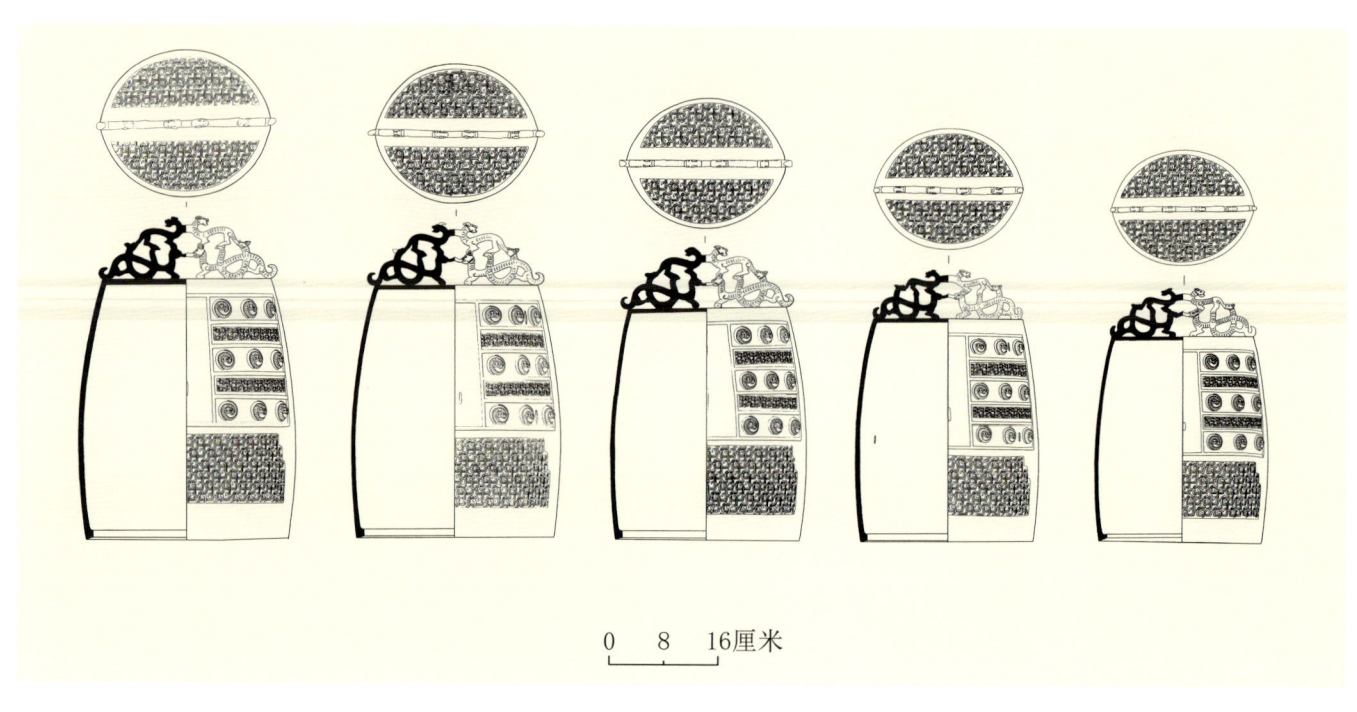

M29:18，高47.9、钮高9.1、舞广21.2、舞修24.7、铣宽24.2、铣间29.9厘米；M29:17，高46.2、钮高8.9、舞广20.2、舞修23.9、铣宽24.1、铣间28.6厘米；M29:19，高43.6、钮高8.8、舞广18.6、舞修23.1、铣宽22.2、铣间27.2厘米；M29:16，高40.3、钮高7.1、舞广18.2、舞修21.8、铣宽20.6、铣间25.1厘米；M29:15，高38.2、钮高7.2、舞广17.4、舞修21.0、铣宽19.7、铣间24.0厘米。（图三二至图三六）

图三一 M29出土铜镈钟

1~5. 铜镈钟（M29:18、17、19、16、15）

图三二 铜镈钟 M29:18

墓葬分述 | 047

图三三 铜镈钟 M29:17

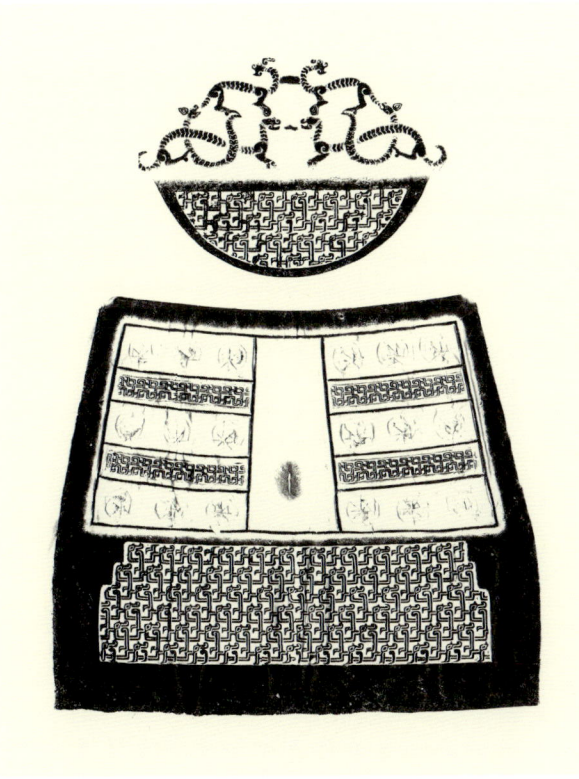
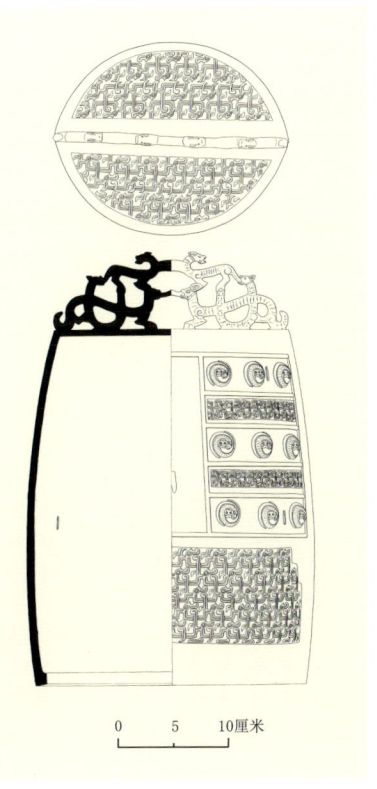

图三四 铜镈钟 M29:19

墓葬分述 | 049

a

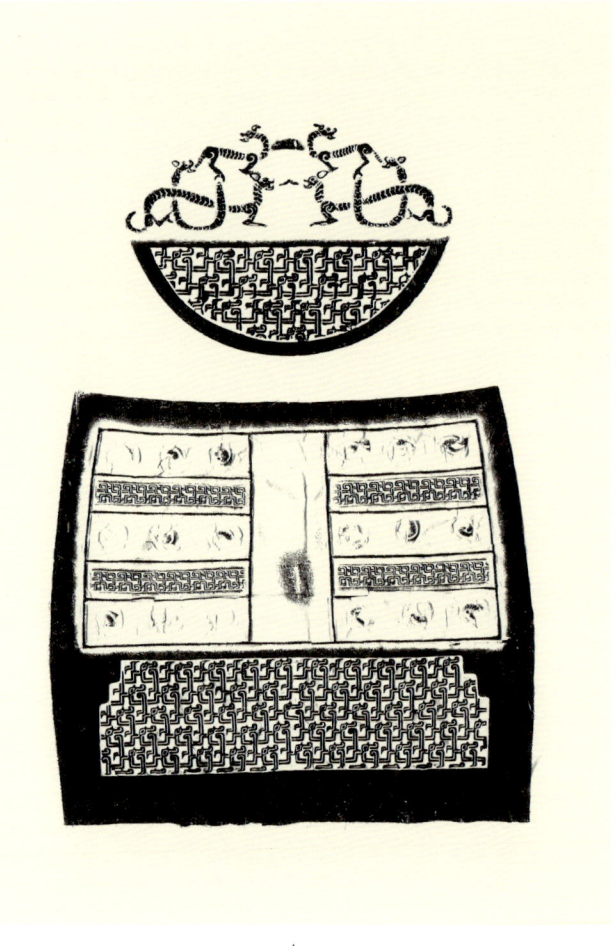

b

c

图三五 铜镈钟 M29:16

050 | 墓葬分述

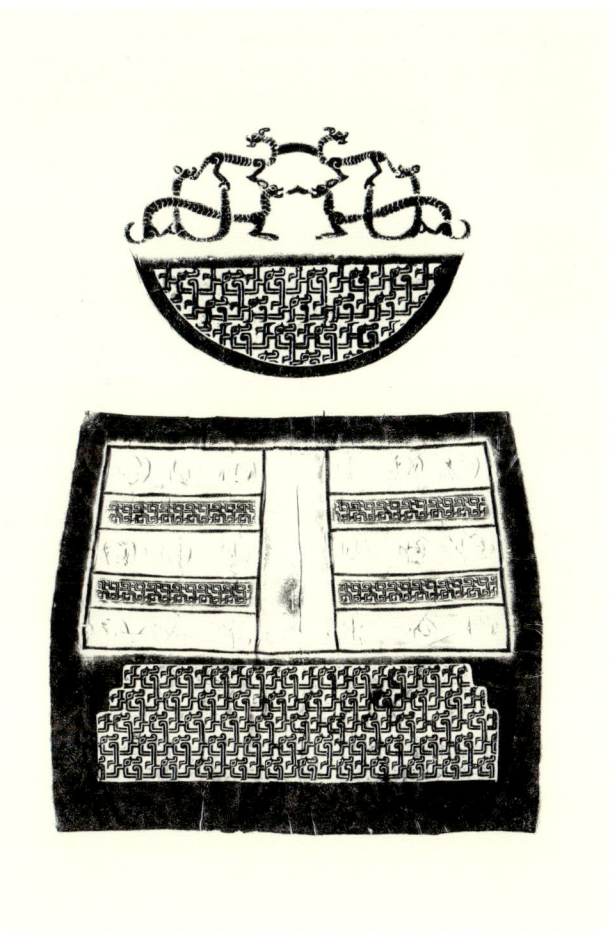

图三六 铜镈钟 M29:15

墓葬分述 | 051

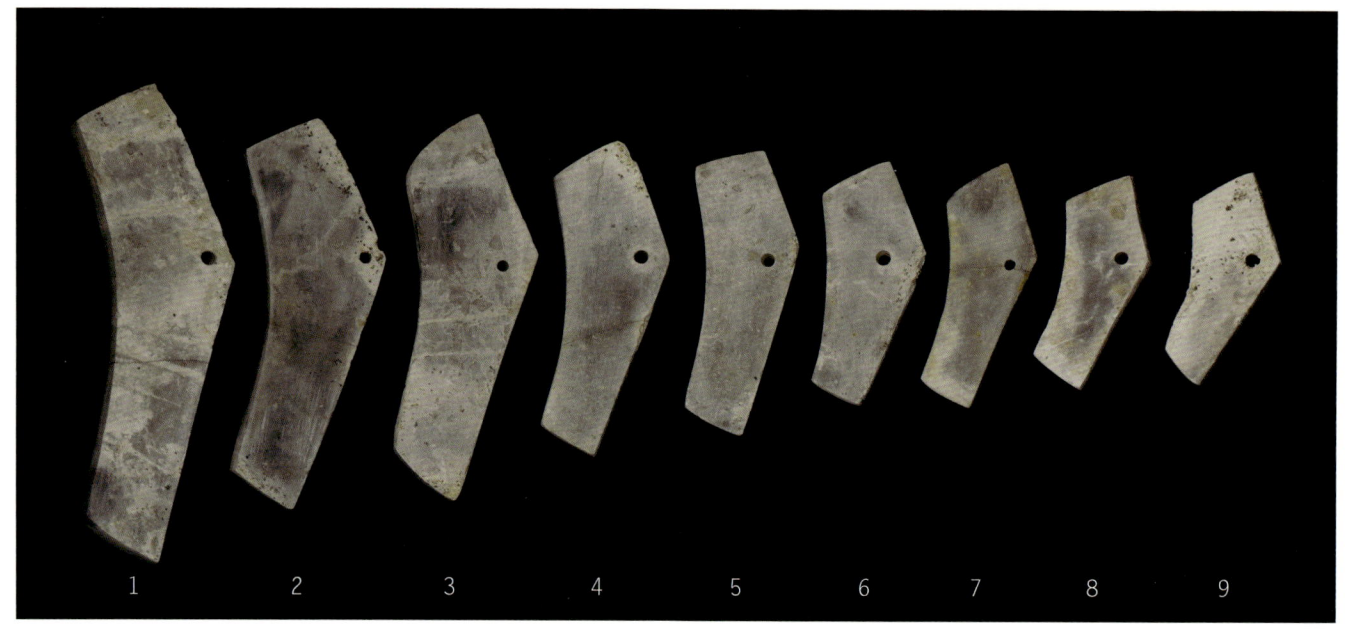

a

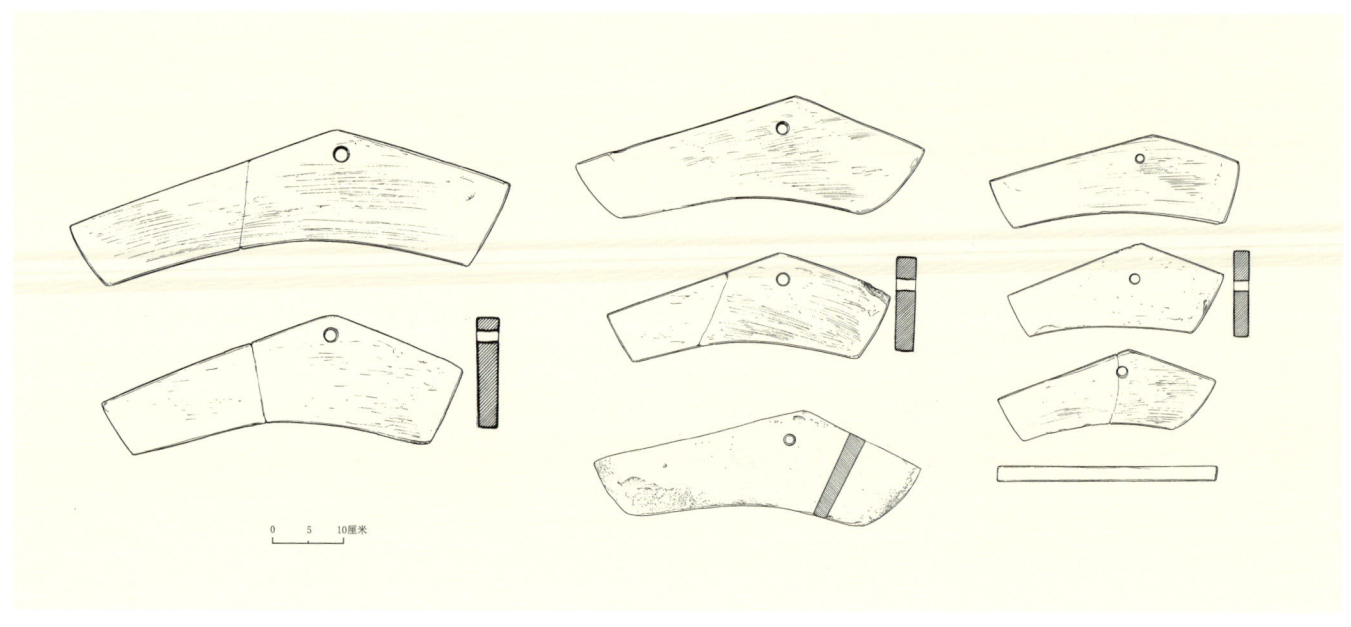

b

石磬，M29:31，一组九件，形制相同，大小相次。皆为灰白色细砂岩，通体磨制，为常见的倨顶型，穿孔两边大小不一。(图三七)

M29:31-1，股上边 25.8、鼓上边 39.3、股博 13.0、鼓博 9.8、长 50.0、孔径 1.9 和 2.0、厚 2.5～3.0 厘米；M29:31-2，股上边 20.0、鼓上边 34.0、股博 11.2、鼓博 8.1、长 40.5、孔径 1.5 和 1.9、厚 2.5～2.6 厘米；M29:31-3，股博因调音的需要打磨成弧线状。股上边 19.8、鼓上边 32.5、股博直线距离 12.6、鼓博 9.7、长 35.0、孔径 1.5 和 1.9、厚 2.5～2.7 厘米；M29:31-4，股上边 16.8、鼓上边 26.0、

图三七 M29 出土石磬

1～9. 石磬 (M29:31-1、2、3、4、5、6、7、8、9)

图三八 铜戟 M29:36

a

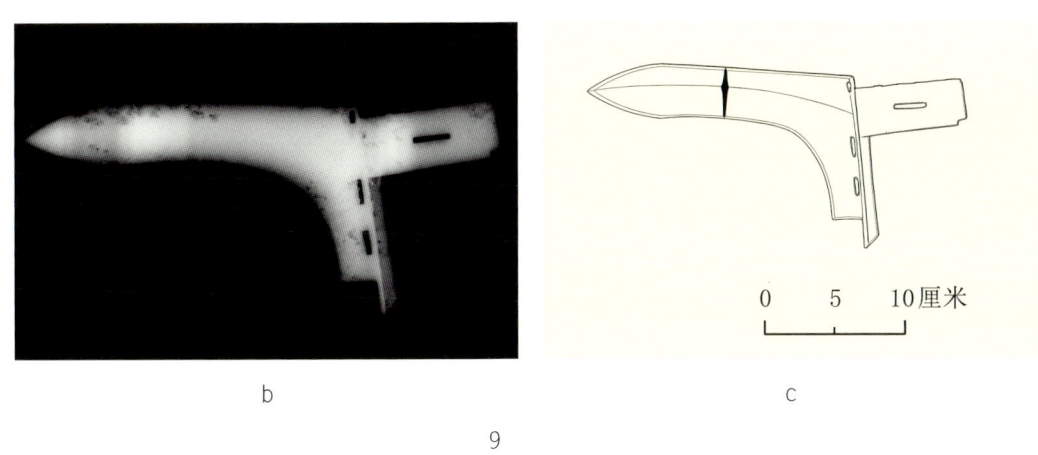

b　　　　　　　　　　c

9

股博9.8、鼓博7.3、长31.0、孔径1.7和2.0、厚2.0～2.6厘米；M29:31-5，股上边13.0、鼓上边24.5、股博9.0、鼓博7.5、长30.3、孔径1.2和1.8、厚2.1～2.7厘米；M29:31-6，股上边12.8、鼓上边20.4、股博9.5、鼓博6.5、长23.3、孔径1.6和2.0、厚1.6～1.7厘米；M29:31-7，股上边13.0、鼓上边19.8、股博9.0、鼓博7.0、长22.0、孔径1.4和2.0、厚1.3～1.8厘米；M29:31-8，股上边11.5、鼓上边17.6、股博8.0、鼓博7.1、长20.0、孔径0.9和1.9、厚1.9厘米；M29:31-9，股上边12.1、鼓上边17.5、股博7.9、鼓博6.0、长18.9、孔径2.0、厚1.7厘米。

3. 兵器

铜戟 1件。

M29:36，援部较长，为长条形，圭首，上刃平，援中部起脊，有胡，阑侧有三个长方形穿，内作长方形，中有一长方形穿。内部右下角有一小缺口。援长

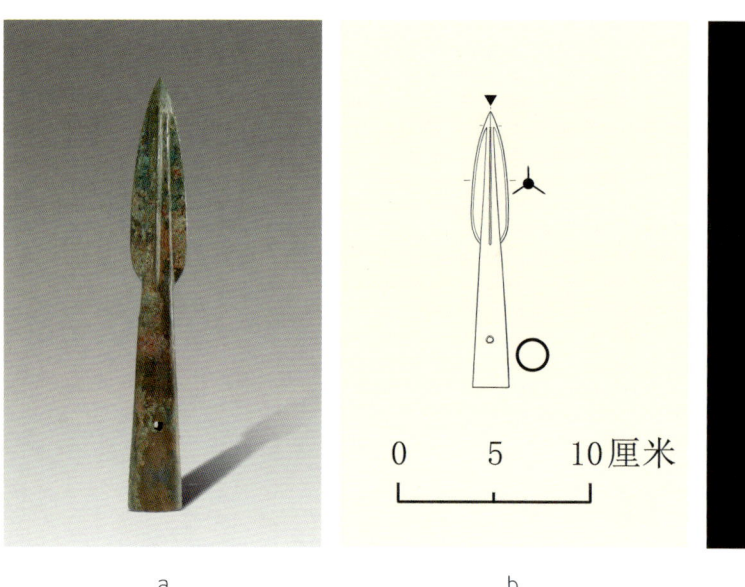
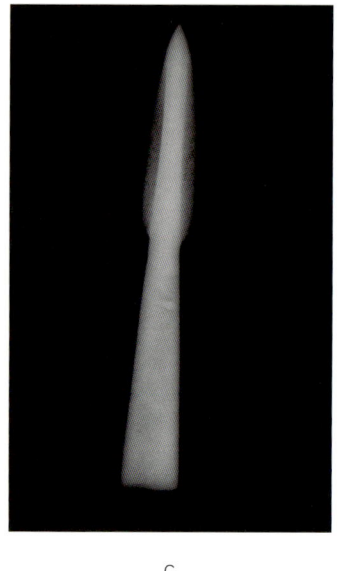

图三九 铜戟 M29:37

a　　　　　　b　　　　　　c

图四〇 铜戈 M29:49

a

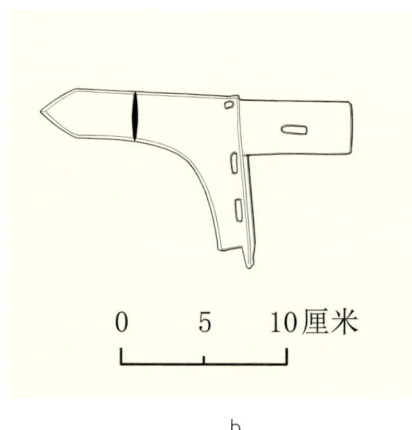
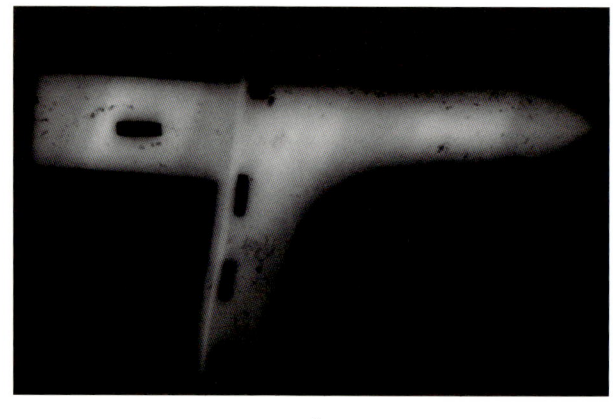

b　　　　　　　　　　c

054 | 墓葬分述

图四一 铜盾钖 M29

1-2. 盾钖（M29:33、34）

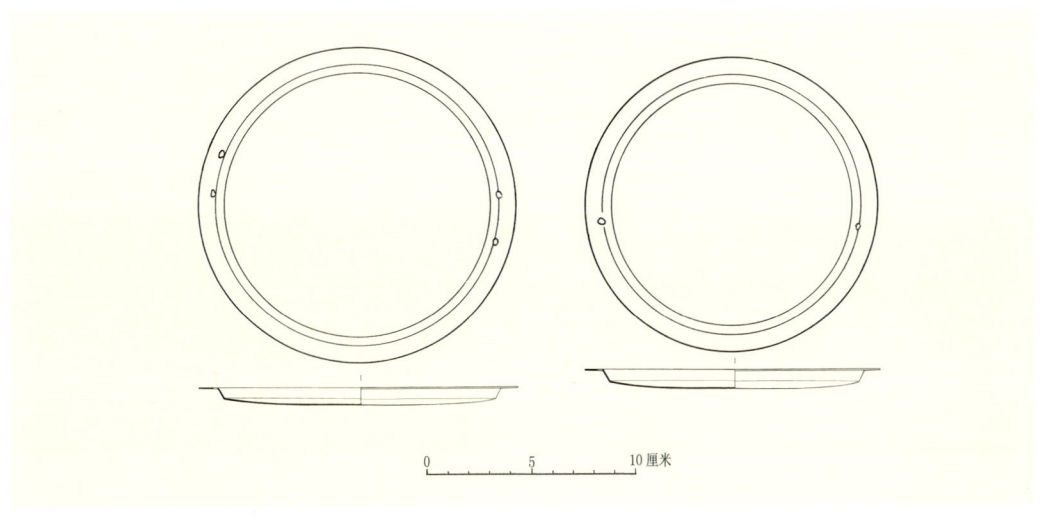

19.4、阑长 12.3、内长 7.7、内宽 3.3、中脊厚 0.7、通长 27.0 厘米。（图三八）

M29:37，三刃，整体呈柳叶形，中部起脊，圆骹，椭圆形銎，偏下有一穿。銎径 2.0、叶长 6.8、厚 0.15～0.2、通长 14.5 厘米。（图三九）

铜戈 1 件。

M29:49，援长 12.3、阑长 10.6、内长 6.8、内宽 3.2、中脊厚 0.6、通长 19.0 厘米。（图四〇）

盾钖 4 件。

其中 3 件修复，1 件破碎。宽平沿，整体呈浅盘形，器壁极薄，通身光素，口沿上有小的穿孔。M29:33，器身有两道折棱，口径 15.5、厚 0.1 厘米；M29:34，器身无折棱，口径 14.2、厚 0.1 厘米。（图四一）

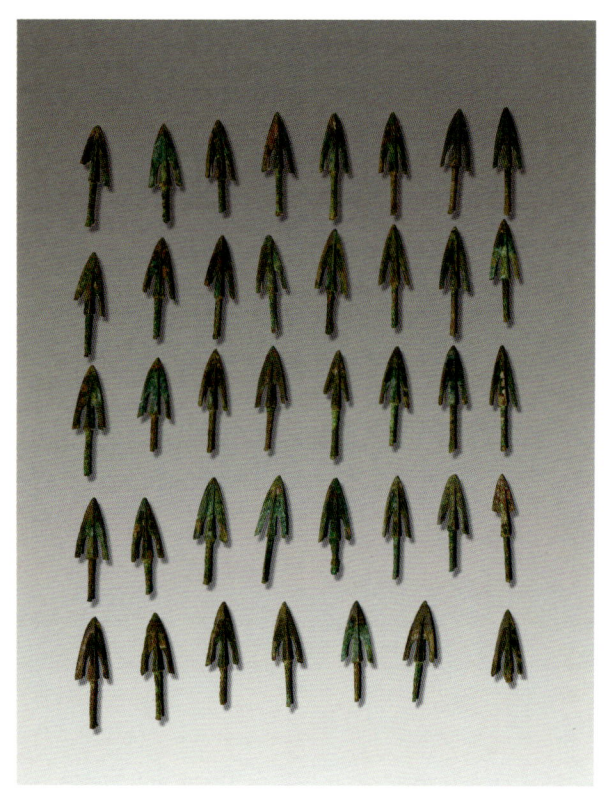
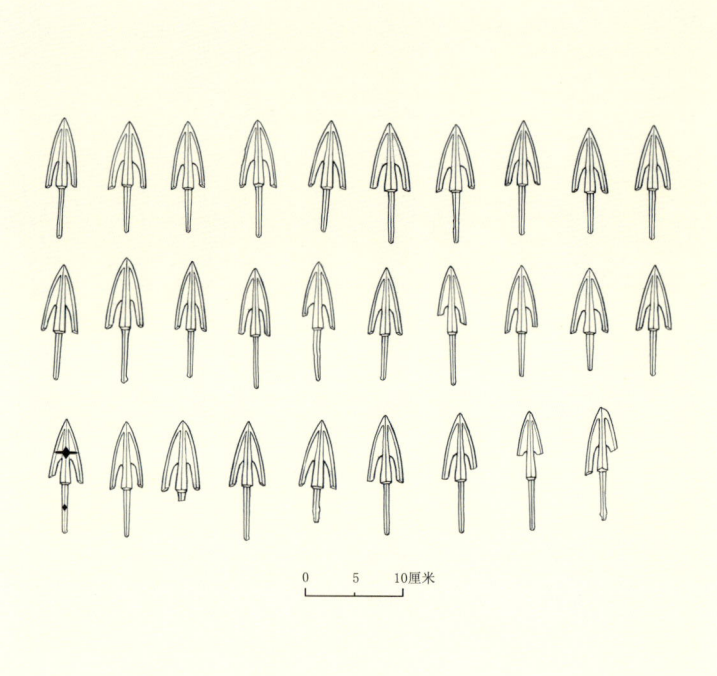

a　　　　　　　　　　　　　　　b

铜镞 45 件。

图四二 铜镞 M29:28

M29:28，39 件铜镞。M29:30，6 件铜镞。两翼双刃，两刃略呈弧线形，圆铤。标本 M29:28-1，两锋宽 1.9、铤长 3.0、通长 6.3 厘米。(图四二)

4. 车马器

车軎 3 套 6 件。

M29:38-1，軎为圆筒形，一端有外折的宽缘，近缘处两面有长方形穿孔，穿中贯辖，辖首及辖尾各有一横穿。軎身饰蟠螭纹，近口沿处有一周绚索纹，辖首饰兽面，其中一个兽耳衔环。外口 5.2～4.8、内口 7.5～6.7、辖长 7.5、通长 4.8 厘米。(图四三)

M29:38-2，与 M29:38-1 形制、纹饰相同。外口 5.3～48、内口 7.5～6.7、辖长 7.4、通长 4.7 厘米。

M29:38-3，軎为圆筒形，一端有外折的宽缘，近缘处两面有长方形穿孔，穿中贯辖，辖首有一横穿。辖首饰兽面，余皆为素。外口 5.2、内口 8.2、辖长 6.8、通长 6.8 厘米。(图四四)

M29:38-4，与 M29:38-3 形制、纹饰相同，口沿处有残缺。外口 5.2、内口 8.2、辖长 6.7、通长 6.8 厘米。M29:38-5，軎为十二棱的圆筒形，一端有外折的宽缘，近

图四三 铜车軎 M29:38-1

a   b

图四四 铜车軎 M29:38-3

a   b

图四五 铜车軎 M29:38-5

a   b

缘处两面有长方形穿孔且凸出，凸出部位各有两个圆孔，穿中贯辖，辖首及辖尾各有一圆穿与軎身的穿孔相应。通体素面。外口 5.2～4.8、内口 9.0～8.7、辖长 8.2、通长 9.8 厘米。（图四五）

M29:38-6，与 M29:38-5 形制相同。外口 5.2～4.8、内口 9.0～8.7、辖长 8.2、通长 9.8 厘米。

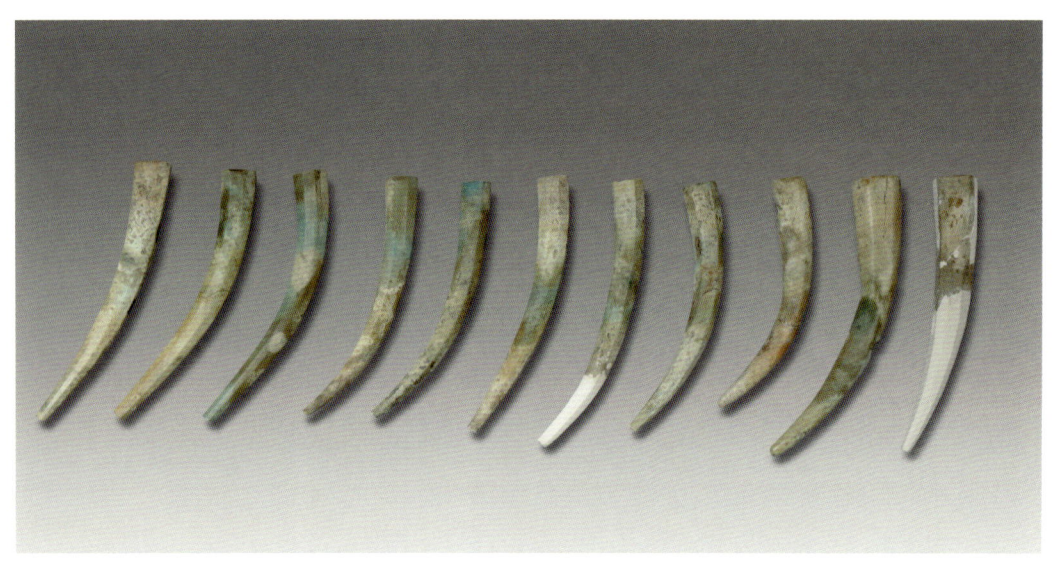

图四六 骨镞 M29:29

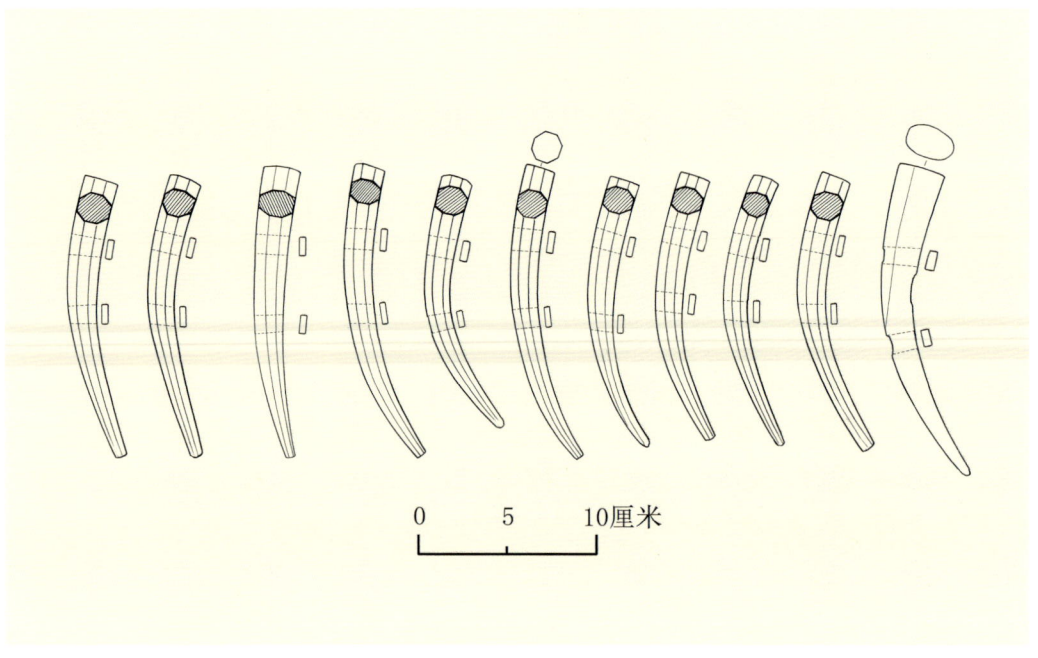

骨镞 11 件。整体呈弯曲状，一端较粗为平顶，一端呈尖状。整体由兽骨刮削、打磨而成，体侧有两个长方形穿孔。

M29:29-1，长 15.9 厘米；M29:29-2，长 15.1 厘米；M29:29-3，长 15.8 厘米；M29:29-4，长 15.9 厘米；M29:29-5，长 13.8 厘米；M29:29-6，长 15.6 厘米；M29:29-7，长 14.5 厘米；M29:29-8，长 14.6 厘米；M29:29-9，长 14.6 厘米；M29:29-10，长 14.9 厘米。以上十件截面均为八棱形。M29:29-11，截面为椭圆形，长 16.9 厘米。（图四六）

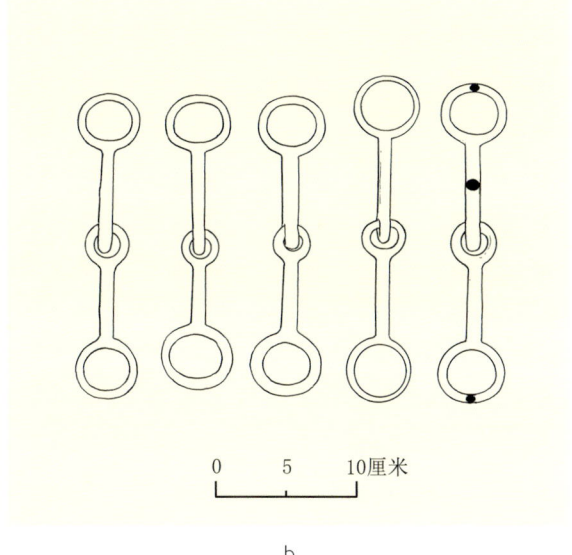

图四七 铜马衔 M29:39

1~5. 铜马衔（M29:39-1、2、3、4、5）

马衔 5 件。其中 2 件，套环与端环均为圆形。

M29:39-1，通长 21.7 厘米；M29:29-2，通长 20.8 厘米。

另外 3 件，大套环中央内鼓，形成凸起，可以增强套环的耐磨性。

M29:39-3，通长 22.0 厘米；M29:39-4，相套的环锁因长期使用磨损而变细。通长 22.2 厘米；M29:29-5，通长 22.0 厘米。（图四七）

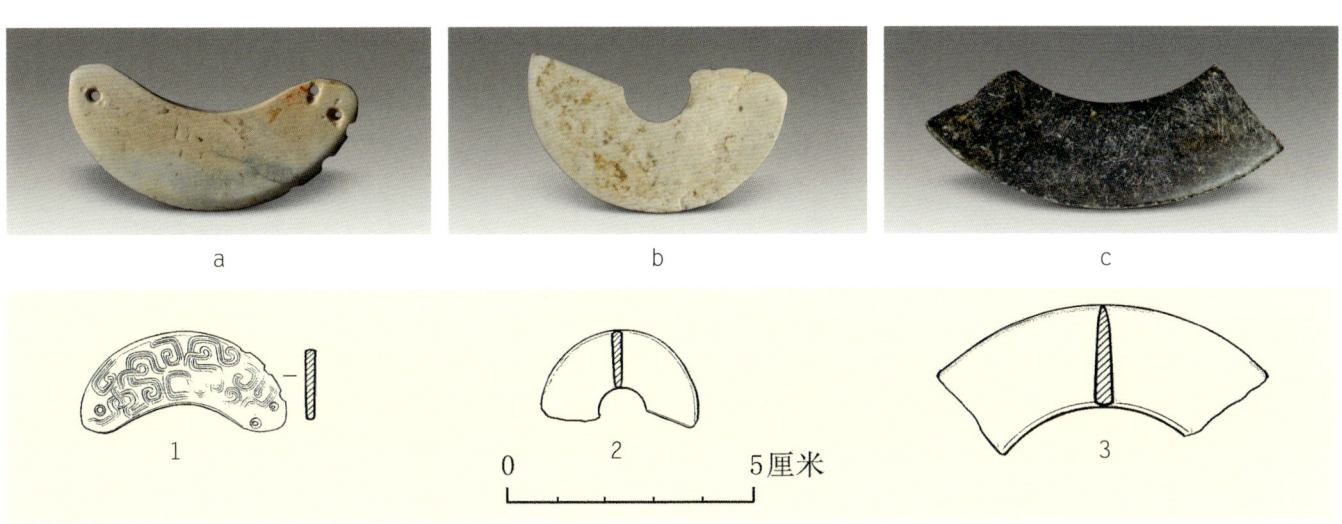

图四八 M29 出土玉器

1. 玉璜（M29:40）

2、3. 璜形玉饰（M29:42、41）

⑤ 其他

有玉石器、骨器等，共 6 件。

玉器 3 件。有玉璜、璜形玉饰。（图四八）

M29:40，玉璜。月牙形，呈浅黄白色。一端有一大一小单面钻孔，另一端有一个较大的双面钻孔，外缘左侧有三个小缺口。正面刻有双勾线的蟠蛇纹，背

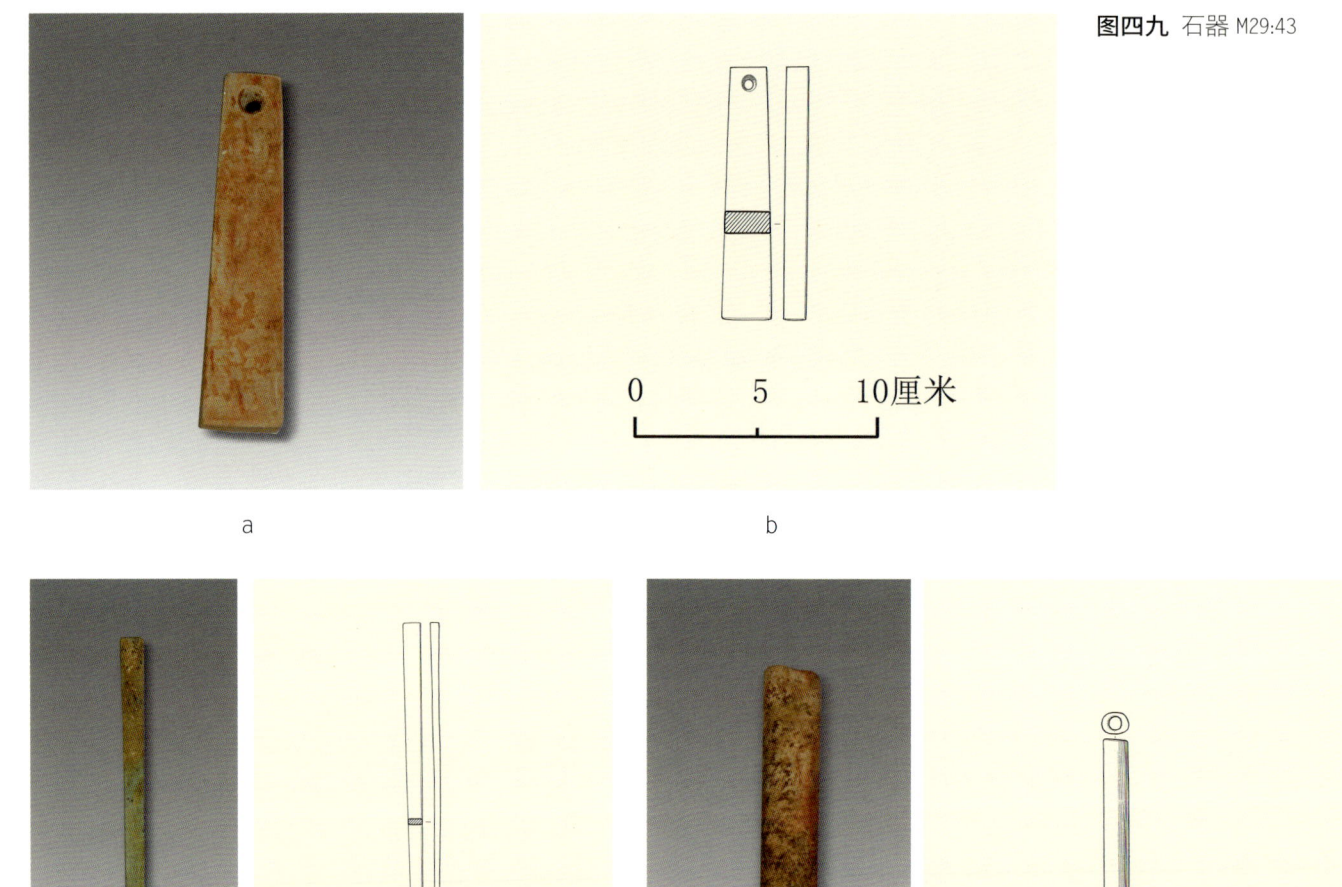

图四九 石器 M29:43

图五〇 骨器 M29
1. 骨簪（M29:47）
2. 骨管（M29:50）

面光素。弦长 6.7、宽 1.6、厚 0.3 厘米。

M29:41，璜形玉饰。两端均残，呈灰黑色，器表磨光，有刻划痕。弦长 8.4、宽 2.2、厚 0.45 厘米。

M29:42，璜形玉饰。半环形，呈浅黄白色。两端均残。外环径 3.3、内环径 0.8 厘米。

石器 1 件。

M29:43，磨石。长方体，下端略宽，顶部有一个穿孔。器表残留有朱砂。长 9.5、最宽 2.1、厚 1 厘米。（图四九）

骨器 2 件。

M29:47，骨簪。由兽骨磨制而成，簪首尾皆齐平。长 13.4 厘米。

M29:50，骨管。由兽骨制成，残长约 6.5 厘米。（图五〇）

图五一 M30 平、剖面图

1～9.铜编钟 10.石磬 11.铜片 12.蚌饰 13.铜饰 14、15.铜壶 16～18.铜鼎 19.铜匜 20.铜斗 21.斗柄 22～24.铜鬲 25.铜豆 26.铜舟 27.铜簠 28.铜盆 29、30.铜簋 31.铜鼎 32.铜盘 33.铜簠 34.铜鼎 35.铜盆 36.兽骨 37.骨玦 38.玉璜 39.骨笄 40.铜环 41.玉饰 42.海贝 43.玉玦 44.漆器 45.铜棺钉 46.玉饰 47.铜马衔

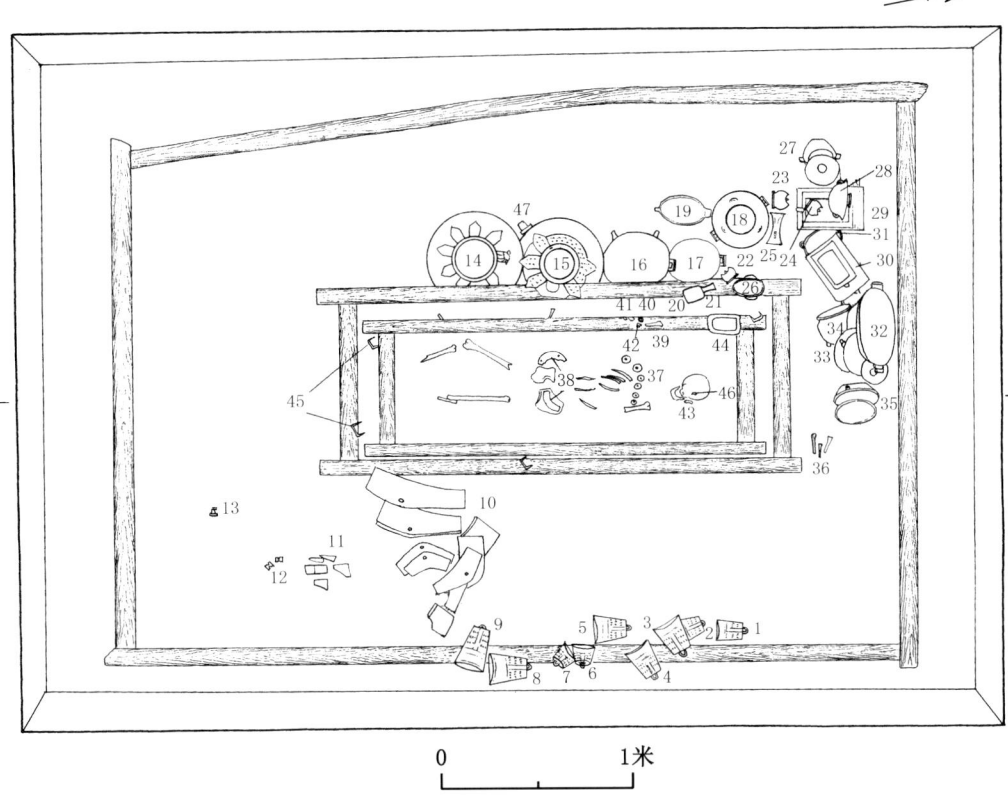

二、M30

M30 位于发掘区的西南部，东依 M29，相距 4.5 米，南临冲沟 3 米左右，地势北高南低、略有缓坡。

（一）墓葬形制

墓开口于耕土层下，墓口距地表 0.3～0.5 米，方向 10 度。长方形竖穴，口大底小，墓口长 5.1、宽 3.6 米，墓底长 4.8、宽 3.3、深 7.3 米，墓壁倾斜，壁面略显粗糙，墓底平坦。

填土为黄褐色五花土，经夯实，质地较硬，内包含有兽骨、陶片等。

（二）葬式葬具

木质葬具均已朽尽，仅存灰痕，从灰痕推测葬具为一椁两棺，外椁平面呈"口"形，西立板略有倾斜，四角各外伸 0.05 米，通长 4.2、通宽 2.7～3、板厚 0.1、残痕高 0.7 米。外棺位于椁室的中部偏北，平面呈"口"形，立板南北两端外伸不等，北短南长 0.05～0.1 米，通长 2.5、宽 1、板厚 0.1、残痕高 0.5 米。内棺位于外棺室的中部，平面呈"口"形，四角各外伸 0.05 米，通长 2.08、宽 0.75、板厚 0.1、残痕高 0.3 米。

人骨保存极差，从残存肢骨推测为仰身直肢，头向北，面向上。（图五一）

（三）随葬器物

随葬器物共 63 组件。按照功用的不同分别放置，铜礼器与日用器放置于内椁与外棺之间的西、北部，石磬、石圭及少量铜饰小件放置于内椁与外棺之间的东北部，编钟放置于外椁与内椁之间的东部，玉、骨、木小件饰品放置于内棺及骨架周身，一些铜棺钉散落于内棺与外棺的四周。铜鼎 5 件、铜簋 2 件、铜盆 2 件、铜壶 2 件、铜鬲 3 件、铜簠 2 件、铜盘 1 件、铜匜 1 件、铜豆 1 件、铜舟 1 件、铜斗 1 件、铜斗柄 1 件、石磬 1 件（套）、编钟 9 件、马衔 1 件（套）、蚌饰 2 件、铜饰 1 件、玉玦 8 件（编两号）、小玉器 1 件、玉璜 2 件、小玉块 4 个、贝币 1 件、骨器 1 件、漆器 1 件、兽骨、铜棺钉等。

1. 铜容器

共 21 件，有鼎、簋、簠、鬲、豆、壶、盘、匜、舟、盆、斗等。

铜鼎 5 件。形制、纹饰基本相同，大小相次。子口内敛，圆形腹，腹较浅，圜底近平，上腹有两个直立附耳，下腹有三个蹄形足，平盖中央有一环形钮，边

缘平均分布三个曲尺形钮。(图五二)

M30:16，上腹饰三层蟠螭纹组成的纹饰带，下腹饰两层蟠螭纹组成的纹饰带，中间有一高的蹄形足。盖面有多层纹饰，由内到外依次为：正中央一个素面圆，其外是一周上下以绚纹为界栏的蟠虺纹，间隔一周素带，其外是一周上下为三角形纹、中间为绚纹的纹饰带，隔一周素带，其外为一周蟠螭纹，间隔一周素带外又是一周蟠螭纹。鼎腹中央有一道绚纹，其上为三层蟠螭纹组成的纹饰带，其下为两层蟠螭纹组成的纹饰带。曲尺形钮上饰镂孔的虎纹，附耳的正、背两面均饰蟠虺纹。鼎身可见三道清晰的竖行范线与器底的圆形范线相交，三蹄形足两侧均可见范线，内侧齐平。三足和附耳均为后铸，盖钮为先铸。口径 27.6、腹深 13.9、腹最大径 32.7、耳距 35.6、足高 14.0、通高 26.2 厘米。(图五三)

M30:17，平盖，盖面中央有一环形钮，边缘平均分布三个曲尺形立钮，盖口沿下折略微外侈，形成母口；子口内敛，圆形腹，腹较浅，圜底近平，上腹有两个直立附耳，下腹有三个粗壮的蹄形足。盖面有多层纹饰，由内到外依次为：正中央是一个素面圆，其外是一周上下以绚纹为界栏的蟠虺纹，间隔一周素带，其外是一周上下为三角形纹、中间为绚纹的纹饰带，隔一周素带，其外为一周蟠螭纹，间隔一周素带外又是一周蟠螭纹。鼎腹中央有一道绚纹，其上为三层蟠螭纹组成的纹饰带，其下为两层蟠螭纹组成的纹饰带。曲尺形钮上饰镂孔的虎纹，附耳的正、背两面均饰蟠虺纹。鼎身可见三道清晰的竖行范线与器底的圆形范线相交，三蹄形足两侧均可见范线，内侧齐平。三足和附耳均为后铸，盖钮为先铸。口径 23.7、腹深 11.3、腹最大径 26.0、耳距 29.7、足高 12.7、通高 23.0 ~ 23.6 厘米。(图五四)

M30:18，平盖，盖面中央有一环形钮，边缘平均分布三个曲尺形立钮，盖口沿下折略微外侈，形成母口；子口内敛，圆形腹，腹较浅，圜底近平，上腹有两个直立附耳，下腹有三个粗壮的蹄形足。盖面有多层纹饰，由内到外依次为：正中央是一个素面圆，其外是一周蟠虺纹，间隔一周素带，其外是一周上下为三角形纹、中间为绚纹的纹饰带，隔一周素带，其外为一周蟠虺纹。鼎腹中央有一道绚纹，其上为三层蟠螭纹组成的纹饰带，其下为两层蟠螭纹组成的纹饰带。曲尺形钮上饰未镂孔的虎纹，附耳的正、背两面均饰蟠虺纹。鼎身可见三道清晰的竖行范线与器底的圆形范线相交，三个蹄形足两侧及足底均可见范线，内侧齐平。三足和附耳均为后铸，盖钮为先铸。口径 23.5、腹深 11.1、腹最大径 25.8、耳距

图五二 M30 出土铜鼎

1~3. 铜鼎（M30:16-18） 4. 铜鼎（M30:34） 5. 铜鼎（M30:31）

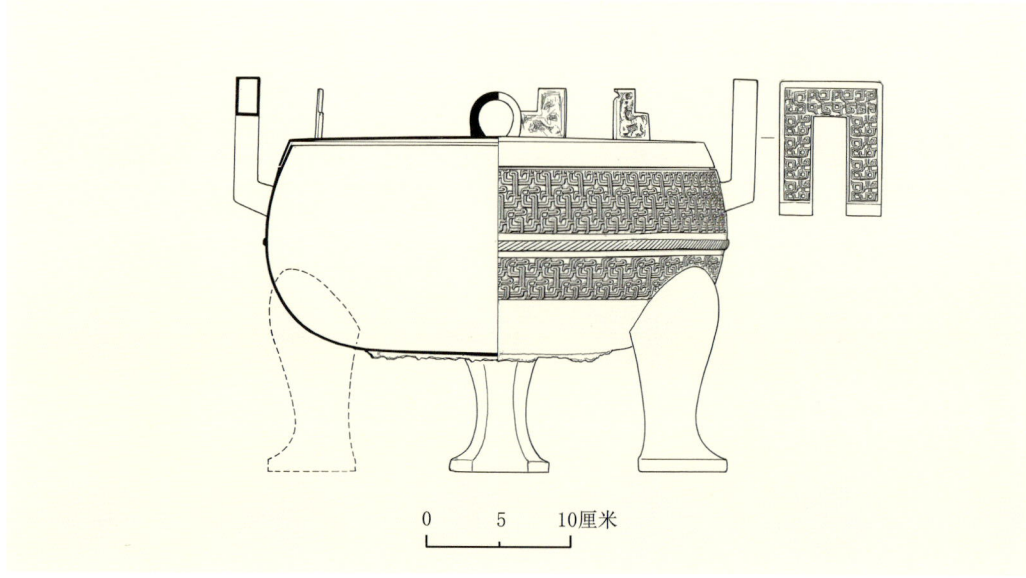

图五三 铜鼎 M30:16

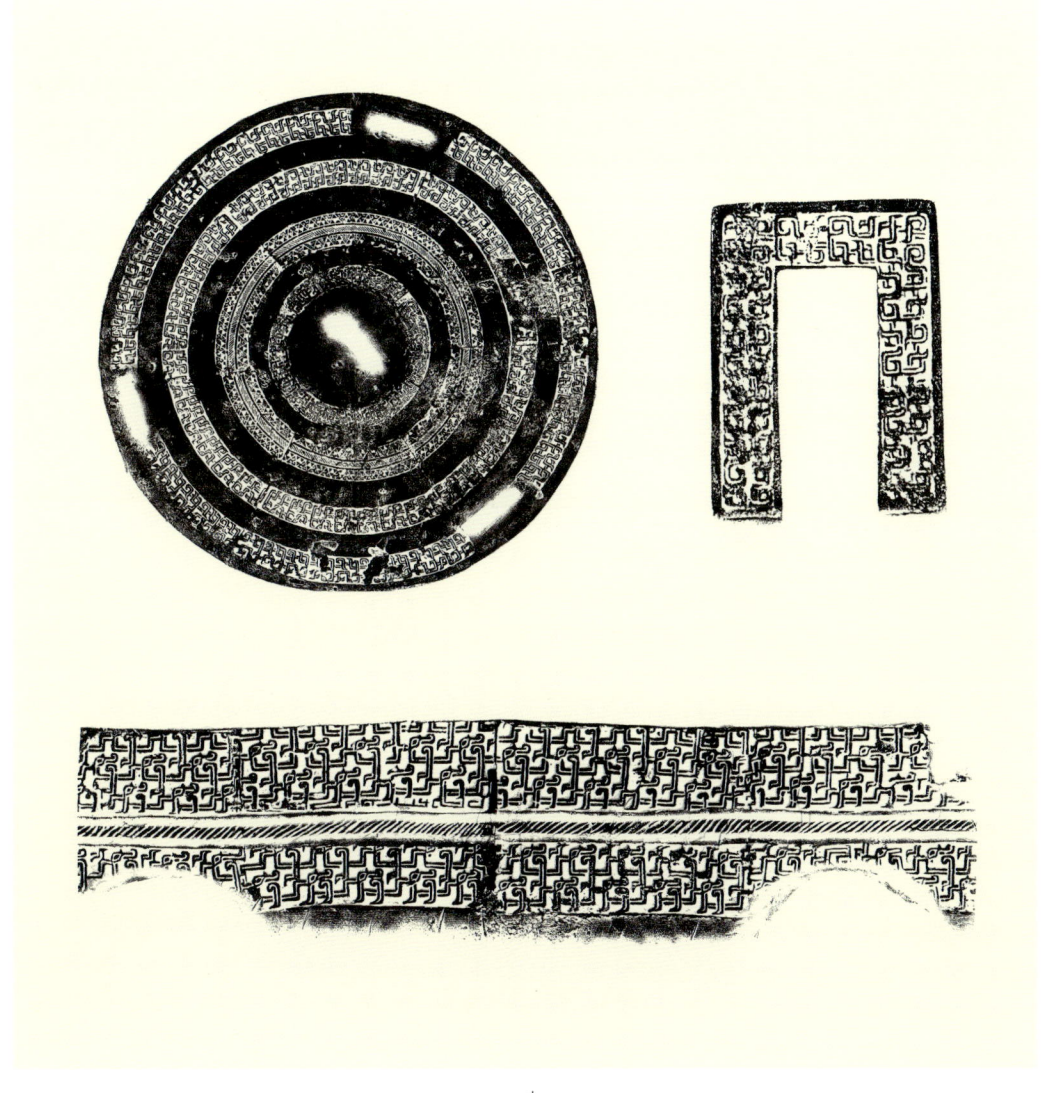

d

墓葬分述 | 065

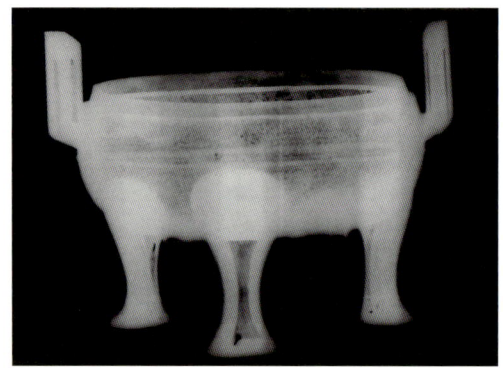
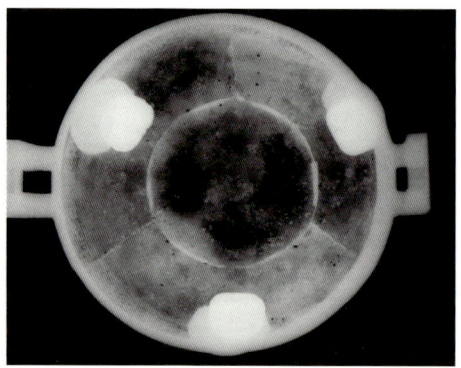
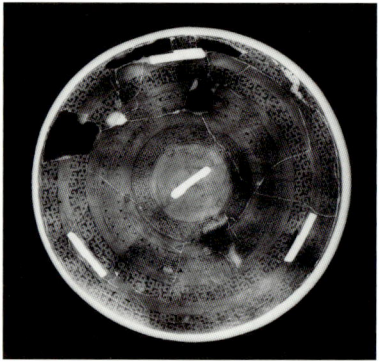
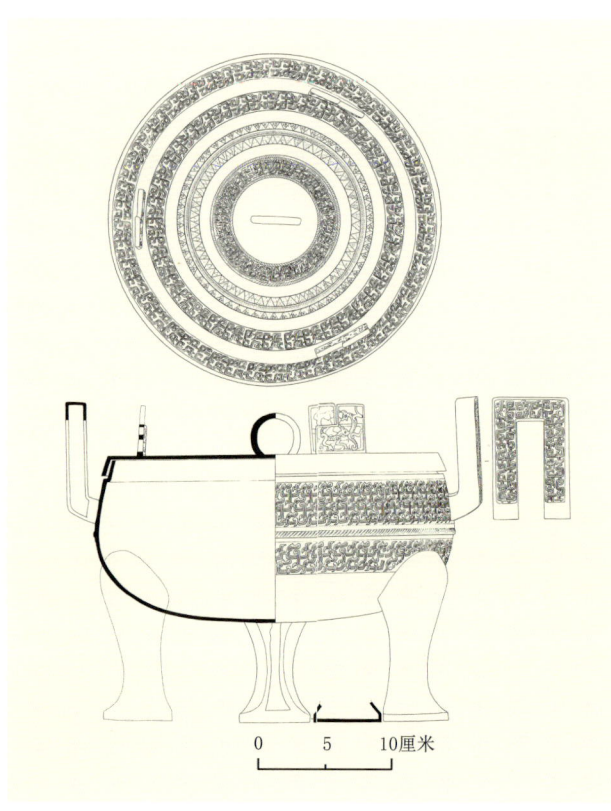
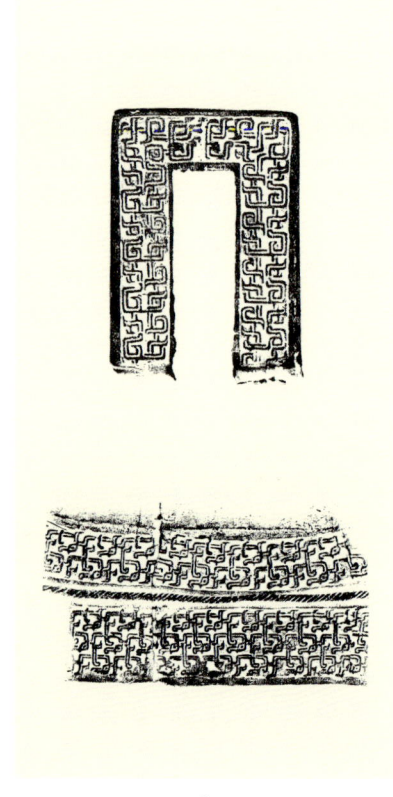

图五四 铜鼎 M30:17

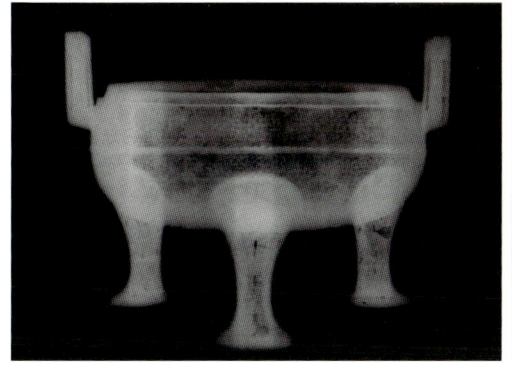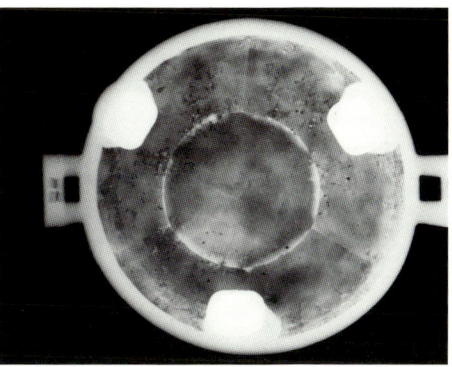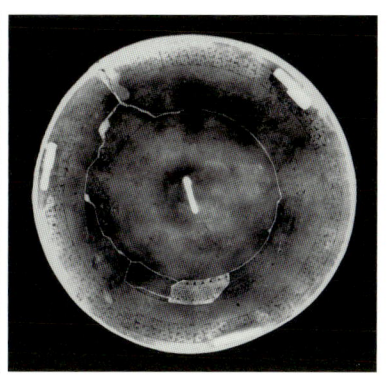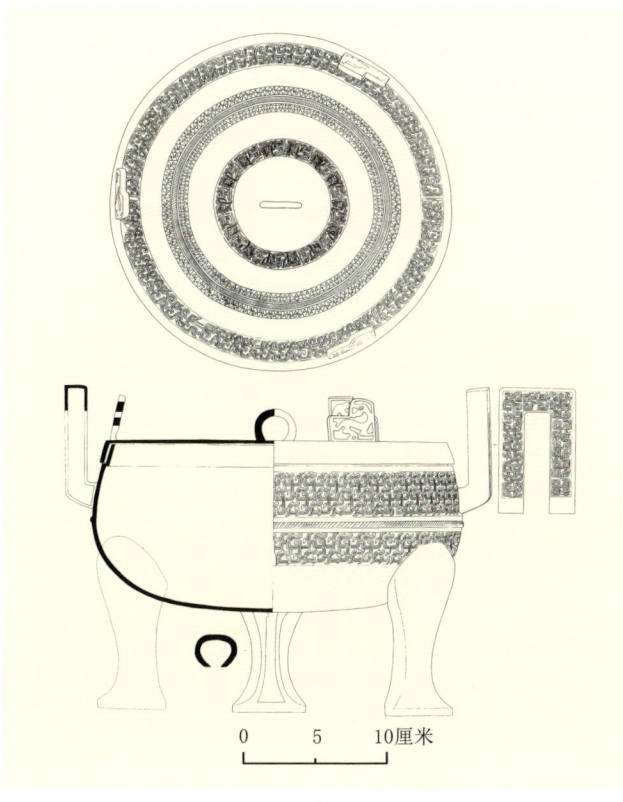

图五五 铜鼎 M30:18

墓葬分述 | 067

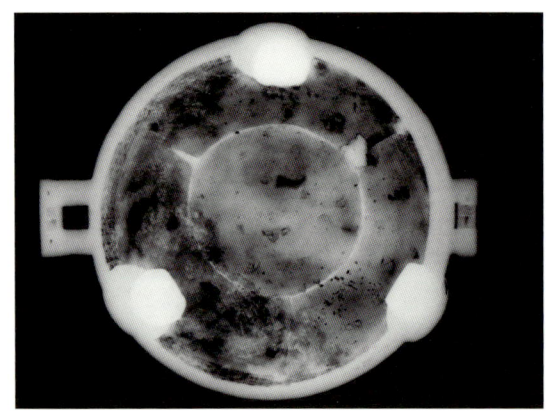
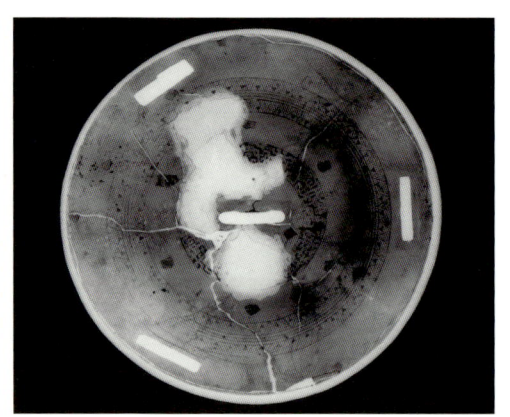

图五六 铜鼎 M30:34

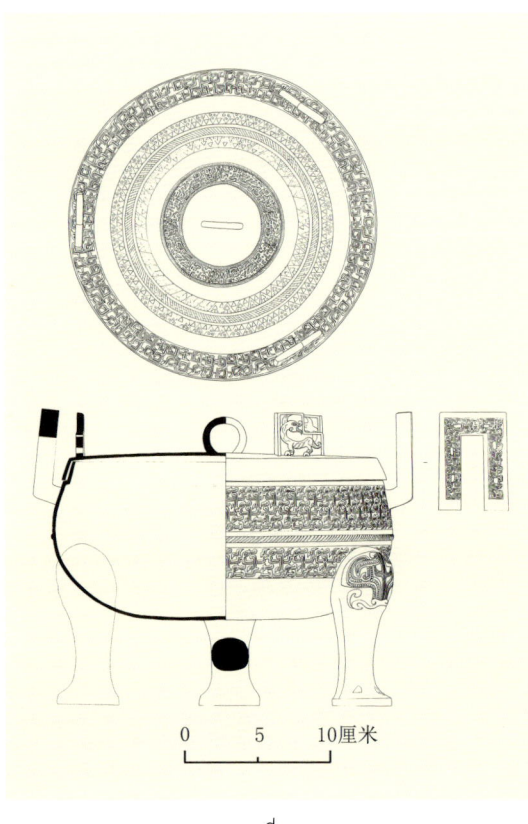

068 | 墓葬分述

图五七 铜鼎 M30:31

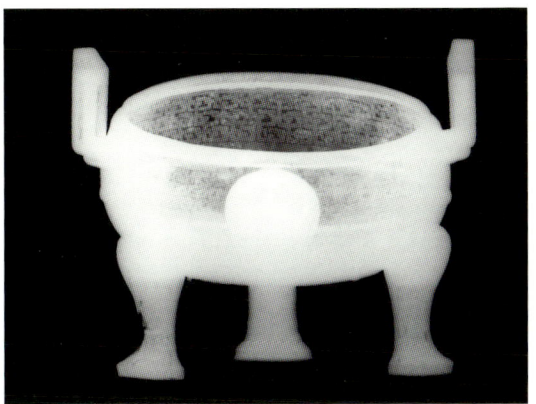
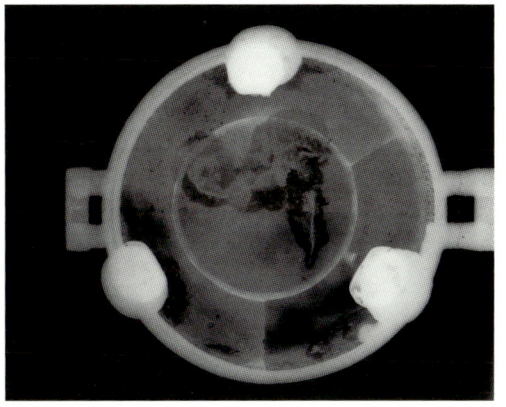
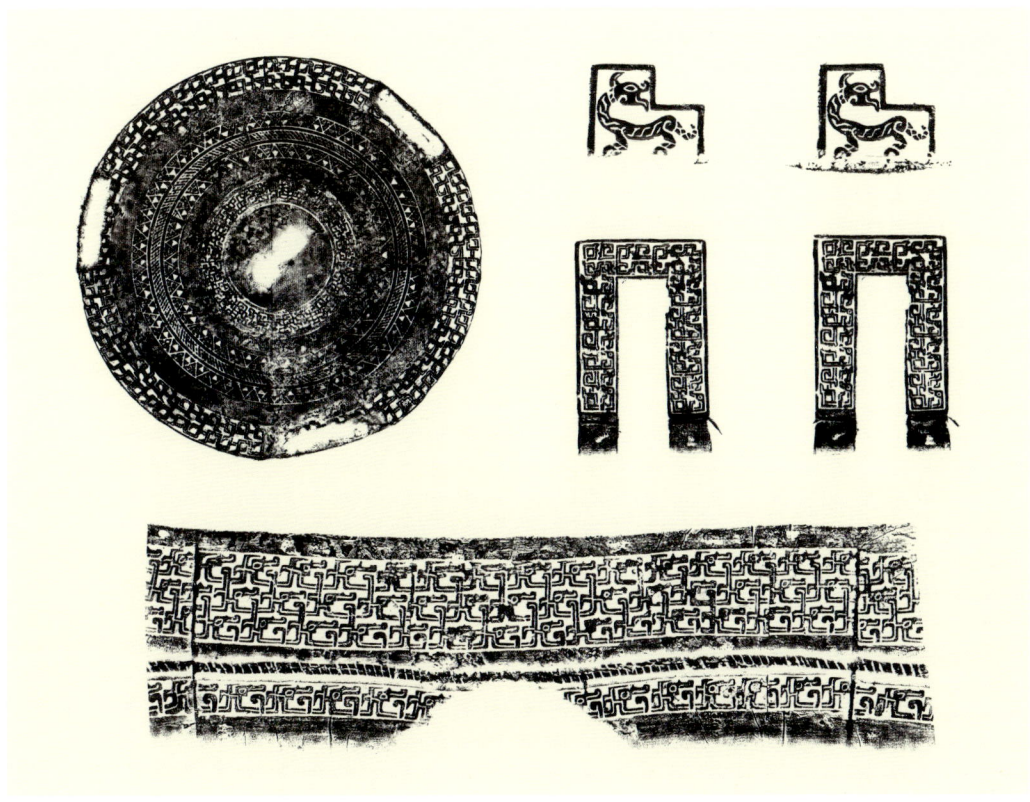

29.5、足高 12.4、通高 22.8 厘米。(图五五)

M30:34，平盖，盖面中央有一环形钮，边缘平均分布三个曲尺形立钮，盖口沿下折略微外侈，形成母口；子口内敛，圆形腹，腹较浅，圜底近平，上腹有两个直立附耳，下腹有三个粗壮的蹄形足。盖面有多层纹饰，由内到外依次为：正中央是一个素面圆，其外是一周细密的蟠虺纹，间隔一周素带，其外是一周上下为三角形纹、中间为绚纹的纹饰带，隔一周素带，其外为一周蟠螭纹。鼎腹中央有一道绚纹，其上为三层蟠螭纹组成的纹饰带，其下为两层蟠螭纹组成的纹饰带。曲尺形钮上饰镂孔的虎纹，附耳的正、背两面均饰蟠虺纹，三个蹄形足上端饰兽面纹。鼎身可见三道清晰的竖行范线与器底的圆形范线相交，三个蹄形足两侧及足底均可见范线，内侧齐平。三足和附耳均为后铸，盖钮为先铸。口径 21.5、腹深 10.5、腹最大径 23.8、耳距 26.0、足高 11.6、通高 20.4～20.8 厘米。(图五六)

M30:31，平盖，盖面中央有一环形钮，边缘平均分布三个曲尺形立钮，盖口沿下折略微外侈，形成母口；子口内敛，圆形腹，腹较浅，圜底近平，上腹有两个直立附耳，下腹有三个粗壮的蹄形足。盖面的纹饰，由内到外依次为：正中央是一个素面圆，其外是一周细密的蟠虺纹，间隔一周素带，其外是一周上下为三角形纹、中间为绚纹（斜线一实一虚）的纹饰带。鼎腹中央有一道绚纹，其上为三层蟠螭纹组成的纹饰带，其下为一层蟠螭纹组成的纹饰带。曲尺形钮上饰未全部镂孔的虎纹，附耳的正、背两面均饰蟠虺纹。鼎身可见三道清晰的竖行范线与器底的圆形范线相交，三个蹄形足两侧均可见范线，内侧齐平。器盖中央有两块补铸的痕迹，器身的纹饰带上局部也有补铸的痕迹。三足和附耳均为后铸，盖钮为先铸。口径 21.7、腹深 11.5、腹最大径 24、耳距 27.7、足高 11.6、通高 23.0 厘米。(图五七)

铜簋 2 件。(图五八)

M30:27，方唇，口沿略微斜折，腹微鼓，平底，下附三角形镂孔的圈足，腹上部饰两个带兽首的半环形双鋬，器盖隆起，上有喇叭形捉手，口沿上有三个小卡扣与器身盖合。腹身饰三层半一组的蟠虺纹，器盖上饰两层一组的蟠虺纹。口径 18.7、圈足高 3.2、通高 14.7 厘米。(图五九)

M30:33，与 M30:27 基本相同，唯器盖口沿下没有扣合的小卡扣。口径 18.9、圈足高 3.0、通高 14.6 厘米。(图六〇)

图五八 M30 出土铜簋

1~2. 铜鼎（M30:27、33）

图五九 铜簋 M30:27

a   b

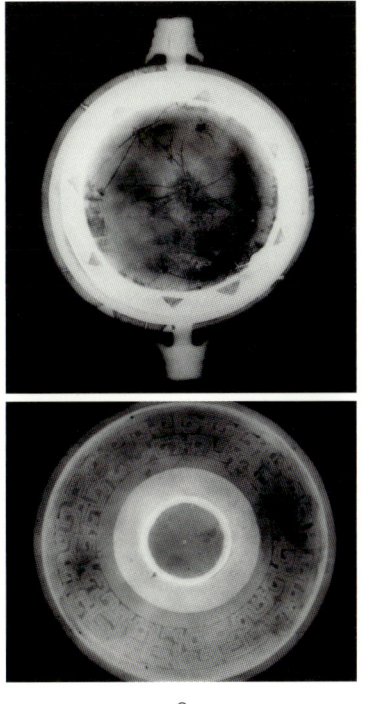
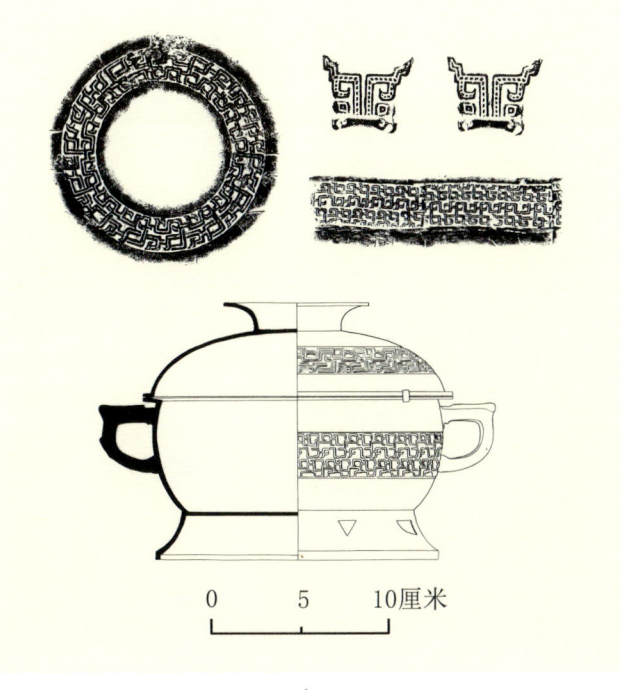

c   d

墓葬分述 | 071

图六〇 铜簋 M30:33

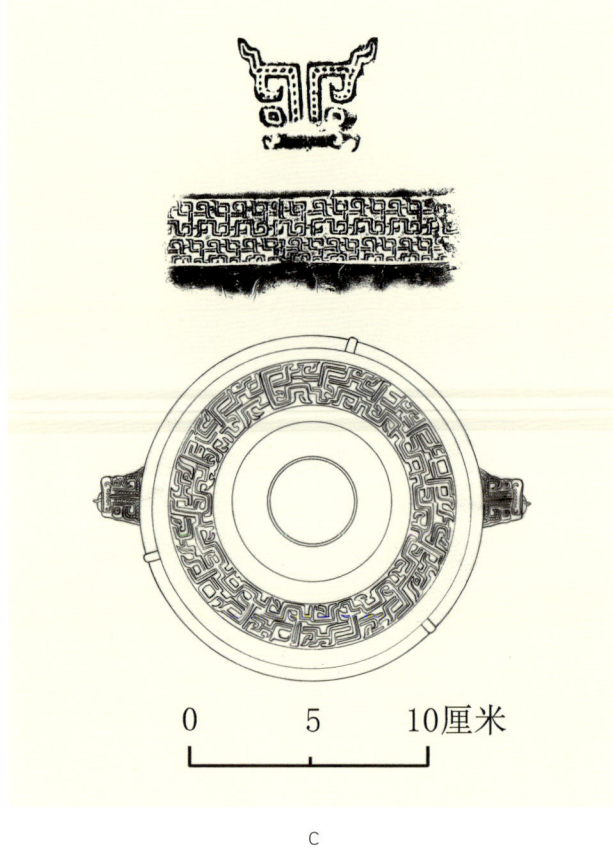
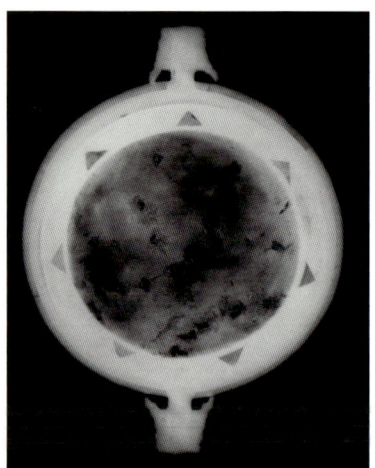
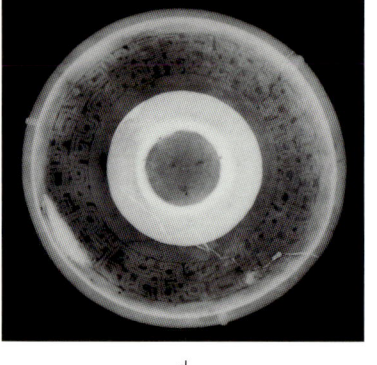

a　　　　　　　　　　　　　　　　b

c　　　　　　　　　　　　　　　　d

铜簠 2 件。（图六一）

M30:29，长方形，盖、身形制相同，两者扣合。斜壁，下附长方形圈足。圈足中央有"凸"字形的缺口。盖、身短边中部各附加两个半环形兽首錾钮。盖顶及斜面均饰两层一组的蟠螭纹条带。长 24.5、宽 19.0、通高 13.9 厘米。（图六二）

M30:30，长 24.7、宽 18.9、通高 14.0 厘米。（图六三）

图六一 M30 出土铜簠

1~2. 铜簠（M30:29、30）

图六二 铜簠 M30:29

a

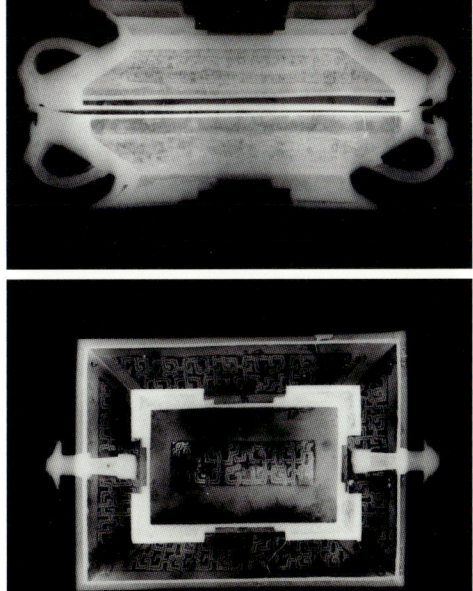

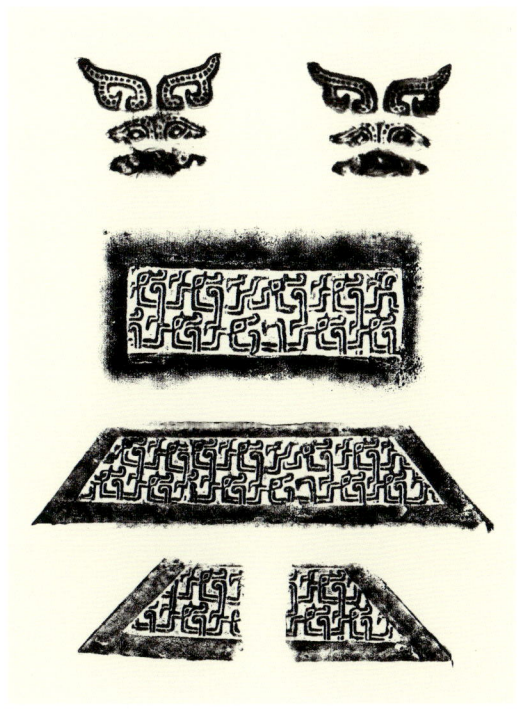

b   c

墓葬分述 | 073

图六三 铜簋 M30:30

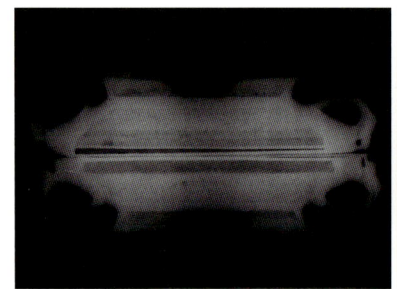
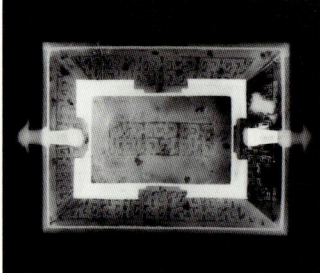

c

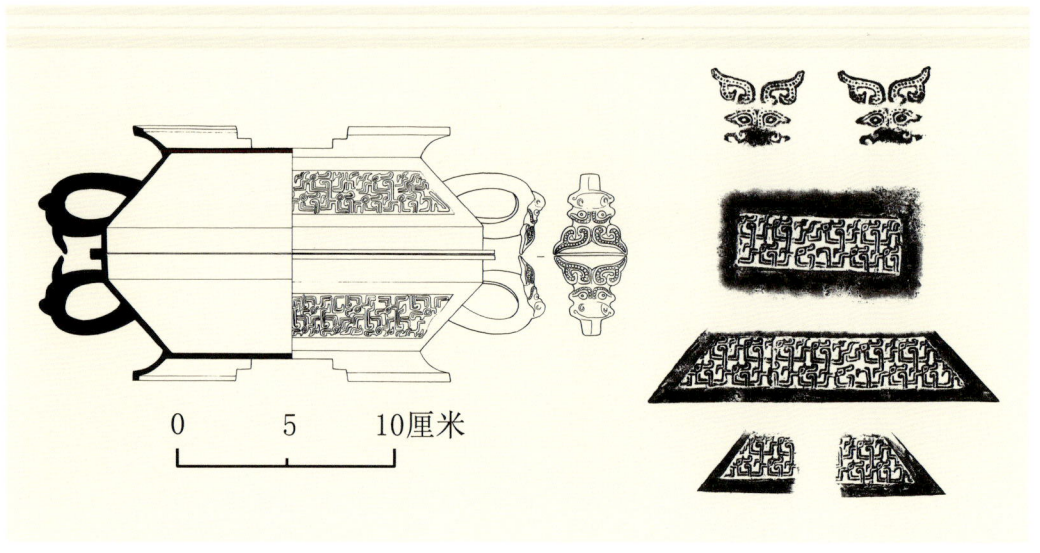

d

铜鬲 3件。形制、大小接近。窄沿微斜折，方唇，腹微鼓，连裆，三柱足。袋足上各有一扉棱。素面。（图六四）

M30:22，口径10.2～10.4、通高7.3～8.0厘米；M30:23，口径10.3、通高7.7～8.0厘米；M30:24，口径10.3、通高8.0～8.5厘米。

图六四 M30 出土铜鬲

1～3. 铜鬲（M30:22、23、24）

a

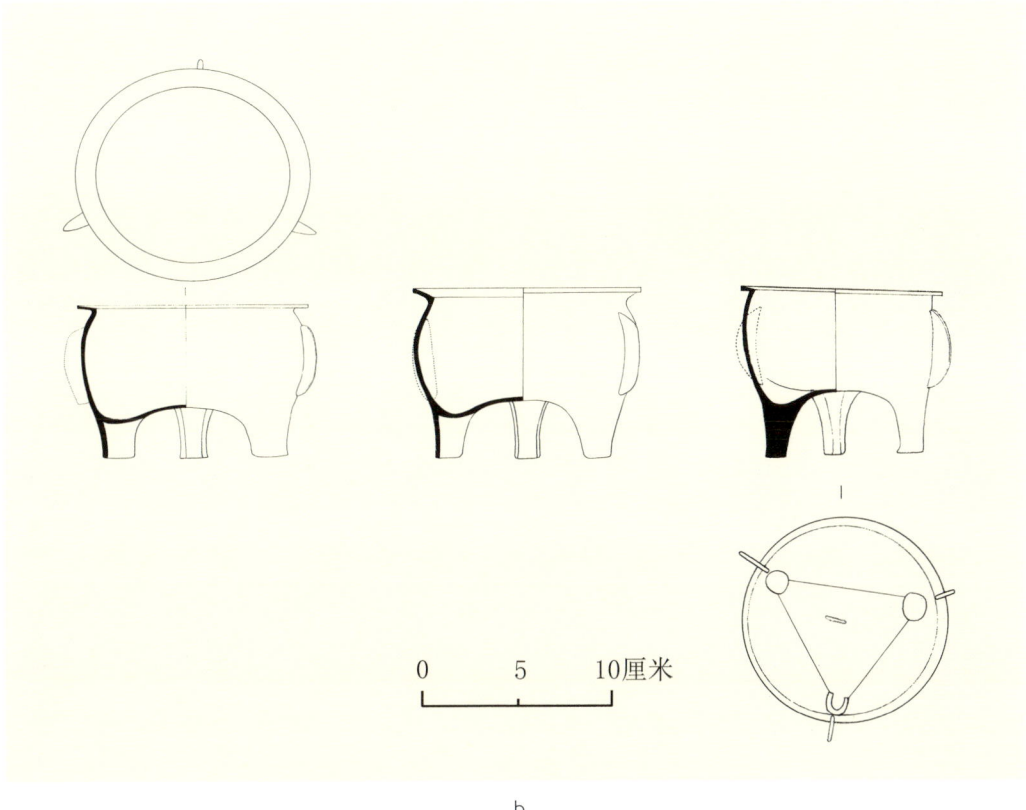

b

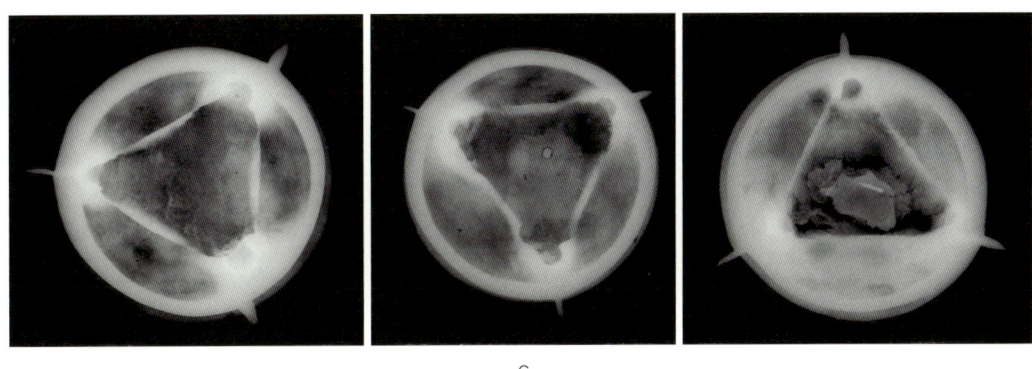

c

墓葬分述 | 075

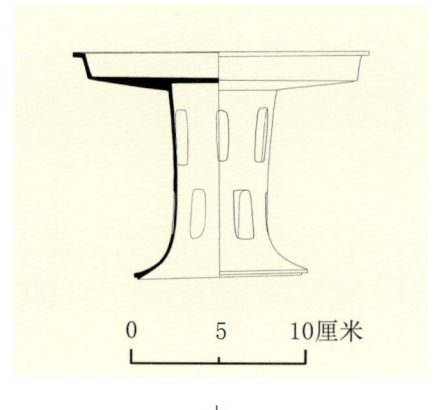

a b

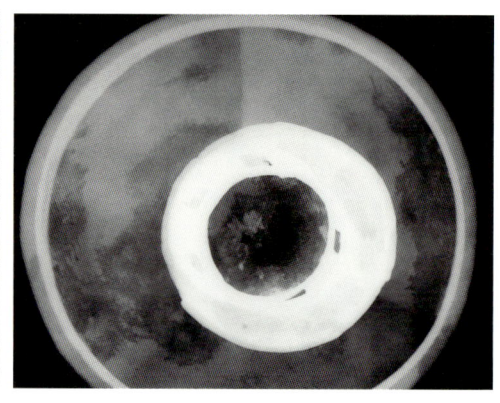

c d

图六五 铜豆 M30:25

铜豆 1件。

M30:25，折沿，浅盘，盘底微凹，下附喇叭形圈足。通体光素，圈足上有两层各六个长方形镂孔错落分布。盘身可见三道范线。口径 17.2、足径 10.3、圈足高 11.2、通高 13.7 厘米。（图六五）

铜盆 2件。

M30:28，宽平沿微斜折，方唇，束颈较短，斜腹较深，平底微内凹，腹部有两个环形耳，器盖隆起，上有喇叭形捉手，盖口沿周围有三个等距离分布的小长方形卡牙，以与器身相扣合。器身光素，盖缘饰三道边缘起脊的宽凹弦纹，捉手上饰一周三角纹和一周卷须纹，内部饰团身的蟠螭纹。环耳为后铸。器身看不出范线。口径 22.9、器身高 10.7、腹深 10.2、腹最大径 21.0、底径 11.5、通高 17.8 厘米。（图六六）

M30:35，宽平沿微斜折，方唇，束颈较短，斜腹较深，平底微内凹，腹部有两个环形耳，器盖隆起，上有喇叭形捉手，盖口沿周围有三个等距离分布的小长方形卡牙，以与器身相扣合。器身光素，盖缘饰一道边缘起脊的宽凹弦纹，捉手上饰一周三角纹和一周卷须纹，内部饰一周蜷曲的蟠螭纹。环耳为后铸。器身

图六六 铜盆 M30:28

a

b

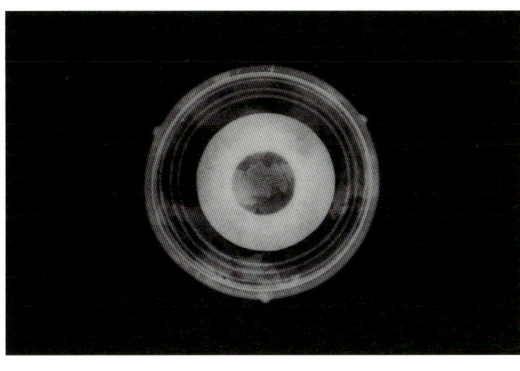

c

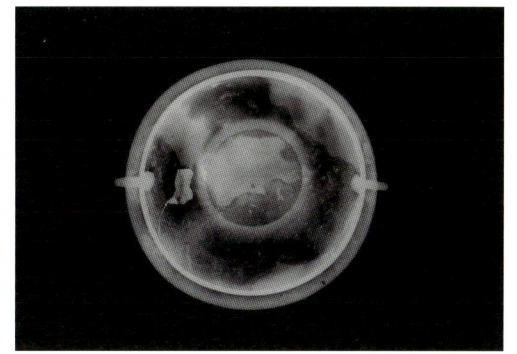

d

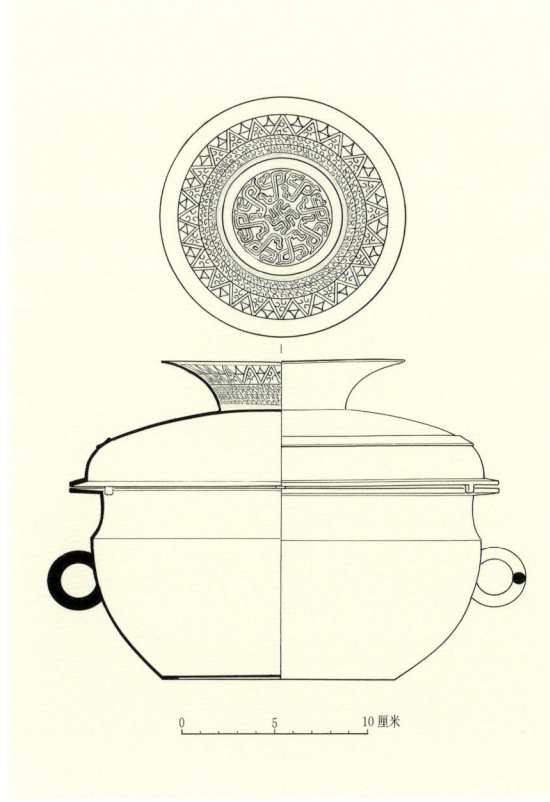

e

f

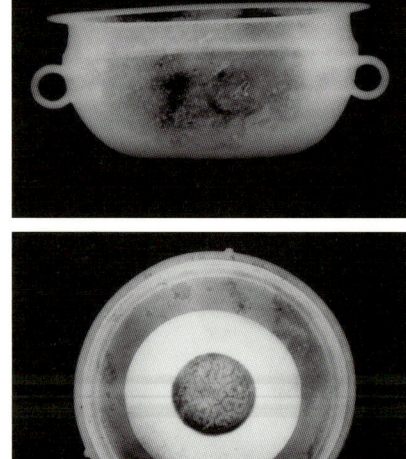
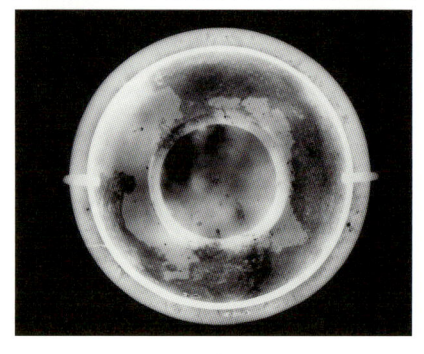

图六七 铜盆 M30:35

看不出范线。口径 22.7、器身高 10.7、腹深 10.6、腹最大径 20.8、底径 11.9、通高 17.6 厘米。（图六七）

铜壶 2 件。（图六八）

M30:14，有盖，呈八片莲花瓣状，盖为子口，套入壶口内；壶身侈口，长颈，

图六八 M30 出土铜壶

1～2. 铜壶（M30:14、15）

溜肩，鼓腹下垂，圈足。颈两侧各有一兽头衔环耳，兽头上面另立着一小的兽头。壶盖边缘饰窃曲纹，花瓣面边缘为"人"字形鳞纹，内部为蟠螭纹。壶身颈部饰一周波曲纹和一周窃曲纹，腹部饰两周波曲纹，均以云雷纹为地纹，中间以素带相隔，圈足饰垂鳞纹。兽头衔环耳的环面上饰一周三角纹和一周卷须纹。壶身与两耳垂直的方向可见两道竖行范线直通圈足。两耳为后铸。口径26.8、最大腹径37.0、通高60.2厘米。（图六九）

M30:15，有盖，呈八片莲花瓣状，盖为子口，套入壶口内；壶身侈口，长颈，溜肩，鼓腹下垂，圈足。颈两侧各有一兽头衔环耳，兽头上面另立着一小的兽头。壶盖边缘饰窃曲纹，花瓣面边缘为"人"字形鳞纹，内部为蟠螭纹。壶身颈部饰一周波曲纹和一周窃曲纹，腹部饰两周波曲纹，均以云雷纹为地纹，中间以素带相隔，圈足饰垂鳞纹。兽头衔环耳的环面上饰一周三角纹和一周卷须纹。壶身与两耳垂直的方向可见两道竖行范线直通圈足。两耳为后铸。口径26.8、最大腹径37.0、通高61.5厘米。（图七〇）

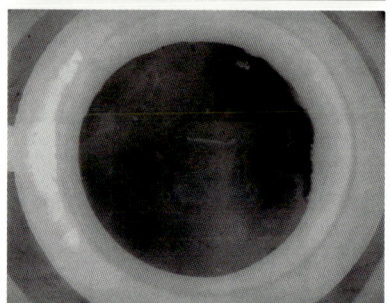
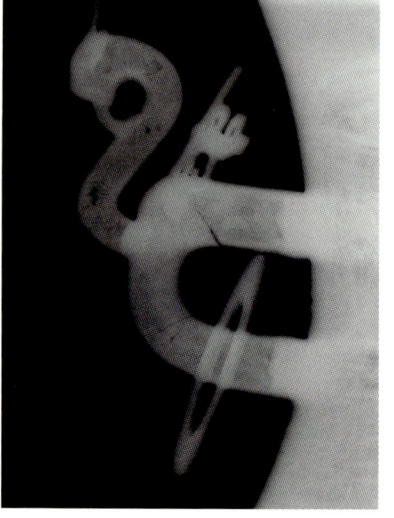

图六九 铜壶 M30:14

e

a

b

图七〇 铜壶 M30:15

c

d

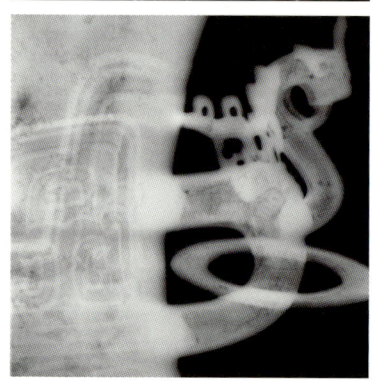
e

f

墓葬分述 | 083

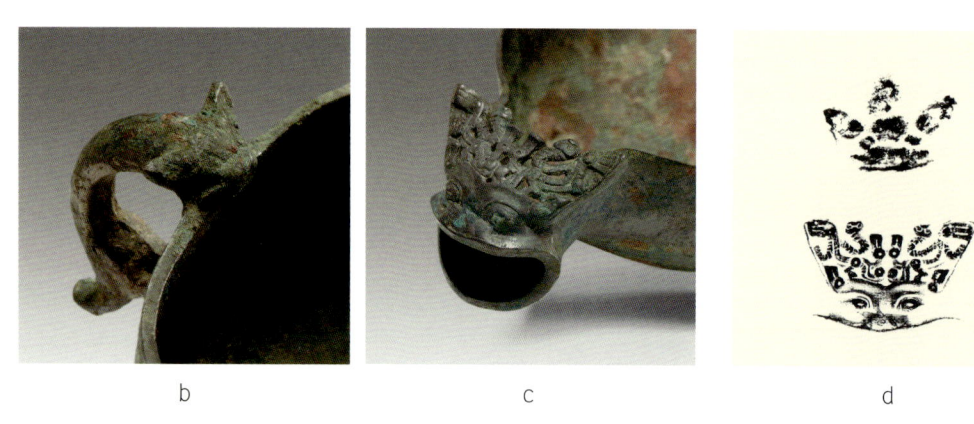

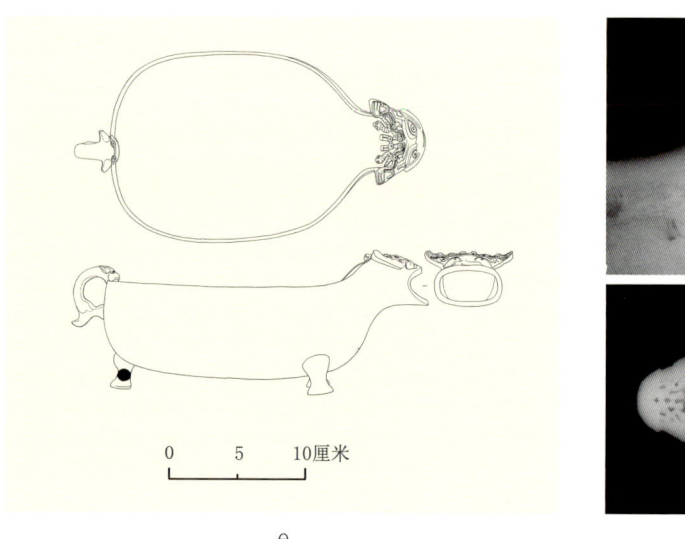

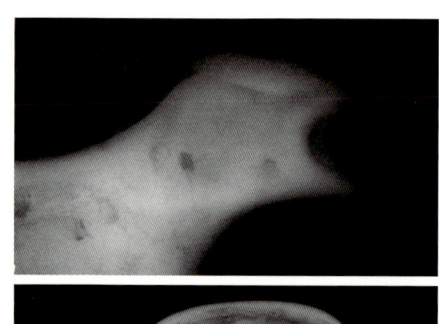

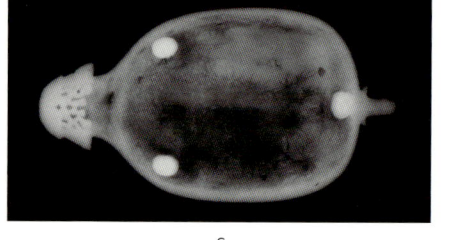

图七一 铜匜 M30:19

铜匜 1件。

M30:19，封口流向前平伸，流盖饰兽首。腹平面呈圆角长方形，下附三个矮蹄形足，匜尾有一兽首鋬。通身光素。器底可见一道清晰的范线直通尾部的蹄形足。长27.0、宽14.8、通高11.4厘米。（图七一）

图七二 铜盘 M30:32

a

b　　　　　c　　　　　d

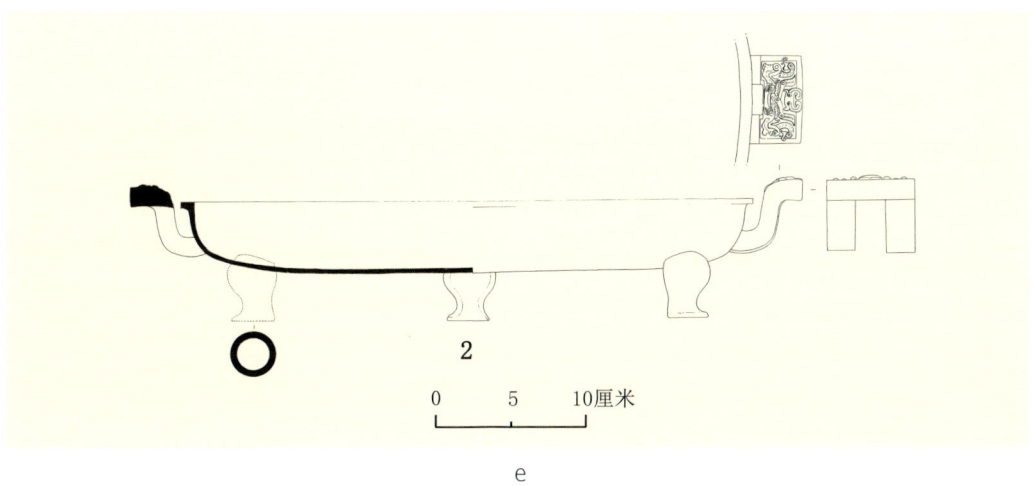

e

铜盘 1件。

M30:32，平沿，方唇，浅盘，平底，下附三个蹄形足，盘腹两侧各有一附耳向外平折。器身光素，耳部饰兽面纹。三足内侧齐平，底内残留有泥芯。器耳为后铸接上去，接痕明显。三足为后铸上去。附耳宽6.0、厚1.2、通耳35.5、盘径31.8、足高4.8、通高9.1厘米。（图七二）

图七三　铜舟 M30:26

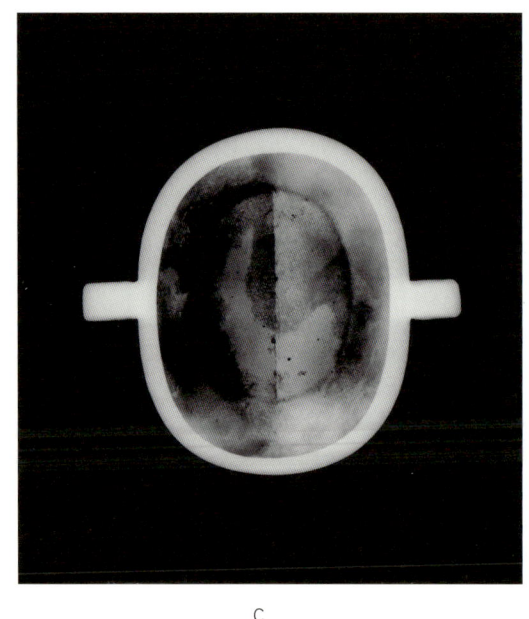
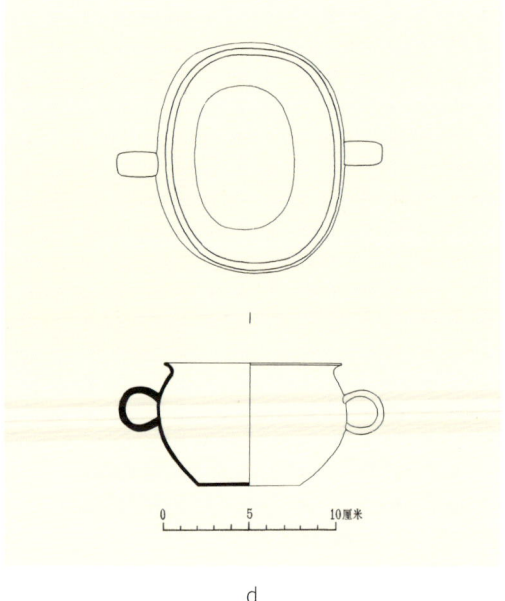

a　　　　　　　　b

c　　　　　　　　d

铜舟　1件。

M30:26，小侈口，口呈圆角长方形，束颈，腹部圆鼓，平底。腹部长轴方向有一对环形錾耳。通体光素。舟底部沿长轴方向有一道范线，器身范线被打磨无痕。口长13.8、宽10.6、高7.6厘米。（图七三）

铜斗　1件。

M30:20、21，斗身为圆筒形，帮包平底，平盖母口，盖钮为一只张翼的立鸟。斗柄前端窄后端宽，前端由兽首与器身相连，柄部饰镂孔、纠结的蟠螭纹。铜斗器盖及器身满饰线刻纹，细如毫发，器外壁的三组线刻纹上下对称，分别是小三角纹、勾连纹、中央带小卷须的大三角纹。器内壁均匀地分布着四条首尾相对的鱼。口径11.3、通高12.6、通长24.1厘米。（图七四）

图七四 铜斗 M30:20、21

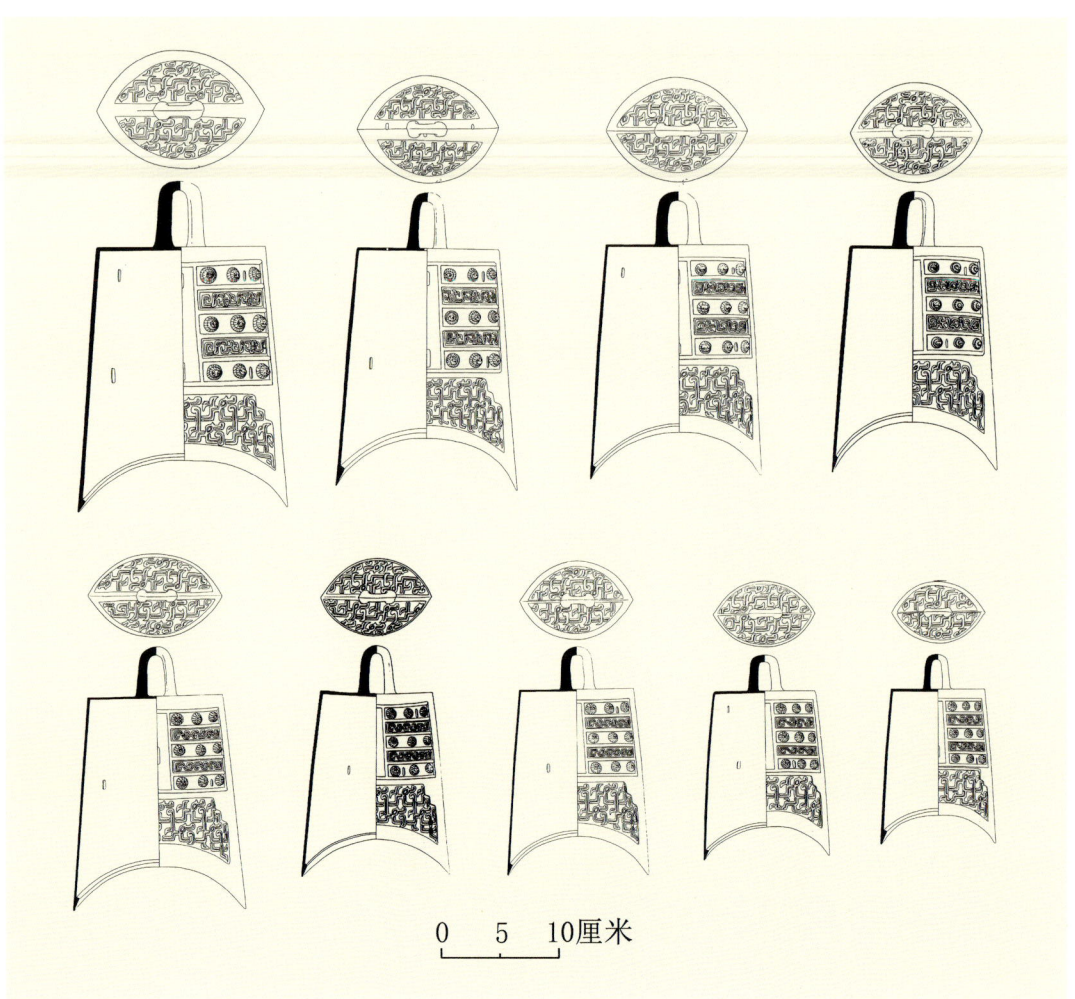

图七五 M30 出土铜编钟

1. 铜编钟（M30:8）2. 铜编钟（M30:6）3. 铜编钟（M30:9）4. 铜编钟（M30:7）5～9. 铜编钟（M30:1、2、3、4、5）

2. 乐器

共 17 件,有编钟和石磬。

编钟 9 件。形制、纹饰基本相同,大小相次。(图七五)

钟钮作环形,两铣斜直,铣间呈弧形。舞饰蟠螭纹。钲部篆带两层,饰蟠螭纹。篆带上下及两篆间饰蟠曲的兽首组成的枚,每区三层 9 枚,正背四区共计 36 枚。钟体较薄。舞部正中沿钟钮有一道范线,可知钮与钟身为一次浇铸而成,二分范。

M30:8,高 25.0、钮高 4.6、舞广 9.2、舞修 12.0、铣宽 10.1、铣间 15.1 厘米;M30:6,高 22.8、钮高 4.5、舞广 8.3、舞修 11.6、铣宽 9.0、铣间 14.2 厘米;M30:9,高 22.1、钮高 4.3、舞广 7.6、舞修 10.1、铣宽 9.8、铣间 12.5 厘米;M30:7,高 21.2、钮高 4.0、舞广 8.0、舞修 10.7、铣宽 9.1、铣间 12.4 厘米;M30:1,高 20.0、钮高 3.7、舞广 6.4、舞修 10.1、铣宽 7.4、铣间 12.8 厘米;M30:2,高 19.0、钮高 3.7、舞广 6.3、舞修 9.4、铣宽 7.2、铣间 12.2 厘米;M30:3,高 17.9、钮高 3.3、舞广 6.6、舞修 9.2、铣宽 6.9、铣间 11.1 厘米;M30:4,高 16.0、钮高 2.9、舞广 5.5、舞修 7.9、铣宽 6.1、铣间 9.6 厘米;M30:5,高 15.5、钮高 3.0、舞广 5.4、舞修 7.6、铣宽 6.1、铣间 9.3 厘米。(图七六至图八四)

a

b

图七六 铜编钟 M30:8

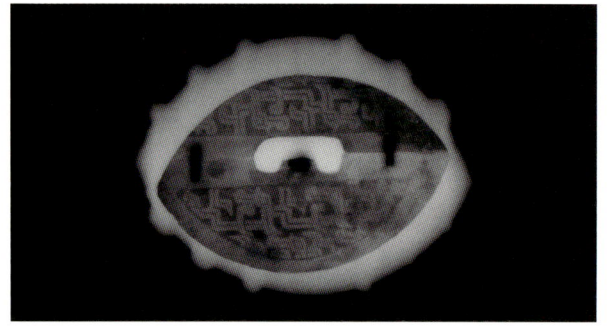
c

d

a

b

图七七 铜编钟 M30:6

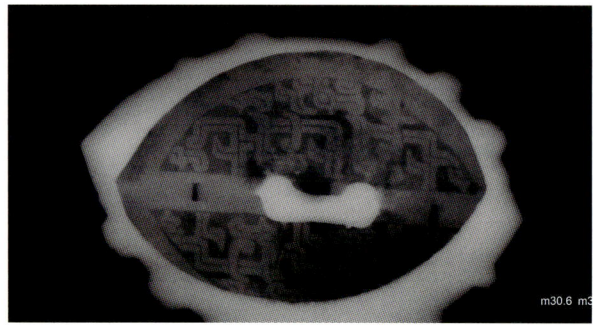
c

d

090 | 墓葬分述

图七八 铜编钟 M30:9

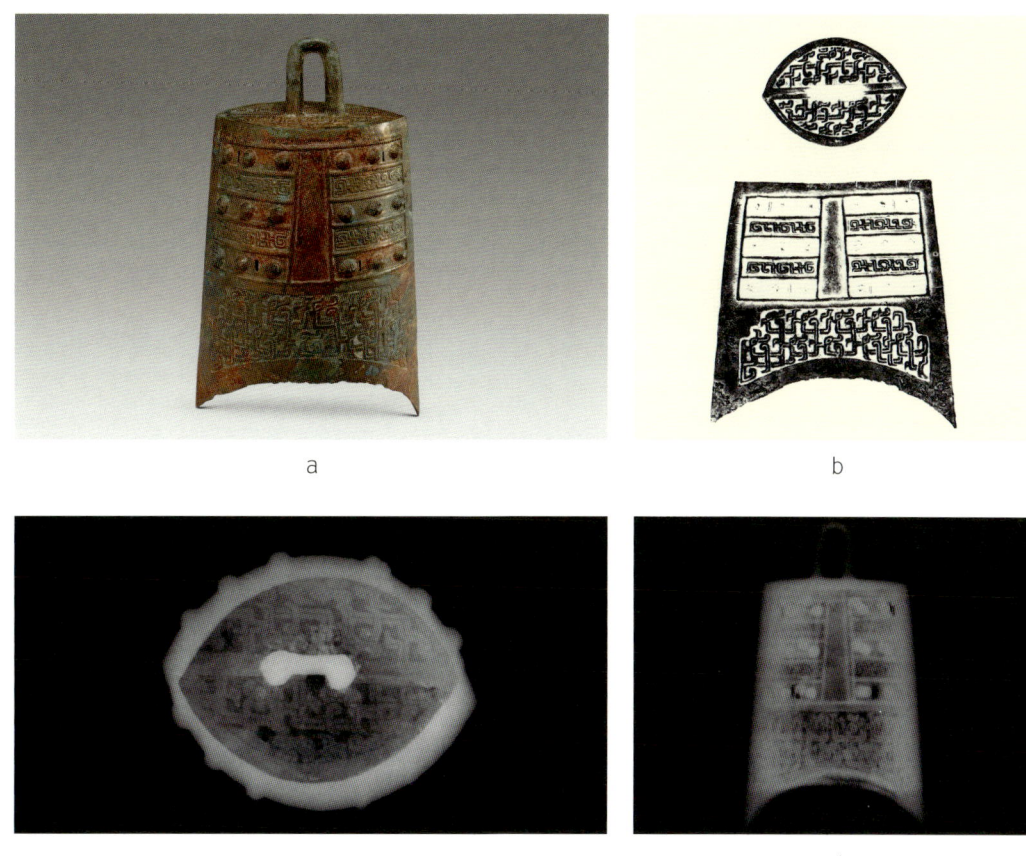

a   b

c   d

图七九 铜编钟 M30:7

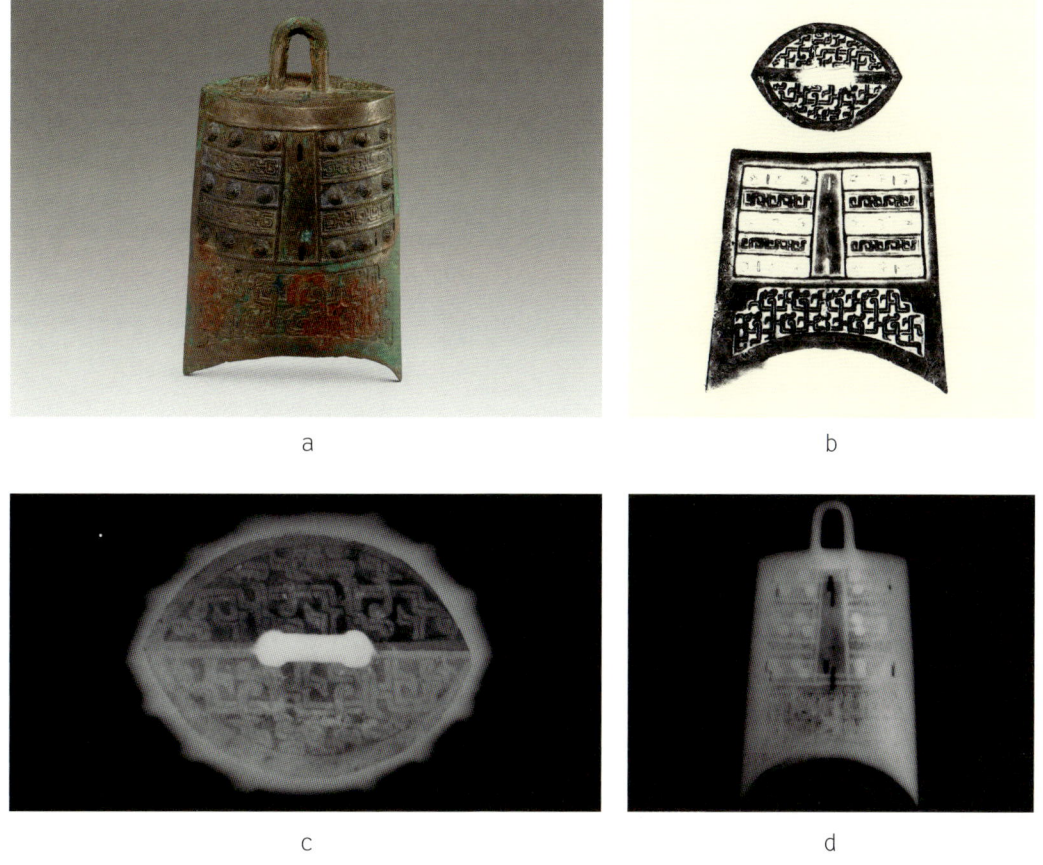

a   b

c   d

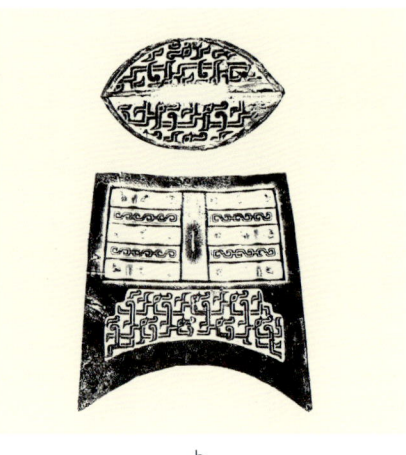

图八〇 铜编钟 M30:1

a b

c d

图八一 铜编钟 M30:2

a b

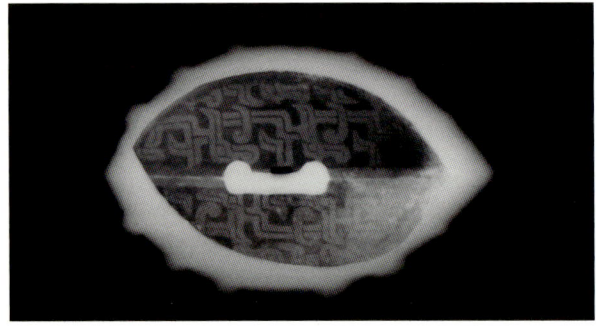
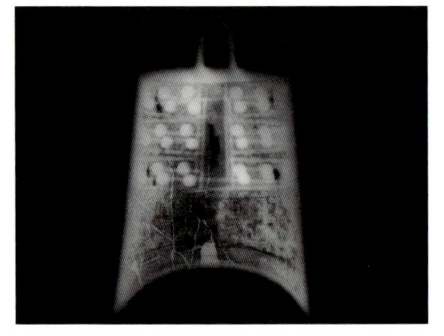

c d

图八二 铜编钟 M30:3

a   b

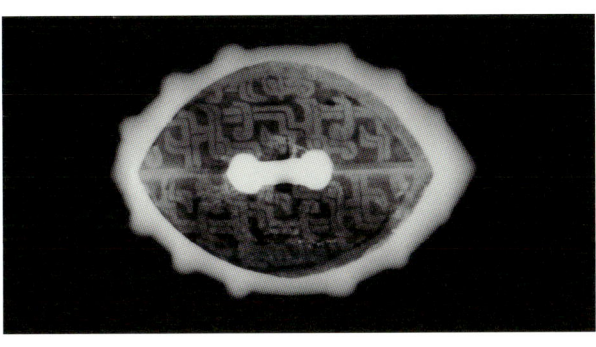

c   d

图八三 铜编钟 M30:4

a   b

图八四 铜编钟 M30:5

a   b

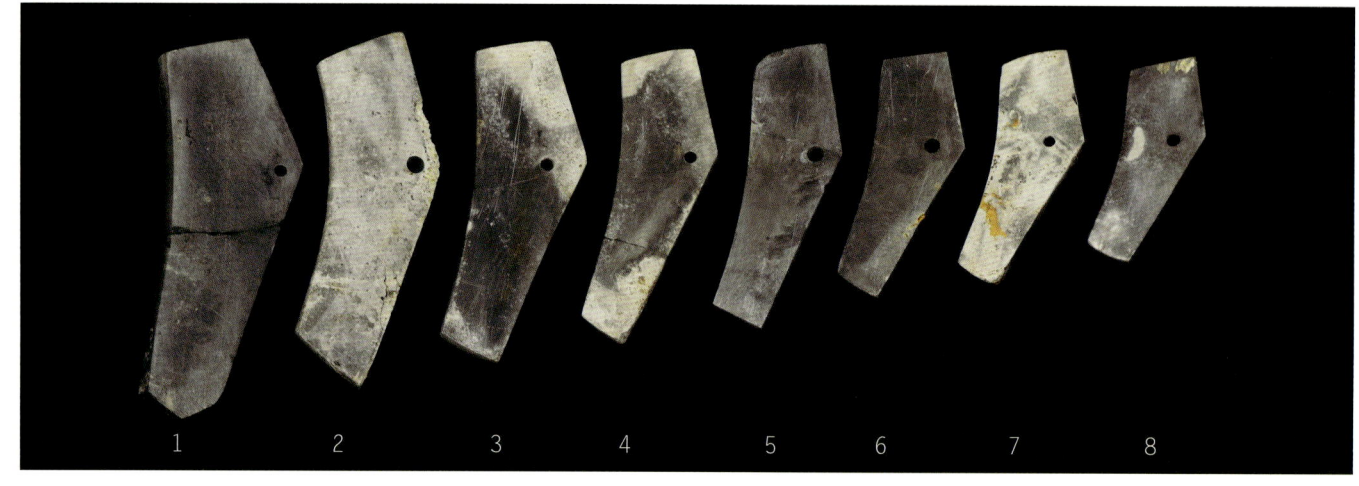

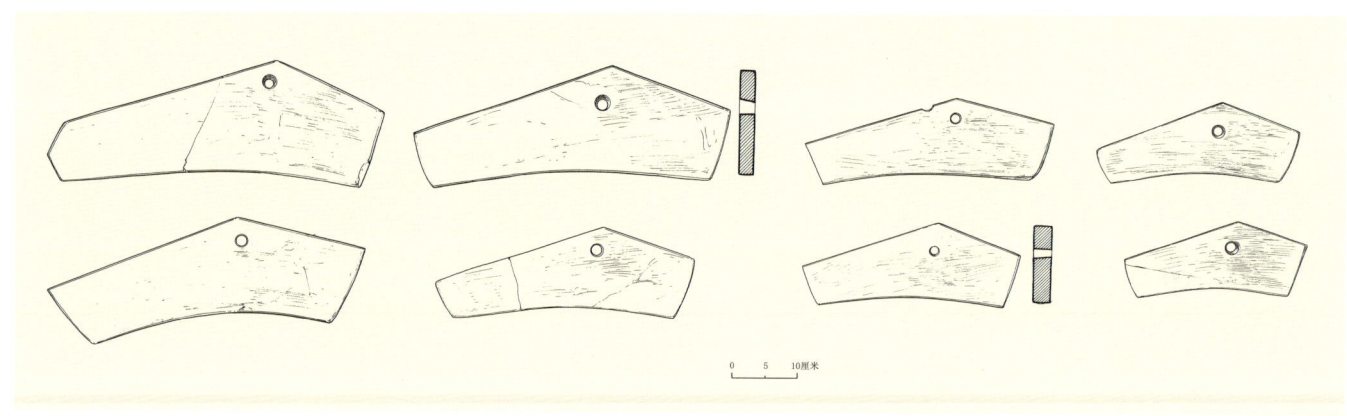

石磬，M30:10，一组八件，形制相同，大小相次。均为灰色细砂岩，通体磨制。（图八五）

M30:10-1，股上边18.1、鼓上边32.0、股博11.5、鼓博（为三角形）4.9和5.0、长44.5、孔径1.5和2.2、厚2.9～3.2厘米；M30:10-2，股上边19.5、鼓上边29.8、股博12.2、鼓博10.0、长35.3、孔径1.8和2.3、厚2.8～3.0厘米；M30:10-3，股上边17.1、鼓上边27.8、股博9.9、鼓博7.5、长37、孔径1.6和2.2、厚2.6～2.9厘米；M30:10-4，股上边14.5、鼓上边26.5、股博9.5、鼓博5.9、长33.7、孔径1.5和1.9、厚2.5～2.7厘米；M30:10-5，股上边15.2、鼓上边（上有一半圆穿孔）23.7、股博9.4、鼓博6.7、长32、孔径1.6和2.0、厚2.6～2.9厘米；M30:10-6，股上边13.1、鼓上边21.5、股博8.2、鼓博5.9、长28、孔径1.5和1.8、厚2.3～2.7厘米；M30:10-7，股上边12.6、鼓上边20.4、股博8.1、鼓博5.5、长25.5、孔径1.5和2.1、厚2.1～2.4厘米；M30:10-8，股上边11、鼓上边17.9、股博8.2、鼓博5.8、长22.4、孔径1.5和2.0、厚2.3～2.5厘米。

图八五 M30出土石磬
1～8.石磬（M30:1、2、3、4、5、6、7、8）

图八六 铜马衔 M30:47

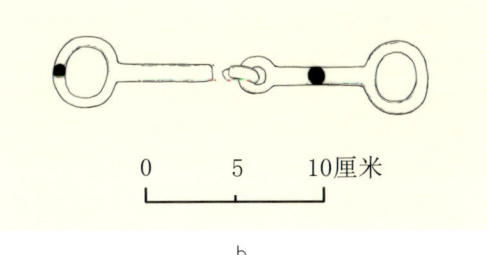

a　　　　　　　　　　b

图八七 铜饰 M30:13（左）

图八八 铜环 M30:40（右）

图八九 M30 出土铜棺钉

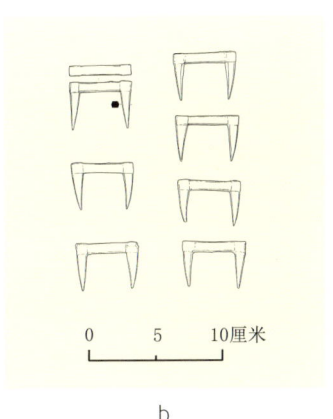

a　　　　　　　　　　b

3. 车马器

有铜马衔 1 件。

M30:47，由两节环杆衔扣而成，其中一节环杆的套环残断。完整的一节长 10.7 厘米，残损的一节残长 8.9 厘米。（图八六）

4. 其他

共 24 件，有小铜饰、小铜环、铜棺钉、玉玦、玉璜、骨块、骨笄、蚌饰、海贝。

小铜饰 1 件。

M30:13，整体呈方形，两个中空的圆柱形铜管中间由卷体的兽首相连。铜管上装饰阴刻的三角纹。长 2.7、高 1.8、厚 1.0 厘米。（图八七）

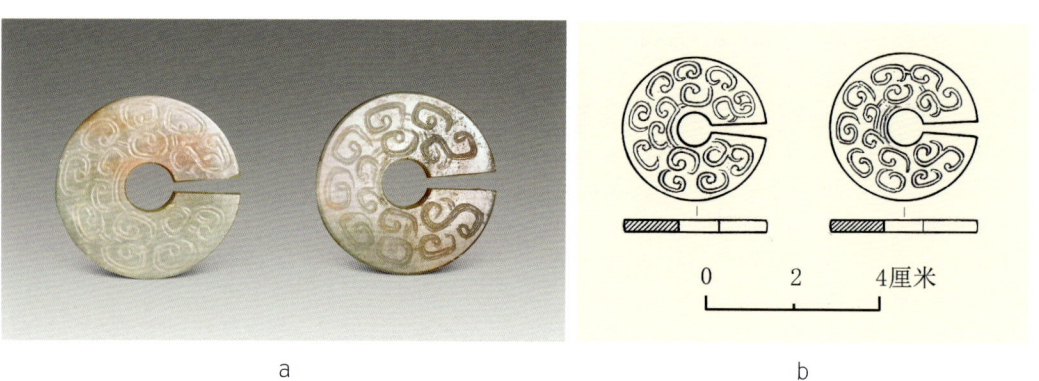

图九〇 玉玦 M30:43-1-1、2

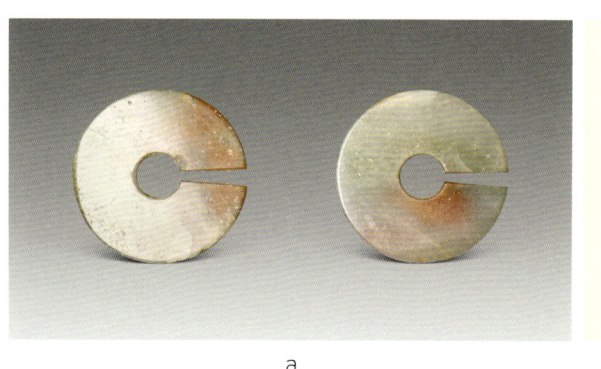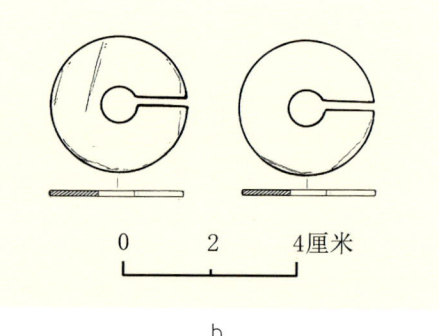

图九一 玉玦 M30:43-2-1、2

图九二 玉玦 M30:43-3-1、2

小铜环 2件。

M30:40，上端为一小铜环，下联有小铜管。铜环径1.7、铜管径1.0、宽1.7、高2.7厘米。（图八八）

铜棺钉 7件。

形制相同，标本M30:45，门形，方形横梁的两端各附一四棱锥，长4.7、宽0.8、齿高3.5厘米。（图八九）

玉玦 3组6件。

M30:43-1-1，青白玉。圆片状，上有双钩勾勒的兽面纹，背部光滑。直径3.0、孔径0.8、厚0.2厘米。M30:43-1-2，形制与M30:43-1-1近同，局部受沁变黄，

图九三 玉璜 M30:38-1、2

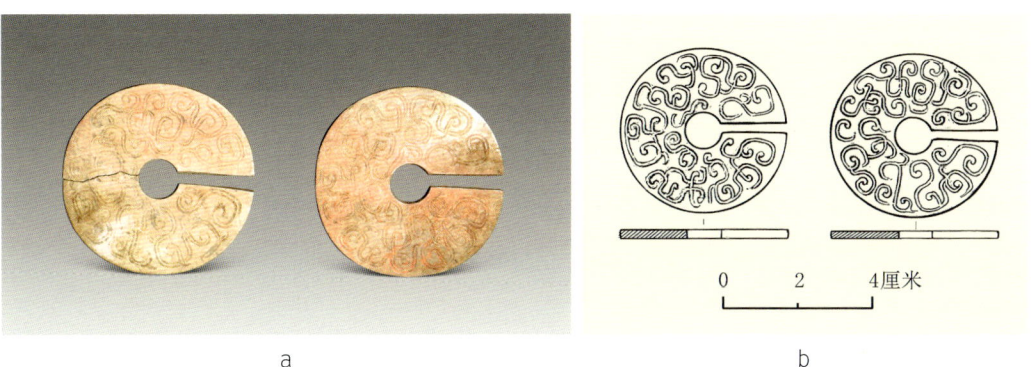

图九四 骨玦 M30:37-1、2

背部可见加工过程中的切割痕迹。(图九〇)

M30:43-2-1,青白玉。圆片状,上有双钩勾勒的蟠虺纹。玦口有沁色,背部光素。直径3.5、孔径0.8、厚0.4厘米。M30:43-2-2与M30:43-2-1近同。(图九一)

M30:43-3-1,青玉。圆片状,素面。直径3.2、孔径0.7、厚0.1～0.2厘米。M30:43-3-2与M30:43-3-1近同。(图九二)

玉璜 2件。

M30:38-1,残。黄白玉有青斑。一端有原始的切割面,一端为旧断茬,外缘很薄,残长弧度约为圆周的1/3。残长11.1、宽3.0、内圈厚0.3厘米。

M30:38-2,黄白玉。两端各有一小圆孔,弧度为圆周的1/3,圆孔系单面钻。长9.3、宽2.7、厚0.4厘米。(图九三)

骨玦 1组2件。

M30:37-1,白色,圆片状,上有双钩勾勒的蟠虺纹。表面有沁,背部有加工过程中的切割痕迹。直径4.5、孔径0.8、厚0.2厘米。M30:37-2与M30:37-1近同。(图九四)

墓葬分述 | 097

骨笄 1 件。

M30:39，残，钉形笄，笄杆为圆柱状，被沁为浅绿色。直径 1.0 厘米。（图九五）

蚌饰 2 件。

M30:12-1，白色。近方形，四边的中间有半圆形小豁口，中央有两个圆孔。器身孔径 0.5、长 2.9、宽 2.8、厚 0.2 厘米。

M30:12-2，残，形制与 M30:12-1 近同。（图九六）

海贝 1 件。

M30:42，为不规则的长圆形，背部磨平，长 1.9、宽 1.1 厘米。（图九七）

图九五　骨笄 M30:39（左）

图九六　蚌饰 M30:12-1、2（中）

图九七　海贝 M30:42（右）

三、M18

M18 位于发掘区域的中南部，北部紧靠 M17，西邻 M28，相距约 8 米，南依 M31，相距约 4 米，地面北高南低为缓坡，高低落差 0.75 米。

（一）墓葬形制

墓开口于耕土与淤积土层下，墓口距地表 0.3～1.05 米。方向 360 度。长方形竖穴，口底同大，长 4.85、宽 3.2、深 5.45 米。墓壁陡直，壁面因填土夯压凹凸不光，墓底平坦。

填土为黄褐色五花土，经夯压，夯层在 0.1 米左右，夯窝径 0.06～0.08 米。填土内包含有兽骨、石块以及罐、豆等残陶片，并有烧石灰。

（二）葬式葬具

木质葬具已朽尽，仅见灰痕，从灰痕推测葬具为双椁单棺，距墓口深 4.3～4.6 米处 21 块横向椁盖板清晰可见，除南北两块之外，中间均已塌落，长 2.9～3.05、宽 0.18～0.25、厚 0.05 米。外椁室平面呈"口"形，椁痕通长 4.73 米、宽 2.8 米、

图九八 M18 椁盖平面图

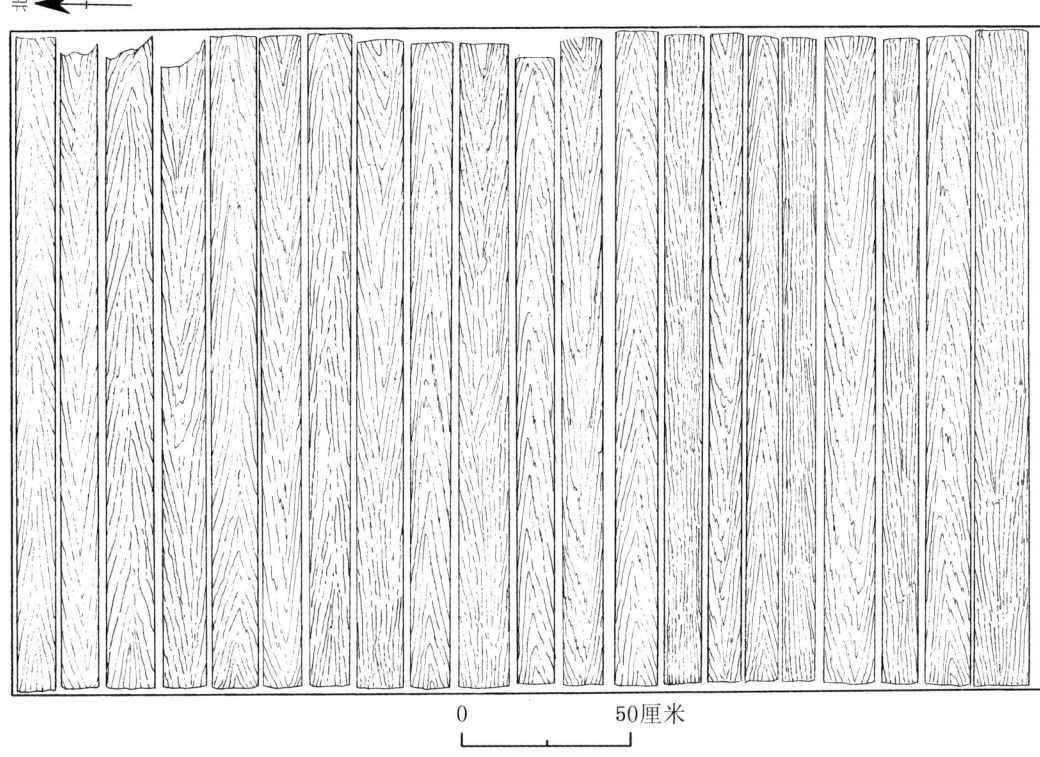

图九九 M18 平面图

1～3.铜鼎 4.铜匜 5.铜盘 6.铜舟 7.铜罍 8.石圭 9～11.漆器 12.骨尺 13.铜盆 14～23.蚌环 14.玉片 25.玛瑙珠 26.铜环首刀 27.骨尺 28.骨片 29.木器 30、35.玉片 31.玉圭 32、36.玉璜 33.玉玦 34.骨贝

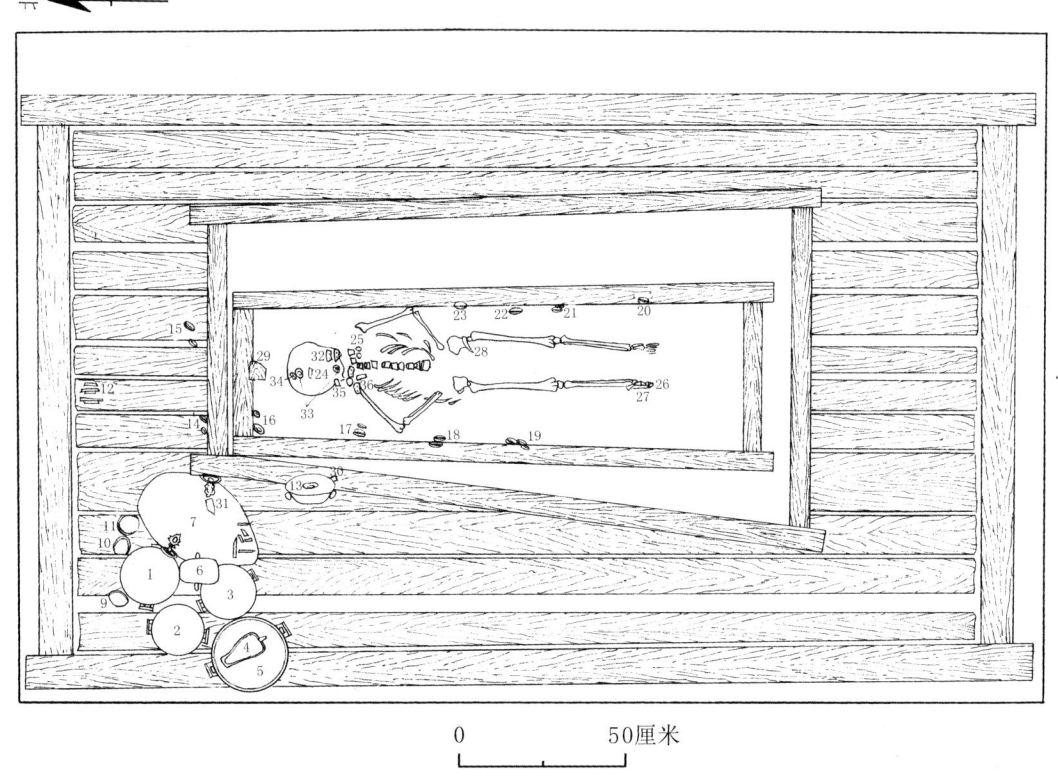

高1.1米。椁东西立板两端外伸0.08米，厚0.15、底板厚0.1米。内椁位于外椁室中部，外椁因塌陷，西部立板南端略有错位，平面呈"口"形，通长2.95、宽1.3米、厚0.1、残存高度0.55米。棺位于内椁室西部，平面呈"口"形，通长2.52、

墓葬分述 | 099

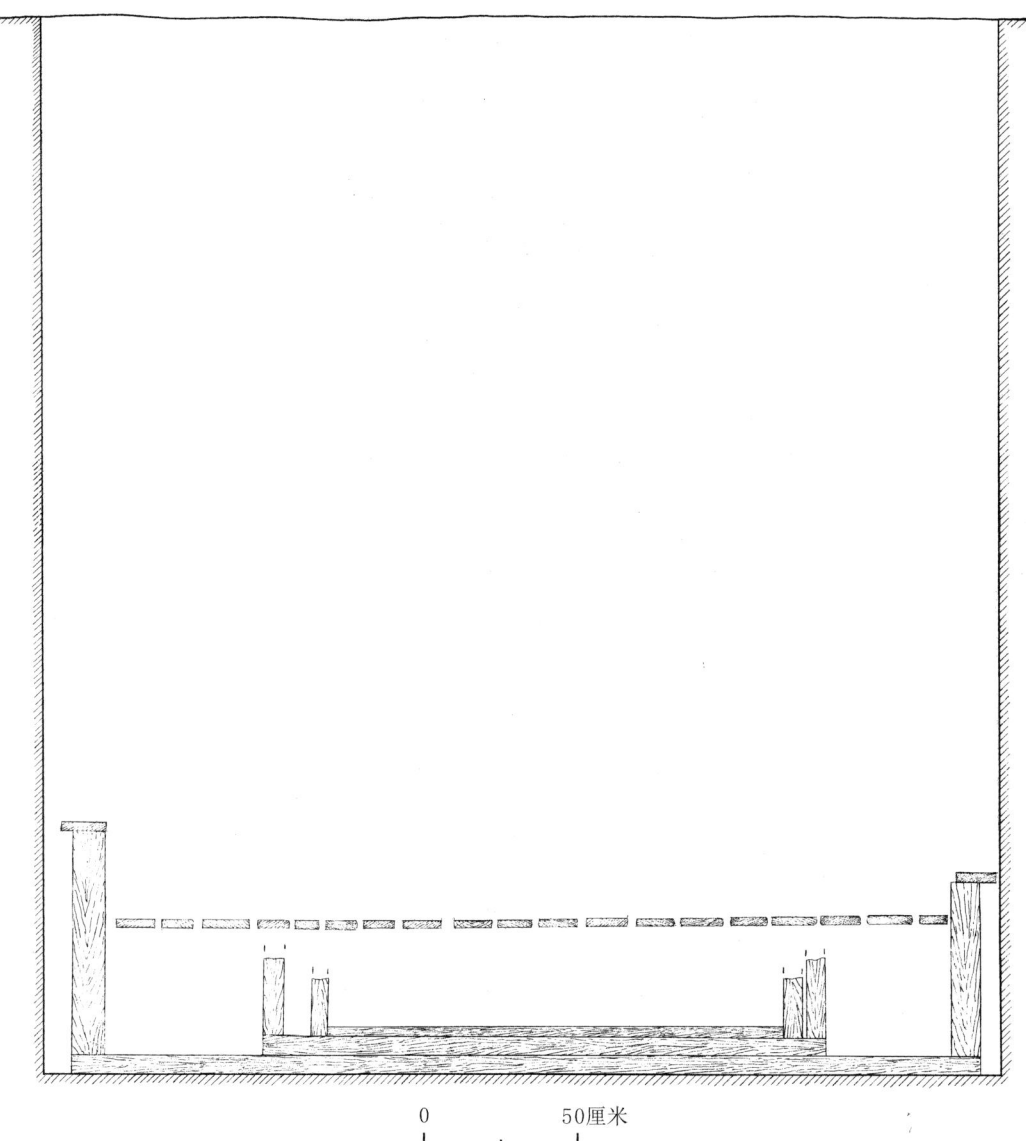

图一〇〇 M18剖面图

宽0.9、立板厚0.1、底板厚0.05、残存高度0.3米。棺左右立板南段外伸0.05米。

人骨保存较好，仰身直肢，上肢略弯曲于下腹部，头向北，面部向上。(图九八至图一〇〇)

(三) 随葬品

随葬器物共36件，铜礼器及日用器均放置于外椁室与内椁之间的西北角，玉、石、骨、木器等小件饰品放置于内椁及骨架周身。铜鼎3件、铜匜1件、铜盘1件、铜舟1件、铜罍1件、铜盆1件、铜刀1件、玉玦3件、玉片6件、玛瑙珠2件、石圭5件、骨尺6件、玉圭1件、蚌环19件等。

1. 铜容器

共8件，有鼎、盆、罍、盘、匜、舟。

图一〇一 铜鼎 M18:1

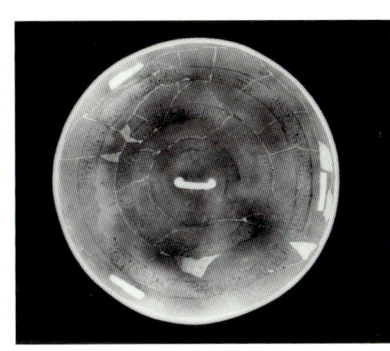
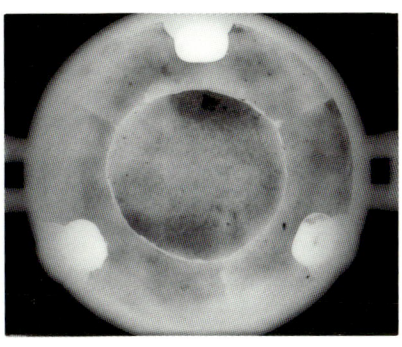

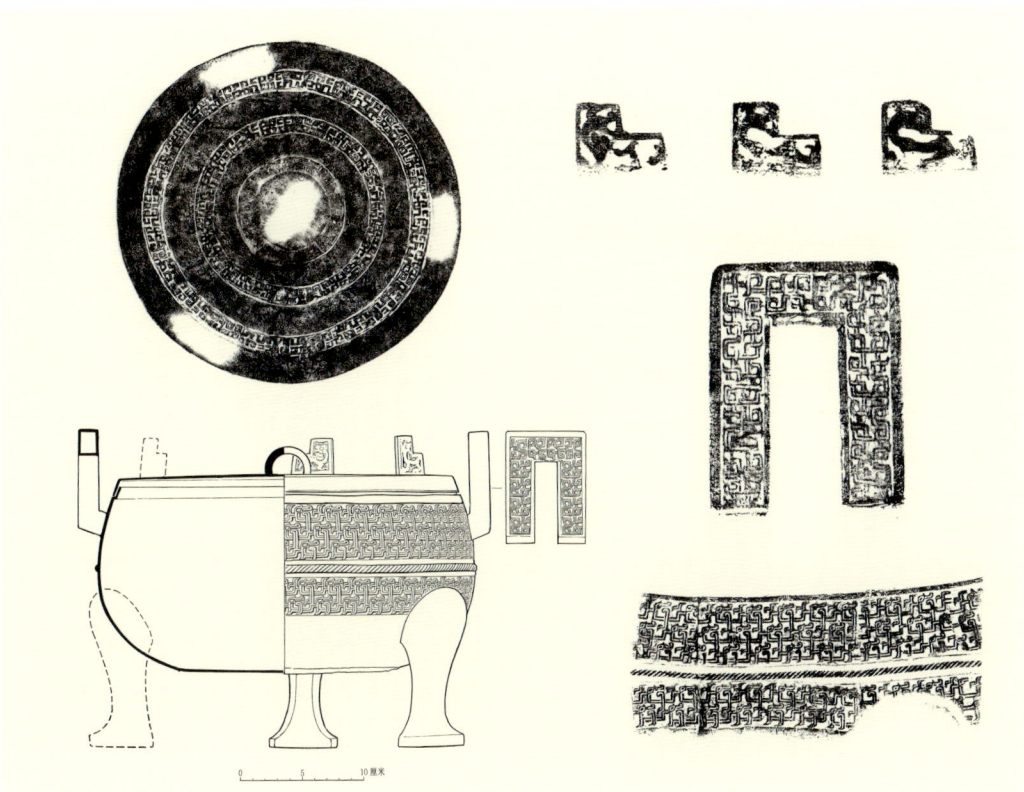

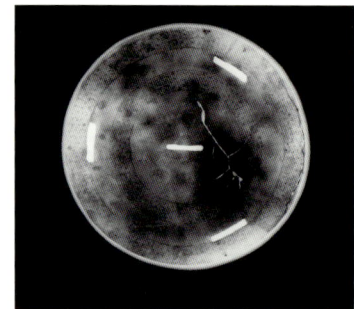
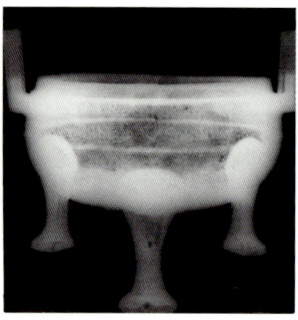
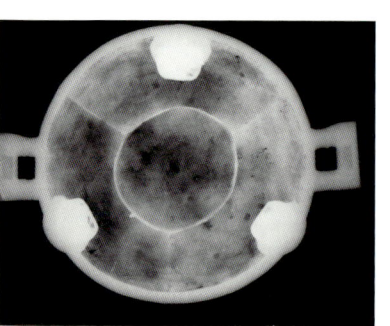

图一〇二 铜鼎 M18:2

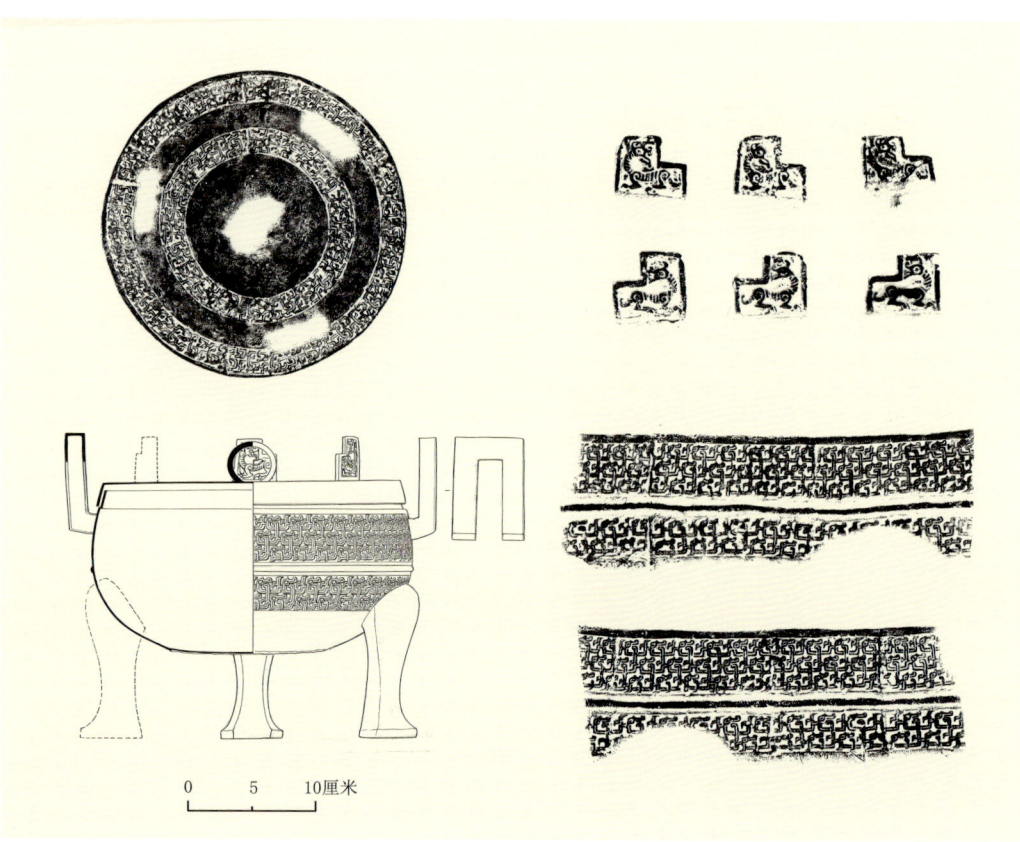

102 | 墓葬分述

图一〇三 铜鼎 M18:3

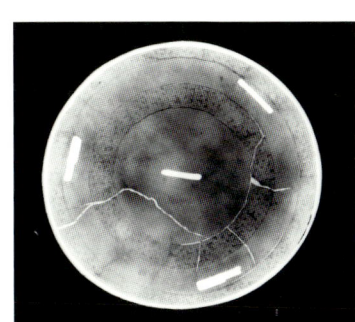
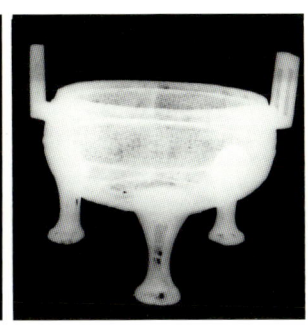
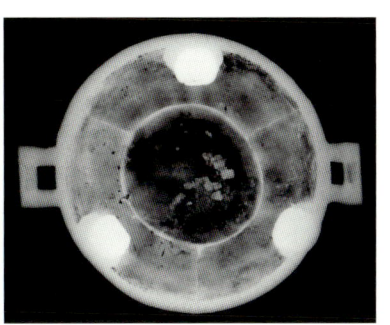

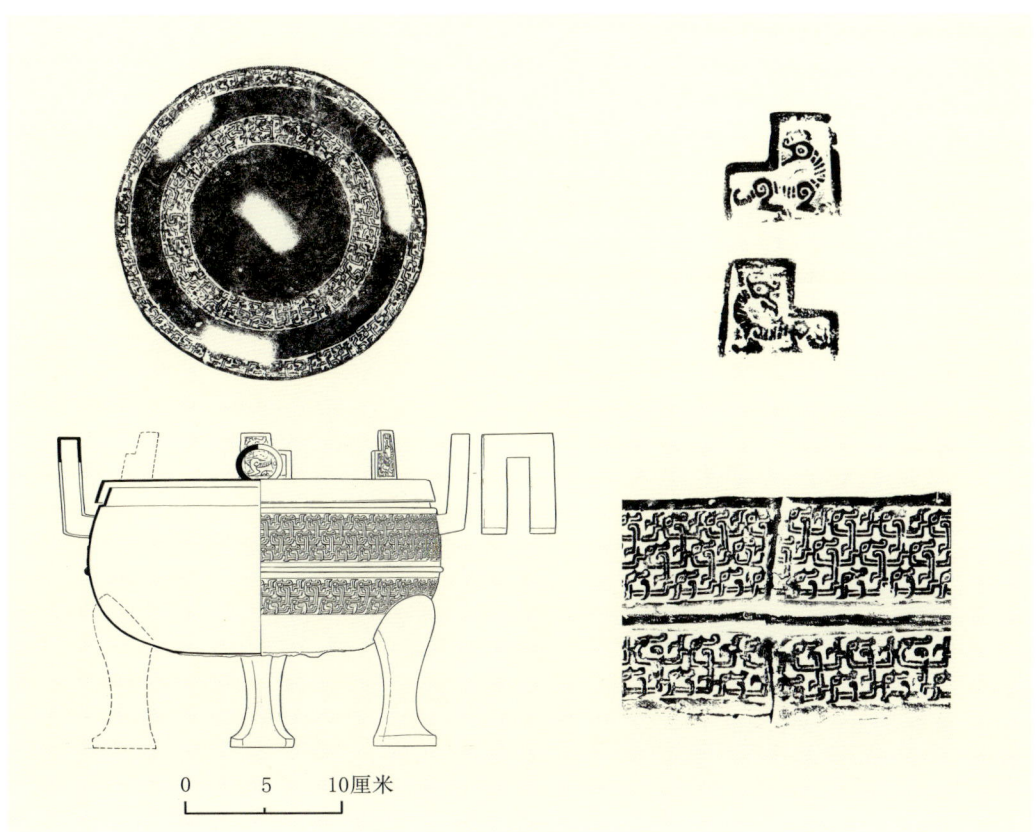

铜鼎 3 件。

M18:1，器身整体扁平。平盖，盖面正中有一环钮，接近盖的边缘均匀分布有三个直立的曲尺形钮，盖口沿下折略微外侈，形成母口；上腹内折形成子口，鼎身弧腹外鼓，下腹内收，底近平，下腹承以三个较粗的蹄形足。鼎身上腹两侧各有一个长方形附耳，下以方形转折与鼎身相接。鼎内有兽骨若干。盖面曲尺形立钮的正背面各饰以一个作回首张口状的龙纹，鼎盖饰三周同心圆状的蟠螭纹，之间以素带相隔，盖中心是一个素面圆；腹中部有一道绹索纹，上腹部饰有一周三层细密规则的蟠螭纹，下腹部饰有一周两层蟠螭纹。鼎耳的两侧均饰有蟠螭纹。鼎耳与鼎上腹相接处为素面，可知鼎耳为先铸，鼎身为后铸。鼎身可见三道清晰的竖行范线与器底的圆形范线相交，鼎足两侧均有两道较为清晰的范线。鼎足上部压在鼎身纹饰上，可知鼎足是在器身成形后再次浇铸的。口径 26.4、耳距 32.8、腹深 14.6、腹最大径 30.5、通高 25.8 厘米。（图一○一）

M18:2 和 M18:3，与 M18:1 形制、纹饰基本相同。M18:2，口径 23、耳距 29.3、腹深 12.7、腹最大径 26、通高 24.5 厘米。（图一○二）M18:3，口径 21.5、耳距 26.6、腹深 11.3、腹最大径 24.5、通高 22.6 厘米。（图一○三）

铜盆 1 件。

M18:13，盖弧形略鼓，正中有一喇叭形捉手，盖缘向外平折，有三个平均分布的卡扣，盖上可见多处垫片痕迹。盆身为平沿，圆唇，束颈，下腹内收，平底略微内凹。腹部有对称的环耳。通身光素。器盖打磨光滑，在喇叭形捉手下部可见对称的范线；盆身也被打磨得光滑，在口沿之下，可见一道范线，范线未与盆耳重合，可知器耳为后铸，其中一耳还可见补铸的痕迹。捉手径 10.3、器口内径 19.5、外径 23、腹最大径 19.5、通高 14.5 厘米，重 1460 克。（图一○四）

铜罍 1 件。

M18:7，侈口，方唇，束颈，鼓肩，下腹斜收。底部略呈小台底。肩部有一对兽状环耳，环耳各套接一个圆环。肩及上腹均饰细密的纹饰，肩部由内而外依次是三角纹带（三角纹与带卷须的三角纹相间），宽约 1 厘米；第二层为三层一组的蟠螭纹，宽约 3 厘米；第三层为左行连弧状的横鳞纹，宽约 3 厘米；第四层为四层一组的蟠螭纹，靠上和靠下的纹饰带有凸起的乳钉，靠上的乳钉位于两条蟠螭纹相交处，靠下的乳钉为蟠螭纹的眼睛。下腹的纹饰带依次是三角纹带（三角纹与带卷须的三角纹相间），四层一组的蟠螭纹带，左行的横鳞纹，最下为三

图一〇四 铜盆 M18:13

a

b

c

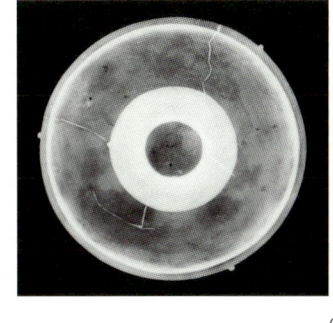

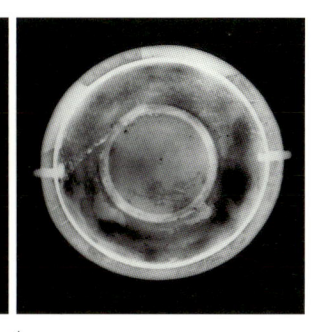
d

图一〇五 铜罍 M18:7

a

b

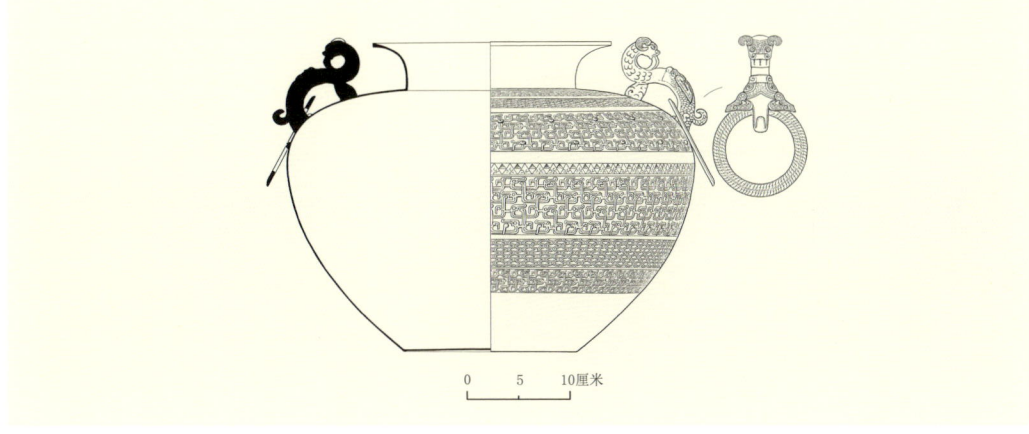
c

墓葬分述 | 105

图一〇六 铜盘 M18:5

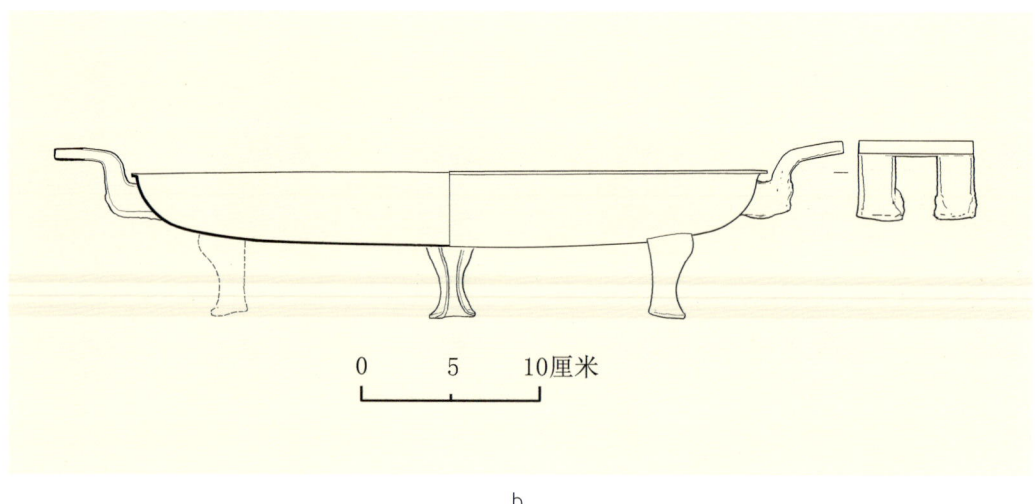

层一组的蟠螭纹带。下腹各纹饰带之间有素带相隔。兽状环耳整体为两只咬合的夔纹。上身为带卷角吐舌状的顾首夔纹,下身为双耳张立的小卷尾夔纹。环耳上饰两周 F 形的纹饰。口径 23、肩径 39、底径 16.6、通高 31.5 厘米。(图一〇五)

铜盘 1 件。

M18:5,窄平折沿,浅腹,底近平,腹部两侧各有一个外曲的长方形附耳,腹下部承以三个蹄形足。器身光素。蹄形足内残留范土填充其间,耳内残留少许范土。附耳处可见器身伸出的榫头与其相连,所以应是盘身先铸,盘耳后铸;蹄形足两侧均可见两道范线,足内侧可见器身出榫与足部相连,因此足部也是在盘身铸好之后再次浇铸的。口径 35.5、腹深 4.2、通高 8.7 厘米,重 1801 克。(图一〇六)

图一〇七 铜匜 M18:4

a

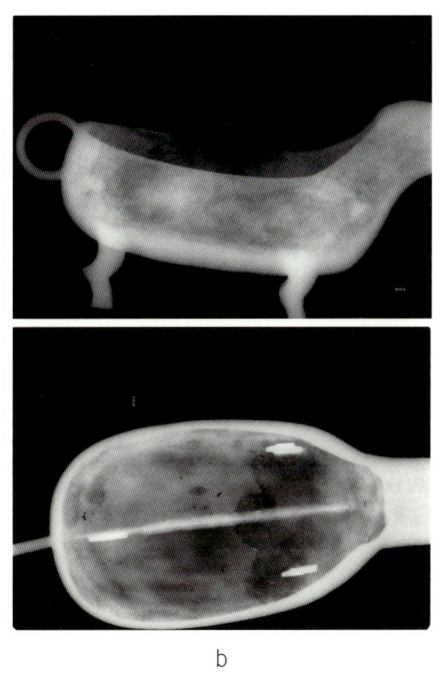

b

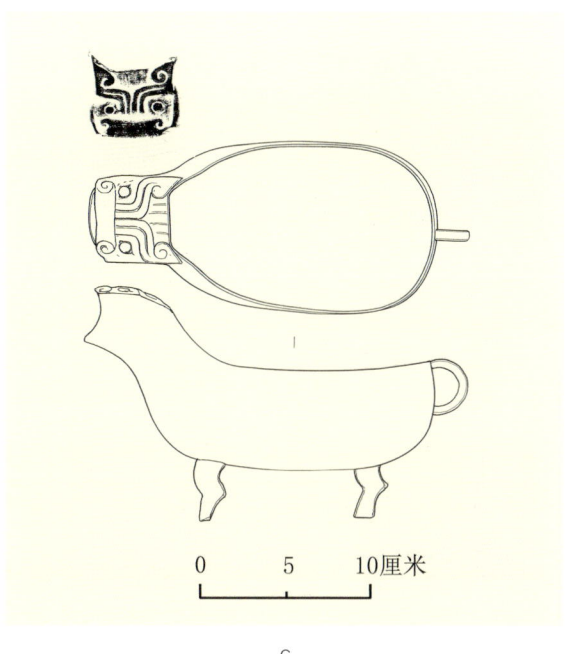

c

铜匜 1件。

M18:4，封口流，流上饰兽面纹，整体作兽张口昂首状。器口略呈椭圆形，微敛，下腹内收，底近平，下接三个简化的曲折形片状蹄形足，匜尾端有一半圆环形錾。器身通体光素。器底沿中线明显可见一道凸起的竖行范线，由前端延伸至匜尾錾耳处，环形錾耳内侧范线与器身的范线密合，可知錾耳与器身浑铸；器底的范线通过匜尾的片状足，可知三足也与器身浑铸。通长23、通高12.3厘米，重598克。（图一〇七）

图一〇八 铜舟 M18:6

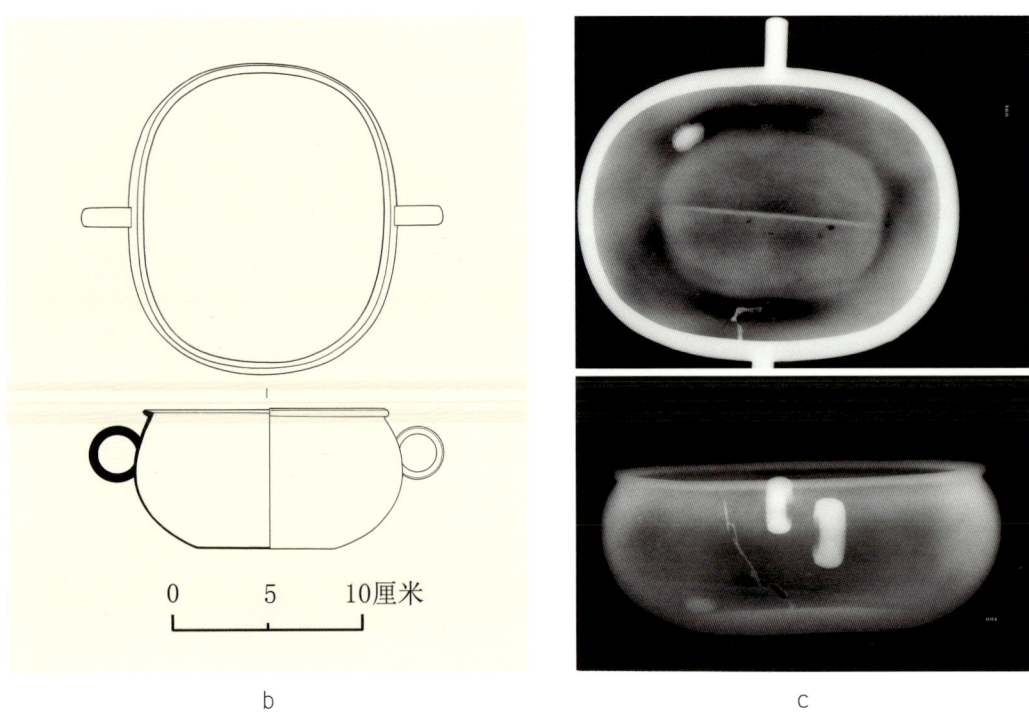

铜舟 1件。

M18:6，窄平沿略微内斜，束颈，腹部短轴方向上有两个对称的环耳，弧腹略鼓，下腹内收，平底。器身光素。器底长轴方向可见一道清晰的范线。环耳被压入器身，可知环耳为先铸，器身为后铸。器身下腹部接近器底处可见一补铸的痕迹。口径16.4×12.5、底径10.8×8.0、通高6.8厘米，重612克。（图一〇八）

2. 小件器物

有铜器、玉器、石器、骨器、蚌环。

图一〇九 铜环首刀 M18:26

图一一〇 M18 出土玉玦
a. 玉玦（M18:36-1）
b. 玉玦（M18:33）

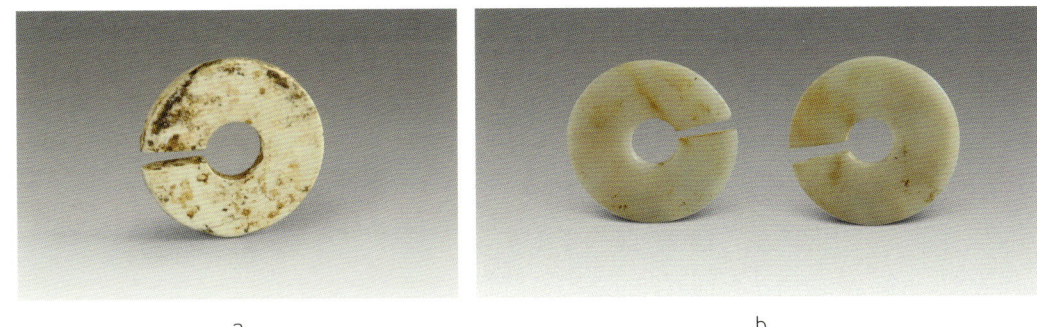

图一一一 M18 出土玉璜
a-c. 玉璜（M18:36-2、3、4）
d. 玉璜（M18:32）
e. 玉璜（M18:24-1）

铜环首刀 1 件。

M18:26，弧背，刀背较厚且平，刀锋较锐薄。曲柄，椭圆形环首。环径 2.2×1.8、通长 19 厘米。（图一〇九）

墓葬分述 | 109

玉玦 3 件。

M18:36-1，雪白色，局部有黑色沁。正面可见双阴线勾勒的双首兽面纹，兽面均朝向缺口。背面光素。内环径 0.8、外环径 2.5、厚 0.3 厘米。(图一一〇)

M18:33，2 件，完整。略呈黄白色，表面磨光。呈扁平状，形制规整，单面钻孔。

M18:33-1，直径 3.7、孔径 1、厚 0.1 厘米；

M18:33-2，直径 3.7、孔径 1、厚 0.1 厘米。

玉璜 5 件。

M18:36，3 件。

M18:36-2，墨绿色，内端较厚，外端较薄。在其一侧有 3 个穿孔，中间穿孔最大，是两面对钻形成，另有两个小穿孔则是单面钻形成；在另外一侧有两个小穿孔，应是单面钻形成。素面磨光。长 5.5、最宽 2 厘米；(图一一一)

M18:36-3，黄褐色，内端较厚，外端较薄。玉璜正面、背面各有一条阴刻线。在其一侧有 3 个穿孔，均为单面钻形成；另一侧有 2 个穿孔，一个为单面钻，一个为双面钻。长 4.4、最宽 2 厘米；

M18:36-4，残，青绿色，略呈弧形，内端较厚，外端较薄。从其仅存的部分可知其原来应为一件玉璜。素面磨光。残长 2.3、最宽 1.8 厘米。

M18:32，青绿色。整体扁平，略呈弧形。两端分别有两个穿孔，一侧孔较大，一侧孔较小，均为单面钻。在较小孔一侧的中间可见一半圆形凹缺。长 4.7、最宽 2.7、厚 0.3 厘米。

M18:24-1，褐色，正面、背面均刻有纹饰，纹饰图案原来应为虎，由于利用古玉改制，纹饰仅存虎首及前肢的一部分。玉璜两端各有两个小孔，其中一个孔较大，长 4.5、最宽 2、厚 0.3 厘米。

玉觿 2 件。

M18:24，2 件。

M18:24-2，髓玉质，浅黄色。兽首上有双面钻的穿孔，首上还有两个小凹口，整体扁平，应为兽首的简化形式。长 4、厚 0.3 厘米；

M18:24-3，髓玉质，浅绿色。兽首上有一个孔，首上还有两个小凹口，整体扁平，应为兽首的简化形式。长 3.4、厚 0.2 厘米。(图一一二)

图一一二 玉觿 M18:24-2

图一一三 M18 出土玉片
a. 玉片（M18:24-4、5）
b. 玉片（M18:24-6）
c. 玉片（M18:35）
d-e 玉片（M18:36-5、6）

a b

c d e

玉片 6 件。

M18:24，3 件。

M18:24-4，浅绿色。近长方形，左右两端各有两个小孔，其上可见用线加工的痕迹。其中三边各有两个小凹口，另一边中间有一较大的凹口。长 2.4、最宽 2.1、厚 0.2 厘米；

M18:24-5，浅绿色。近正方形，左右两端各有两个小孔，其上可见用线加工的痕迹。上下两端均有两个凹口，另外两端一端平整，一端中间有一较大的凹口。长 2、最宽 2、厚 0.2 厘米；（图一一三）

M18:24-6，浅黄色。两端各有两个小孔，略呈弧形。长 1.7、最宽 1.1、厚 0.1 厘米。

墓葬分述 | 111

图一一四 玉圭 M18:31

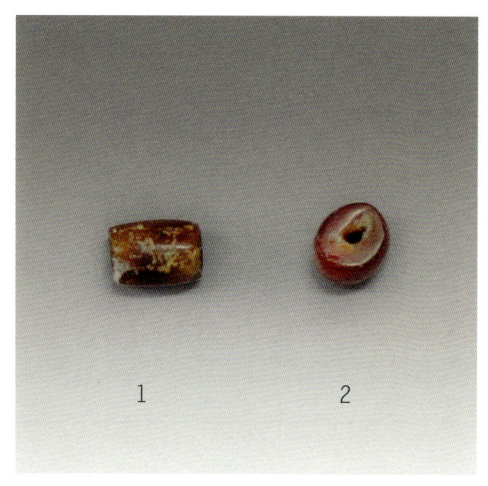

图一一五 玛瑙珠 M18:25-1、M18:25-2（左）

图一一六 石圭 M18:8（右）

M18:35，整体略呈长方形，上部偏黄，下部泛白且带有黑色条纹，其中一个角为圆角，中心有一个较大圆孔，四角各有一个小圆孔。五个孔均为单面钻。长 2.8、宽 2.4、厚 0.15 厘米，孔径 0.45 厘米。

M18:36，2 件。

M18:36-5，浅黄褐色，局部有褐色沁，表面有红色朱砂。不规则长方形状，两端各有 2 个极小的单面钻穿孔，两端宽窄不一。长 2.1、最宽 1.1 厘米；

M18:36-6，浅黄褐色，局部有黑色的沁。长方形扁平状，厚薄不匀，近四角处各有一个单面钻的小穿孔，上下各有 2 个半圆凹缺，一侧有一长方形凹缺。长 2.4、宽 2.2、最厚 0.3 厘米。

玉圭 1 件。

M18:31，残，断为三截，可见圭首及两截圭身，呈浅绿色。其中圭首残长 2.2 厘米，两截圭身长分别是 8.4、15.3 厘米，推测该玉圭总长不小于 25.9 厘米。（图一一四）

图一一七 M18 出土骨尺
a. 骨尺（M18:12）
b. 骨尺（M18:27）

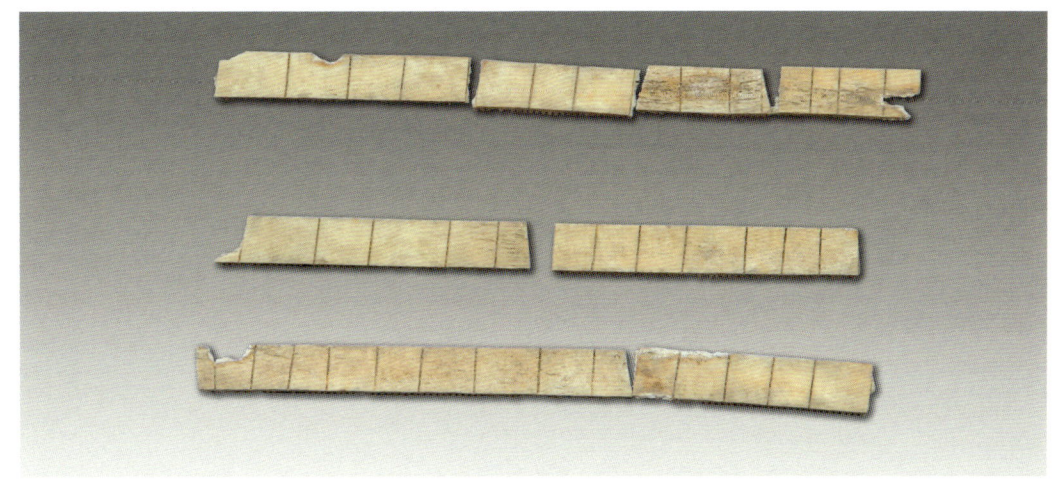

a

b

玛瑙珠 2件。（图一一五）

M18:25-1，梭形，黄褐色，中央的穿孔为上下对钻成形。长1.1厘米；

M18:25-2，较短粗，呈不规则圆柱形，颜色红，中穿孔，通透。长0.9厘米。

石圭 5件。（图一一六）

M18:8，3件完整，2件残。均为灰白色砂岩质，整体扁平。8-1，完整，最宽1.7、厚0.3、通长13.8厘米。8-2，完整，最宽1.5、厚0.3、通长11.4厘米。8-3，完整，最宽1.3、厚0.2、通长9.6厘米。8-4，残，最宽1.7、厚0.3、残长9.3厘米。8-5，残，最宽1.6、厚0.3、残长6.9厘米。

骨尺 6件。

M18:12，5件。均为残段，无法复原。残段为长条形，正面刻阴线，由"×"间以等距的"-"线组成，背面阴刻不等距的竖斜线。宽1.1、厚0.5厘米。（图一一七）

M18:27，1件。残，为长条形，正面刻阴线，由"×"间以21条等距竖线，且"×"中间贯穿一条竖线。长6.3、宽0.9、厚0.2厘米。

图一一八 骨片 M18:28

 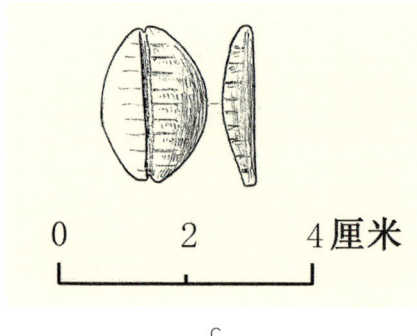

图一一九 M18 出土骨贝
a-b. 骨贝（M18:34、M18:36-8）
c. 骨贝线图（M18:36-8）

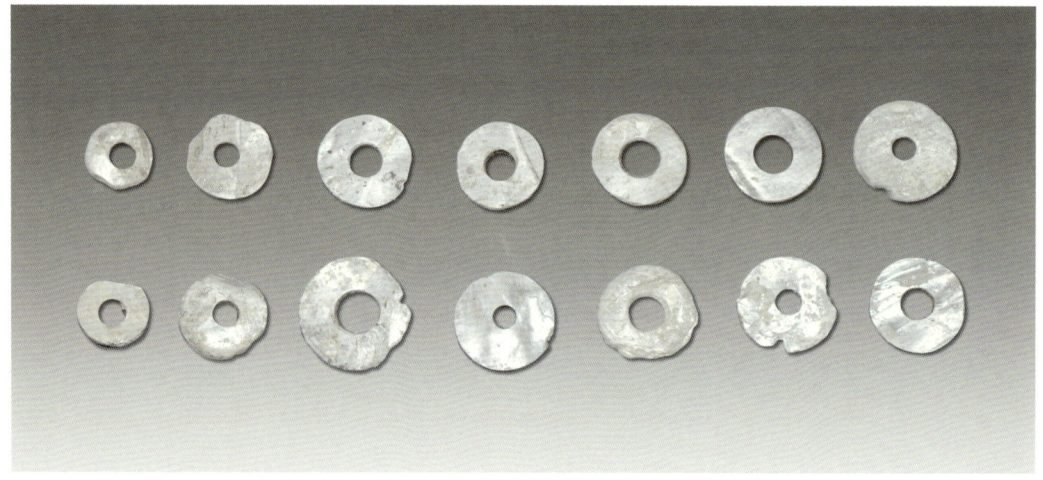

图一二〇 蚌环 M18:14-23

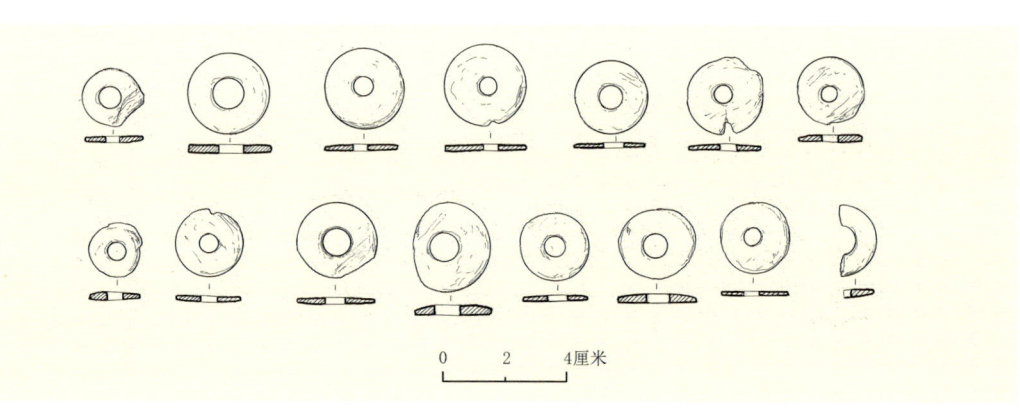

114 | 墓葬分述

骨片 1 件。

M18:28，残。总体呈弧形，一端较宽，另一端为尖状。器表残存有红色的朱砂。残长5.6、最宽1.5、厚0.2厘米。(图一一八)

骨贝 2 件。

M18:34，其正面中央有一道凹槽，凹槽两侧有阴刻的短线，背面有两个细长的小穿孔，与正面的凹槽通连。长2.2、宽1.5厘米；

M18:36-8，正面中央有一细长凹槽，凹槽两侧有阴刻的短线，背面有2个圆形穿孔，与正面的凹槽通连。长2.4、宽1.6厘米。(图一一九)

蚌环 19 件。

M18:36-7，厚薄不甚匀称，中间有一个小的圆形穿孔。内环径0.6、外环径2.4厘米；M18:14—23，共18件，其中14件完整。厚薄不匀，整体呈环状，中间有一个较大的圆形穿孔，圆孔相当规整，应系单面钻而成。个体较大的比较规整，个体较小的周缘打磨得不甚规整。

M18:14，2件。M18:14-1，内环径0.5、外环径2.6厘米；M18:14-2，内环径1、外环径3厘米；M18:15，2件。M18:15-1，内环径0.8、外环径2.3厘米；M18:15-2，内环径0.6、外环径2.6厘米；M18:16，内环径1、外环径2.5厘米；M18:17，2件。M18:17-1，内环径0.8、外环径2.5厘米；M18:17-2，内环径0.7、外环径1.9厘米；M18:18，2件。M18:18-1，内环径0.8、外环径2.4厘米；M18:18-2，内环径0.7、外环径1.8厘米；M18:19，内环径0.6、外环径2.7厘米；M18:20，内环径0.9、外环径2.4厘米；M18:21，内环径0.9、外环径2.6厘米；M18:22，内环径0.7、外环径2.4厘米；M18:23，内环径0.6、外环径2.4厘米。(图一二〇)

四、M17

M17位于整个发掘区的中南部，M18的北部，地面北高南低为缓坡状，高低落差0.45米。

(一) 墓葬形制

墓开口于耕土与淤积土层下，墓口距地表厚0.2～0.65米。方向360度。长方形竖穴，口底同大，长4、宽3.2、深5米，墓壁陡直，壁面较光滑，墓底平坦。

填黄褐色五花土，土质较硬，未见有包含物。

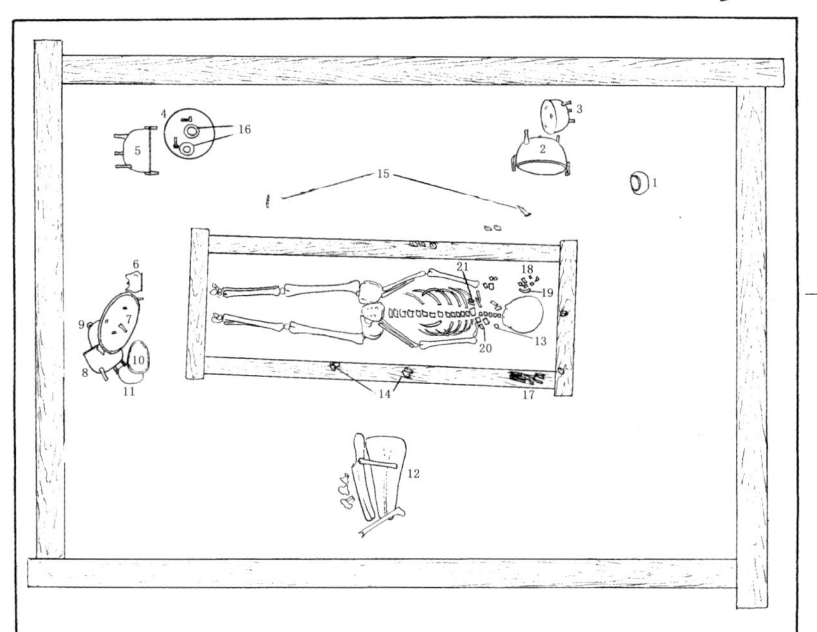
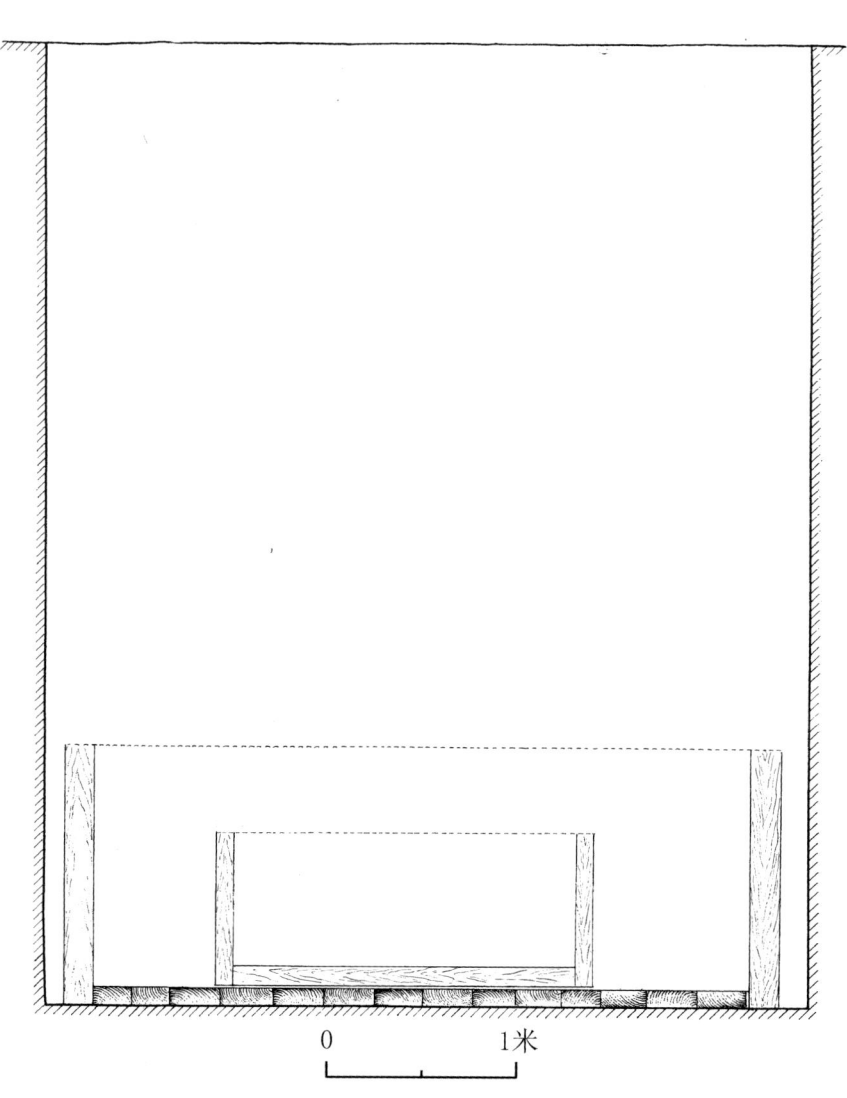

图一二一 M17 平剖面图

1.陶罐 2.铜鼎 3.铜敦 4.铜器盖 5.铜鼎 6.陶鬲 7.铜盘 2.铜鼎 9.铜器盖 10.铜匜 11.漆器 12.兽骨 13.玉片 14.蚌币 15.骨钉 16.铜辖 17.石圭 18.玉片 19.红玛瑙 20.玉片 21.骨饰

（二）葬式葬具

木质葬具已朽尽，仅见灰痕，从灰痕推测葬具为双椁单棺。椁室平面呈"口"形，椁痕通长 3.9、宽 2.9、残存高度 1.35 米。外椁挡板灰痕四端外伸 0.05～0.1 米，板痕厚 0.15 米，外椁底部由 14 块宽度不等的木板横向铺设，宽度 0.2～0.28 米，厚 0.1 米。内椁位于外椁室中部，外椁平面呈"口"形，长 2.6、宽 1.17、残存高度 1.09 米。左右立板外伸南短北长 0.5～0.12 米，立板厚 0.1 米，底板为纵向铺设，厚度与立板相同。棺位于内椁室中部，平面呈"口"形，长 2、通宽 0.78、残存高度 0.5 米。南北立板两端外伸 0.03 米，棺板厚度 0.1 米。

人骨保存较好，仰身直肢，头向北，面部向上。(图一二一)

（三）随葬器物

随葬器物共 21 件，按照功用的不同分别置放，其中铜礼器及日用铜、陶器分别置放于外椁室与内椁之间的西、南部，随身佩带的小件饰品置放于棺内及骨架头部周围，部分兽骨置放于外椁室与内椁之间的东部。铜鼎 3 件、铜敦 1 件、铜盘 1 件、铜匜 1 件、铜舟 1 件、铜车軎 1 套、陶罐 1 件、陶鬲 1 件、陶纺轮 1 件、漆器 1 包（残）、红玛瑙珠 2 件、玉片、蚌饰、石圭、骨锥、骨饰及兽骨若干等。

1. 铜容器

铜鼎 3 件。

M17:2，有盖，弧形略鼓，上有三环钮，盖口沿下折略微内敛，成为母口；鼎身圆鼓，上腹内收，口沿内折成子口，用以承盖，鼎下腹内收，底部近平，下腹承以三个较细高的蹄形足。鼎身上腹两侧各有一个外撇的长方形附耳。鼎内发现有动物骨骼。器盖与器身均有纹饰。盖面上有多层纹饰，由内向外分别是：正中心饰涡纹，外围环绕有三层规则的雷纹，雷纹之外环以素带，素带之外是一周三层细密的蟠螭纹，蟠螭纹之外以素带相隔，素带之外又是一周三层细密的蟠螭纹。鼎腹中央有一周较细的凸弦纹，其上饰以一周三层半的蟠螭纹，其下为素面。鼎盖上的三环钮均已压入鼎盖，可知三环钮均为先铸。鼎底部可见明显的圆形范线，鼎身有三道竖行范线，均与底部圆形范线相连，鼎足两侧可见范线。三蹄形足上端局部可见浇溢的铜液压在鼎身上，可知鼎足均为后铸。两鼎耳根部之间不见纹饰，应是铸造鼎身时为给鼎耳预留位置，将鼎身这部分纹饰范切除，可知鼎耳为先铸，鼎身为后铸。制作粗糙，鼎身下腹部有较多铸孔。下腹部有黑色烟炱，应为实用器。口径 19.4、耳距 26.5、腹深 12.9、腹最大径 30.7、通高 23.7 厘米，重 1819 克。(图一二二)

图一二二 铜鼎 M17:2

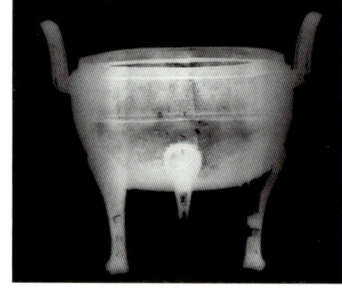
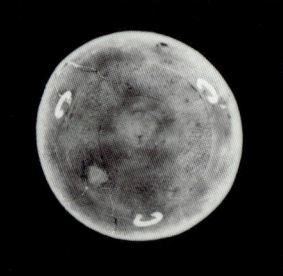
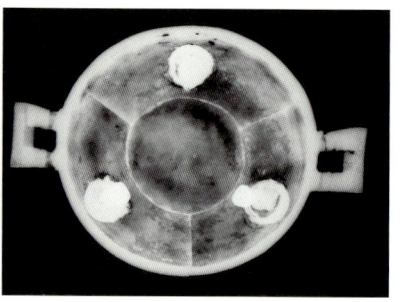

c

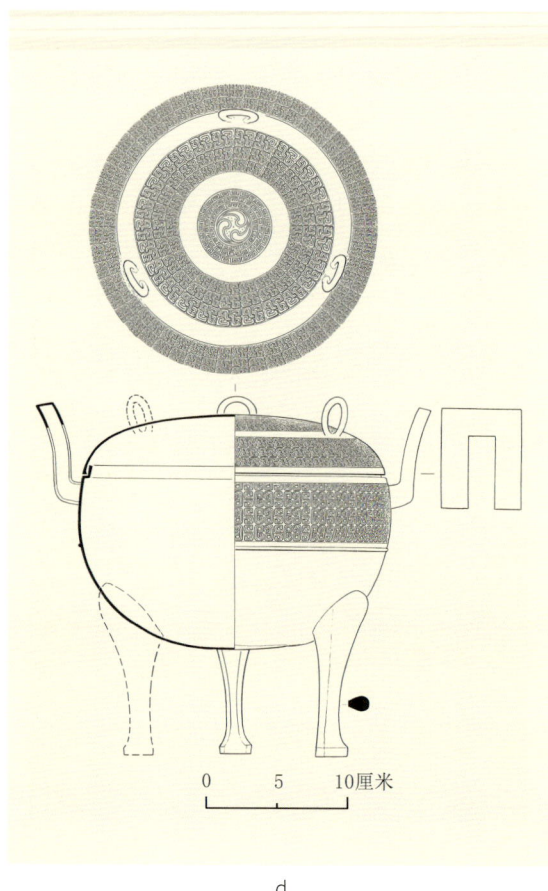

d

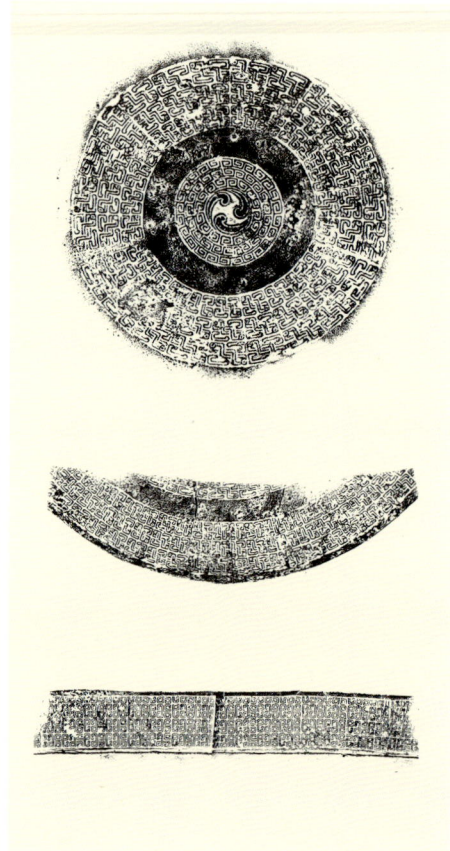

e

图一二三 铜鼎 M17:5

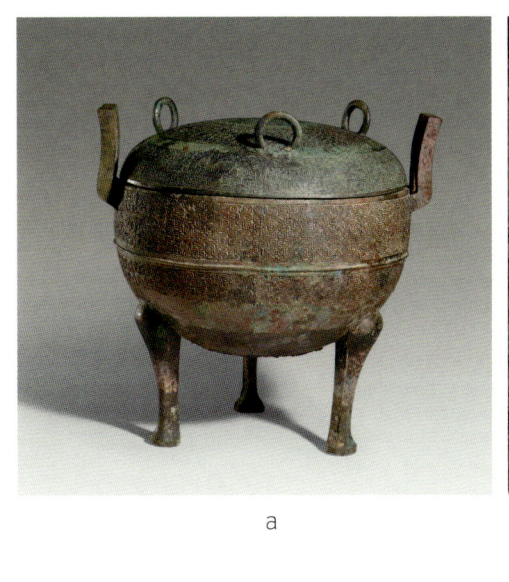
a

b

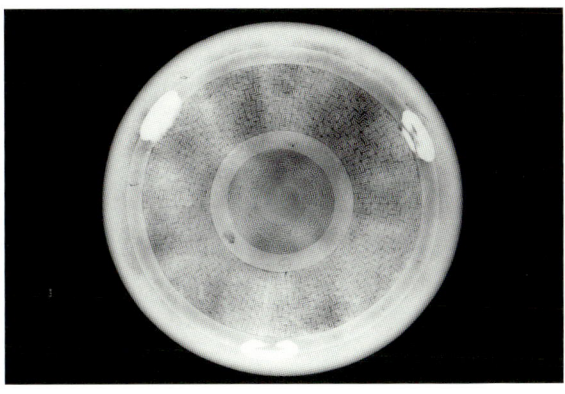
c

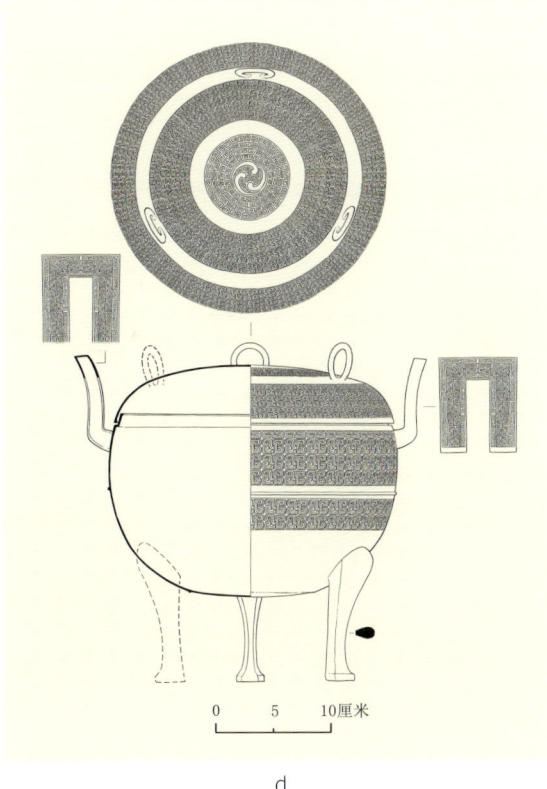
d

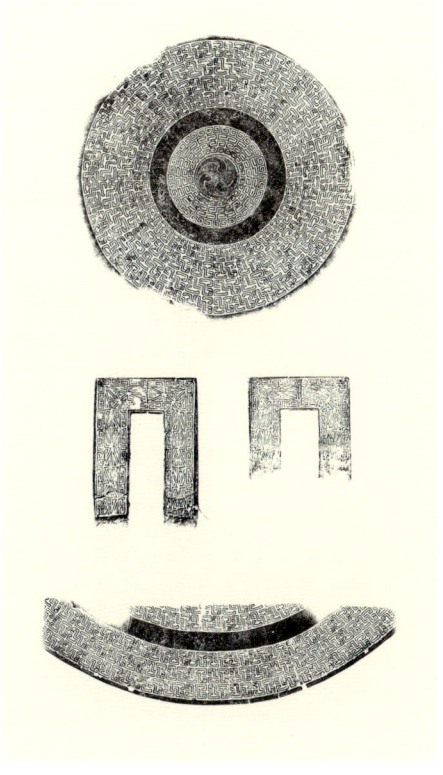
e

墓葬分述 | 119

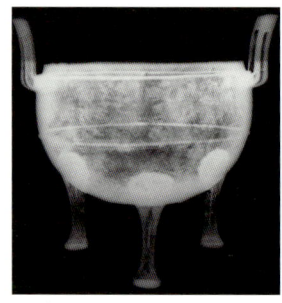
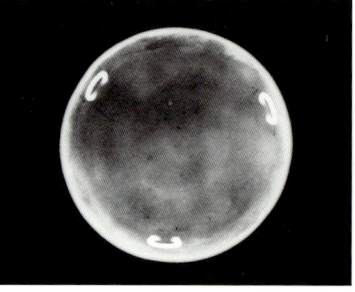
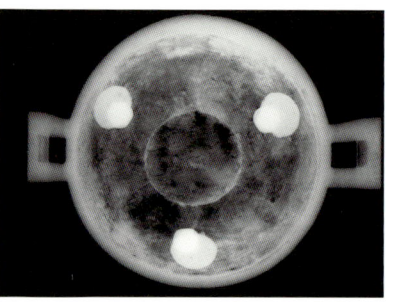
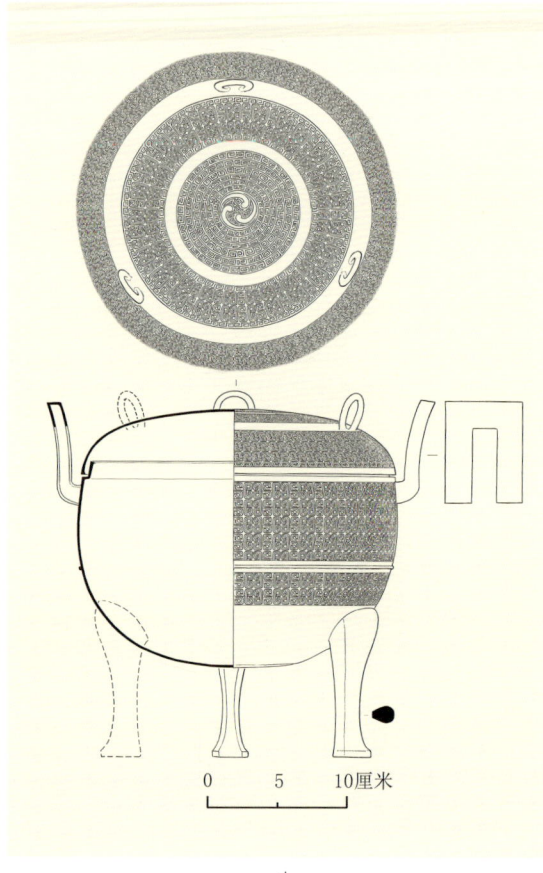
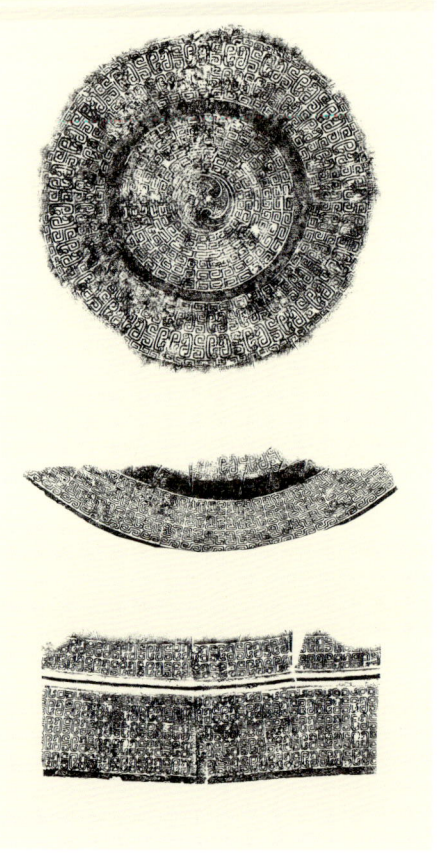

图一二四 铜鼎 M17:8

120 | 墓葬分述

M17:5，有盖，弧形略鼓，上有三环钮，盖口沿下折略微内敛，成为母口；鼎身圆鼓，上腹内收，口沿内折成子口，用以承盖，鼎下腹内收，底部近平，下腹承以三个较细高的蹄形足。鼎身上腹两侧各有一个外撇的长方形附耳。器盖与器身均有纹饰。盖面上有多层纹饰，由内向外分别是：正中心饰涡纹，外围环绕有四层雷纹，雷纹之外环以素带，素带之外是一周四层细密规则的蟠虺纹，蟠虺纹之外又以素带相隔，素带之外是一周三层细密的蟠虺纹。鼎腹中央有一周凸弦纹，凸弦纹之上饰以一周三层蟠虺纹加一周雷纹界栏，其下为一周两层蟠虺纹。两鼎耳内外侧各有以上下两层雷纹为界栏的三角雷纹。鼎盖上的三环钮均已压入鼎盖，可知三环钮均为先铸，一环钮为补铸。鼎底部可见明显的圆形范线，鼎身有三道竖行范线，均与底部圆形范线相连，鼎足两侧可见范线。三蹄形足上端局部可见浇溢的铜液压在鼎身上，可知鼎足均为后铸。两鼎耳根部之间不见纹饰，应是铸造鼎身时为给鼎耳预留位置，将鼎身这部分纹饰范切除，可知鼎耳为先铸，鼎身为后铸。器身局部有铸孔。下腹部的黑色烟炱表明该鼎应为实用器。口径22.8、耳距28.6、腹深15.9、腹最大径24.9、通高28.7厘米，重3679克。（图一二三）

M17:8，有盖，弧形略鼓，上有三环钮，盖口沿下折略微内敛，成为母口；鼎身圆鼓，上腹内收，口沿内折成子口，用以承盖，鼎下腹内收，底部近平，下腹承以三个较细高的蹄形足。鼎身上腹两侧各有一个外撇的长方形附耳。器盖与器身均有纹饰。盖顶有多层纹饰，由内至外分别是：正中心为涡纹，涡纹之外有一周六层细密规则的雷纹环绕，雷纹之外环有素带，素带之外有一周以上下两层雷纹为界栏的两层蟠虺纹，纹饰之外环绕有一周素带，素带之外是一周三层蟠虺纹加一周雷纹界栏。鼎身正中有一周较粗的凸弦纹，上腹部环绕有一周四层半的较细的蟠虺纹，下腹部环绕有一周两层的较细的蟠虺纹。鼎盖上的三环钮均已压入鼎盖，可知三环钮均为先铸。鼎身可见三道竖行范线均与底部的圆形范线相连，三蹄形足两侧可见明显的范线。两鼎耳根部之间不见纹饰，应是铸造鼎身时为给鼎耳预留位置而将鼎身这部分纹饰范切除，可知鼎耳为先铸，鼎身为后铸；鼎身与鼎足相接处局部可见铜液外溢，可知鼎足为后铸。器形制作较为规整。口径21.9、耳距27.0、腹深14.7、腹最大径22.8、通高26.5厘米，重2691克。（图一二四）

铜敦　1件。

M17:3，弧形盖，上有三环形钮，盖口沿下折略内敛，成为母口；敦身圆鼓，上腹微内敛，口沿平折成子口，用以承盖，敦下腹内收，底部近平，下腹承接三个较细高的蹄形足。敦身上腹两侧各有一个环形耳。盖面上分布有多层纹饰，由

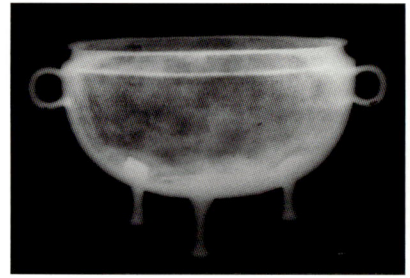
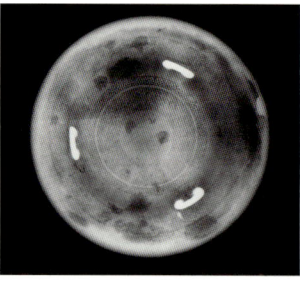
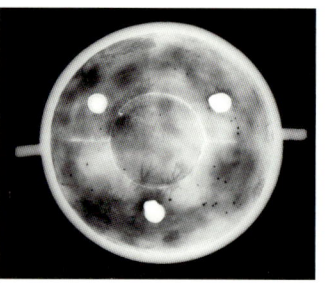

图一二五　铜敦 M17:3

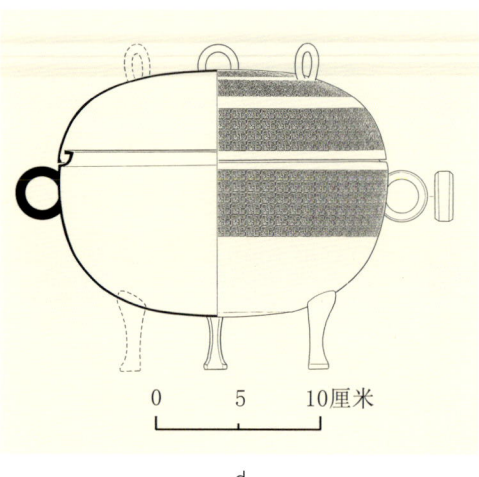
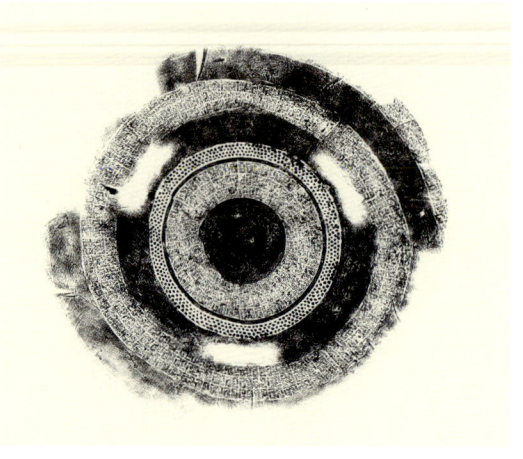
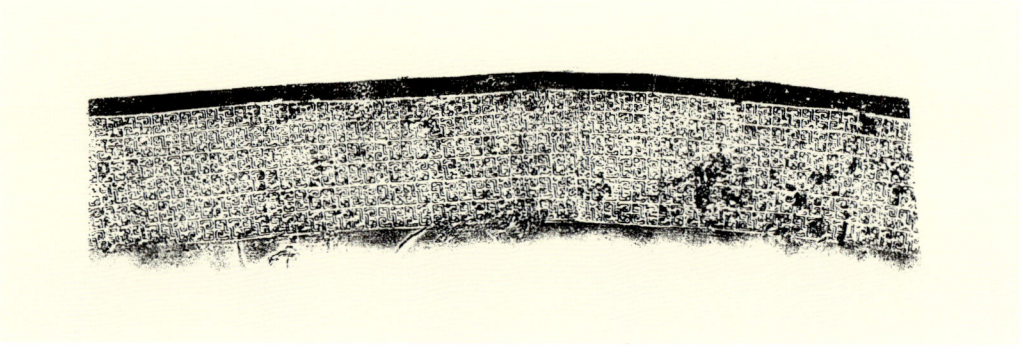

122 ｜ 墓葬分述

图一二六 铜盘 M17:7

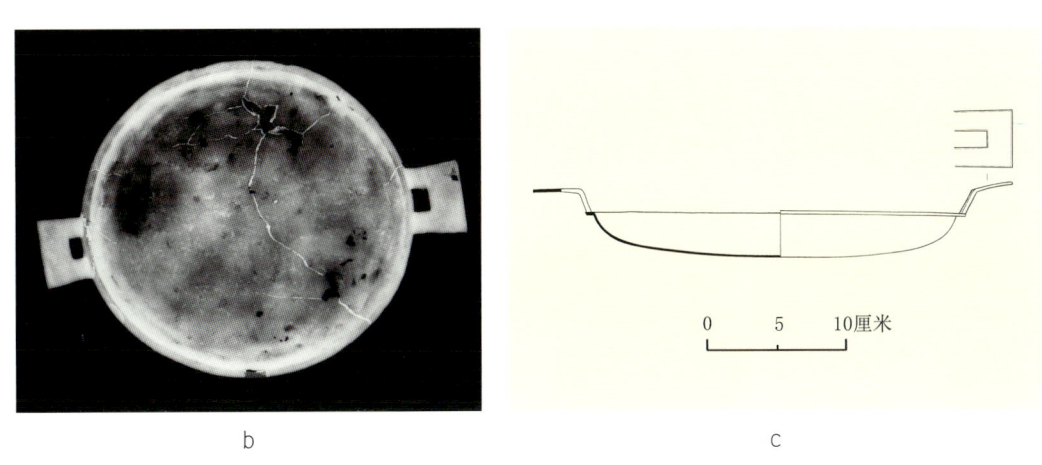

内向外分别为：中心为一素面圆，其外围环绕一周三层极细密的蟠螭纹，间隔一周较窄的素带，其外有一周细密的粟点纹，再间隔一周较宽的素带，其外有一周三层极细密的蟠螭纹，蟠螭纹之外有一周较宽的素带相隔，其外又有一周四层细密的蟠螭纹。敦身上腹有一周六层细密的蟠螭纹，下腹为素面。器盖上的三环钮均已压入器盖，可知三环钮均为先铸。沿两侧敦耳的方向各见一道竖行的范线与底部的圆形范线相交，三蹄形足两侧均可见范线，器身与敦足相接处局部可见铜液外溢，可知蹄形足为后铸。敦耳所在的位置光素，没有纹饰带，可知环耳为先铸，其中一个敦耳与敦身相接处、敦盖均可见补铸痕迹。口径18.5、耳距23.7、腹深10.2、腹最大径19.0、通高19.2厘米，重1328克。（图一二五）

铜盘 1件。

M17:7，侈口，平折沿，浅弧腹内收，底近平。口沿两侧各有一个向外平折的立耳，一耳略上翘。盘身通体光素。未见范线，应为一次浑铸而成。口径26.3、耳距34.0、通高5.2厘米，重557克。（图一二六）

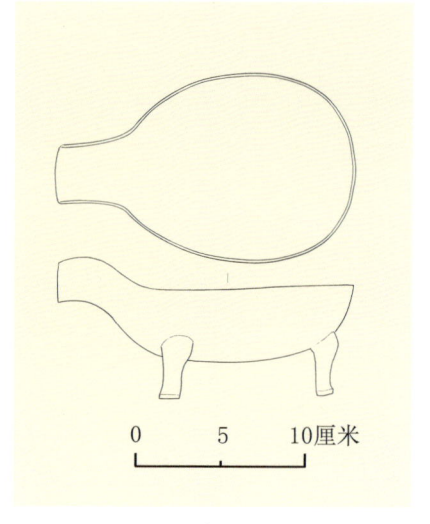

图一二七 铜匜 M17:10

a　　　　　　　　　　　　　b

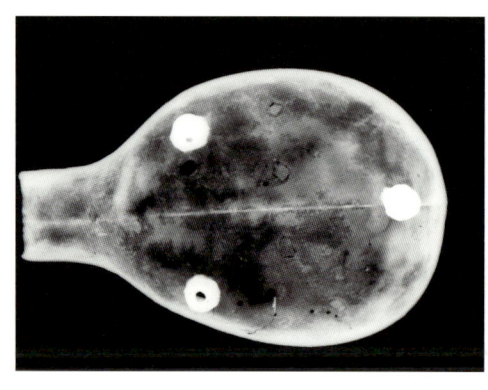
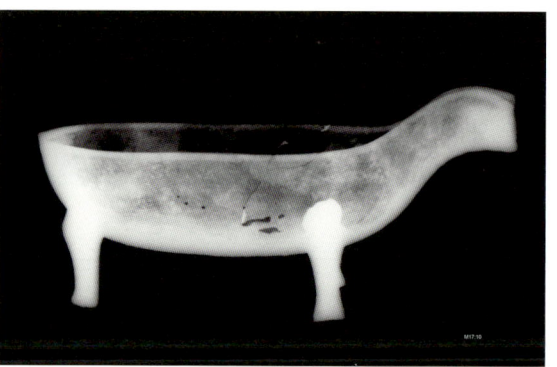

c

铜匜　1件。

M17:10，敞口流，上扬，微内敛，器身为椭圆形，弧腹内收，底近平，下腹部承以三个细矮的蹄形足。通体光素。有一道竖行范线自流口延伸至尾部。蹄形足两侧可见范线。匜尾的蹄形足正好处于竖行范线上，且蹄形足两侧的范线与竖行范线相互垂直，可知匜身为先铸，蹄形足为后铸；匜尾的蹄形足与匜壁内相对的位置上可见一出榫，应为器身铸造时的缺陷，在后来铸造匜足时铜液倒灌形成的。器腹内壁有较多铸孔。通长17.0、流长2.5、通高6.4厘米，重239克。(图一二七)

铜舟　1件。

M17:9，整体呈椭圆形，直口，弧腹内收，浅腹，底近平，器身短轴方向置双耳，已残。一侧可见方形孔。通身光素。底部范线磨平，长轴方向腹部两端隐约可见一道竖行范线与底部相连。铸造粗糙，可见多处透孔。口径13.8×16.2、通高5.5厘米，重280克。(图一二八)

图一二八 铜舟 M17:9

a

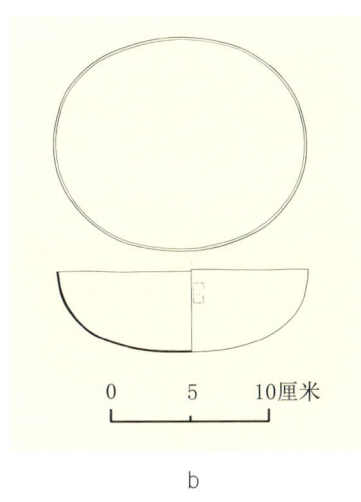

b

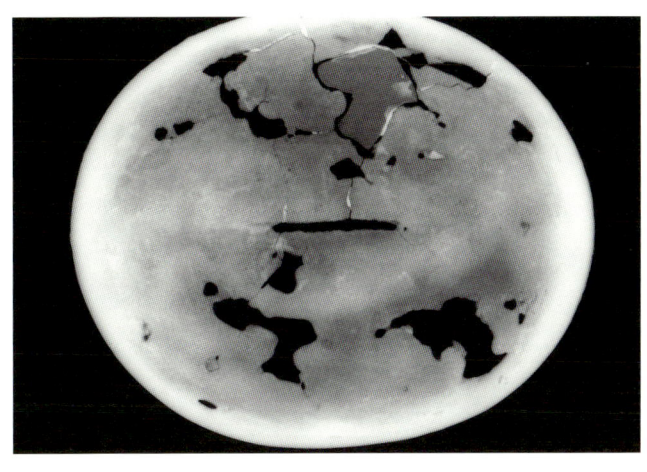

c

2. 车马器

铜车軎 2件。

形制相同。軎身较短，表面有棱，为多边圆筒形。軎身一端有外折的宽缘，近缘处两面有长方形穿孔，穿中贯辖，辖首及辖尾各有一横穿，辖首饰兽面，双眼突出。与铜辖垂直的方向上，軎身可见两条对称的范线。（图一二九）

M17:16-1，軎长3.0、径5.0、缘径7.8厘米，辖长6.0厘米，重150克。

M17:16-2，軎长3.0、径5.0、缘径7.8厘米，辖长6.0厘米，重187克。

3. 陶器

三足罐 1件。

M17:1，泥质灰陶，器表呈深灰色。直口，圆唇，宽平沿，沿面中部下凹，束颈，折肩明显，腹部形成一道明显的折棱，下腹斜收，平底，下接3个微外撇的锥状

墓葬分述 | 125

图一二九 铜车軎 M17:16-1、2

图一三〇 M17 出土陶器

1. 陶鬲（M17:6）
2. 三足罐（M17:1）
3. 陶纺轮 M17

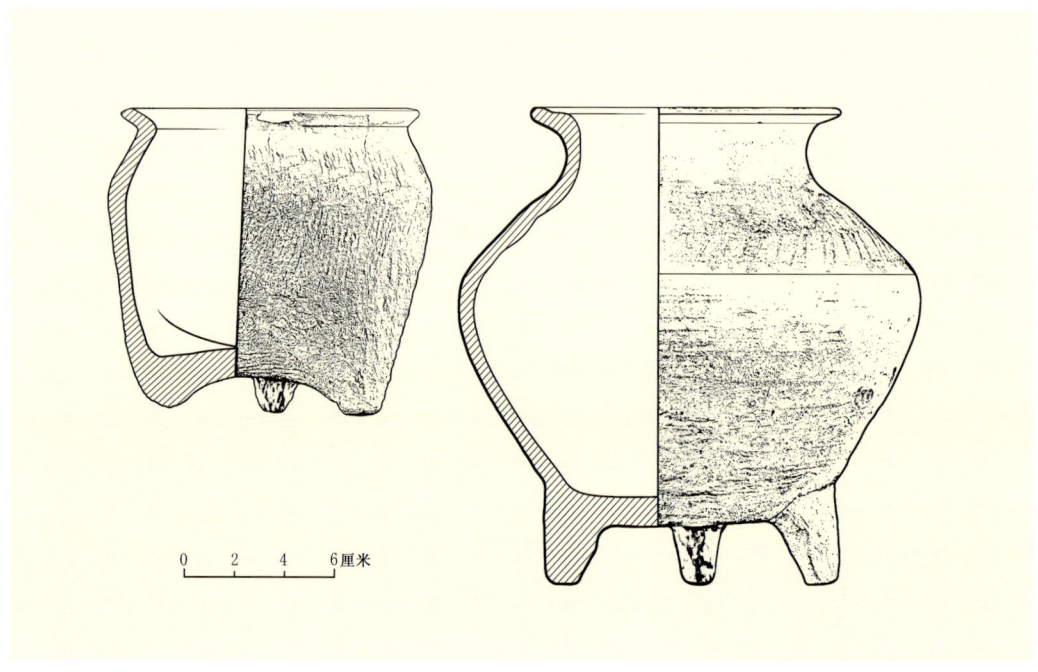

图一三一 M17:13 玉片
（M17:13-1～9）

实心矮足。肩部有一周细密的折线状暗纹，在颈部和下腹部可以看到一些轮修的痕迹。口外径12.7、内径9.3、肩径19.0、通高17.2厘米。

陶鬲 1件。

M17:6，夹砂灰黑陶。斜折沿，尖圆唇，束颈，斜折肩，肩部有一道明显的折棱，三足略微内收，深腹，联裆。器身肩部饰比较规则的绳纹，肩、颈相接处绳纹抹平，裆部及袋足绳纹较粗且杂乱。三足内侧形成较小的浅窝。口径11.7、肩径12.5、通高11.7厘米。

陶纺轮 1件。

M17，陶纺轮。泥质灰陶，轮面不甚平整。直径5.4、孔径0.9厘米。（图一三〇）

4. 其他器物

玉片 20件。

M17:13，玉片9件，除一件外，皆较完整，磨制。（图一三一）

M17:13-1，青灰色，近长方形，四角各有一单面钻孔，表面残留有玉料开片时的割锯痕迹。长1.3、宽0.9、厚0.1厘米，重0.5克；

M17:13-2，灰色，长方形，一角被磨平。四角各有一个单面钻小孔，其中相对的两边被加工成单面刃状，在孔的位置上有竖行的线切割的痕迹。长2.8、厚0.2

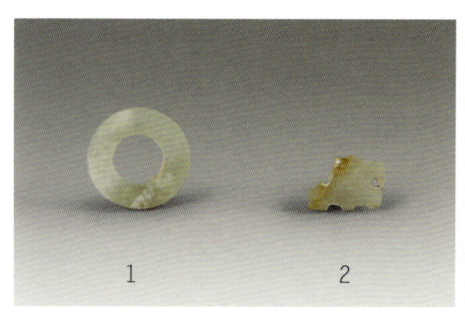

图一三二 M17:18 玉片
（M17:18-1～4）

图一三三 M17:20 玉片
（M17:20-1～7）

厘米，重5克；

M17:13-3，灰色，长方形，一角被磨平。四角各有一个单面钻小孔，其中相对的两边被加工成单面刃状，在孔的位置上有竖行的线切割的痕迹。长2.8、厚0.2厘米，重5克；

M17:13-4，白色，半透明，近"工"字形，长轴两端为半圆形，空缺近等腰梯形。长1.4、厚0.1厘米，重0.5克；

M17:13-5，灰色，形如玉觿，一侧有圆形单面钻孔。长3.0、厚0.2厘米，重1克；

M17:13-6，灰色，形如玉觿，一侧有圆形单面钻孔。长3.0、厚0.2厘米，重1克；

M17:13-7，黄褐色，形近长方形，四角各有一个圆形单面钻孔，两长边及一短边各有一凹缺。长 1.7、厚 0.1 厘米，重 0.7 克；

M17:13-8，白色，一腰略残，另一腰加工成单面刃状，四角各有一个圆形单面钻孔。长 1.8、厚 0.1 厘米，重 1 克；

M17:13-9，残，青色，形近长方形，两角各有残缺，两长边一侧有两个单面钻孔，另一侧有一个单面钻孔。长 1.0、宽 0.8、厚 0.1 厘米，重 0.2 克。

M17:18，玉片 4 件，皆为磨制。（图一三二）

M17:18-1，玉环，淡青色。直径 1.5、孔径 0.7、厚 0.2 厘米，重 1 克；

M17:18-2，深青色，形如玉觿，一端有单面钻孔。长 3.4、厚 0.1 厘米，重 0.6 克；

M17:18-3，深青色，形如玉觿，一端有单面钻孔。长 2.9、厚 0.1 厘米，重 0.4 克；

M17:18-4，形近长方形，一角残缺，两长边各有两个凹缺，短边有一个单面钻孔。长 1.1、宽 0.7、厚 0.1 厘米，重 0.3 克。

M17:20，玉片 7 件，磨制。（图一三三）

M17:20-1，青灰色，长方形，四角各有一个圆形单面钻孔，一面有玉料开片时留下的切割痕迹。长 1.7、宽 1.0、厚 0.1 厘米，重 0.2 克；

M17:20-2，青灰色，长轴两端为半圆形，中央有两个梯形的小缺，整体呈"工"字形。长 1.6、厚 0.1 厘米，重 0.3 克；

M17:20-3，白色，半透明，长轴两端为半圆形，中央有两个梯形的小缺，整体呈"工"字形。长 1.6、厚 0.1 厘米，重 0.4 克；

M17:20-4，深绿色，近三角形，有两个圆形双面钻孔，在孔的位置上有竖行的线切割的痕迹。两边较完整，一边为两次开片的痕迹，另一边加工为单面刃状。剩余一边为弧形，边缘粗糙。厚 0.3 厘米，重 3 克；

M17:20-5，灰色，近梯形，上、下两边被加工成单面刃状，靠近四角各有一个圆形单面钻孔，在孔的位置上有竖行的线切割的痕迹。长 2.8、厚 0.2 厘米，重 4 克；

M17:20-6，一角略残，白中泛青，近长方形，一角被磨平。四角各有一个单面钻小孔，其中相对的两边被加工成单面刃状，在孔的位置上有竖行的线切割的痕迹。长 2.2、宽 1.6、厚 0.2 厘米，重 3 克；

M17:20-7，两角略残，白中泛青，近长方形，一角被磨平。四角各有一个单面钻小孔，其中相对的两边被加工成单面刃状，在孔的位置上有竖行的线切割的痕迹。长 2.2、宽 1.9、厚 0.2 厘米，重 3 克。

图一三四 M17:17 石圭 (M17:17-1～7)

石圭

M17:17，依据材质可分为青灰色板岩与云母细砂岩两类，表面打磨光滑，均断为数截，有圭首两件，说明至少有两件。经基本拼接后没有完整石圭。(图一三四)

M17-1～M17-4 为云母细砂岩材质，两面平整，一侧边缘未经加工，保留割锯痕迹。

M17:17-1，仅剩圭首，残长 3.2、最宽 0.8、厚 0.2 厘米，重 1 克；

M17:17-2，残长 7.7、最宽 1.3、0.2 厘米，重 5 克；

M17:17-3，残长 4、最宽 0.8、厚 0.2 厘米，重 1 克；

M17:17-4，残长 2、最宽 0.9、厚 0.2 厘米，重 1 克；

M17:17-5～M17-7 为青灰色板岩材质，一面中部起脊，一面平整。

M17:17-5，残长 3.5、最宽 0.9、厚 0.2 厘米，重 2 克；

M17:17-6，残长 3.5、最宽 0.9、厚 0.2 厘米，重 2 克；

M17:17-7，仅存圭首及部分圭身，残长 4.4、最宽 1、厚 0.2 厘米，重 2 克。

骨锥 4 件。

M17:15，3 件较完整，1 件尖端残缺，皆为平顶楔形，兽骨锯割磨制而成。(图一三五)

M17:15-1，尖端有残缺，残长 4.7、宽 1.0、厚 1.0 厘米，重 5 克；

图一三五 M17:15 骨锥
（M17:15-1～4）

图一三六 M17:21 骨片
（M17:21-1～4）

M17:15-2，剖面圆弧形，长5.9、宽1.3、厚0.4厘米，重5克；

M17:15-3，剖面梯形，长5.7、上底1.0、下底1.8、厚0.6厘米，重7克；

M17:15-4，剖面近直角梯形，长7.0、上底0.7、下底1.0、厚0.7厘米，重6克。

骨片

M17:21，磨制，皆残损，经基本拼合，仅有4片大致完整，其余21片皆为零散的不规则残片，形状各异，有的残存钻孔。（图一三六）

M17:21-1，形状近方形，四角可见单面钻孔，长2.0、宽2.0、厚0.1厘米，重1克；

M17:21-2，形状近方形，两侧较完整，另两侧残损，残存三角可见单面钻孔，长2.0、宽2.0、厚0.1厘米，重1克；

M17:21-3，形状近直角梯形，上、下两边各有残损，唯剩余一角可见单面钻孔，上边残长1.6、下边残长1.5、高3.0、厚1.0厘米，重1克；

M17:21-4，形状近长方形，四边皆有残损，残长1.9、残宽0.7、厚0.1厘米，重1克。

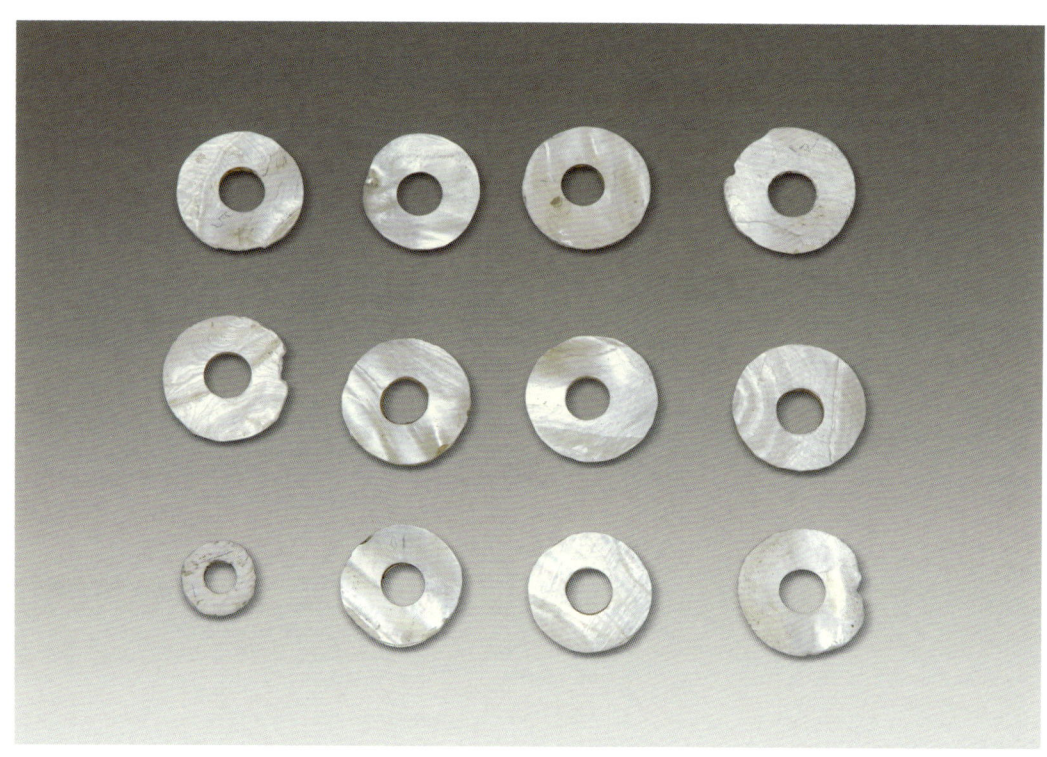

图一三七 M17:14 蚌环

蚌环 32 件。

M17:14，蚌环 19 件，乳白色，磨制而成。完整的有 12 件，皆为环形，7 件残，皆为半环形。此外，还有一些易碎的薄残片。总重 52 克。(图一三七)

M17:14-1，打磨不均，直径 1.6、孔径 0.7、最厚 0.4、最薄 0.1 厘米；M17:14-2，一端略缺，直径 2.9、孔径 1.1、厚 0.1 厘米；M17:14-3，直径 2.9、孔径 1.1、厚 0.2 厘米；M17:14-4，一端略残，直径 2.7、孔径 1.0、厚 0.1 厘米；M17:14-5，直径 2.9、孔径 1、厚 0.2 厘米；M17:14-6，直径 3、孔径 1.0、厚 0.2 厘米；M17:14-7，直径 2.9、孔径 1.0、厚 0.1 厘米；M17:14-8，一端略残，直径 2.9、孔径 1.0、厚 0.1 厘米；M17:14-9，一端略残，直径 2.9、孔径 1.0、厚 0.1 厘米；M17:14-10，直径 2.5、孔径 1.0、厚 0.1 厘米；M17:14-11，直径 2.7、孔径 1.1、厚 0.1 厘米；M17:14-12，直径 3.0、孔径 1.0、厚 0.2 厘米；M17:14-13，残，弦长 3.9、宽 0.1、厚 0.2 厘米；M17:14-14，残，弦长 5.2、宽 1.0、厚 0.2 厘米；M17:14-15，残，弦长 5.0、宽 1.0、厚 0.2 厘米；M17:14-16，残，弦长 4.0、宽 1.0、厚 0.2 厘米；M17:14-17，残，弦长 4.9、宽 1.0、厚 0.2 厘米；M17:14-18，残，弦长 4.3、宽 1.0、厚 0.2 厘米；M17:14-19，残，弦长 4.7、宽 0.9、厚 0.1 厘米。

M17: 无标签，蚌环 13 件，皆为乳白色，磨制而成。完整的有 11 件，环形。残的有 2 件，形皆近半环形。总重 39 克。

图一三八 M17:19 玛瑙珠
（M17:19-1、2）

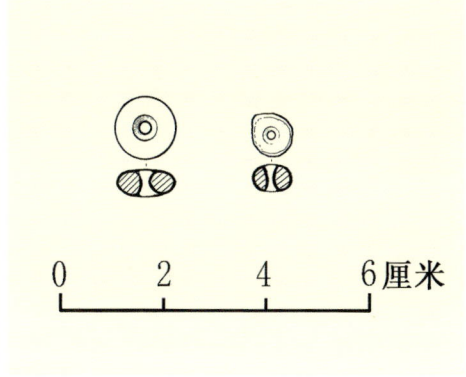

a　　　　　　　　　b

1，直径3.0、孔径0.9、厚0.2厘米；

2，打磨不均匀。直径2.9、孔径1.0、最厚0.2、最薄0.1厘米；

3，略有残缺，打磨不均匀。直径2.9、孔径1.0、最厚0.2、最薄0.1厘米；

4，打磨不均匀。直径2.9、孔径1.0、最厚0.2、最薄0.1厘米；

5，打磨不均匀。直径3.0、孔径1.0、最厚0.2、最薄0.1厘米；

6，略有残缺，打磨不均匀。直径2.9、孔径1.0、最厚0.2、最薄0.1厘米；

7，直径2.9、孔径1.0、厚0.2厘米；

8，略有残缺，打磨不均匀。直径2.7、孔径1.0、最厚0.2、最薄0.1厘米；

9，略有残缺。直径2.9、孔径1.0、厚0.1厘米；

10，略有残缺，打磨不均匀。直径2.9、孔径1.0、最厚0.2、最薄0.1厘米；

11，直径2.9、孔径1.0、厚0.2厘米；

12，残。弦长4.1、厚0.2厘米；

13，残。弦长2.9、厚0.1厘米。

红玛瑙串珠 2件。（图一三八）

M17:19-1，扁圆形，周缘被磨得圆润，中央有两面对钻的穿孔。直径0.9、孔径0.4、高0.3厘米，重1克；

M17:19-2，料珠，白色，扁圆形，中央有两面对钻的穿孔。器表多有剥落。直径0.6、孔径0.3、高0.5厘米，重0.3克。

漆器 1包。

M17:11，残。可见器表有红色的漆，重171克。

墓葬分述 | 133

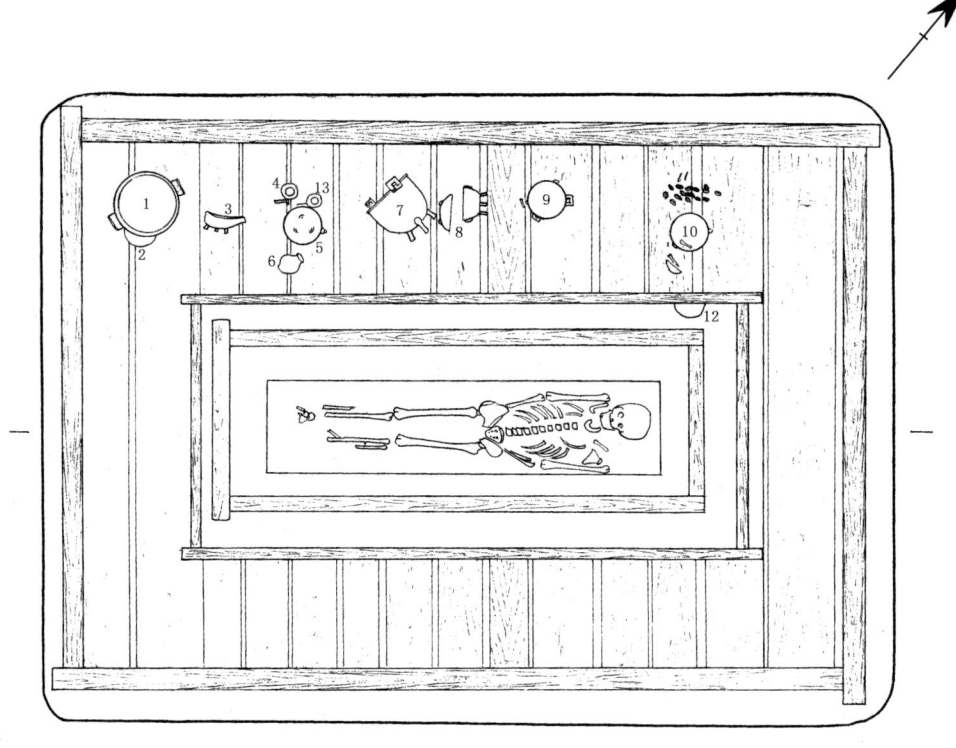

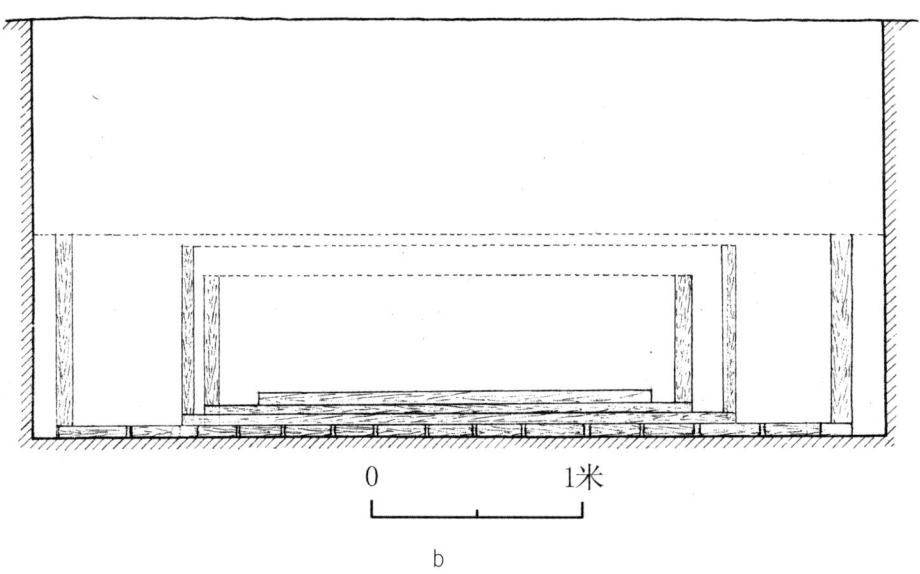

图一三九 M21平、剖面图
1.铜盘 2.铜舟 3.铜匜 4.车辖 5.铜鼎 6.陶罐 7.铜鼎 8.铜甗 9.铜鼎 10.铜甗 11.贝币 12.铜器盖 13.铜车辖

五、M21

M21位于发掘区的北部，西邻M20，南依M27，地势北高南低呈缓坡状，高低落差0.2米。

（一）墓葬形制

墓开口于耕土淤积土层下，墓口距地表0.3～0.5米，方向50度。长方形竖穴，口底同大，墓口四角略弧，长3.9、宽2.95、深1.95米。墓壁陡直，壁面不甚平整，墓底平坦。

填土为黄褐色五花土，质地坚硬，经夯压，夯层约0.1、夯窝0.8～0.1米，填土内包含有少量带绳纹的残碎陶片。

（二）葬式葬具

木质葬具均已朽尽，仅见灰痕，从灰痕推测葬具为双椁单棺，椁盖板因朽塌严重仅有四块清晰可见，外椁室平面呈"口"形，四角各外伸0.07米，通长3.8、宽2.75、立板后0.1、横向铺设的14块底板厚度均为0.05、椁痕残高1米。内椁位于外椁室中部，椁室平面呈"口"形，南北两端外伸0.8～0.1米，通长2.6、宽1.25、厚0.05、残痕高0.9米。棺位于内椁室的中部，棺室平面呈"口"形，通长2.3、宽0.9、棺板厚0.7、底板厚0.5、残痕高0.6米。棺底部铺设有七星板一块，位于棺室中部，长1.85、宽0.43、厚0.05米。

人骨放置于七星板之上，保存较好，仰身直肢，头向北，面向上。（图一三九）

（三）随葬器物

随葬器物共13件，均放置于外椁室与内椁室之间的西部，铜鼎3件、铜盘1件、铜舟1件、铜匜1件、铜敦2件、铜器盖1件、车马器2件、陶罐1件、贝币若干。

1. 青铜器

铜鼎 3件。

M21:5，平盖略鼓，上有三环钮，盖口沿下折略微外侈，成为母口。鼎身圆鼓，腹较深，上腹内收，口沿内折成子口，用以承盖，鼎身下腹内收，平底，下腹部承以三个粗壮的蹄形足，鼎身上腹有两个对称的长方形附耳。鼎身通体光素。鼎身内部发现有动物骨骼。底部可见一明显的圆形范线，且有两处凸起，应为未经细致打磨的浇口。下腹部有三道竖行范线均与底部圆形范线相连。三足侧面均可见范线，鼎身内外可见6处补铸的痕迹，其中一耳直接压在一片补铸的铜块上，可知鼎耳为后铸；一足也压在一块补铸的铜块上，可知鼎足也为后铸。口径23、耳距29、腹深18、腹最大径25.3、通高31.1厘米，重4032克。（图一四〇）

M21:7，平盖略鼓，上有三环钮，盖口沿下折略微外侈，成为母口。鼎身圆鼓，腹较深，上腹内收，口沿内折成子口，用以承盖，鼎身下腹内收，平底，下腹部承以三个粗壮的蹄形足，鼎身上腹有两个对称的长方形附耳。鼎身通体光素。鼎耳内侧可见鼎身的出榫插入耳内，可知附耳是在器身成形后再次浇铸的。底部可见一明显的圆形范线，下腹部有三道竖行范线均与底部圆形范线相连，鼎足两侧

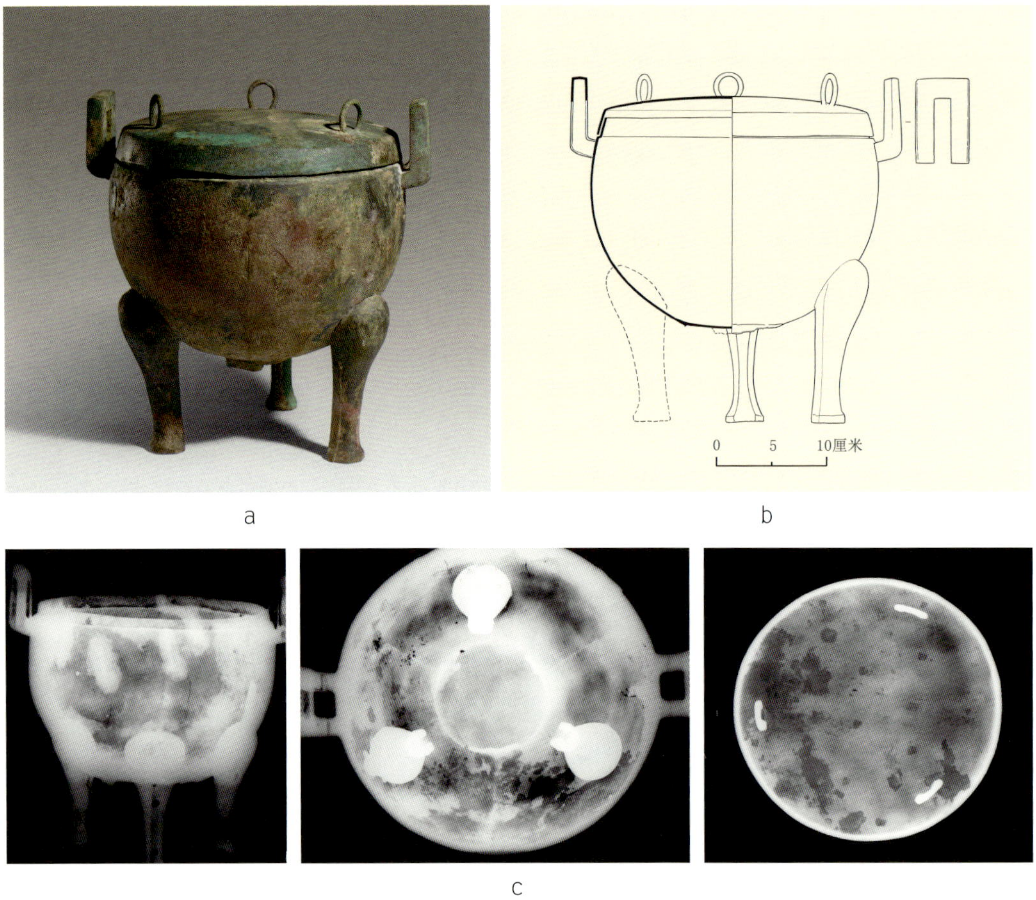

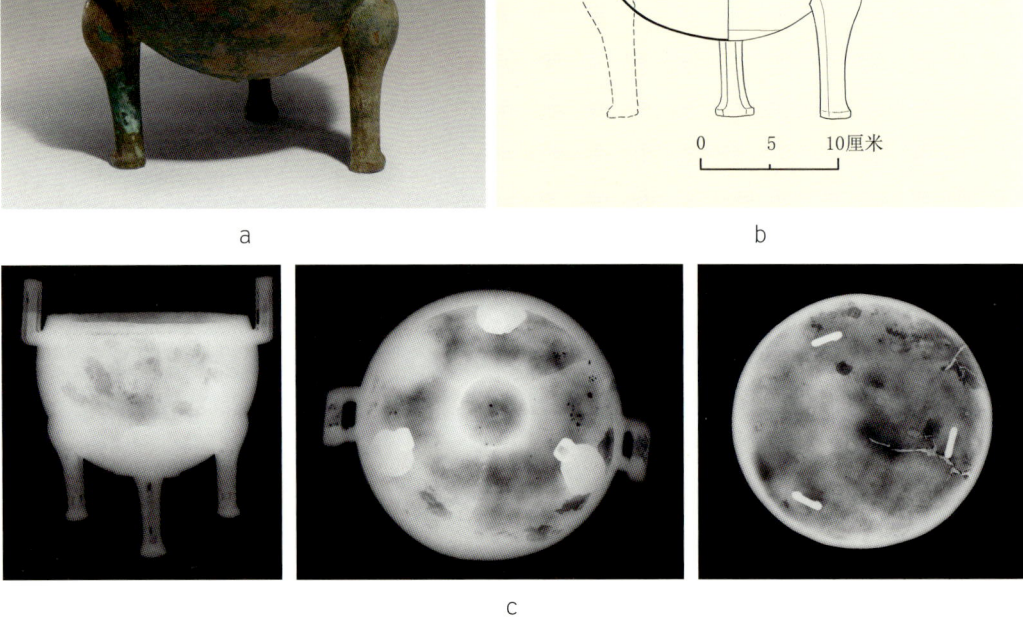

图一四〇 铜鼎 M21:5

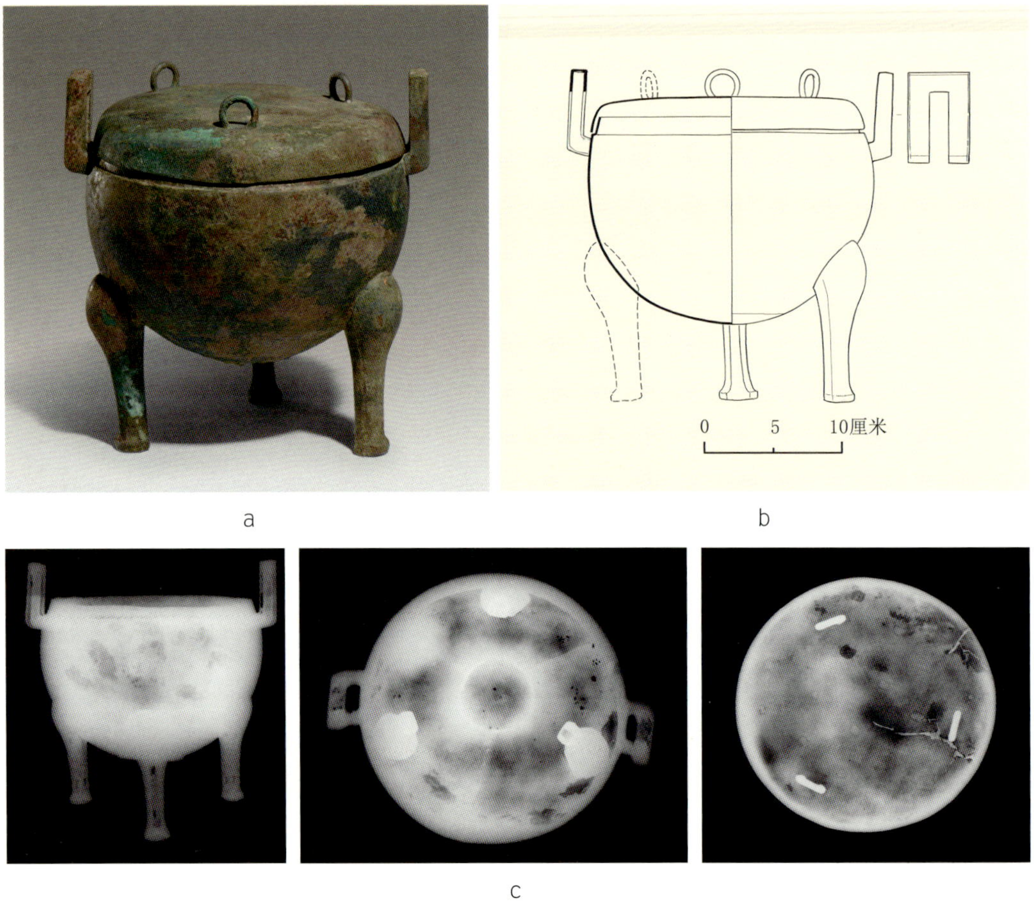

图一四一 铜鼎 M21:7

136 | 墓葬分述

图一四二　铜鼎 M21:9

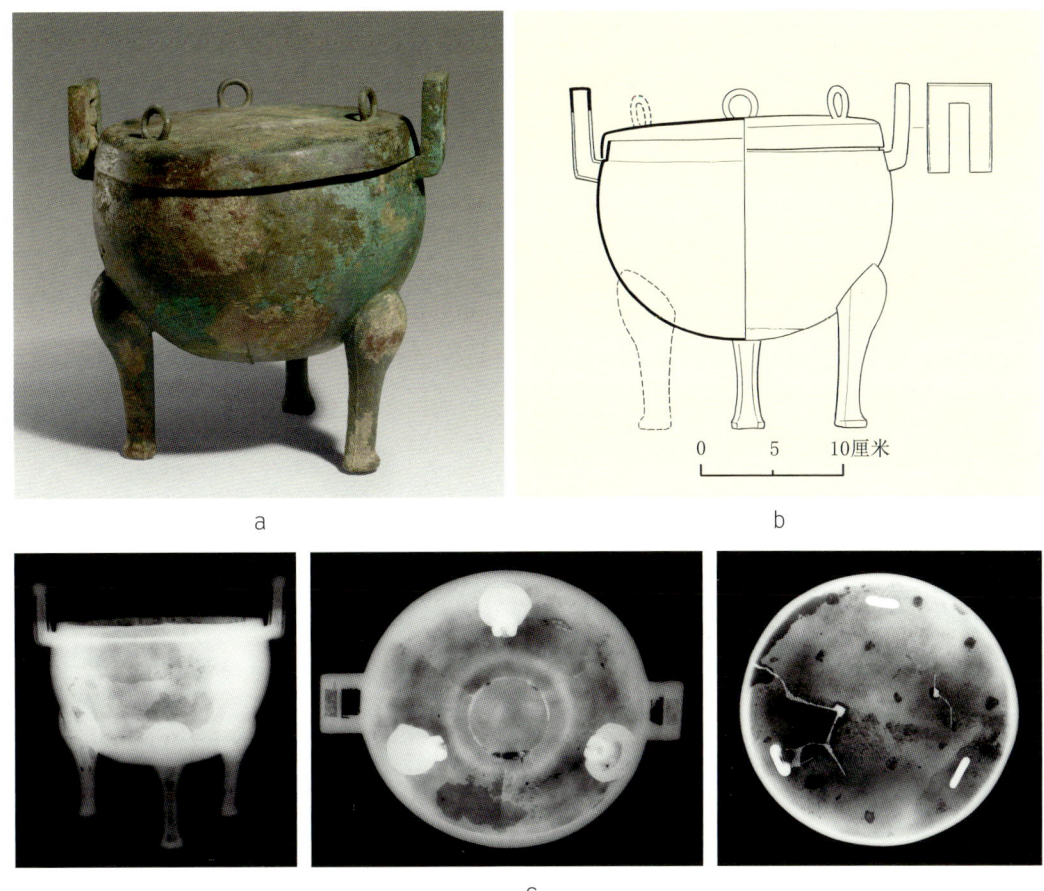

可见明显范线。其中一个鼎足有铸溢的铜液压在鼎身上，可知鼎足也为后铸。三足安置不水平，鼎身略显倾斜。口径18.8、耳距22.3、腹深14.5、腹最大径16.3、通高23.6厘米，重2530克。（图一四一）

M21:9，平盖略鼓，上有三环钮，盖口沿下折略微外侈，成为母口。鼎身圆鼓，腹较深，上腹内收，口沿内折成子口，用以承盖，鼎身下腹内收，平底，下腹部承以三个粗壮的蹄形足，鼎身上腹有两个对称的长方形附耳。鼎身通体光素。鼎盖上的三环钮均已压入鼎盖，可知三环钮均为先铸。底部可见一明显的圆形范线，下腹部有三道竖行范线均与底部圆形范线相连，鼎足两侧可见明显范线。鼎足与鼎身分铸，先后顺序不明。两鼎耳内均可见鼎身伸出的榫头，可知鼎耳为后铸。口径18.1、耳距23.4、腹深13.5、腹最大径19.4、通高23.5厘米，重2093克。（图一四二）

铜敦　2件。

M21:8，有盖，弧形略鼓，上有三环钮，盖口沿下折略微外侈，成为母口。敦身圆鼓，上腹内收，口沿微内折成子口，用以承盖，敦身下腹内收，平底，下腹承以三个短小的蹄形足，敦身上腹两侧各有一个环形耳。敦身通体光素。底部

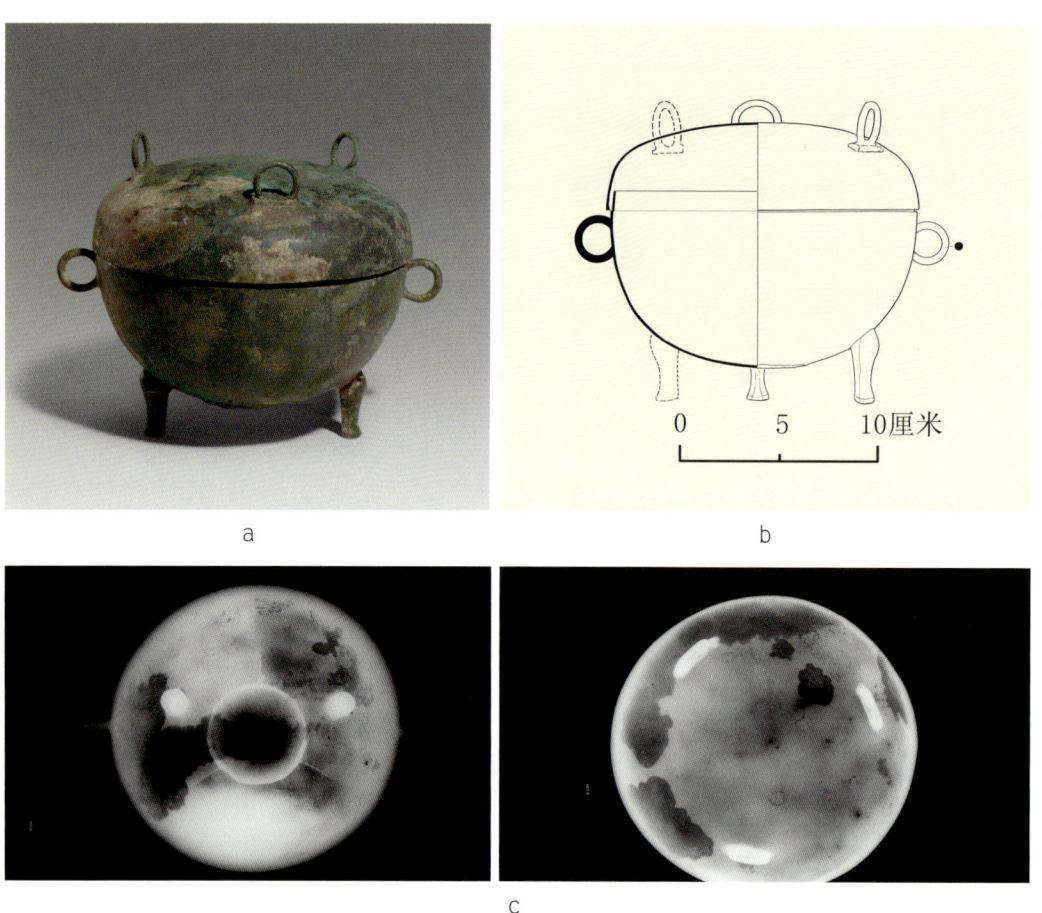

图一四三 铜敦 M21:8

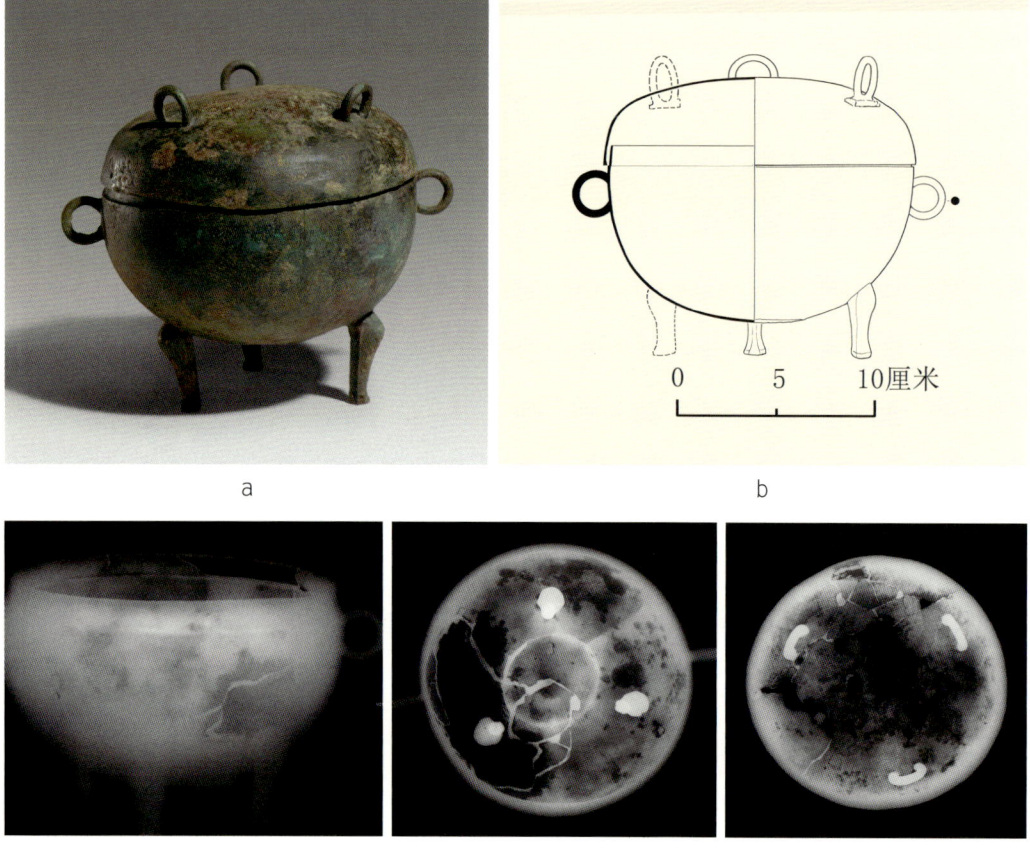

图一四四 铜敦 M21:10

138 | 墓葬分述

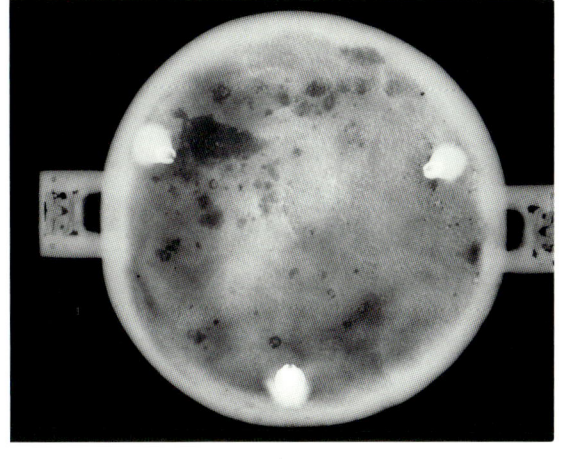

图一四五 铜盘 M21:1

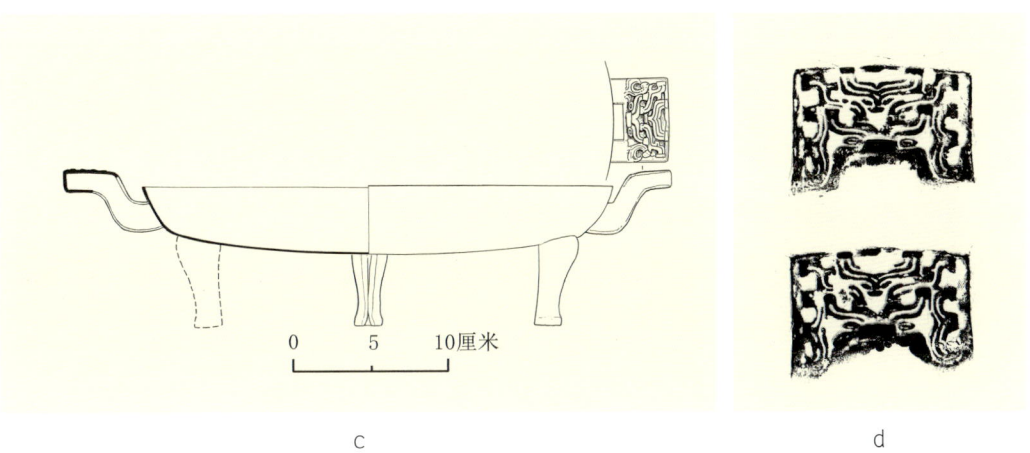

可见一明显的圆形范线，局部有未经细致打磨的浇口残留，下腹部有三道竖行范线均与圆形范线相连。敦盖上的三环钮均压入敦盖内，可知三环钮为先铸。环形耳已经压入敦身内，可知环形耳也应为先铸。敦足两侧可见明显范线，器身与敦足相接处有明显的凸起，应为铸造敦身时给足部预留的位置，因此蹄形足为后铸。口径15.5、耳距19.7、腹最大径16.1、通高14.8厘米，重1010克。（图一四三）

M21:10，有盖，弧形略鼓，上有三环钮，盖口沿下折略微外侈，成为母口。敦身圆鼓，上腹内收，口沿微内折成子口，用以承盖，敦身下腹内收，平底，下腹承以三个短小的蹄形足，敦身上腹两侧各有一环形耳。敦身通体光素。底部可见一明显的圆形范线，敦身有三道竖行范线，一道清晰，另两道被磨平，隐约可见，均与底部圆形范线相连。敦盖上的三环钮均压入敦盖内，可知三环钮为先铸。环形耳已经压入敦身内，可知环耳也应为先铸。敦足两侧可见明显范线，器身与敦足相接处有明显的凸起，应为铸造敦身时给足部预留的位置，因此蹄形足为后铸。口径15.7、耳距19.7、腹最大径16.1、通高14.8厘米，重1101克。（图一四四）

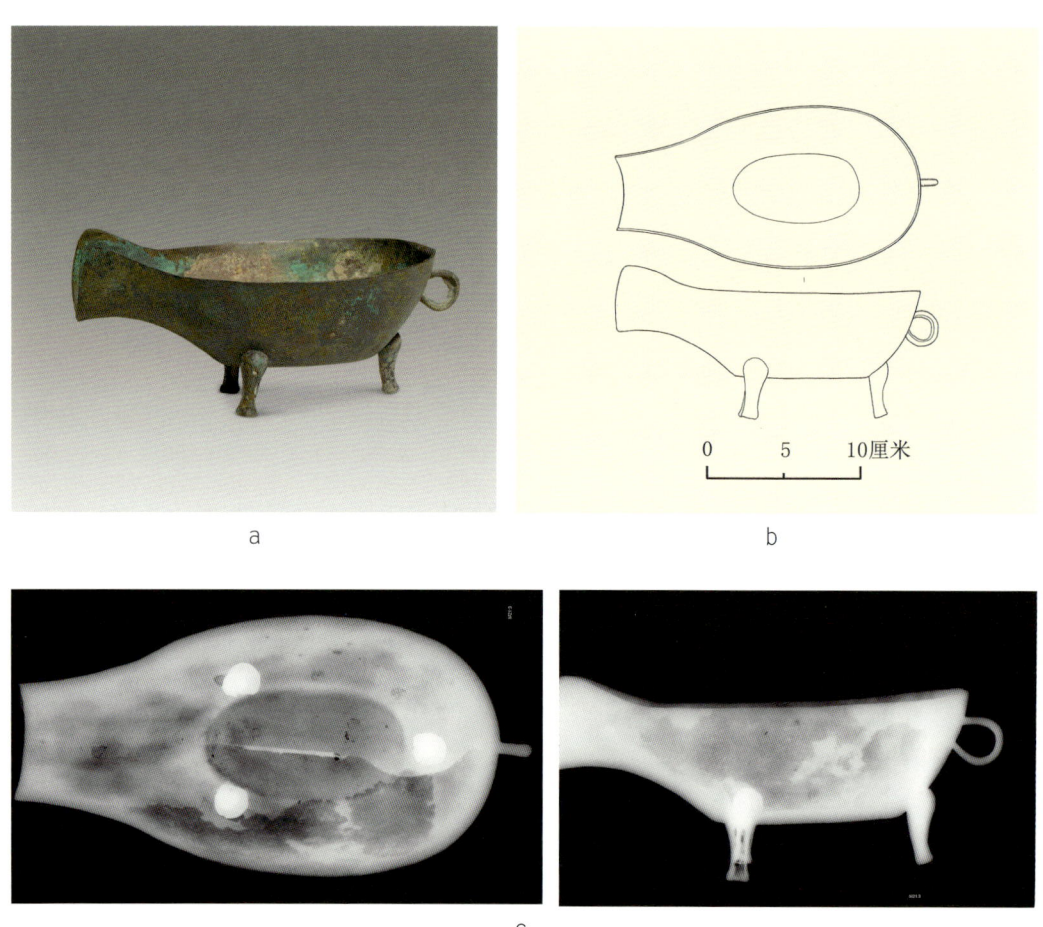

图一四六 铜匜 M21:3

铜盘 1件。

M21:1，直口微敞，盘腹呈圆弧状，下腹内收，底部近平，下腹承以三个较粗的蹄形足，腹部两侧各有一向外平折的附耳。耳面饰镂孔兽面纹，盘身光素。盘底未见明显的范线。蹄形足上可见两道范线，盘身与三足相接处都有凸起，应有出榫，个别盘足可见铸溢的铜液压在盘身上，可知盘足是在盘身成形之后再次浇铸的。附耳内侧有范土，其中一耳内侧可见盘身出榫插入耳内，所以附耳也是在器身成形之后再次浇铸的。口径29.6、耳距37.0、通高9.4厘米，重1783克。（图一四五）

铜匜 1件。

M21:3，敞口流，口部微内敛。器身平面为椭圆形，弧腹内收，较深，平底，下腹承以三个细矮的蹄形足，尾部有一半环形錾。通体光素。底部有一道明显的竖行范线，从流口一直延伸至尾部，在尾部范线有偏离，出现原因不明。半环形錾处在范线的位置上，应与器身一次浇铸成形。三足侧面均可见范线的痕迹，流口下左侧蹄形足内可见器身出榫插入足内，可知匜身为先铸，三足为后铸。通长21.3、通高7.5厘米，重363克。（图一四六）

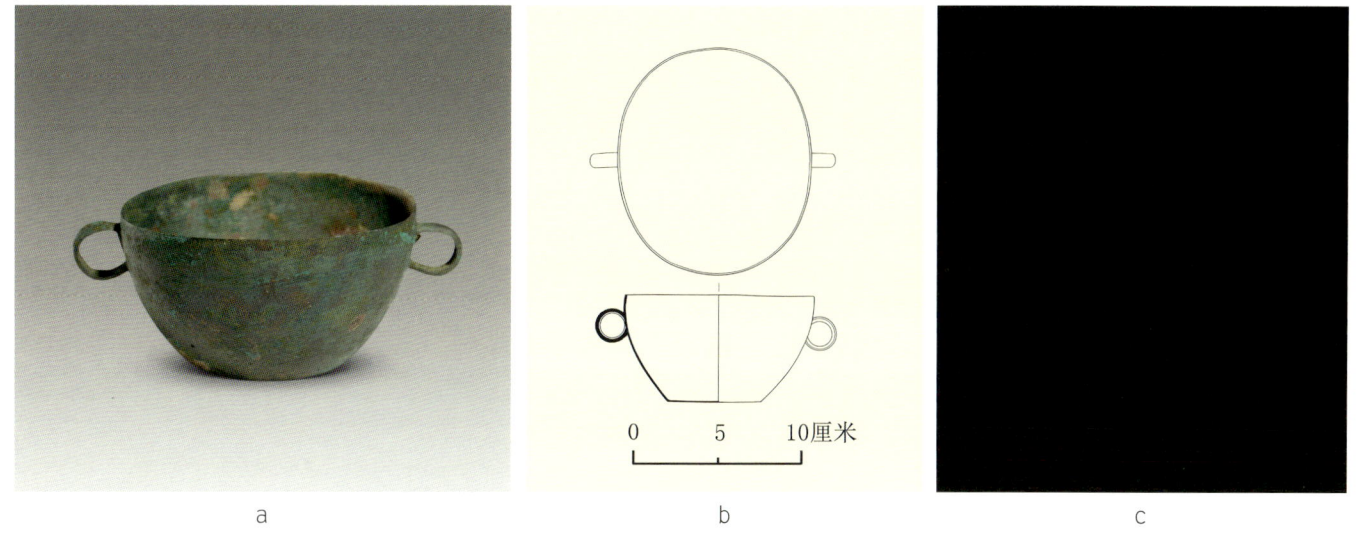

图一四七 铜舟 M21:2

图一四八 铜车㗊 M21:4、13

铜舟 1件。

M21:2，器身平面为椭圆形，腹较深，弧腹下收，平底，器身短轴方向置一双半环形耳。通身光素。底部范线磨平，长轴方向腹部两端隐约可见一道竖行范线与底部相连。一耳内侧可见范线痕迹，可知其与器身浑铸，另一耳在内外均有浇溢的铜液，应为二次补铸。口径11.5×13.5、通高6.2厘米，重383克。(图一四七)

铜车㗊 2件。

形制相同。㗊身较短，表面有棱，为多边圆筒形。㗊身一端有外折的宽缘，近缘处两面有长方形穿孔，穿中贯辖，辖首及辖尾各有一横穿，辖首饰兽面，双眼突出。与铜辖垂直方向上，可见两道对称的范线。(图一四八)

M21:4，㗊长3.0、径5.0、缘径7.8、辖长6.0厘米，重218克。

M21:13，㗊长3.0、径5.0、缘径7.8、辖长6.0厘米，重236克。

图一四九 陶罐 M21:6

2. 陶器

陶罐 1件。

M21:6，泥质灰黑陶。口沿残缺，束颈，肩部斜折，与腹部相接处形成明显的折棱，下腹斜收，小平底。颈部可以看到轮修的痕迹。口径7.0、肩径11.0、残高8.4厘米。（图一四九）

六、M26

M26位于发掘区北部，西邻M22约9米，北靠M20约5米，东南处有M27，南部近沟边，地势缓平。

（一）墓葬形制

墓开口于耕土层下，墓口距地表0.3米，方向50度。长方形竖穴，口底同大，长2.1、宽1.8、深0.4米。墓壁较直，壁面不甚平整，墓底平坦。

填土为黄褐色五花土，质地松软，未见包含物。

（二）葬式葬具

该墓为二次葬，未见有葬具。

人骨保存极差，仅见盆骨与肢骨，叠压堆放于墓室中部，葬式、头向不详。（图一五〇）

（三）随葬品

随葬器物共2件，放置于墓室的东南部，与人骨相距约0.3米。铜鼎1件、陶罐1件。

图一五〇 M26 平、剖面图

1. 铜鼎 2. 陶罐

1. 青铜器

铜鼎 1件。

M26:1,平盖,盖面正中有一环钮,盖口沿下折略微外侈,成为母口;鼎身圆鼓,上腹内收,口沿内折形成子口,腹中部有一道细的凸弦纹,下腹内收,底近平。下腹承以三个细长的蹄形足。鼎身上腹有两个直立的附耳,附耳下端有半圆形转折与鼎身相连。鼎耳剖面为圆角方形。通身光素。器腹可见三道竖行的范线,均与底部的圆形范线相交。其中两件鼎足上可见鼎身浇溢的铜液压在鼎足上,可知是先铸鼎足,后铸鼎身。在一耳内侧可见鼎耳包着鼎身伸出的榫,可知鼎耳的铸造晚于鼎身。鼎身下部颜色灰黑,有较厚的烟炱,应为实用器。口径15、耳距19.1、腹深11.5、腹最大径18、通高22.5厘米,重1962克。(图一五一)

2. 陶器

陶罐 1件。

M26:2,泥质灰陶。平沿,沿面中部下凹,方唇,束颈,斜折肩,肩腹相接处有一道明显的折棱,下腹斜收,平底。肩、腹相接处可见明显的轮修痕迹,下

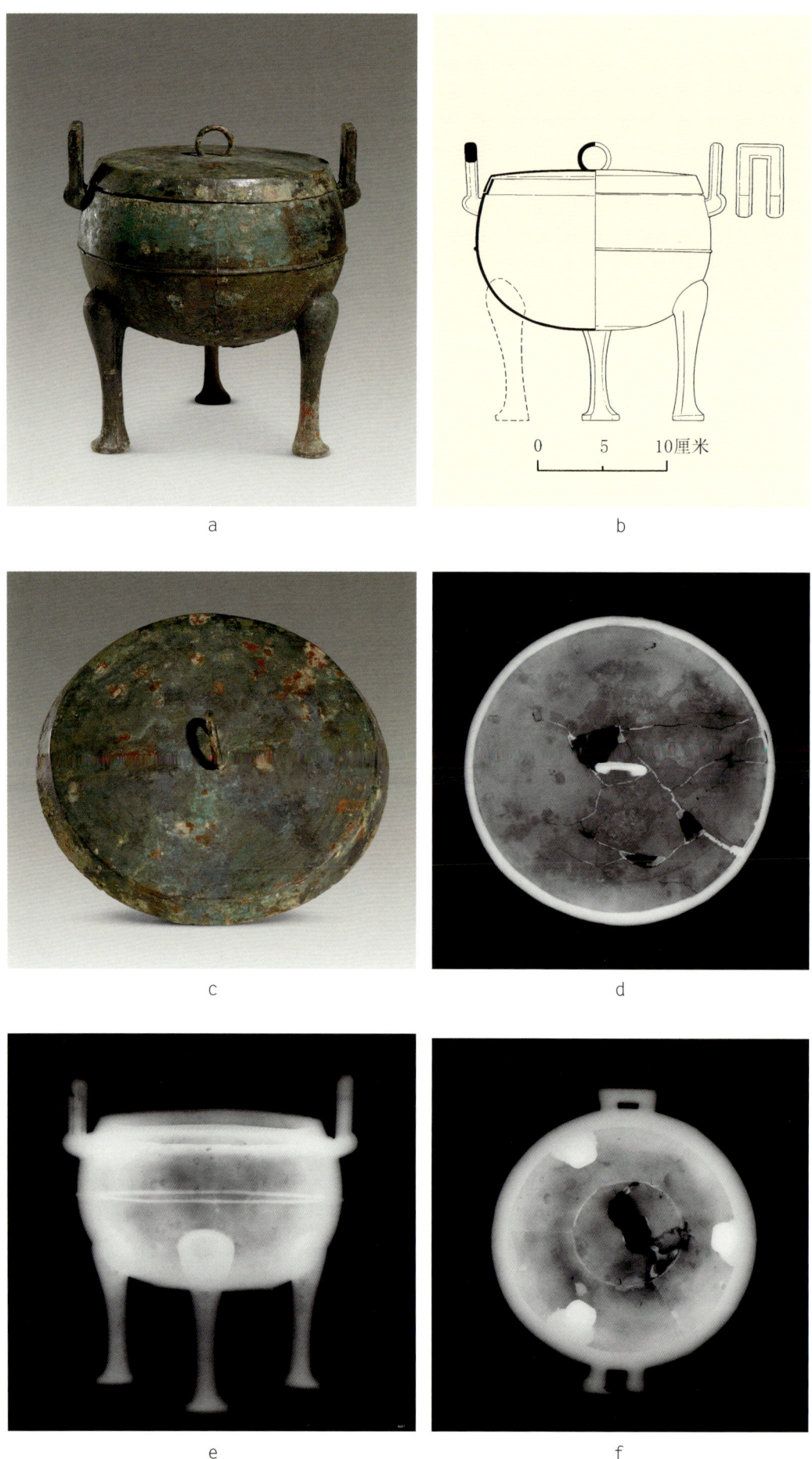

图一五一 铜鼎 M26:1

144 | 墓葬分述

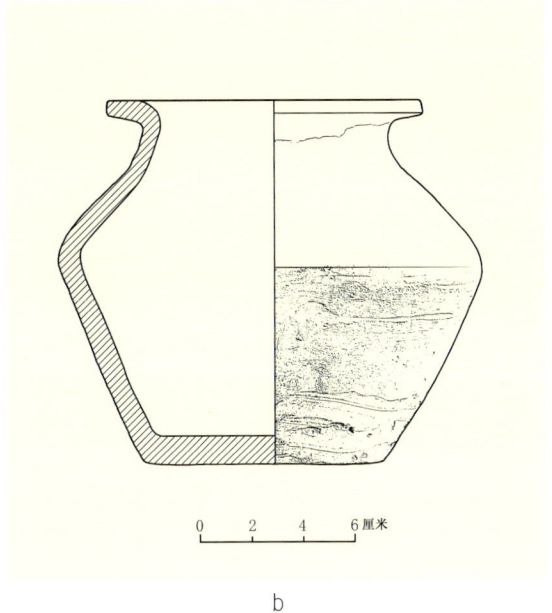

a　　　　　　　　　　　　　　　　b

图一五二 陶罐 M26:2　　腹局部凹凸不平。口外径 12.3、内径 9.3、肩径 16.4、通高 14.0 厘米。（图一五二）

七、M20

M20 位于发掘区域的北部，南距 M26 约 5 米，东临 M21，地面西高东低呈缓坡状，高低落差 0.2 米。

（一）墓葬形制

墓开口于耕土与淤积土层下，墓口距地表 0.4～0.6 米，方向 45 度，长方形竖穴，口底同大，长 4.4 米、宽 3.45、深 3.1 米。墓壁陡直，因填土夯压致使墓壁不甚平整，墓底平坦。填土为黄褐色五花土，质地坚硬，经夯压，夯层约 0.1 米，夯窝 0.08～0.1 米，填土内包含有鬲口、鬲足、罐底等残片。

（二）葬式葬具

木质葬具均已朽尽，仅见灰痕，从灰痕推测葬具为双椁单棺，17 块横向椁盖板通长为 3.4、宽度不等 0.17～0.25、厚 0.05 米，外椁室平面呈"口"形，四角各外伸 0.12 米。通长 4.2、宽 2.95、立板厚 0.1、底板厚 0.08、椁痕高 1.1 米。内椁室位于外椁室中部略偏东，因淤泥冲击，南端移位向西倾斜，平面呈"口"形，东西立板南北两端各外伸 0.06 米。通长 3.1、宽 1.7、厚 0.1、残痕高 0.85 米，底板为纵向铺设。棺位于内椁室中部，与内椁同向倾斜，平面呈"口"形，东西立板北端外伸 0.06、南端挡板外伸 0.05 米，通长 2.2、宽 1.05、厚 0.1、残痕高 0.6 米。

人骨保存较好，仰身直肢，头向东北，面向上。（图一五三、图一五四）

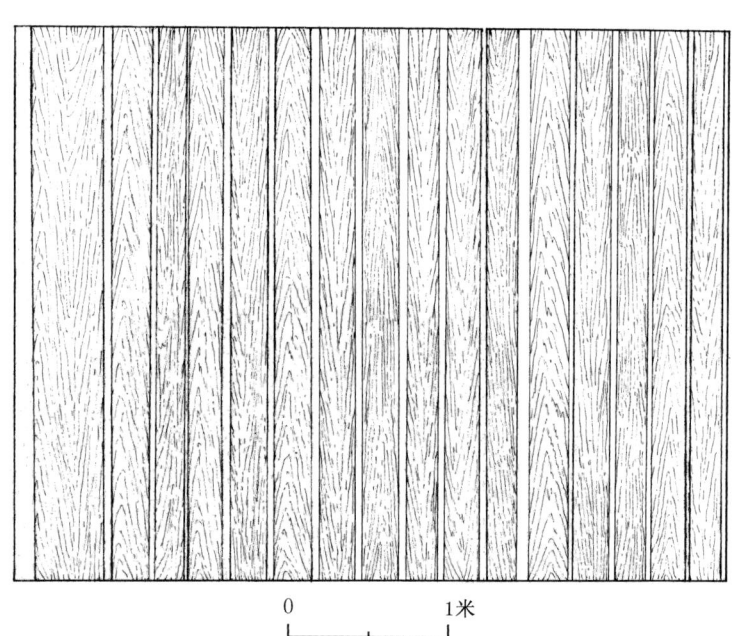

图一五三 M20 椁盖板平面图

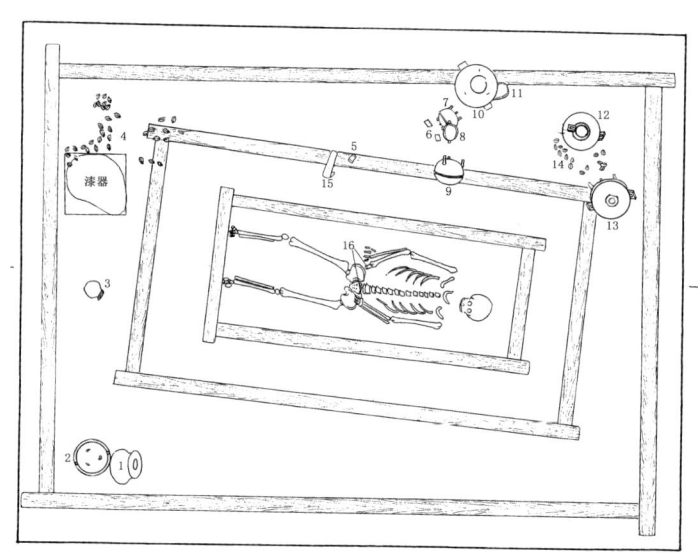

图一五四 M20 平、剖面图

1. 陶罐 2. 铜瓿 3. 陶罐 4. 贝币
5. 铜钺 6. 玉器 7. 铜瓿 8. 铜舟
9. 铜鼎 10. 铜盘 11. 铜匜 12、13.
铜鼎 14. 贝币 15、16. 玉片

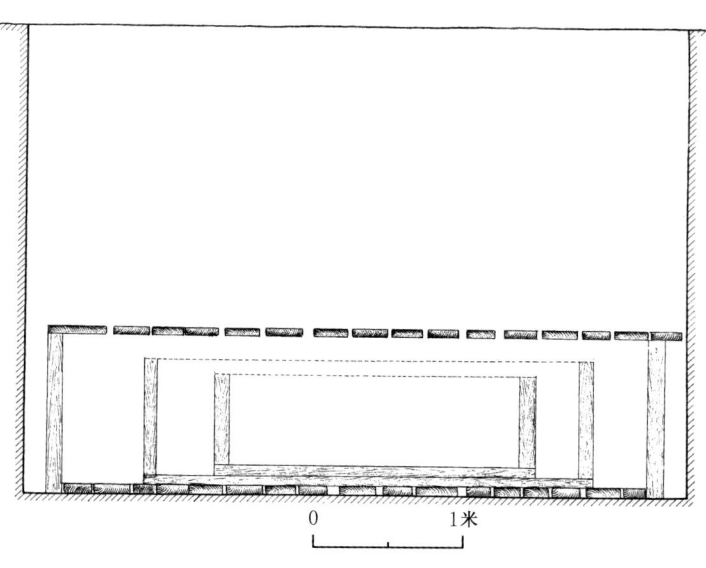

146 | 墓葬分述

（三）随葬品

随葬器物共 16 件，铜礼器及铜、陶日用器、漆器、贝币放置于外椁室与内椁室之间的西、西北及南、东南部，小件饰品放置于骨架的手部。铜鼎 3 件、铜敦 2 件、铜斧 1 件、铜舟 1 件、铜盘 1 件、铜匜 1 件、陶罐 1 件、陶壶 1 件、玉器 1 件、玉片 2 件、贝币若干。

1. 青铜器

铜鼎 3 件。

M20:9，盖弧形略鼓，盖口沿下折略微外侈，形成母口，盖正中有一喇叭形捉手；上腹内收，口沿内折形成子口，弧腹下收，平底。上腹有两个微外撇的长方形附耳，下腹承以三个较细高的蹄形足。捉手中央环以一周雷纹，捉手上方是五层雷纹，捉手下方为一周素带，其外环有一层雷纹和两层蟠虺纹，隔一条素带是两层蟠虺纹。腹中部有一条凸弦纹，上腹饰以一周三层细密规则的蟠虺纹，下腹偏上部饰以一周蟠虺纹，偏下部则饰以一周垂叶兽面纹。附耳内外两侧均饰以雷纹。鼎身可见一道较为清晰的竖行范线，另有两条被磨平的竖行范线，均与鼎底圆形范线相交。鼎足两侧有两道竖行范线，鼎足与鼎身应为分铸。口径 15.8、耳距 19.7、腹深 10、腹最大径 17.5、通高 18.5 厘米，重 1825 克。（图一五五）

M20:12，有盖，盖弧形略鼓，盖口沿下折略微外侈，形成母口，盖上有喇叭形捉手；上腹内收，口沿内折形成子口，弧腹下收，底近平。上腹两侧有对称的外撇明显的长方形附耳，下腹承以三个蹄形足。捉手内饰有四层蟠虺纹，捉手上饰有以粟点纹衬地的疏朗的蟠蛇纹，在捉手下方的器盖上有一周素带，素带外环为一周四层蟠虺纹，隔一道较窄的素带，近盖缘处是一周变体蟠螭纹。腹近中部有一条凸弦纹，上腹部饰有一周四层细密规则的蟠虺纹，下腹部光素。附耳内外两侧均饰有蟠虺纹。鼎身下部颜色灰黑，是较薄的烟炱，应为实用器。腹部依稀可见三道细的竖行范线与底部的圆形范线相交。鼎附耳处可见铸溢的铜液压在鼎身上，可知鼎身为先铸，鼎耳为后铸；鼎两侧可见两道竖行范线，鼎足与鼎身应为分铸。口径 22.2、耳距 27.5、腹深 16.7、腹最大径 25、通高 28.4 厘米，重 3239 克。（图一五六）

M20:13，有盖，盖弧形略鼓，盖口沿下折略微外侈，形成母口，盖上有喇叭形捉手，其边缘有铸造缺陷；上腹内收，口沿内折形成子口，弧腹下收，底近平。上腹两侧有对称的外撇明显的长方形附耳，下腹承以三个蹄形足。捉手内饰有四层蟠虺纹，捉手上饰有以粟点纹衬地的疏朗的蟠蛇纹，在捉手下方的器盖上有一

图一五五 铜鼎 M20:9

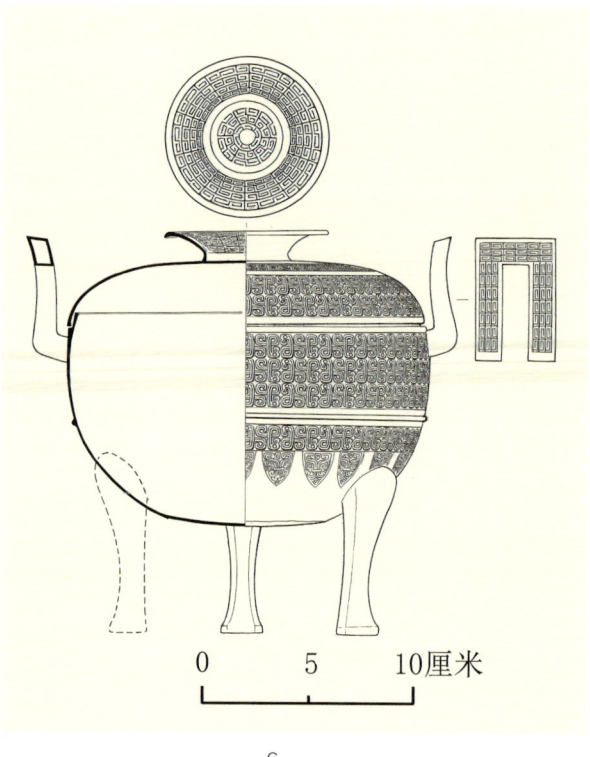
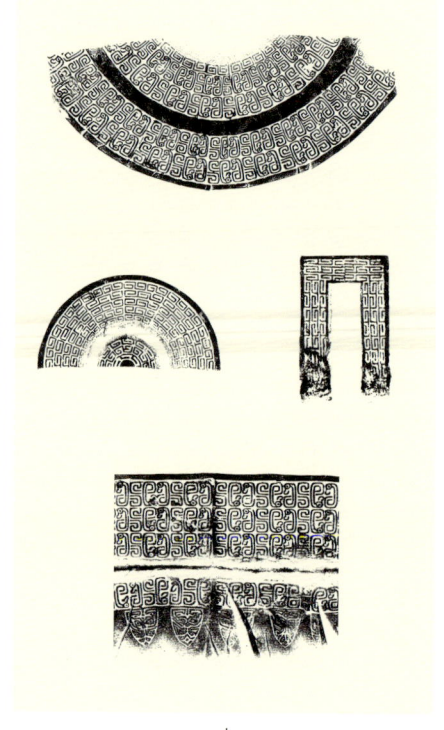

148 | 墓葬分述

图一五六 铜鼎 M20:12

a

b

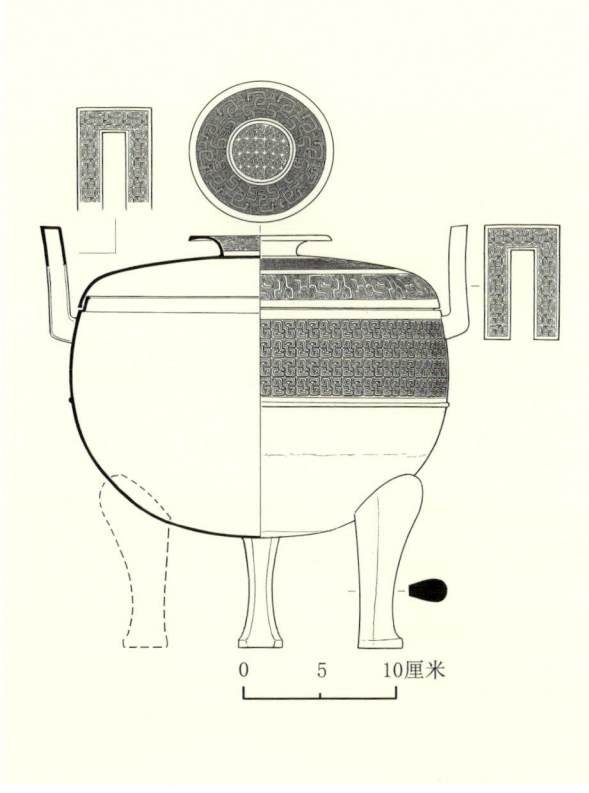
c

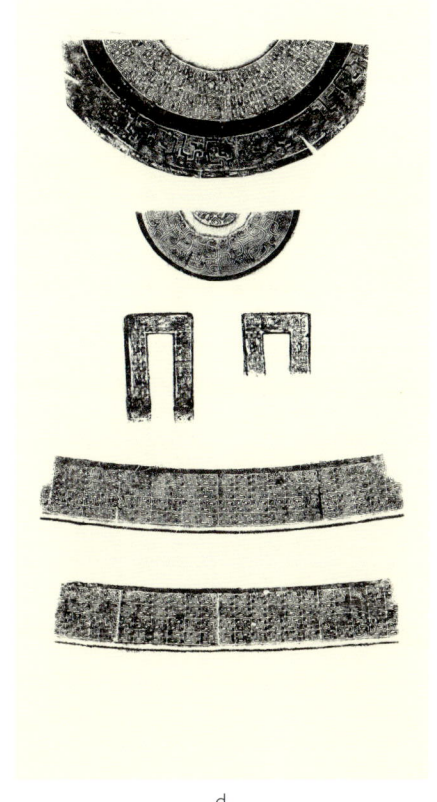
d

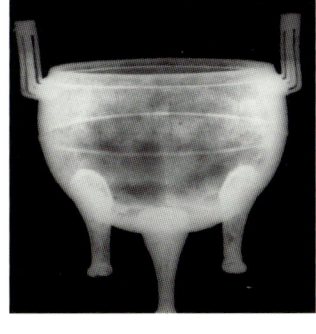

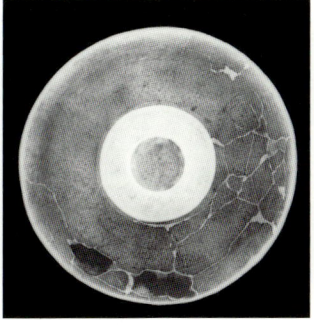

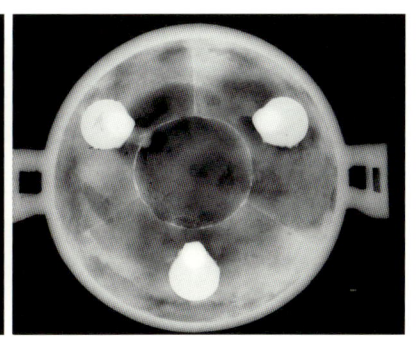
e

墓葬分述 | 149

图一五七 铜鼎 M20:13

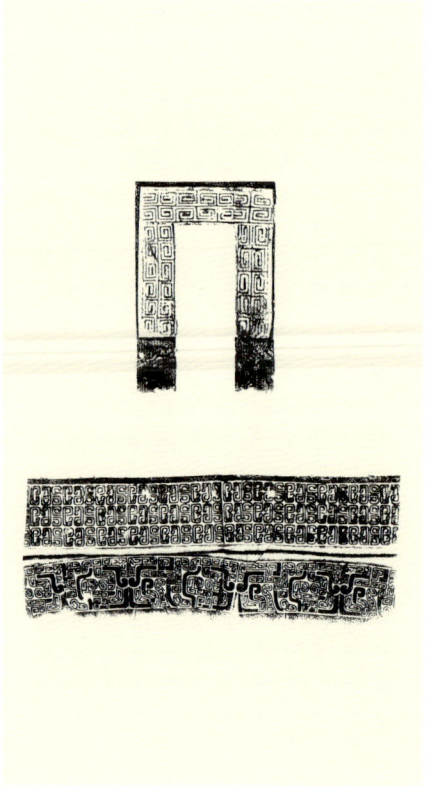

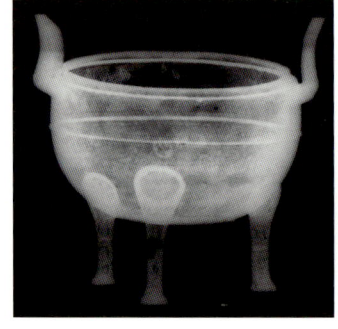
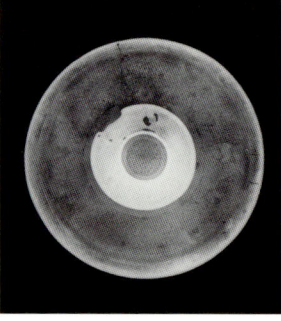
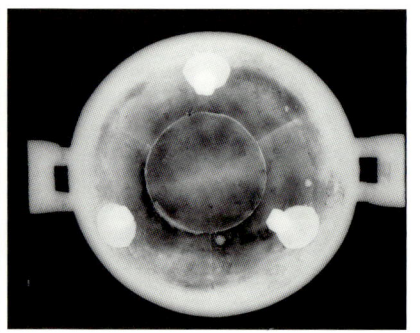

e

图一五八 铜敦 M20:2

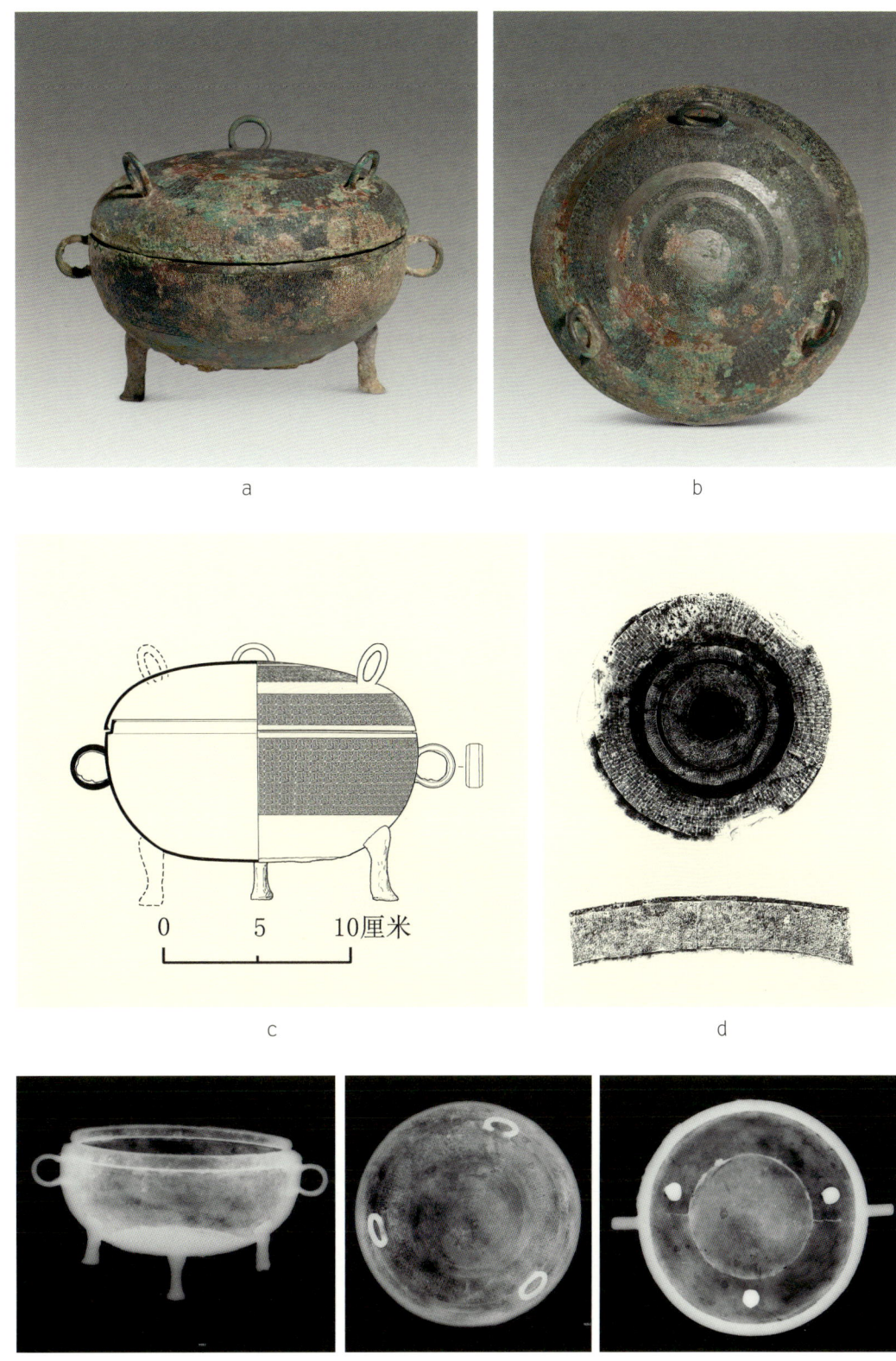

周素带，素带外环以一周四层蟠虺纹，隔一道较窄的素带，近盖缘处是一周变体蟠螭纹。腹近中部有一条凸弦纹，上腹部饰有三层细密规则的蟠虺纹，下腹部饰以一周变体蟠螭纹。附耳内外两侧均饰有雷纹。鼎身下部颜色灰黑，是较

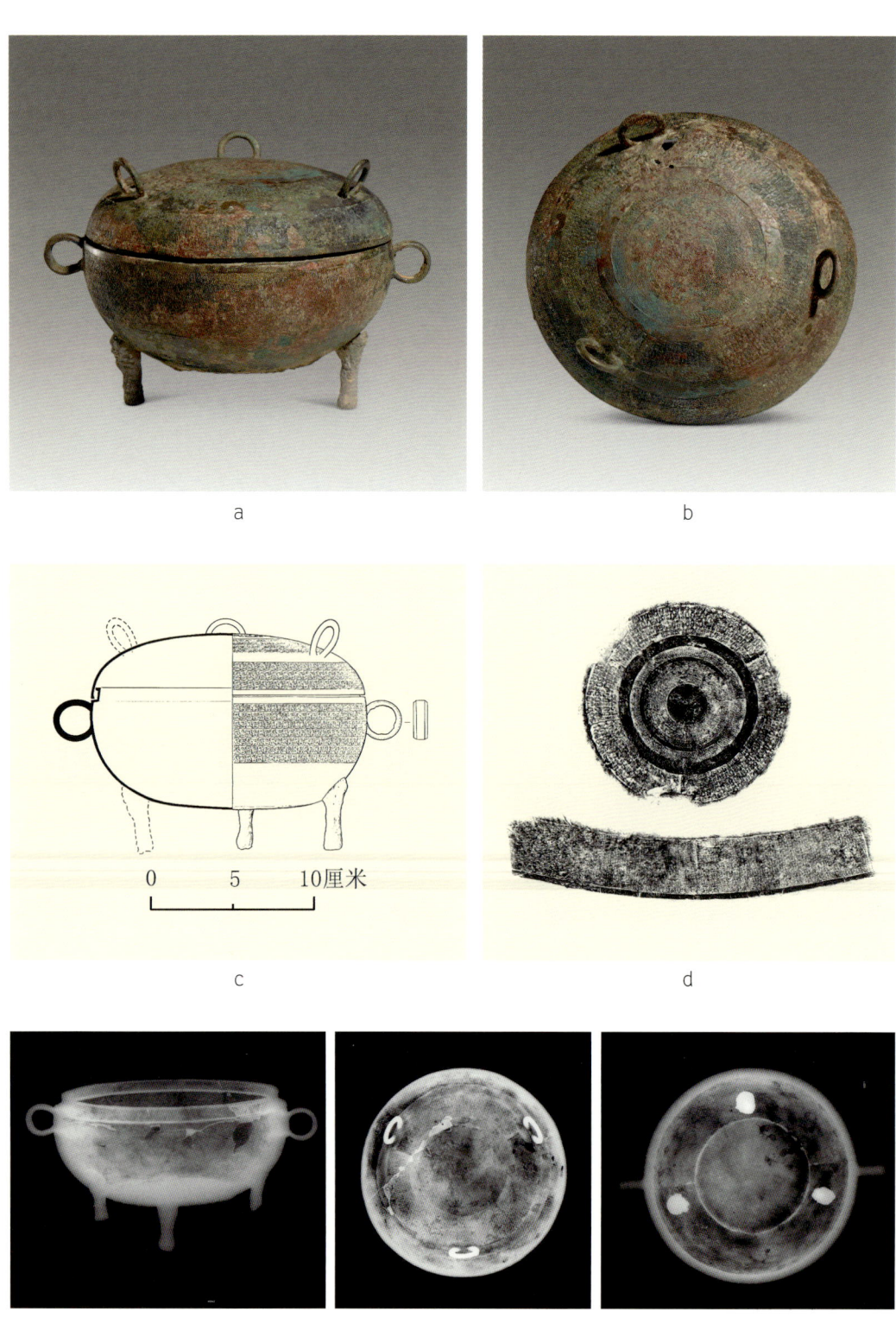

图一五九 铜敦 M20:7

薄的烟炱，应为实用器。腹部依稀可见三道细的竖行范线与底部的圆形范线相交。鼎附耳处可见铸溢的铜液压在鼎身上，可知鼎身为先铸，鼎耳为后铸；鼎足两侧可见两道竖行范线，鼎足与鼎身应为分铸。口径 21.5、耳距 27.4、腹深 14.6、腹最大径 23.5、通高 25.2 厘米，重 2550 克。（图一五七）

铜敦 2件。

M20:2，弧形盖略鼓，盖口沿下折略微外侈，形成母口，盖上均匀分布有三个向外倾斜的环钮；上腹内收形成子口，方唇，沿面内斜，弧腹略鼓，下腹内收，平底上腹部有两个对称的半圆环耳，下腹承以三个细长的蹄形足。盖面上有多层纹饰，盖中心是个素面圆，其外环以一周细密的蟠螭纹，蟠螭纹外隔一条窄素带是一周粟点纹，其外为一周较宽的素带，素带外饰以一周四层蟠螭纹，蟠螭纹外又是一条素带，素带外近缘处饰以一周三层蟠螭纹。上腹部饰有一周七层细密的蟠螭纹，下腹至底部均为素面。腹部可见两道竖行范线，上延至双耳两侧，且均与器底的圆形范线相交。敦盖上的三个环钮压入器盖，可知环钮为先铸，器身与蹄形足应为分铸。口径15.8、耳距20.6、腹深7.6、腹最大径17、通高13.7厘米，重848克。（图一五八）

M20:7，弧形盖略鼓，盖口沿下折略微外侈，形成母口，盖上均匀分布有三个向外倾斜的环钮；上腹内收形成子口，方唇，沿面内斜，弧腹略鼓，下腹内收，平底。上腹部有两个对称的半圆环耳，下腹承以三个细长的蹄形足。盖面上有多层纹饰，盖中心是个素面圆，其外环以一周细密的蟠螭纹，蟠螭纹外隔一条窄素带是一周粟点纹，其外又有一周较宽的素带，素带外饰以一周四层蟠螭纹，蟠螭纹外又是一条素带，素带外近缘处饰以一周三层蟠螭纹。上腹部饰有一周七层细密的蟠螭纹，下腹至底部均为素面。腹部可见两道竖行范线，上延至双耳两侧，且均与器底的圆形范线相交。敦盖上的三个环钮压入器盖，可知环钮为先铸；器身与蹄形足相接处可见缝隙，由此可知器身与蹄形足为分铸。口径16、耳距20.9、腹深7.6、腹最大径17、通高13.7厘米，重900克。（图一五九）

铜盘 1件。

M20:10，器身低浅，平沿微内斜，口沿上立有两个外折的方形耳，平底，下有三个小乳钉状足，推测当时后铸有三蹄形足，但是发掘中未发现。通身光素。耳当与盘身同时浇铸而成，靠近一耳的盘内可见一清晰的补铸痕迹，还见有多处垫片痕迹。器身可见两道竖行范线与器底圆形范线相交。口径27、腹深2.9、通高4.6厘米，重747克。（图一六〇）

铜匜 1件。

M20:11，封口流，流口微上扬，器身呈椭圆形，下腹内收，圜底近平，下有三个乳丁状榫，匜尾有一半环形鋬耳。器身光素。底部原承以三个蹄形足，三足已残，其中顺匜身看左侧的一足可以套在匜身出榫上，由此可知器身为先铸，

图一六〇 铜盘 M20:10

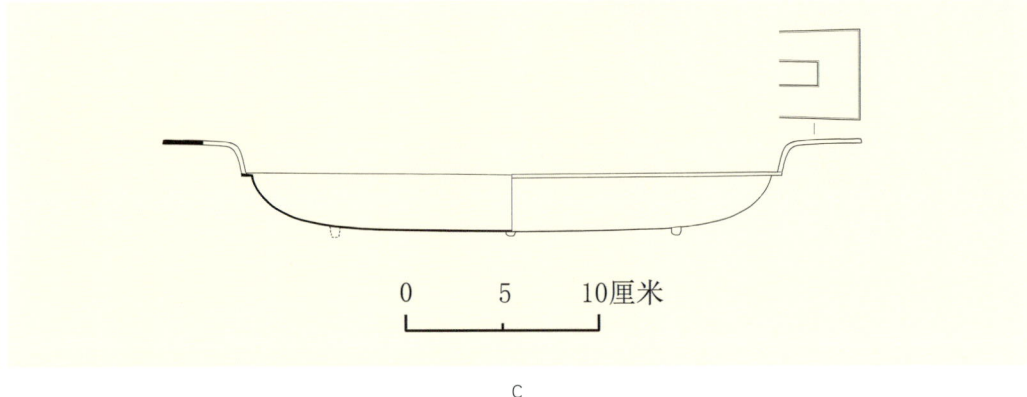

图一六一 铜匜 M20:11

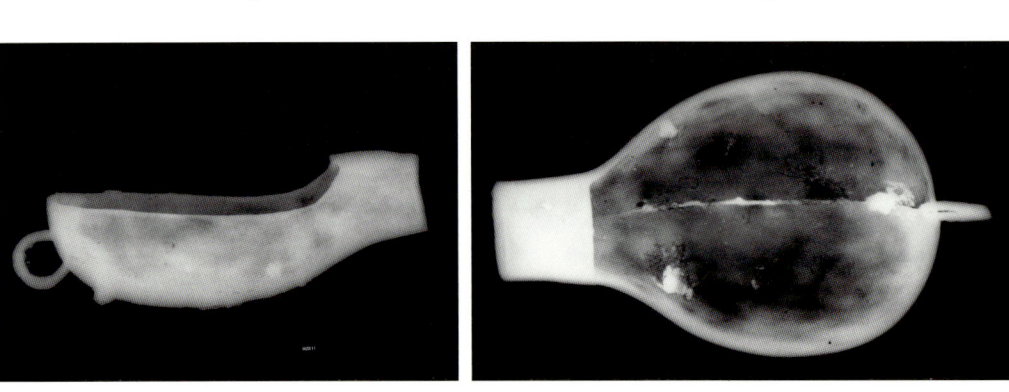

154 | 墓葬分述

图一六二 铜舟 M20:8

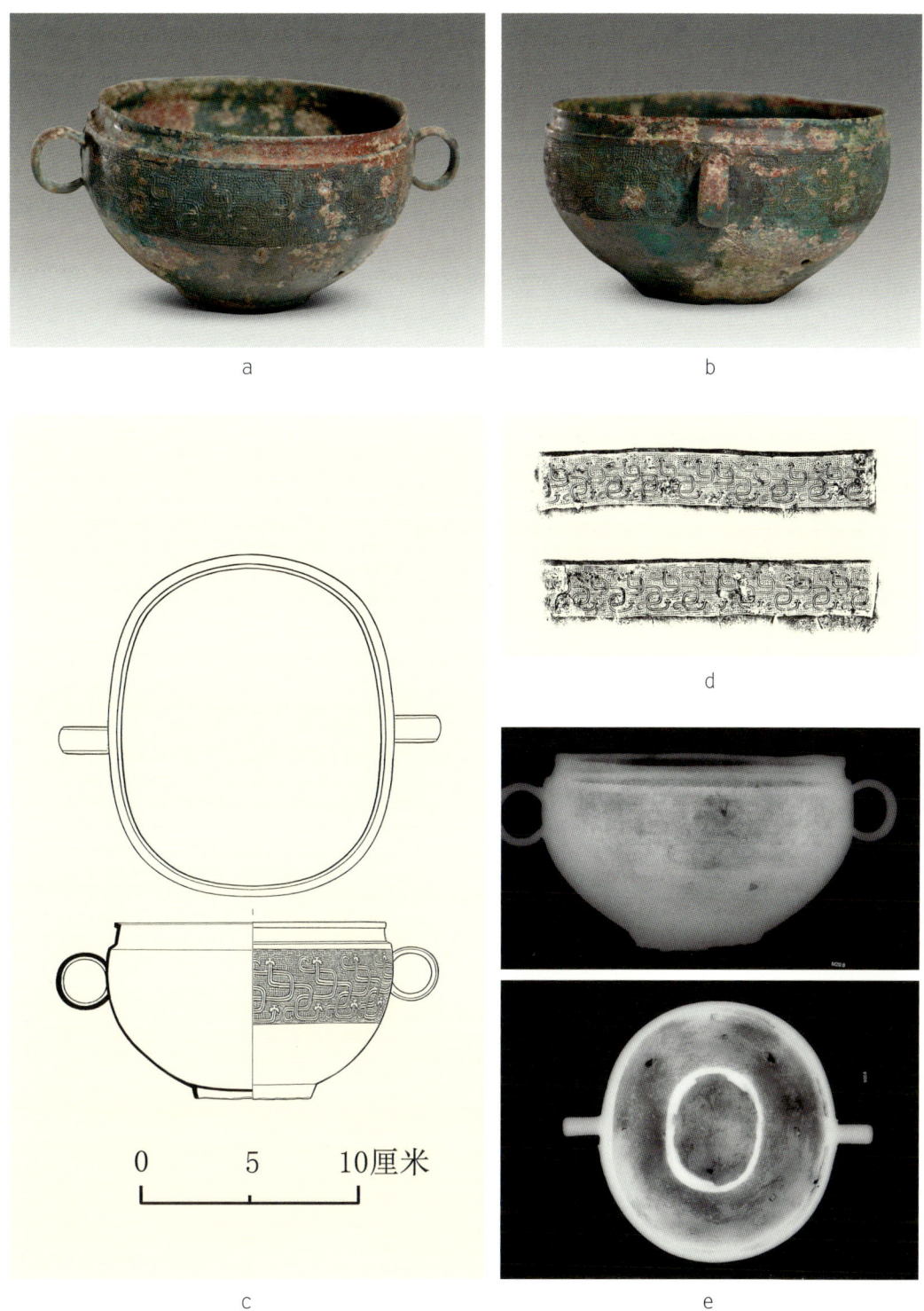

匜足为后铸。器底可见一道范线从流口延伸至匜尾。环耳在器身范线的一侧，环耳上的范线与器身范线重合，可知环耳与器身当为浑铸。通长19.5、通高7厘米，重374克。（图一六一）

铜舟 1件。

M20:8，器口呈椭圆形，束颈，上腹略鼓，短轴两侧有两个对称的半环形耳，下腹内收，平底，矮圈足。上腹部饰有一周较宽的粟点纹衬地的疏朗的蟠蛇纹，仅两

耳周边为素面，下腹部至底部光素。器腹可见两道竖行的范线，与两耳交错开，但控制在素面带内，可知器身与耳分铸。圈足上残留有未经打磨的浇口痕迹。口径12.5×10.8、足径4.9×6.6、耳距15.4、腹深7、通高7.2厘米，重311克。（图一六二）

铜斧 1件。

M20:5，整体为长条形扁平状，刃口微外拱并宽于器身，无銎，顶端有残。首宽3.9、刃宽6.6、长17.2厘米。（图一六三）

2. 陶器

陶罐 1件。

M20:3，泥质灰陶。口微侈，折沿略微下斜，尖圆唇，束颈，圆鼓肩，在肩腹相接处形成最大径，下腹斜收，平底。颈、肩、腹、底部可以看到明显的轮修痕迹。口外径8.6、内径6.3、肩径12.7、通高11.0厘米。

陶壶 1件。

M20:1，泥质灰陶，器表呈浅灰色。直口，宽平沿，沿面中部略微下凹，近内、外缘处均有凸棱，内缘高于外缘，圆唇，高领，肩面微弧，肩腹相接处形成最大径，下腹斜收，平底。沿面、肩的上部有细密的网格状暗纹，下腹部原饰绳纹，多数已被抹平，局部残留有未被完全抹平的绳纹。肩部可以看到一些轮修痕迹。口外径19.9、内径10.8、肩径31.4、通高31.0厘米。（图一六四）

3. 玉石骨器

玉柱 3件。

图一六三 铜斧 M20:5（左）
图一六四 M20出土陶器（右）
1. 陶壶（M20:1）
2. 陶罐（M20:3）

图一六五 玉柱 M20:6
（M20:6-3、2、1）

图一六六 玉片 M20:15（左）
图一六七 石觿 M20:16（右）

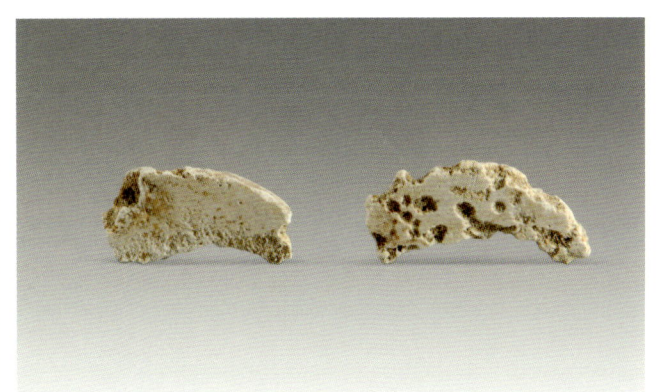

M20:6，灰白色，素面，表面均较为粗糙。（图一六五）

M20:6-1，上细下粗，上端有一小圆孔。孔径 0.4、孔深 0.8、上端直径 2.4、下端直径 2.9、通高 3.2 厘米，重 53 克；

M20:6-2，上细下粗，上端边缘有缺，上端有一小圆孔，柱身有竖棱。孔径 0.4、孔深 0.6、上端直径 2.5、下端直径 2.7、通高 3.8 厘米，重 67 克；

M20:6-3，近似圆柱形，上下等粗，上下均有一小圆孔，但两小孔间未贯通。孔径 0.5、孔深分别为 0.9 和 0.8、上端直径 2.6、下端直径 2.7、通高 3.9 厘米，重 60 克。

玉片 1 件。

M20:15，长方形，素面，磨光，一面为乳白色，另一面有浅红色的沁痕。在玉片靠近四个角的地方各有一个小的穿孔，均为单面钻形成。有浅红色的沁痕的一面较长方向近两小孔处有凸起的一脊。穿孔直径 0.1、玉片长 3.4、最宽 2.3、厚 0.2 厘米，重 4 克。（图一六六）

墓葬分述 | 157

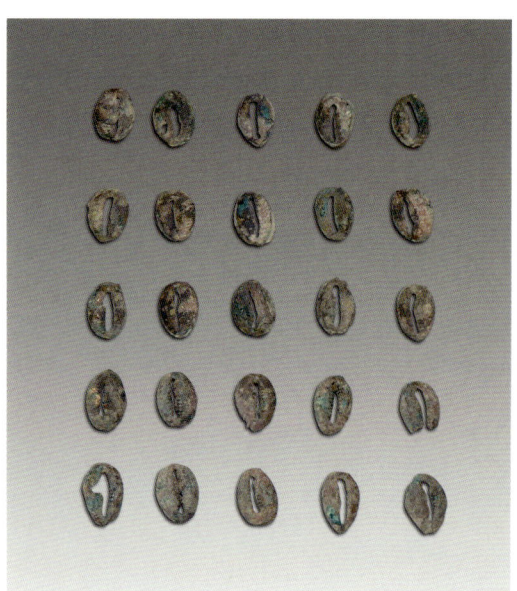

图一六八 M20 出土铜贝（左）

图一六九 M20 出土骨镞（右）

a

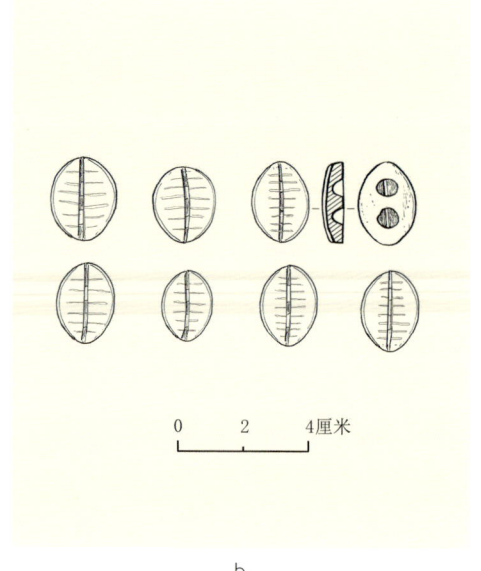

b

图一七〇 M20 出土骨贝

石觿 2 件。

M20:16，残，扁平状，灰白色，一端为宽平状，一端为尖状。略呈弧形，表面粗糙，有不少凹陷。（图一六七）

石觿-1，最宽 2.1、厚 0.4、残长 4.2 厘米，重 6 克。

石觿-2，最宽 1.9、厚 0.4、残长 5.3 厘米，重 6 克。

铜贝 25 件。（图一六八）

M20:4，M20:14，贝体很薄，仿海贝形，正面凸起，中有一条裂缝。标本，长 2.0、宽 1.5 厘米。

骨镞

M20 无号，由兽骨刮削磨制而成，形制相近，体微曲，呈兽角形，其截面呈不规则八角形或不规则圆形，中间偏粗的一端体侧有两个长方形穿孔，两穿孔中间略细。有使用痕迹，应为实用器。（图一六九）

骨贝

M20:4，M20:14，原为兽骨的颜色，后因大部分受沁而呈绿色或黄色，由兽骨割锯、磨制而成，仿海贝形，正面凸起，中间有缝，缝间两边刻成细线锯齿纹，背面均有两个钻孔与正面的缝相通。标本，长2.4、宽1.9厘米。（图一七〇）

八、M22

M22位于发掘区的北部，西邻M23，东距M26约9米，地面北高南低呈缓坡，高低落差0.3米。

（一）墓葬形制

墓开口于耕土与淤积土层下，墓口距地表0.4～0.7米，方向40度。长方形竖穴，口底同大，长4.25、宽3、深2.7米。墓壁陡直，壁面平光，墓底平坦。

填土为黄褐色五花土，墓口至1.5米处，填土内夹杂有褐红色土并经夯压，质地较硬，填土内未见包含物。

（二）葬式葬具

木质葬具均已朽尽，仅见灰痕，从灰痕推测葬具为双椁双棺，外椁室平面呈"口"形，四角外伸0.05米，通长4、通宽2.65、立板厚0.1、残痕高0.8米，外椁底板由13块宽度不等的木板铺设，底板宽0.14～0.26、厚0.05米，板与板之间有0.05～0.08米的间距。内椁位于外椁室的中部偏北，因淤水或塌陷略有倾斜，椁室平面呈梯形，南北两端外伸0.05米，通长3.27、宽1.44～1.7、立板厚0.1、残痕高0.65米。外棺位于内椁的中部，与内椁略有反向倾斜，平面呈"口"形，南北两端外伸0.05米，通长3、宽1.45、立板厚0.08、底板厚0.05、残痕高0.55米。内棺位于外棺的中部，与外棺同向倾斜，平面呈"口"形，北端立板外伸0.1、南端挡板外伸0.05米，通长2.45、宽0.98、立板厚0.08、底板厚0.05、残痕高0.35米。

人骨保存较好，仰身直肢，头向北，面向上。（图一七一）

（三）随葬品

随葬器物共25件，铜礼器与日用铜、陶器放置于外椁与内椁之间的东、南

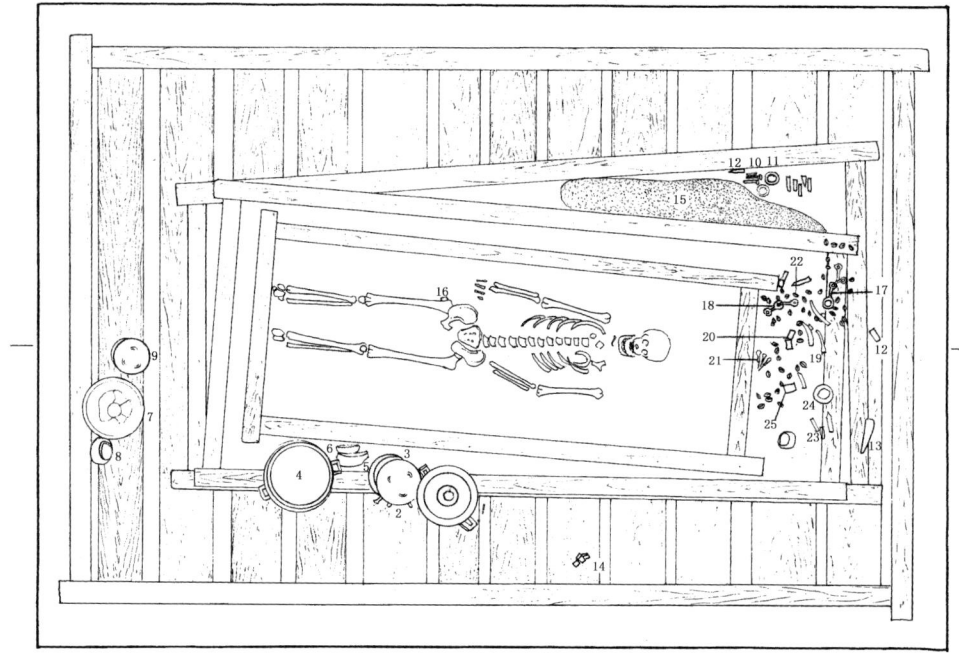

图一七一 M22平、剖面图
1.铜鼎 2、3.铜敦 4.铜盘 5.铜匜 6.铜舟 7、8.陶罐 9.铜鼎 10、11.铜车軎 12.石圭 13.石刀 14、16.玉片 15.漆皮 17、18.马衔 19.马镳 20.玉芯 21.铜锥 22.骨币 23.石圭 24.木盒 25.玉片

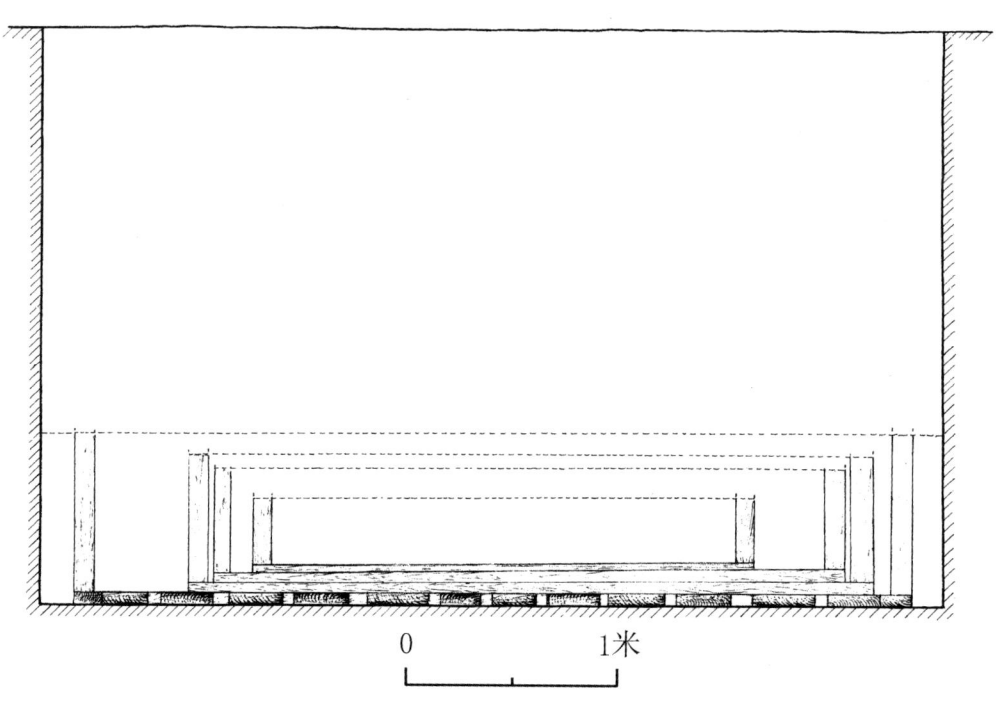

部，其余玉、石及车马器放置于外棺与内棺之间的北部，1件玉片在人骨的盆骨之下，铜鼎1件、铜镂1件、铜敦2件、铜盘1件、铜匜1件、铜舟1件、铜车軎2件、铜马衔4件、骨马镳4件、铜镞3件、陶罐1件、陶壶1件、木盒1件、玉片、骨贝、石圭若干，其中在内椁与外棺之间的西北角有许多漆片。

图一七二 铜鼎 M22:1

c

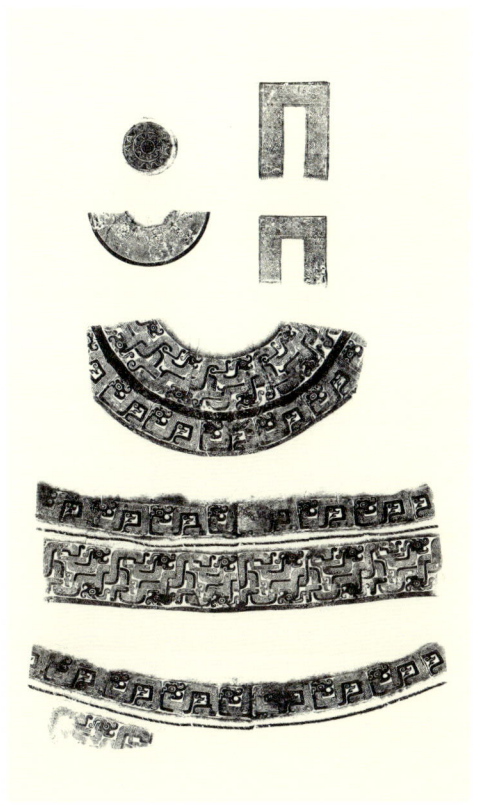

d

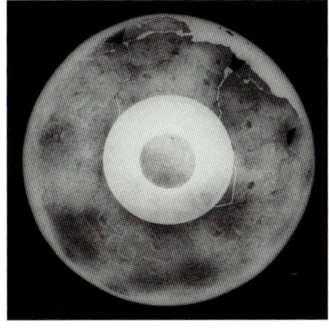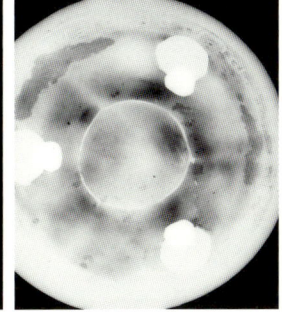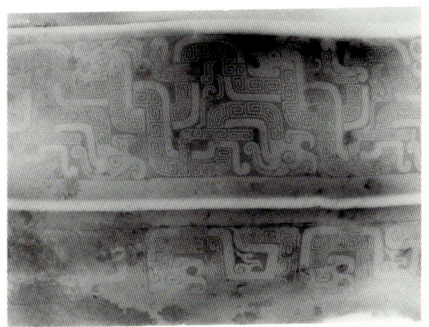

e

墓葬分述 | 161

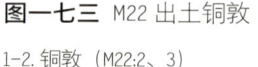

图一七三 M22出土铜敦
1-2.铜敦（M22:2、3）

1. 青铜器

铜鼎 1件。

M22:1，有盖，弧形略鼓，上有喇叭形捉手，盖口沿下折内敛，形成母口；器身子口内敛，折沿，方唇，深腹，弧腹内收，底部近平。器身近口沿处有两个微外撇的长方形附耳，下腹承以三个较高的蹄形足。捉手内饰有两圈齿轮纹，捉手上饰有六层雷纹，捉手下为素带，其外为一周较宽的蟠螭纹，间隔一圈素带，外围是一周较窄的蟠螭纹。器腹中部有一周凸弦纹，上腹部饰以一周较宽的蟠螭纹，下腹部为一周较窄的蟠螭纹。方形附耳内外两侧皆饰细密的雷纹。鼎腹有三道竖行范线，与底部圆形范线相交。两鼎耳根部之间不见纹饰，应是铸造鼎身时为给鼎耳预留位置，将鼎身这部分纹饰范切除了，可知鼎耳为先铸，鼎身为后铸，鼎足与鼎身相接处亦可见明显凸起，可知鼎足为后铸。口径28、耳距36.5、腹深18.2、腹最大径30.5、通高32.5厘米。(图一七二)

铜敦 2件。(图一七三)

M22:2，有盖，弧形略鼓，盖面均匀分布三个环形钮，盖口沿下折内敛，形成母口；器身子口内敛，沿外折，方唇，弧腹内收，底部近平。器身上腹有两个环形耳，下腹承以三个细高的蹄形足。盖面有多层纹饰，正中央是一个素面小圆，其外围是一周粟点纹，粟点纹外围是一周素带，素带外围是一周三层蟠虺纹，蟠虺纹外围是一周素带，素带外围是一周两层蟠虺纹，间隔一周素带，外侧是一周三层蟠虺纹，再间隔一周素带外又是一周三层蟠虺纹，盖外沿可以看到一些范线，将蟠虺纹分为三个一组的纹饰单元。器身上腹部有一周较宽的蟠虺纹带，仅两

图一七四 铜敦 M22:2

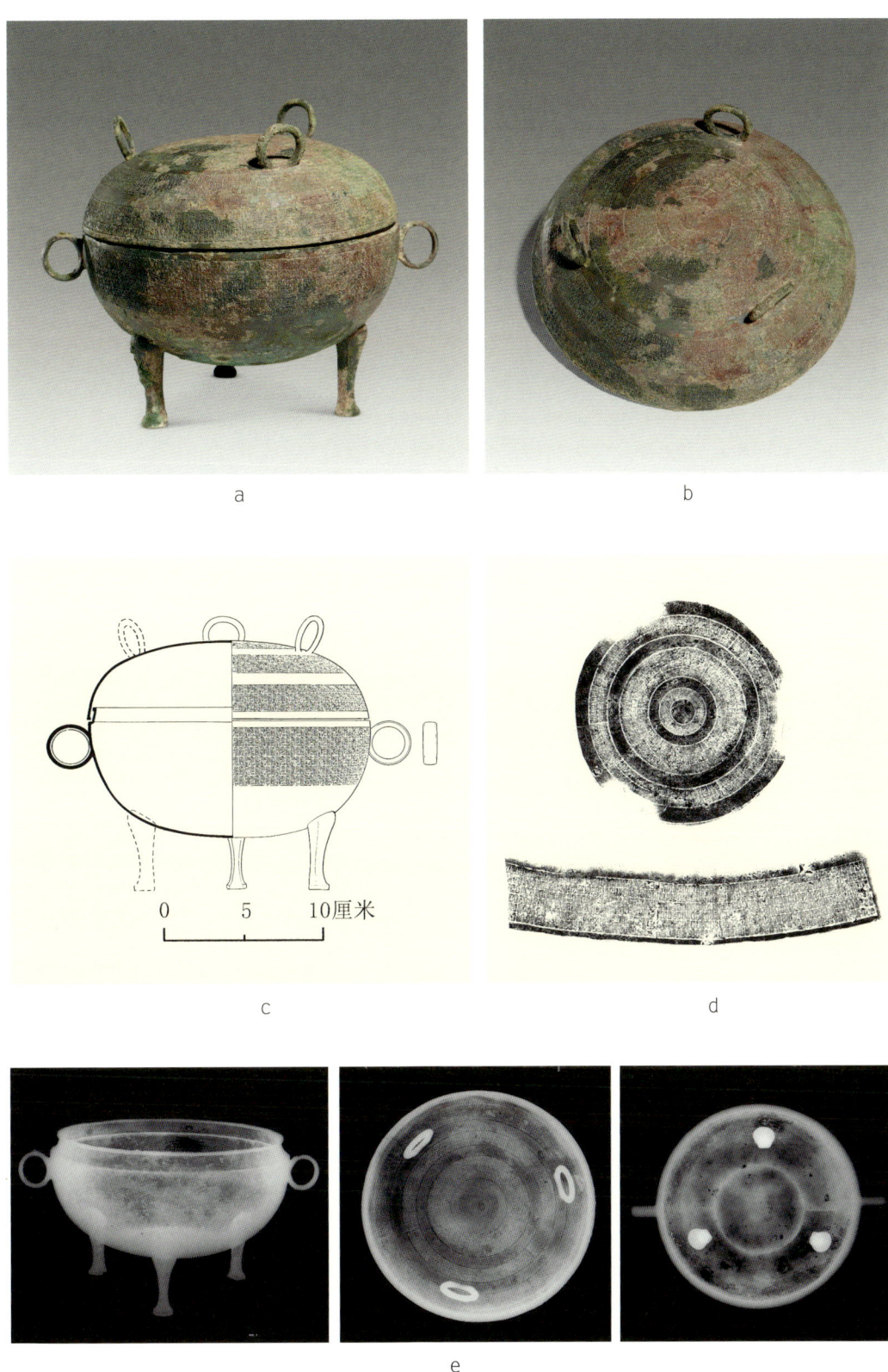

耳周边为素面。器腹可见两道竖行的范线,与两耳交错开,但控制在素面带内,与底部的圆形范线相交。器身与耳、足分铸,敦足上均有两道范线。口径17.1、耳距23.6、腹深9.0、腹最大径17.4、通高18.2厘米,重1116克。(图一七四)

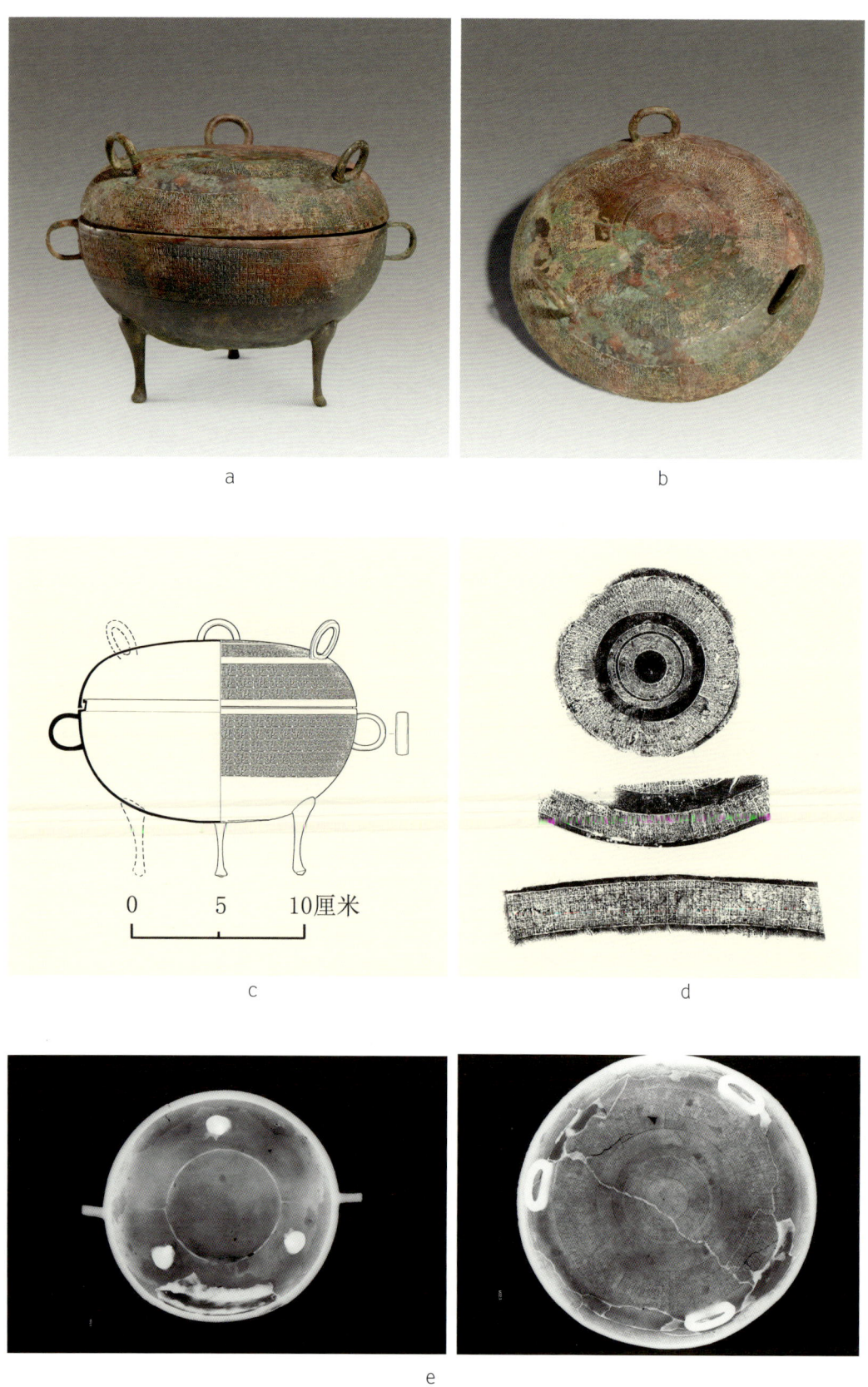

图一七五 铜敦 M22:3

M22:3，有盖，弧形略鼓，盖面均匀分布三个环形钮，盖口沿下折内敛，形成母口；器身子口内敛，沿外折，方唇，弧腹内收，底部近平。器身上腹有两个

164 | 墓葬分述

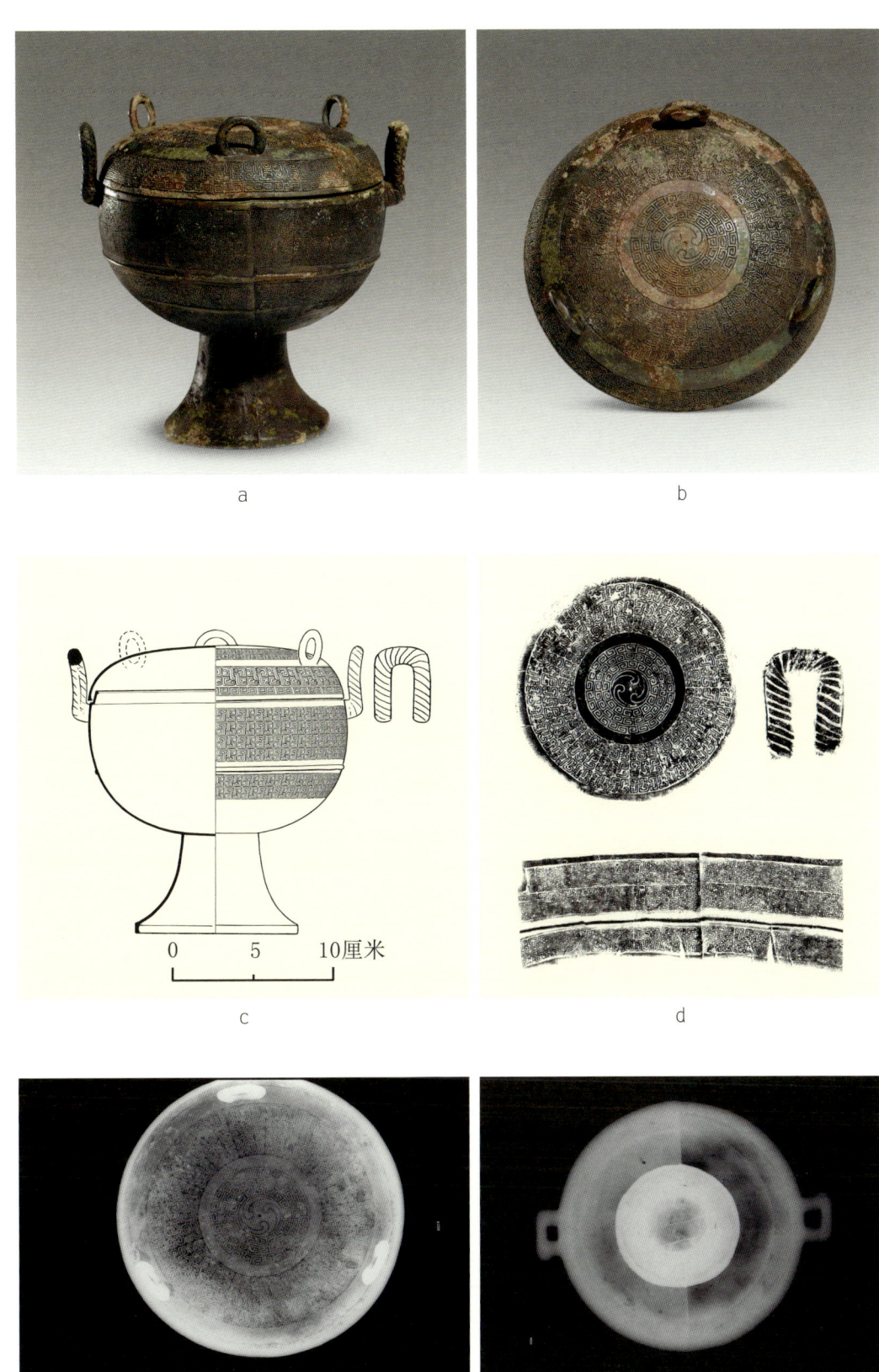

图一七六 铜𫓧 M22:9

半环形耳,下腹承以三个细高的蹄形足。盖面饰有多层纹饰,正中央的素面圆外围是一周两层斜折的蟠螭纹;隔一周细素带外围是一周斜折的蟠螭纹;间隔一周

墓葬分述 | 165

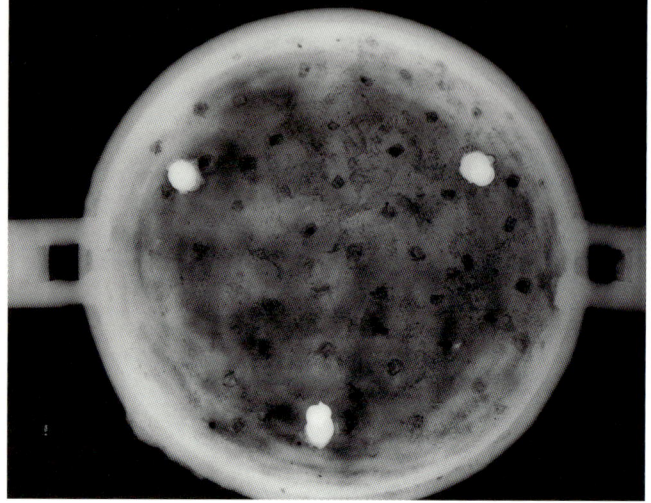

图一七七 铜盘 M22:4

较宽的素带外围是一周三层蟠虺纹；间隔一周更宽的素带外围是一周三层蟠虺纹。器身上腹部有一周较宽的蟠虺纹带，共五层纹饰。器腹可见两道竖行的范线，与底部的圆形范线相交。两道竖行的范线与器耳一侧的范线在一条直线上，可知器耳和器身为一次浇铸。敦足上均有两道范线，在其中两个敦足上端均可以看到浇溢的铜液，可知敦足是在器身成形之后再次浇铸的。口径15.9、耳距20.6、腹深8.0、腹最大径17.1、通高15.3厘米，重729克。（图一七五）

铜敦1件。

M22:9，有盖，弧形略鼓，盖面均匀分布三个环形钮，盖口沿下折内敛，形成母口；器身子口内敛，深腹下收，下附一喇叭形圈足，上腹部近口沿处有两个长方形微外撇的绚纹耳。盖面纹饰有多层，中心为一圆涡纹，外围为一周三层的雷纹，雷纹外为一周素带，素带外围是一周三层的蟠虺纹，外围隔以一周素带，

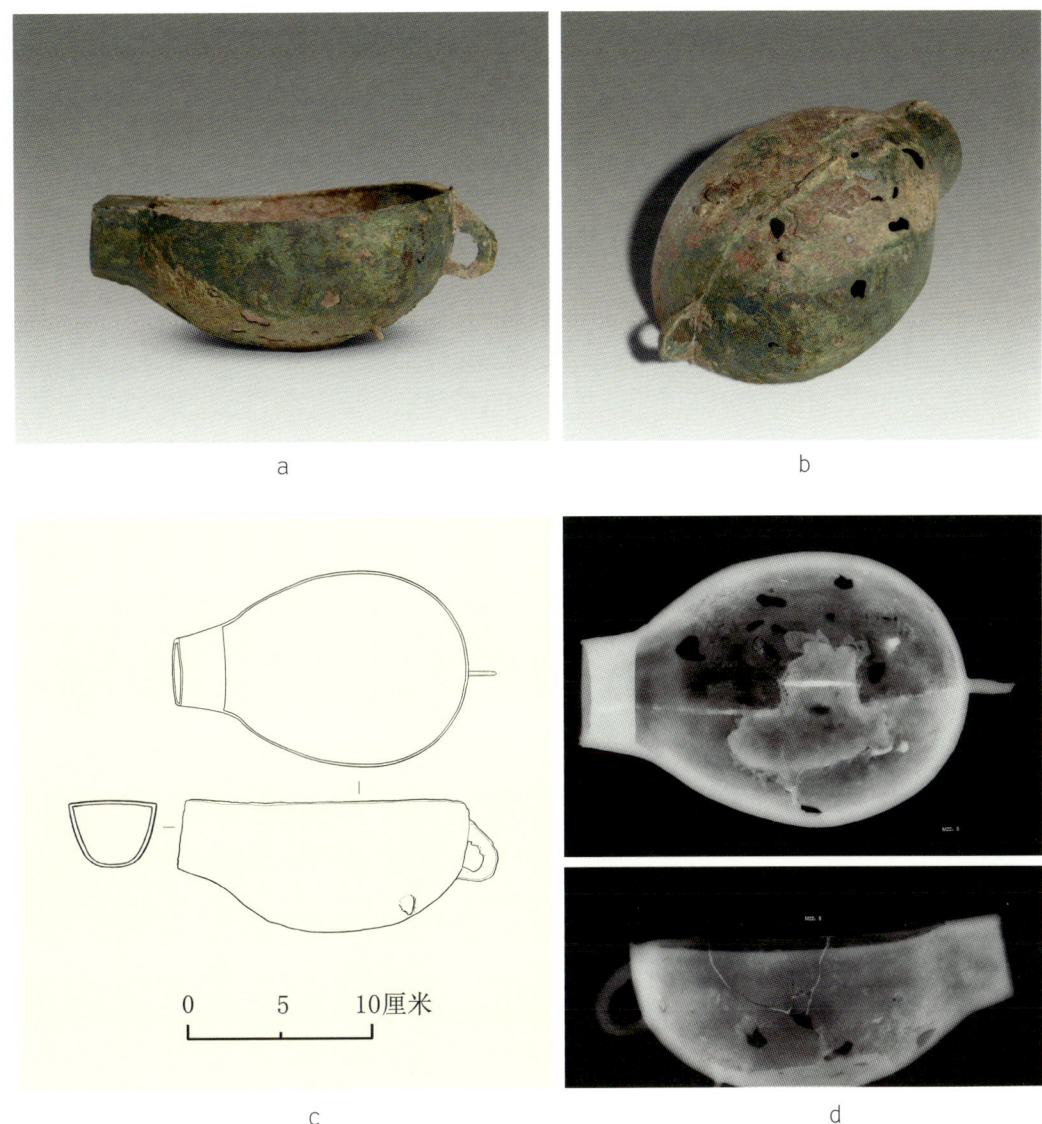

图一七八 铜匜 M22:5

又是一组蟠螭纹和一层雷纹。器腹中部有一条凸弦纹,凸弦纹上方饰两组四层蟠螭纹,下方饰一组两层蟠螭纹,器腹下部及圈足均为素面。器身可见两道对称的竖行范线从口沿通到底部,喇叭形圈足内有残留的芯土。器身偏下部呈黑色,可能是长期使用的缘故。盖径16.2、口径15.1、腹最大径16.8、底径10.4、通高19.1厘米,重1728克。(图一七六)

铜盘 1件。

M22:4,平沿外翻,方唇,浅腹,平底,下接三个外撇的细高瘦蹄形足,两长方形附耳向外平折。通体素面。盘身浑铸,在附耳和盘身相接处可见突出的榫口,可知附耳是在器身成形后再次浇铸的,盘足上有两道范线,与盘身相接处有溢出的铜液,可知盘足是在盘身成形后再次浇铸的。口径31.3、通高12.9厘米,重1860克。(图一七七)

墓葬分述 | 167

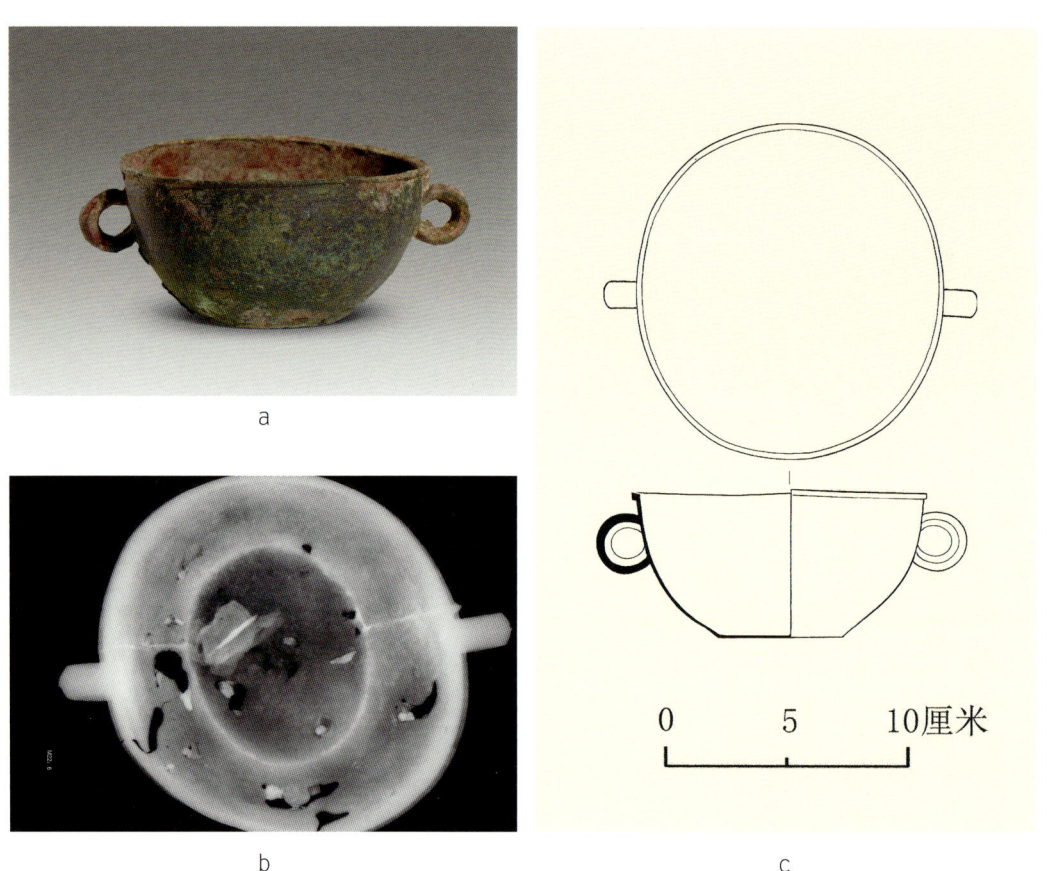

图一七九 铜舟 M22:6

图一八〇 铜车軎 M22:10、11

铜匜 1件。

M22:5，封口流，流口为半圆形，器身平面为椭圆形，窄沿略微内折，匜尾端有一片状的半环形耳，深腹，圜底，仅有一极细小的柱足残存。素面。器底中部有一道范线从流口通到尾端，在底部中央断裂，在器身偏左侧可见一节范线，结合器表残留的铜液，可知匜底中部曾经二次补铸。器身有多处铸孔。通长17.2、通高7.8厘米，重345克。（图一七八）

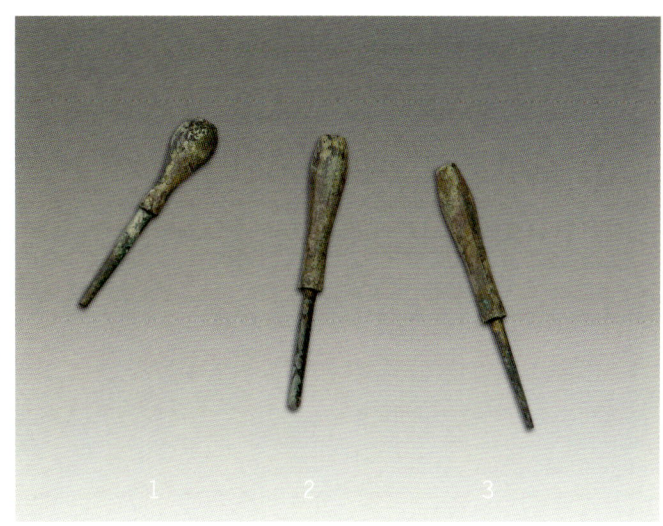

图一八一 M22 出土铜马衔（左）

1-2. 铜马衔（M22:17-1、2）
3-4. 铜马衔（M22:18-1、2）

图一八二 M22 出土铜镦（右）

1-3. 铜镦（M22:21-1、2、3）

铜舟 1 件。

M22:6，器形不甚规整，口平面近椭圆形，窄沿略微内折，双环耳，弧腹外鼓，平底。素面。在两耳的一侧各有一道竖行范线，其中一耳的另一侧也有短的范线，可知器耳是和器身浑铸而成的，器身有大的铸孔，器底有一节斜行的范线，周边有残留的铜液，可知曾二次补铸。口径 12.6×11.5、底径 7.5×6.2、通高 6.7 厘米，重 322 克。（图一七九）

铜车書 2 件。（图一八〇）

M22:10，書为圆筒形，書身较短，一端有外折的宽缘，近缘处两面有长方形穿孔，穿中贯辖，辖首及辖尾各有一横穿，辖首饰兽面，余皆为素。器身与穿孔垂直的方向上可见两道竖行范线。書长 4.3、径 5.3、缘径 7.7、辖长 7.8 厘米，重 211 克。

M22:11，書为圆筒形，書身较短，一端有外折的宽缘，近缘处两面有长方形穿孔，穿中贯辖，辖首及辖尾各有一横穿，辖首饰兽面，余皆为素。器身与穿孔垂直的方向上可见两道竖行范线。書长 4.9、径 5.2、缘径 7.8、辖长 7.9 厘米，重 218 克。

铜马衔 4 件。（图一八一）

M22:17-1，由两节环杆衔扣而成，两端为大环，中间为两较小的套结环一平一侧相套合，环的断面为扁平的椭圆形。侧面的环套相接处有专门铸出的凹槽，以便灵活转动。在马衔侧面有明显的范线，以及未经打磨的茬口，可知此件马衔没有使用过。通长 18.9、两节分别长 10.1 和 11.0 厘米，重 111 克。

M22:17-2，与17-1形制相同。通长18.8、两节分别长10.0和10.9厘米，重112克。

M22:18-1，由两节环杆衔扣而成，两端为大环，中间为两较小的套结环一平一侧相套合，环的断面为圆形或椭圆形。侧面的环套相接处有专门铸出的凹槽，以便灵活转动。在马衔侧面有明显的范线，以及未经打磨的茬口，可知此件马衔没有使用过。通长19.0、两节分别长10.2和11.1厘米，重110克。

M22:18-2，与18-1形制相同。通长18.8、两节分别长9.9和10.9厘米，重109克。

铜镞 3件。(图一八二)

M22:21-1，顶端为瓜棱状的倒瓶形，平顶，上端膨大，细腰，铤尖端为双面刃。头长5.0、铤长3.8、通长8.8厘米，重29克。

M22:21-2，顶端为瓜棱状的圆柱形，平顶，上端稍膨，细腰，铤尖残。头长5.1、铤残长3.6、残长8.7厘米，重27克。

M22:21-3，顶端为倒壶形，平顶，上端圆鼓，细腰，铤较粗，铤尖较钝。头长3.4、铤长3.5、通长6.9厘米，重26克。

2. 陶器

陶壶 1件。

M22:7，泥质灰陶。宽平沿，沿面中部略微下凹，近内、外缘处有凸棱，圆唇，高领，圆鼓肩，弧腹斜收，小平底。领中部有一道凸弦纹，肩部平均分布有三道凸弦纹，沿面及肩部靠上的两道凸弦纹之间均有细密匀称的网格状暗纹，器表光滑，有轮修痕迹。口外径19.8、内径11.2、肩径31.0、通高31.1厘米。(图一八三)

陶罐 1件。

M22:8，泥质灰陶。小口微侈，平沿，沿面近外缘处有细凸棱，方唇，束颈，肩部斜折，肩腹相接处有一道明显的折棱，下腹斜收，小平底。肩部有轮修痕迹。腹部偏下局部可见刮划痕迹，底部也有较粗的划痕。口外径7.5、内径5.6、肩径11.5、通高12.5厘米。

3. 玉石骨器

玉芯 2件。

M22:20，浅黄白色，圆柱形，素面。(图一八四)

M22:20-1，较高，两端有圆孔，中部没有贯通。直径1.9、孔径0.6、孔深分别为0.6和0.7、高2.2厘米，重19克。

图一八三 M22 出土陶器
1. 陶壶（M22:7 陶壶）
2. 陶罐（M22:8）

图一八四 玉芯 M22:20-1、2（左）

图一八五 玉片 M22:14（右）

图一八六 石圭 M22;12

M22:20-2，较矮，一端有圆孔。直径 2.0、孔径 0.5、孔深 0.6、高 1.9 厘米，重 16 克。

玉片 1 件。（图一八五）

M22:14，残，白色，长条形，一端齐平，另一端残。残长 7.5、宽 2.2、厚 0.1

厘米，重 6 克。

石圭 22 件。

M22:12，均为褐色砂岩制成，加工细致，形制规整，表面打磨光滑，均断为数节，有圭首 10 件，说明石圭至少有 10 件。(图一八六)

可基本拼接完整的有 2 件，12-1，较长，圭首略残，残长 12.5、最宽 1.5、厚 0.5 厘米，重 25 克；12-2，较短，完整，长 8.5、最宽 1.2、厚 0.4 厘米，重 10 克。

8 件有圭首。12-3，残，残长 7.4、最宽 1.7、厚 0.6 厘米，重 18 克。12-4，残，残长 8.5、最宽 1.2、厚 0.5 厘米，重 10 克。12-5，残，残长 7.0、最宽 1.6、厚 0.4 厘米，重 11 克。12-6，残，残长 6.0、最宽 1.4、厚 0.5 厘米，重 11 克。12-7，残，残长 8.6、最宽 1.5、厚 0.5 厘米，重 14 克。12-8，残，仅剩圭首，残长 4.0、最宽 1.2、厚 0.5 厘米，重 4 克。12-9，残，仅剩圭首，残长 3.2、最宽 1.3、厚 0.5 厘米，重 4 克。12-10，残，残长 4.1、最宽 1.4、厚 0.5 厘米，重 7 克。

圭身残片，12 件。12-11，残，残长 7.1、最宽 1.5、厚 0.3 厘米，重 8 克。12-12，残，残长 5.7、最宽 1.5、厚 0.5 厘米，重 11 克。12-13，残，残长 5.3、最宽 1.2、厚 0.4 厘米，重 7 克。12-14，残，残长 5.5、最宽 1.5、厚 0.3 厘米，重 6 克。12-15，残，残长 3.6、最宽 1.2、厚 0.5 厘米，重 5 克。12-16，残，残长 4.5、最宽 1.6、厚 0.2 厘米，重 5 克。12-17，残，残长 3.2、最宽 1.5、厚 0.2 厘米，重 3 克。12-18，残，残长 3.2、最宽 1.3、厚 0.5 厘米，5 克。12-19，残，残长 3.2、最宽 1.4、厚 0.4 厘米，重 5 克。12-20，残，残长 2.2、最宽 1.2、厚 0.5 厘米，重 4 克。12-21，残，残长 2.3、最宽 1.2、厚 0.5 厘米，重 4 克。12-22，残，残长 3.1、最宽 1.1、厚 0.5 厘米，重 3 克。

石片 3 件。

M22:13，残。灰黑色，极薄。残长 14.6、最宽 2.5 厘米，重 5 克。

M22:25，残。灰黑色，极薄。残长 9.9、最宽 2.5 厘米，重 8 克。

M22:16，残。浅黄白色，中间夹有灰黑色，极薄。形制和功用不清。残长 4.8、宽 2.4、厚 0.1 厘米，重 3 克。(图一八七)

骨镞 4 件。

M22:19，浅黄白色，间有绿色。两件为一套，其中两件完整，另外两件残断。由兽骨刮削磨制而成，形制相近，体微曲，呈兽角形，其截面呈不规则八角形或不规则圆形，中间偏粗的一端体侧有两个长方形穿孔，两穿孔中间略细。有使用

图一八七 M22 出土石片

a-c. 石片（M22:13、25、16）

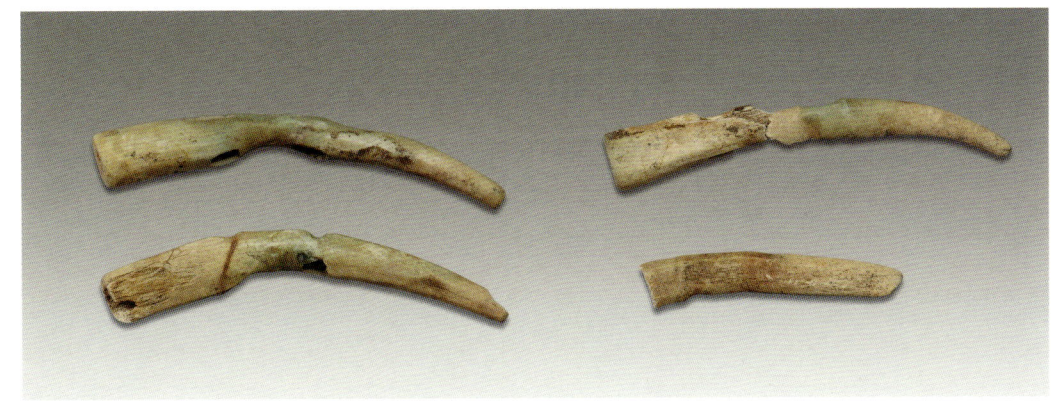

图一八八 骨镞 M22:19

图一八九 骨贝 M22:22

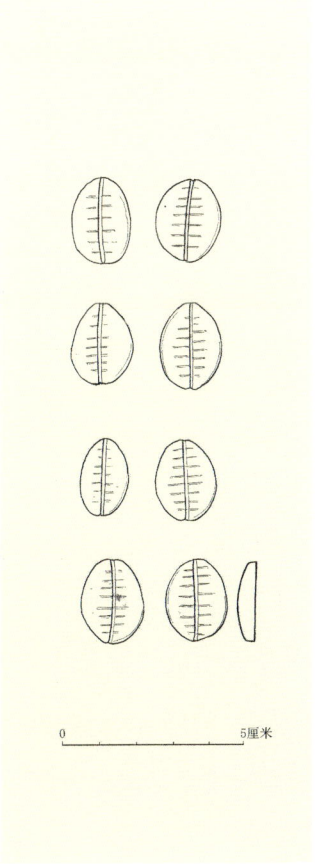

a   b

痕迹，应为实用器。(图一八八)

M22:19-1，长 16.3 厘米，重 38 克；

M22:19-2，长 15.7 厘米，重 50 克；

M22:19-3，残断为两节，残长 15.5 厘米，重 35 克；

M22:19-4，残长 10.1 厘米，重 24 克。

漆皮一包

M22:15，漆皮已残。重 36 克。

骨贝 91 枚。

M22:22，原为兽骨的颜色，后因大部分受沁而呈绿色或黄色，由兽骨割锯、磨制而成，仿海贝形，正面凸起，中间有缝，缝间两边刻成细线锯齿纹，背面均有两个钻孔与正面的缝相通。完整的有 90 枚，1 枚残断，重 183 克。(图一八九)

九、M23

M23 位于发掘区的西北部，西距 M25 约 4.5 米，东有 M22，地势较平。墓开口于耕土层下，墓口距地表 0.3 米，方向 45 度。

(一) 墓葬形制

长方形竖穴，口底同大，墓口长 4.95、宽 3.8、深 4.5 米，墓壁陡直，壁面因夯压略显粗糙，墓底平坦。填土为黄褐色五花土，经夯实，质地坚硬，夯层约 0.1、夯窝 0.04～0.05 米，填土内包含有陶片、兽骨，椁与外棺之间填红褐色花土，质地坚硬。

(二) 葬式葬具

木质葬具均已朽尽，仅存灰痕，从灰痕推测葬具为单椁双棺，14 块大小不等的椁盖板痕清晰可辨，横向铺设，宽度为 0.18～0.40 米，厚 0.1 米，椁室平面呈"口"形，四角各外伸 0.05 米，通长 4.7、通宽 3.6、立板厚 0.15、椁痕高 1.8 米，底板略薄于盖板，厚 0.08 米，横向铺设。外棺位于椁室的中部偏西，略有倾斜，平面呈"口"形，立板北端外伸 0.18～0.2 米，南挡板两端外伸 0.1 米。通长 2.9、通宽 1.78、立板厚 0.1、底板略厚于立板 0.03、外棺痕高 1.4 米。内棺位于外棺室的中部偏北，与外棺同向倾斜，平面呈"口"形，立板南北两端外伸 0.03～0.13 米，通长 2.1～2.15、宽 0.9、厚 0.1、痕高 1 米。

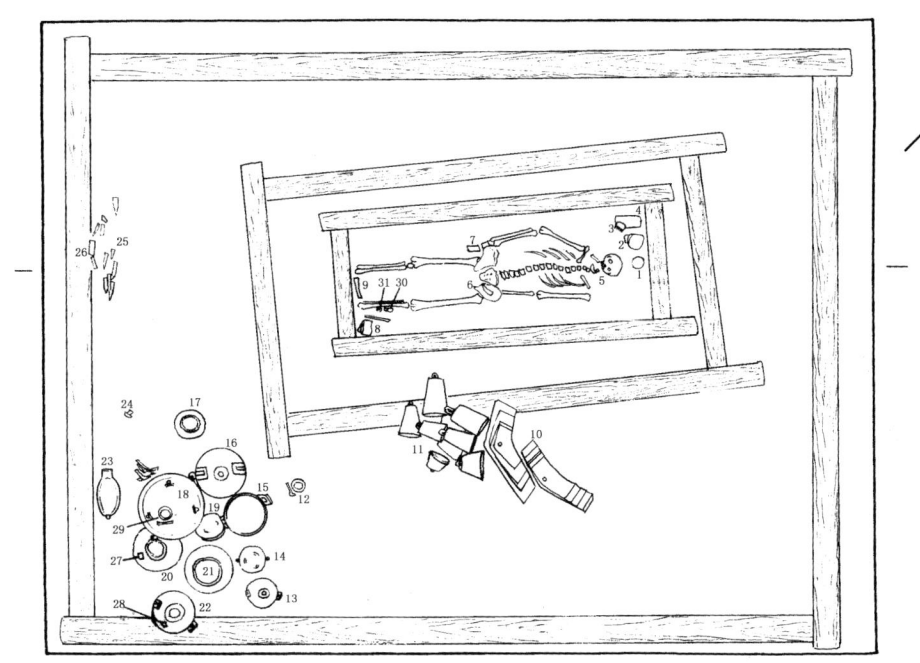
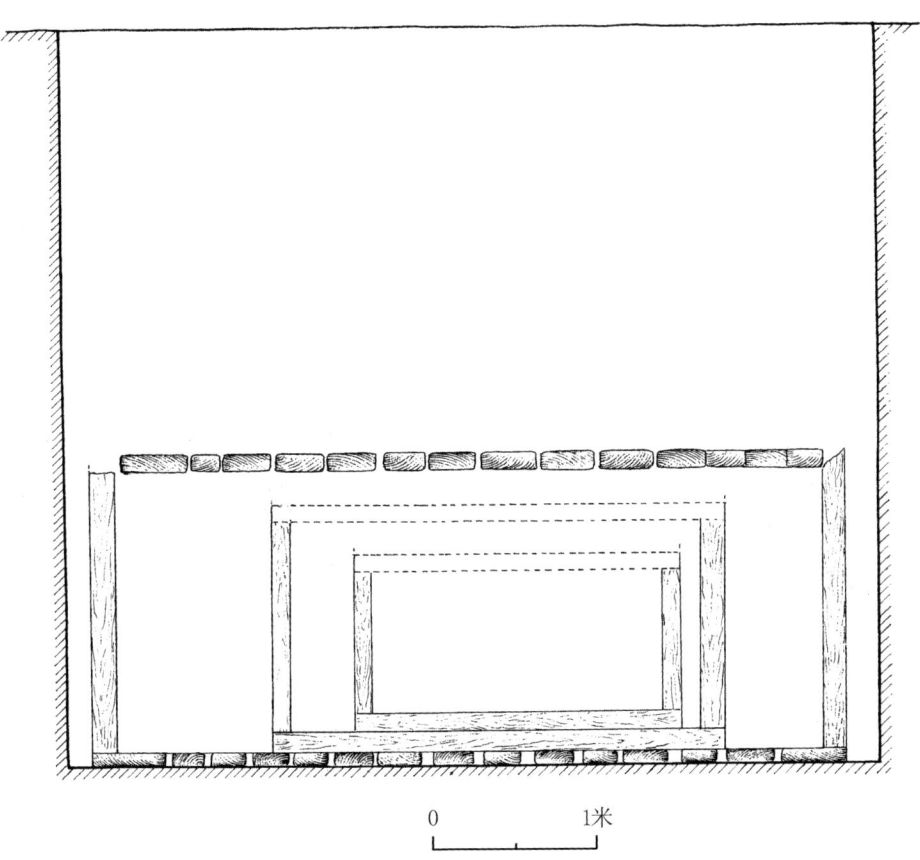

图一九〇 M23 平、剖面图
1. 石球 2. 漆器 3. 木梳 4、9. 骨器 5～7. 玉器 8. 木器 10. 石磬 11. 铜编钟 12、29. 铜车辖 13、15、16、22. 铜鼎 14、19. 铜簋 17. 陶罐 18. 铜盘 20、21. 陶壶 23. 铜匜 24. 铜饰 25. 石圭 26. 玉片 27、28. 玉芯 30. 石饰 31. 铜环

人骨上覆盖布料，骨架保存较好，通体呈红色，仰身直肢，头向北，面向上。（图一九〇）

（三）随葬品

随葬器物共31件，按照功用的不同分别置放，部分铜器用席物包裹，铜礼器、

铜、陶日用器放置于椁室与外棺之间的东南部，乐钟、乐磬放置于椁室与外棺的东部，其余玉、石、骨、木小件饰品及漆器均放置于内棺与人骨周身。铜鼎 4 件、铜敦 2 件、编钟 1 件（套）、车軎 2 件、铜盘 1 件、铜匜 1 件、铜饰 1 件、铜环 1 件、石磬 1 件（套）、陶罐 1 件、陶壶 2 件、陶瓿 1 件、玉芯 3 件、石饰 2 件、漆器 1 件、木梳 2 件、骨器 2 件、玉器 3 件、玉片 1 件、木器 1 件、石圭若干。

1. 青铜器

铜鼎 4 件。

M23:13，有盖，弧形略鼓，上有喇叭形捉手，盖口沿下折内敛，形成母口；鼎身圆鼓，口沿内折成微内敛的子口，用以承盖，下腹内收，底近平，下腹承以三个蹄形足，上腹两侧各有一微外撇的圆角方形耳。盖身分布有多层纹饰，捉手中心为多条龙与一只蟾蜍组成的复杂纹饰，捉手上饰一周两层蟠螭纹。捉手下方的盖面饰一周雷纹和一周三层细密的蟠虺纹，蟠虺纹之外环绕一周较宽的素带，素带之外为一周三层细密的蟠虺纹。鼎腹中央饰一周凸弦纹，凸弦纹上部是一周四层细密的蟠虺纹，下部是一周两层蟠虺纹和一周疏朗的垂叶兽面纹。两鼎耳的正面、背面及根部均饰云纹。下腹部可见两道竖行范线，与底部圆形范线相交，三蹄形足两侧可见范线，内侧齐平。鼎耳及鼎足为后铸，其中一足器壁内外均有明显的补铸痕迹。口径 16.4、耳距 21.5、腹深 11.3、腹最大径 18.1、通高 19.3 厘米，重 1758 克。（图一九一）

M23:15，有盖，弧形略鼓，上有喇叭形镂孔捉手，捉手由六条龙昂首咬合一圆环组成，盖口沿下折内敛，形成母口；鼎身口沿内折成微内敛的子口，用以承盖，深腹，下腹内收，底近平，下腹承以三个较高的蹄形足，上腹两侧各有一个微外撇的长方形附耳。盖面上有多层纹饰，由内向外分别是：盖面中心的纹饰由一个涡纹及其外围绕的两圈雷纹组成，雷纹之外环以一周较宽的素带，素带外饰一周较宽的蟠螭纹，蟠螭纹外间隔一道宽窄不均匀的素带，之外又是一周较窄的蟠螭纹。鼎身中央饰有一周凸弦纹，上腹部饰以一周三层较细的蟠虺纹，下腹部饰以一周较细的蟠虺纹和一周疏朗的垂叶兽面纹。捉手宽缘上饰有一周绚纹，两附耳内外侧饰有雷纹。鼎身腹部可见三道竖行范线,均与器底的圆形范线相交，底部的圆形范线局部有未经打磨的浇口，在蹄形足两侧可见两道范线，三蹄形足内侧均是齐平状。鼎足、附耳与鼎身分铸。口径 21.7、耳距 28.8、腹深 14.5、腹最大径 24.1、通高 25.4 厘米，重 2581 克。（图一九二）

M23:16，有盖，弧形略鼓，上有喇叭形捉手，盖口沿下折内敛，形成母口。鼎

图一九一 铜鼎 M23:13

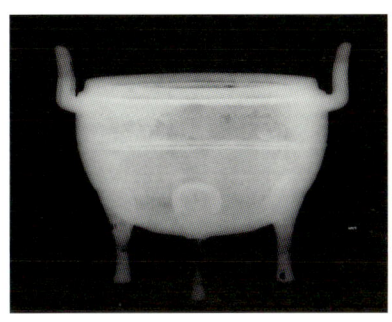
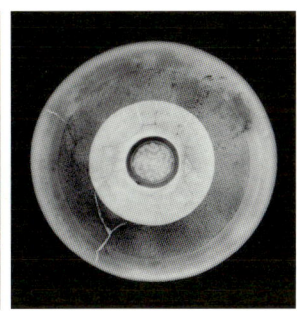
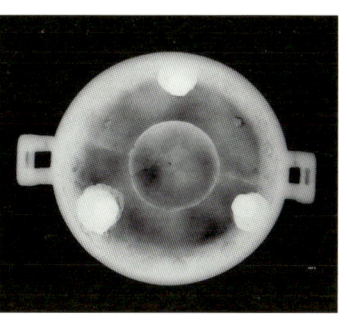

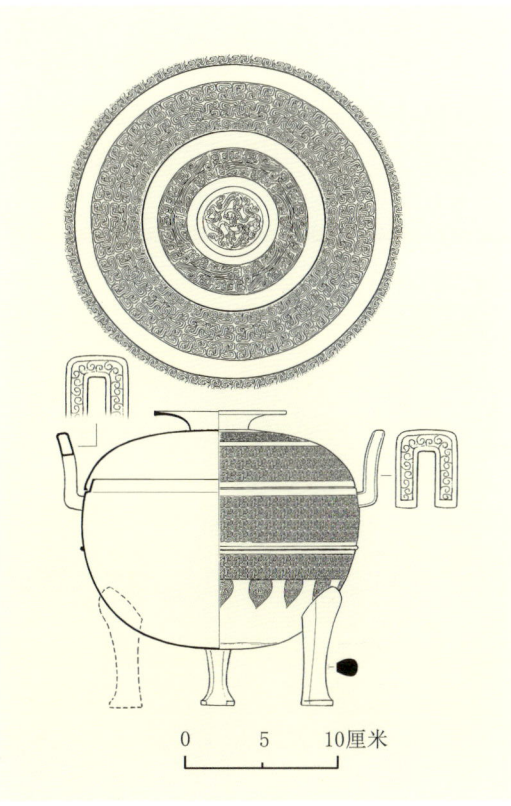
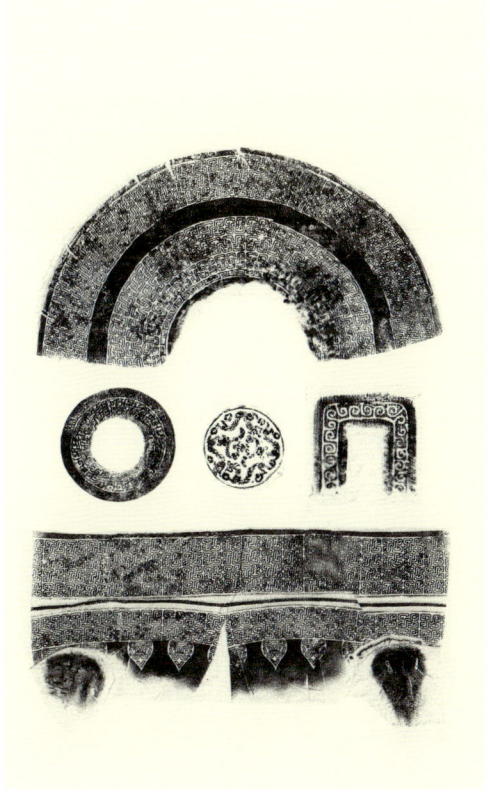

墓葬分述 | 177

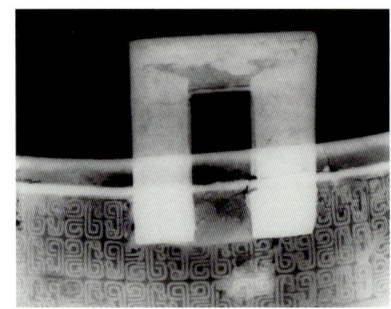
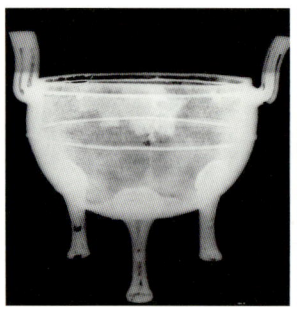
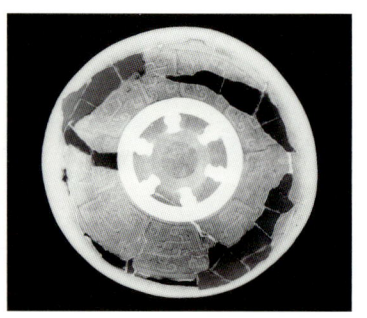

图一九二 铜鼎 M23:15

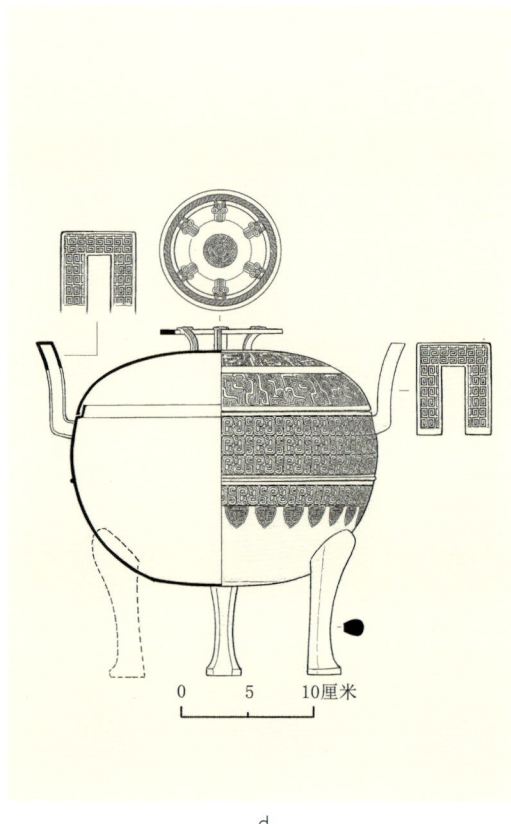

d e

178 | 墓葬分述

图一九三 铜鼎 M23:16

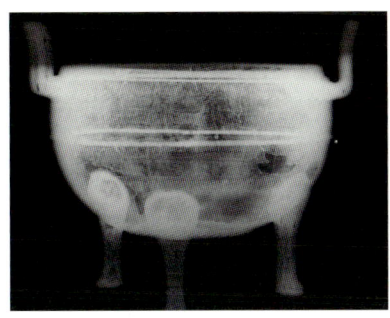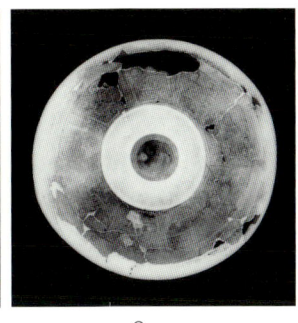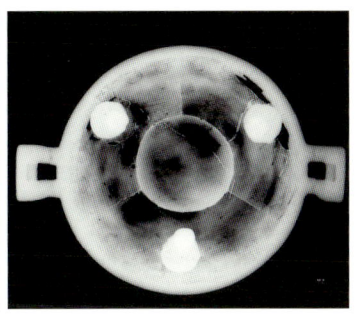

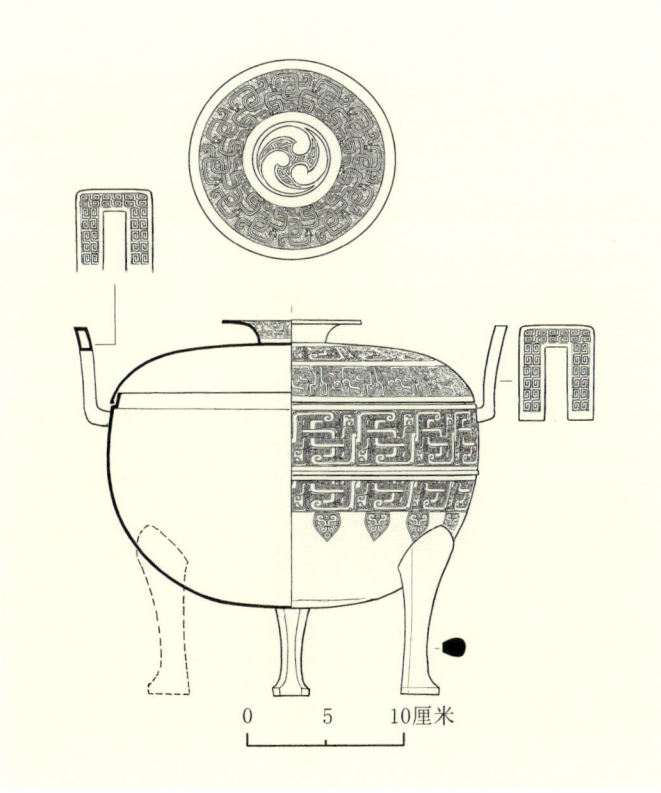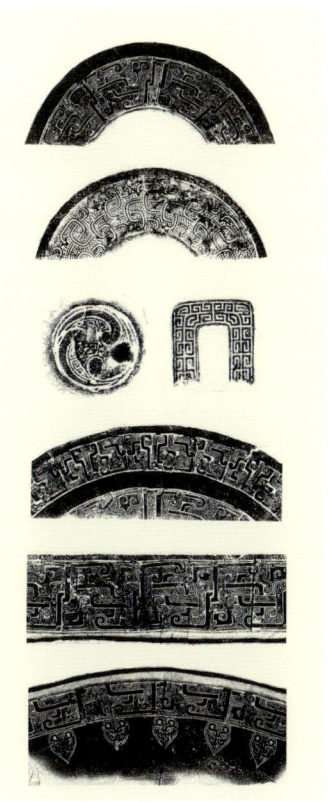

墓葬分述 | 179

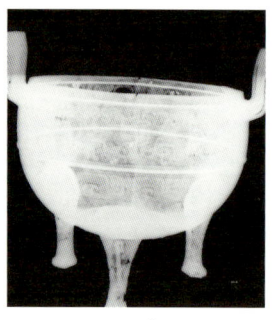
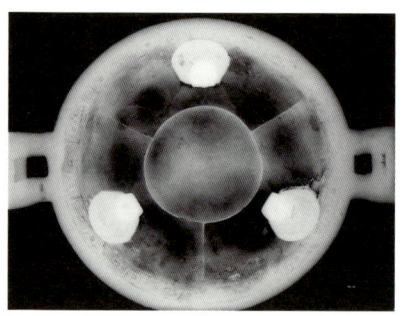

图一九四 铜鼎 M23:22

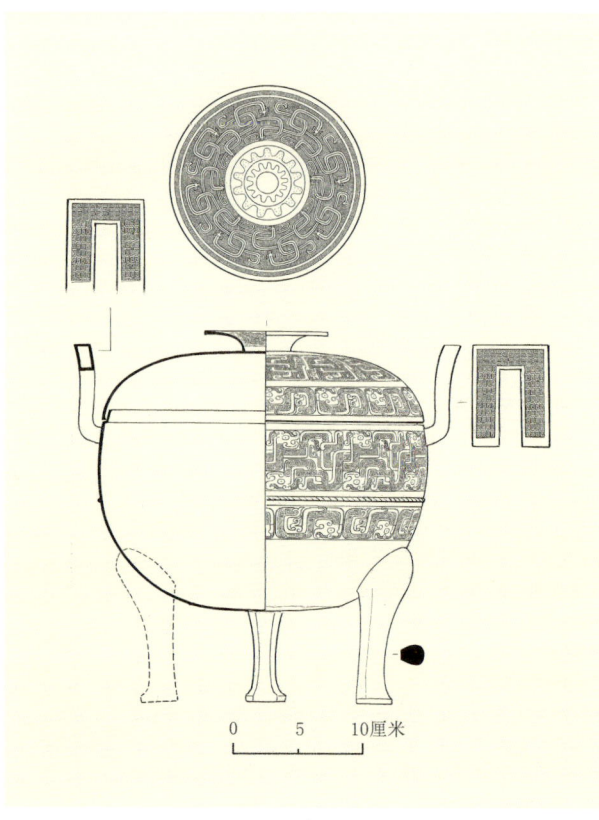
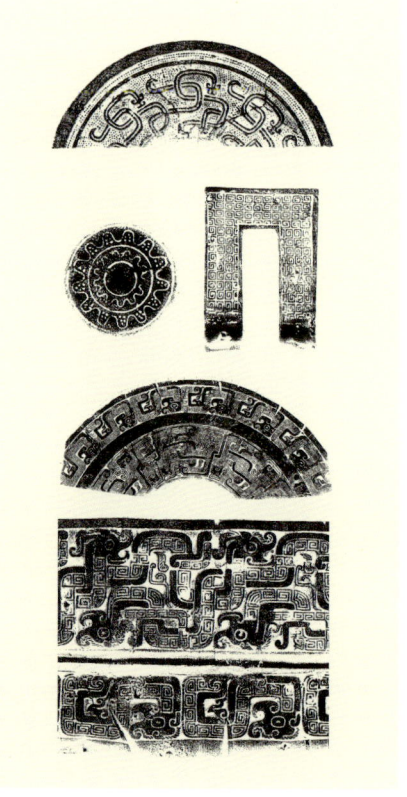

180 | 墓葬分述

身圆鼓，口沿内折成微内敛的子口，用以承盖，下腹内收，底近平，下腹承以三个较高的蹄形足，上腹两侧各有一个微外撇的圆角长方形附耳。盖身有多层纹饰，由内至外分别是：捉手内部饰涡纹，捉手上是粟点衬底的疏朗的蟠蛇纹；捉手下为素带，其外环绕一周较宽的蟠螭纹，蟠螭纹之外间隔有一道素带，素带之外饰一周较窄的蟠螭纹。鼎身中央是一周凸弦纹，凸弦纹上部饰一周较宽的蟠螭纹，下部环绕一周较窄的蟠螭纹和一周疏朗的垂叶兽面纹。鼎耳内外两侧均饰雷纹。捉手根部可见两道竖行范线，并与鼎盖上较宽的素带相接，可知捉手与鼎盖为浑铸。鼎腹可见三道竖行范线，均与器底的圆形范线相交，鼎足两侧可见范线，三蹄形足内侧为齐平状。鼎耳压在鼎身纹饰上，且可见浇溢的铜液，可知鼎耳是在器身成形后铸的，鼎足压在下腹的垂叶兽面纹上，可知鼎身为先铸，鼎足为后接。口径 21.8、耳距 28.3、腹深 14.5、腹最大径 23.8、通高 25.3 厘米，重 2637 克。（图一九三）

M23:22，有盖，弧形略鼓，上有喇叭形捉手，盖口沿下折内敛，形成母口；器身子口内敛，折沿，方唇，深腹，弧腹内收，底部近平。器身近口沿处有两个微外撇的长方形附耳，下腹承以三个较高的蹄形足。捉手内饰有两圈齿轮纹，捉手上饰有以粟点衬地的疏朗的蟠蛇纹，捉手下为素带，其外为一周较宽的蟠螭纹，间隔一圈素带，外围是一周较窄的蟠螭纹。器腹中部有一周凸弦纹，上腹部饰以一周较宽的蟠螭纹，下腹部为一周较窄的蟠螭纹。方形附耳两侧皆饰细密的雷纹。鼎腹有三道竖行范线，与底部圆形范线相交。两鼎耳根部之间不见纹饰，应是铸造鼎身时为给鼎耳预留位置，将鼎身这部分纹饰范切除，可知鼎耳为先铸，鼎身为后铸，鼎足与鼎身相接处亦可见明显凸起，可知鼎足为后铸。口径 23.3、耳距 29.8、腹深 16.3、腹最大径 25.8、通高 28.9 厘米，重 3424 克。（图一九四）

铜敦 2 件。

M23:14，有盖，弧形略鼓，盖面平均分布三个环形钮，盖口沿下折内敛，形成母口；器身子口内敛，折沿，方唇，弧腹内收，底部近平。器身上腹有两个半环形耳，下腹承以三个内撇的细矮蹄形足。盖面饰多层纹饰，由内至外分别为：正中央的素面圆外围是一周三层不甚清晰的蟠虺纹，隔一周细素带外围是一周粟点纹，间隔一周较宽的素带外围是一周三层细密的蟠虺纹，间隔一周更宽的素带外围是一周三层细密的蟠虺纹。器身上腹部有一周六层较宽的蟠虺纹带，仅两耳周边为素面。盖面环形钮两面均饰有麦穗纹。器盖上的三环钮均已压入器盖，可知三环钮均为先铸，器盖有补铸痕迹。器腹可见两道竖行范线，与两耳交错开，但控制在素面带内，与底部圆形范线相交。器身与耳、足分铸，敦足两侧均有两

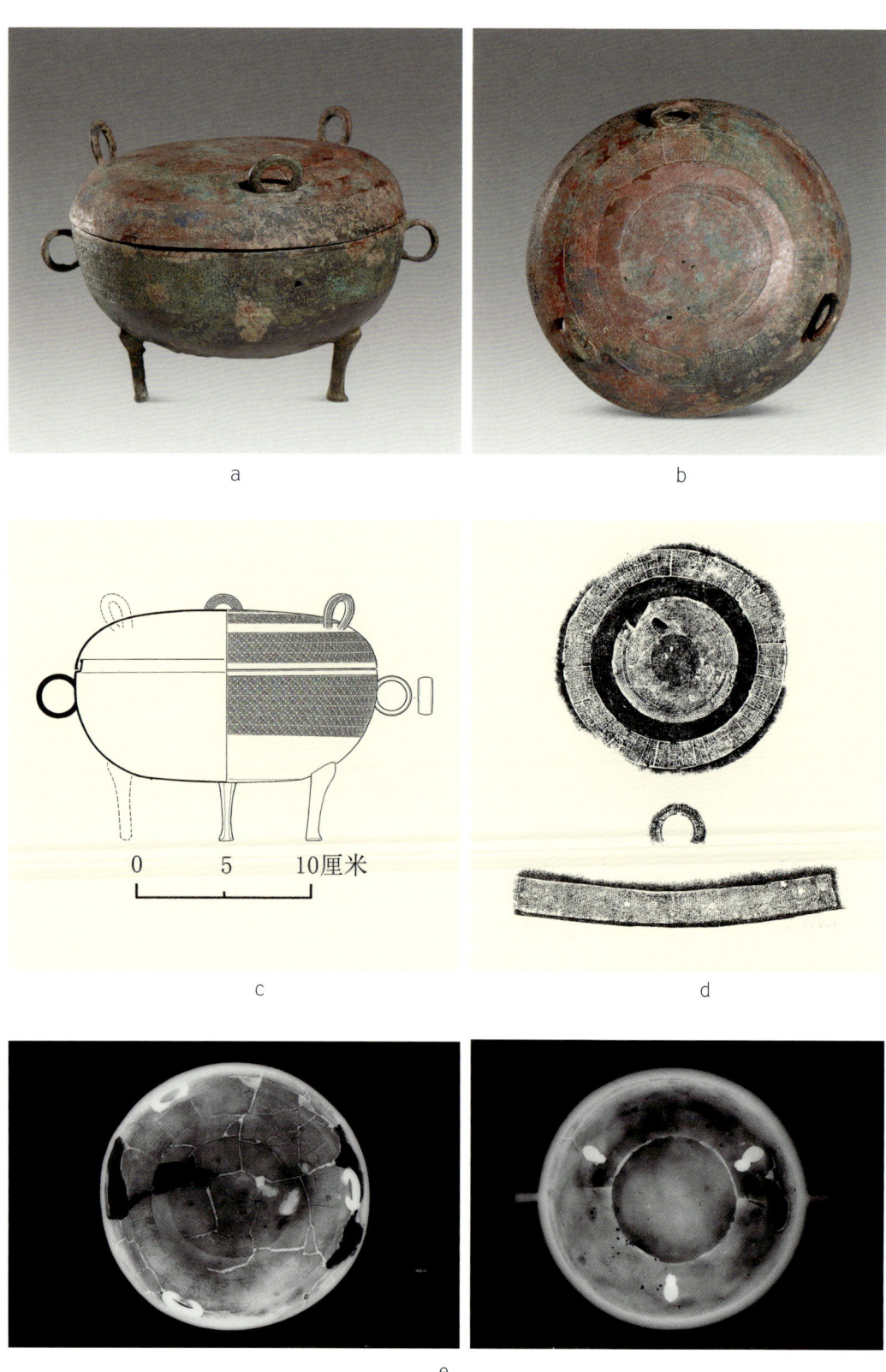

图一九五 铜敦 M23:14

道范线。口径16.1、耳距21.0、腹深8.0、腹最大径16.5、通高14.6厘米,重843克。(图一九五)

M23:19,有盖,弧形略鼓,盖面平均分布三个环形钮,盖口沿下折内敛,

图一九六 铜敦 M23:19

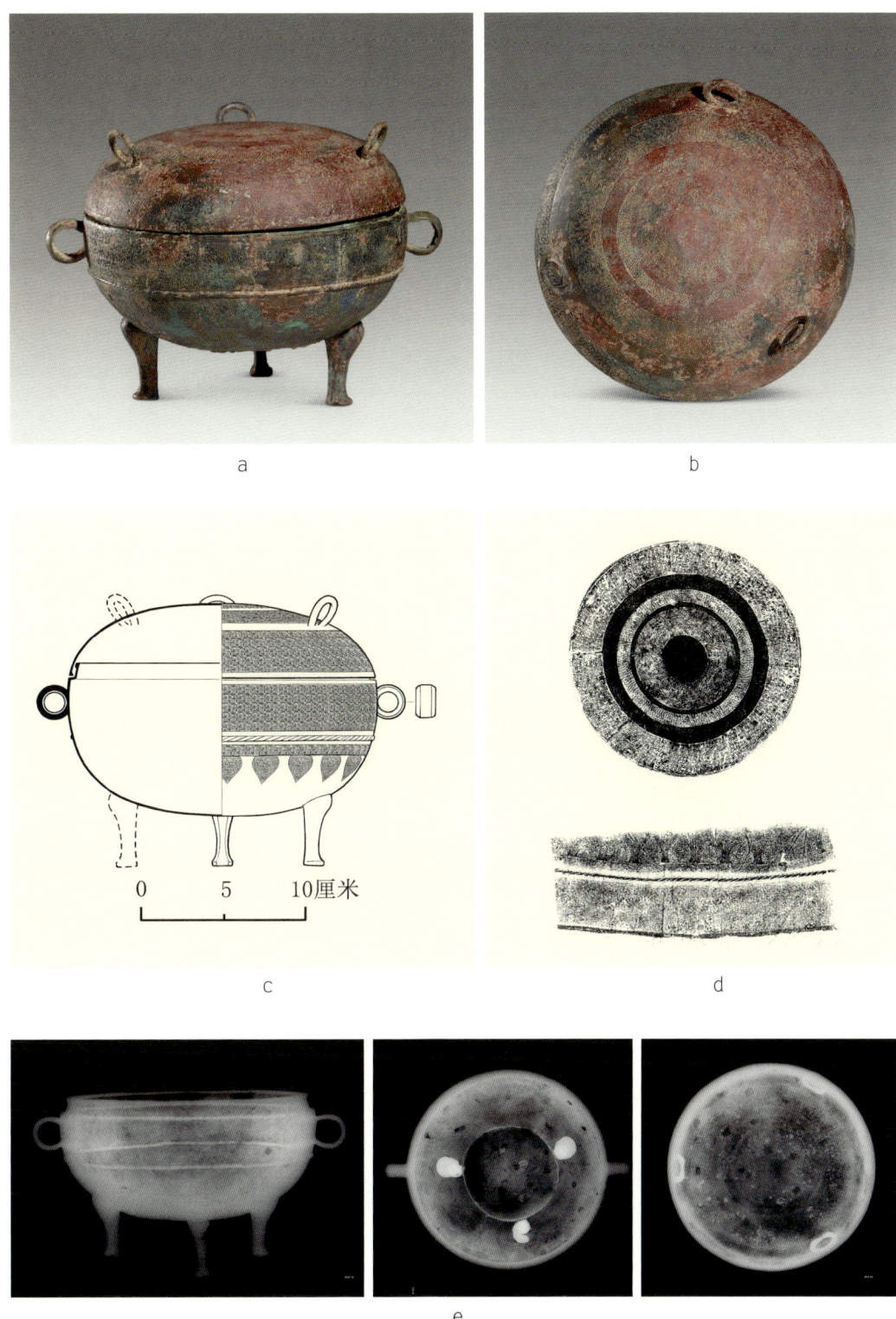

形成母口;器身子口内敛,折沿,方唇,弧腹内收,底部近平。器身上腹有两个半环形耳,下腹承以三个蹄形足。盖面饰多层纹饰,由内向外分别为:正中央的素面圆,其外饰一周三层细密的蟠虺纹;隔一周细素带,为一周粟点纹;间隔一周较宽的素带,是一周三层蟠虺纹;间隔一周更宽的素带外围是一周四

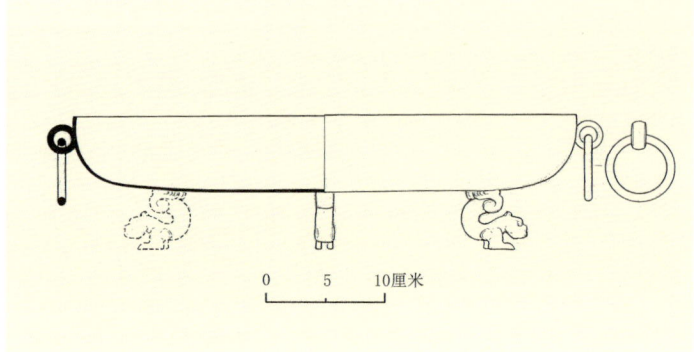

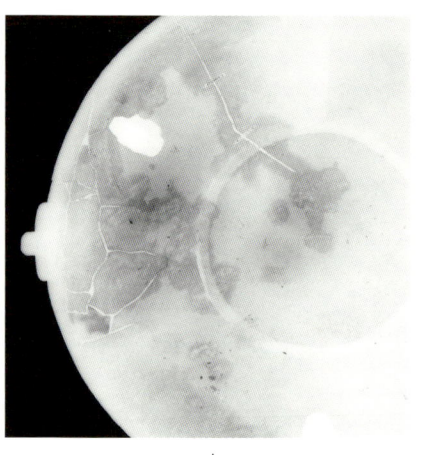

图一九七 铜盘 M23:18

层细密的蟠螭纹。器身中部饰一周凸起的绚纹，上腹饰一周五层细密的蟠螭纹，下腹为一周蟠螭纹，其下有一周疏朗的垂叶纹。器腹可见两道竖行范线与底部圆形范线相交，三蹄形足两侧均可见范线，内侧齐平。环形钮局部已嵌入盖身，可知环形钮为先铸，盖身为后铸。两耳与器身分铸。三足与器身相接处可见有较窄的缝隙，可知足为后铸，是在器身成形之后再次浇铸而成的。口径17.0、耳距22.2、腹深8.6、腹最大径17.5、通高15.9厘米，重1173克。（图一九六）

铜盘 1件。

M23:18，口微敛，窄平沿，浅腹，底近平，下接三个后肢向上翻卷用以承盘身的虎形足，腹身两侧有两半环形钮套圆环耳。通体光素。底部可见三道竖行范线与圆形范线相交。三足处有铜液浇溢打磨的痕迹，可知三足是在器身成形之后再次浇铸的。盘耳伸入盘身，应为先铸。口径42.3、盘深7.3、通高11.5厘米，重3060克（图一九七）。

铜匜 1件。

M23:23，封口流，流口纵剖面上方下圆，流口微扬。器身为椭圆形，尾部有

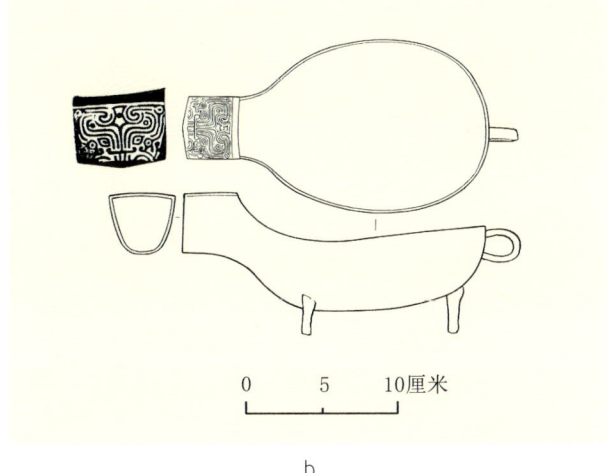

图一九八 铜匜 M23:23

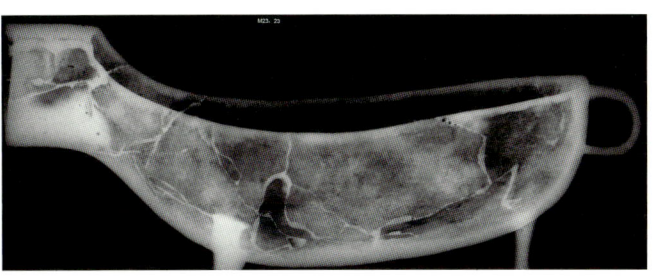

一半环形鋬耳，弧腹内收，底近平，下腹接三个较短的扁平足。流口上方饰有一兽面纹，余皆光素。器底可以看到一道明显凸起的范线，延伸至匜后的半环形鋬耳及足的一侧，半环形鋬耳的另一侧也有一道短的范线，可知半环鋬耳及足与器身是一起浇铸的。最宽11.5、通长22.0、通高9.8厘米，重236克（图一九八）。

编钟9件。形制相同，大小相次。

M23:11、M23:29～M23:36，钟钮作环形。舞面平直，两铣斜直，铣间呈弧形。舞饰蟠虺纹，钲部篆带两层，饰蟠虺纹，篆带上下及两篆间饰素面乳丁状，每区三层，每层3个，共9枚，两面四区共计36枚。鼓面光素。两铣可见两道竖行范线，可知用外范2块，钮为浑铸。腹腔内芯土尚存，敲击音质差，应为非实用明器。（图一九九）

M23:11，钮高5.7、舞广9.2、舞修13.4、铣宽11.8、铣间17.4、通高28.0厘米，重2316克；M23:29，钮高5.3、舞广8.3、舞修12.6、铣宽10.7、铣间16.7、通高26.0厘米，重2061克；M23:30，钮高4.8、舞广7.0、舞修11.6、铣宽9.6、铣间15.3、通高24.7厘米，重1530克；M23:31，钮高4.7、舞广6.6、舞修11.0、铣宽8.7、铣间14.6、通高22.4厘米，重554克；M23:32，钮高4.7、舞广6.3、舞修10.5、铣宽8.1、铣间14.0、通高21.9厘米，重1360克；M23:33，钮高5.1、舞广5.7、舞修9.9、铣宽7.7、铣间13.1、通高20.8厘米，重980克；M23:34，钮高4.2、

a

b

c

图一九九 M23 出土铜编钟

1.铜编钟（M23:11） 2～9.铜编钟（M23:29、30、31、32、33、34、35、36）

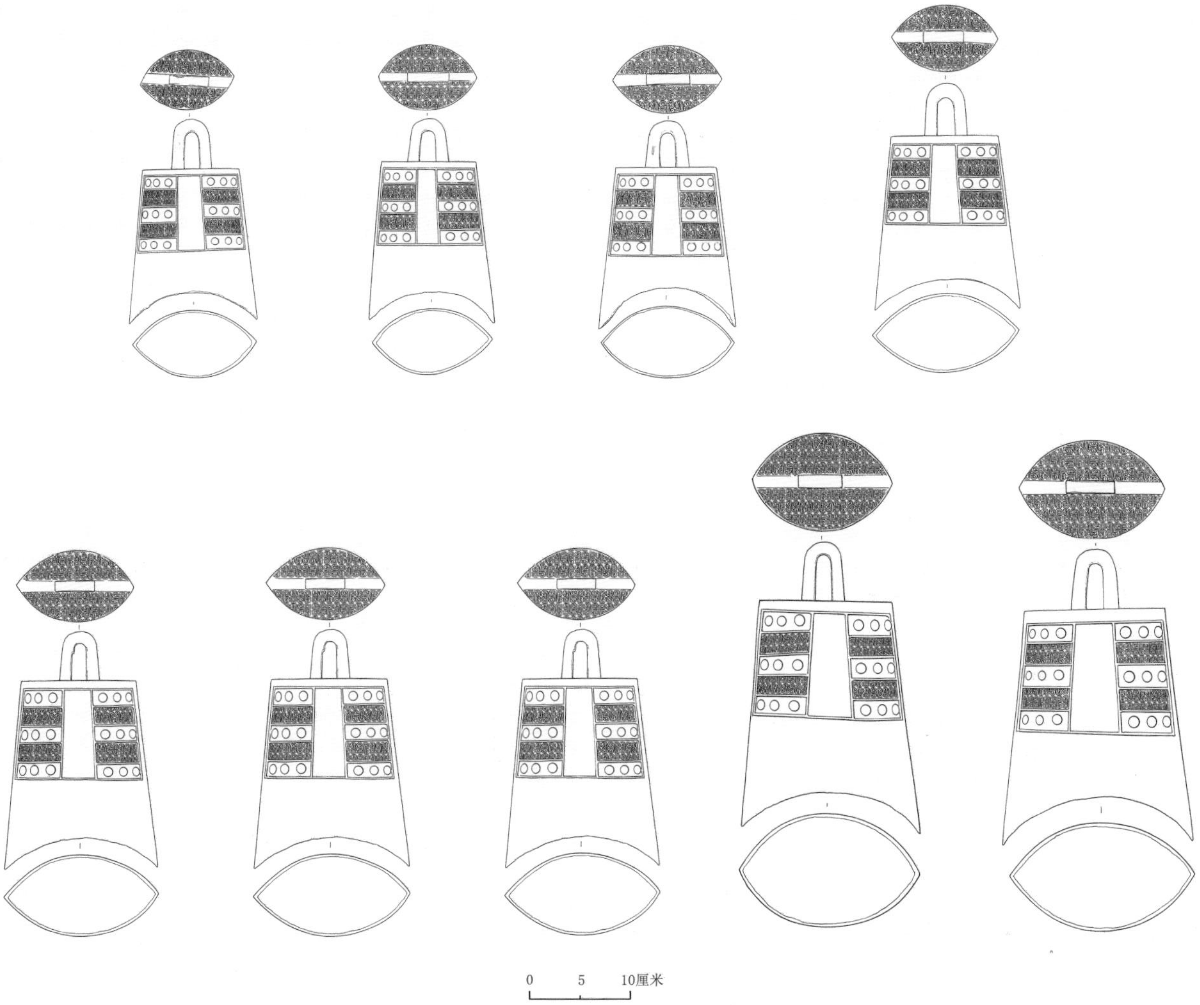

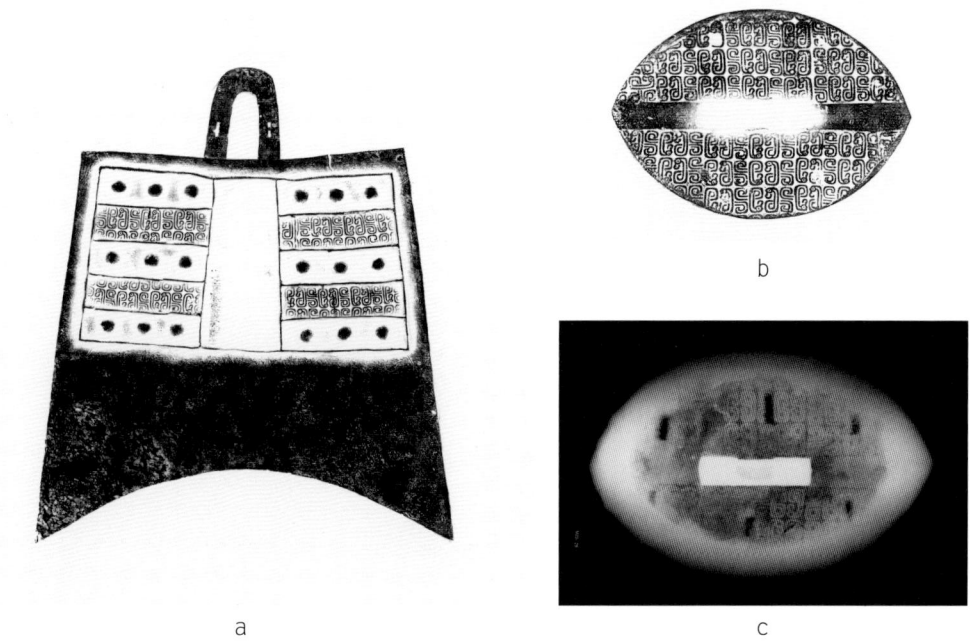

图二〇〇 铜编钟 M23:11

墓葬分述 | 187

a

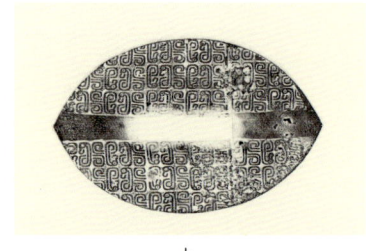

b

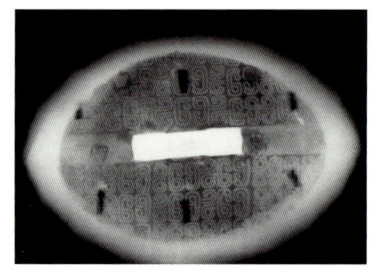

c

图二〇一 铜编钟 M23:29

a

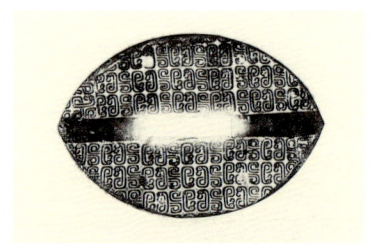

b

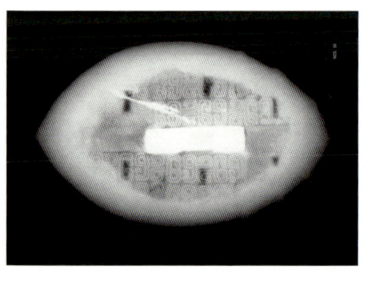

c

图二〇二 铜编钟 M23:30

a

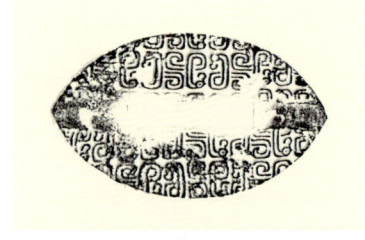

b

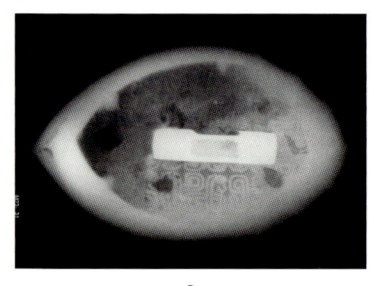

c

图二〇三 铜编钟 M23:31

图二〇四 铜编钟 M23:32

a

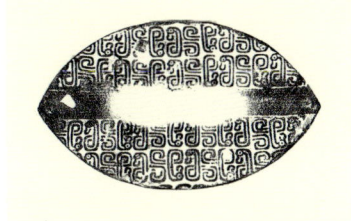
b

c

图二〇五 铜编钟 M23:33

a

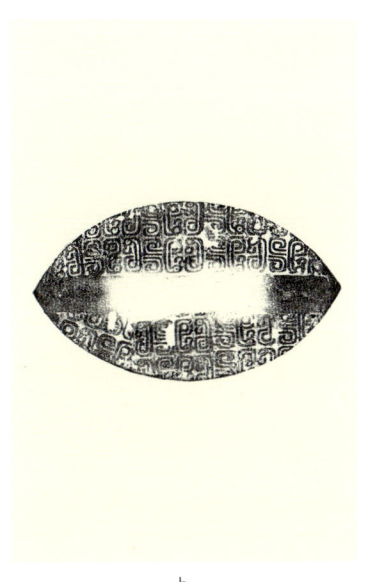
b

图二〇六 铜编钟 M23:34

a

b

图二〇七 铜编钟 M23:35

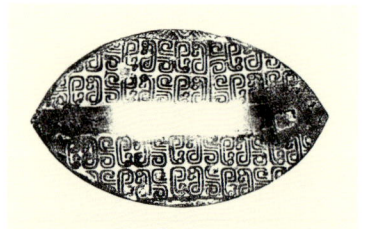

图二〇八 铜编钟 M23:36

舞广 5.2、舞修 9.0、铣宽 7.3、铣间 12.2、通高 18.9 厘米，重 720 克；M23:35，钮高 4.5、舞广 5.4、舞修 8.8、铣宽 6.6、铣间 11.4、通高 18.4 厘米，重 777 克；M23:36，钮高 4.0、舞广 5.0、舞修 8.2、铣宽 6.7、铣间 10.7、通高 18.0 厘米，重 1302 克。（图二〇〇至图二〇八）

石磬 1 套 9 件。

M23:10，1 套 9 件，形制相同，大小相次。均为常见的倨顶型，石质为灰白色细砂岩，通体磨制。（图二〇九）

M23:10-1，股上边 27.1、鼓上边 42.3、股博 11.9、鼓博 10.5、厚 2.6 厘米；M23:10-2，股上边 23.3、鼓上边 32.0、股博 10.6、鼓博 8.8、厚 2.2 厘米；M23:10-

图二〇九 M23 出土石磬

1～9. 石磬（M23:10-1、2、3、4、5、6、7、8、9）

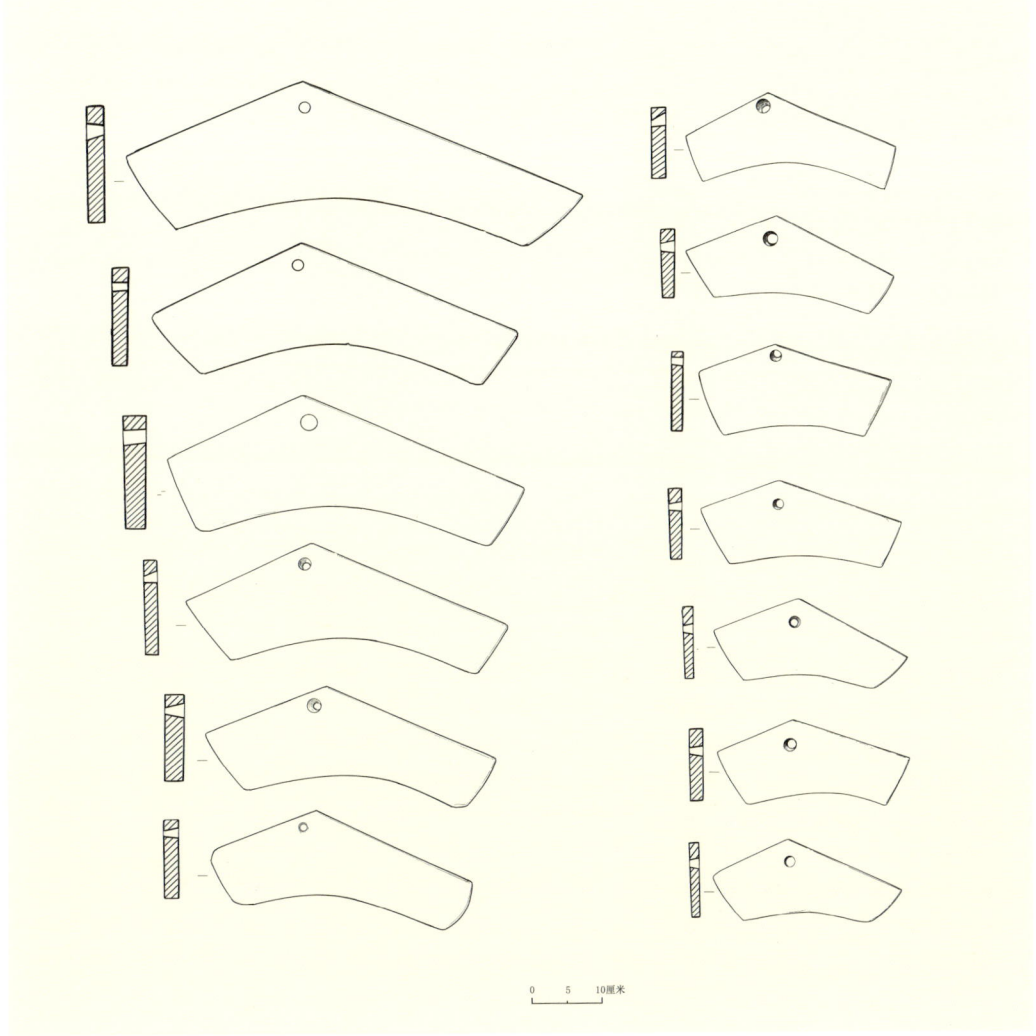

a

b

图二一〇 铜车軎 M23:12、29

图二一一 铜錾 M23:24（左）
图二一二 铜环 M23:31（右）

3，股上边 20.0、鼓上边 31.5、股博 10.0、鼓博 8.5、厚 2.8 厘米；M23:10-4，股上边 18.9、鼓上边 28.6、股博 9.8、鼓博 7.7、厚 1.9 厘米；M23:10-5，股上边 17.0、鼓上边 25.2、股博 9.0、鼓博 8.0、厚 2.4 厘米；M23:10-6，股上边 15.2、鼓上边 23.6、股博 8.0、鼓博 6.5、厚 2.4 厘米；M23:10-7，股上边 13.3、鼓上边 18.8、股博 7.0、鼓博 5.5、厚 2.2 厘米；M23:10-8，股上边 13.2、鼓上边 18.2、股博 7.6、鼓博 6.0、厚 2.0 厘米；M23:10-9，股上边 11.3、鼓上边 17.0、股博 9.3、鼓博 8.0、厚 1.5 厘米。

铜车軎 2 件。（图二一〇）

M23:12，軎为十二棱的圆筒形，一端有外折的宽缘，近缘处两面有长方形穿孔，穿中贯辖，辖首及辖尾各有一横穿，辖首饰兽面，軎身是粟点衬地的疏朗的蟠蛇纹，宽缘处为素面。器身与穿孔垂直的方向上可见两道竖行范线。軎长 3.6、径 4.7、缘径 6.4、辖长 6.6 厘米，重 93 克。

M23:29，軎为圆筒形，軎身较短，一端有外折的宽缘，近缘处两面有长方形穿孔，穿中贯辖，辖首有一横穿，辖首饰兽面，軎身是粟点衬地的疏朗的蟠蛇纹，

图二一三 陶甄 M23:1

a

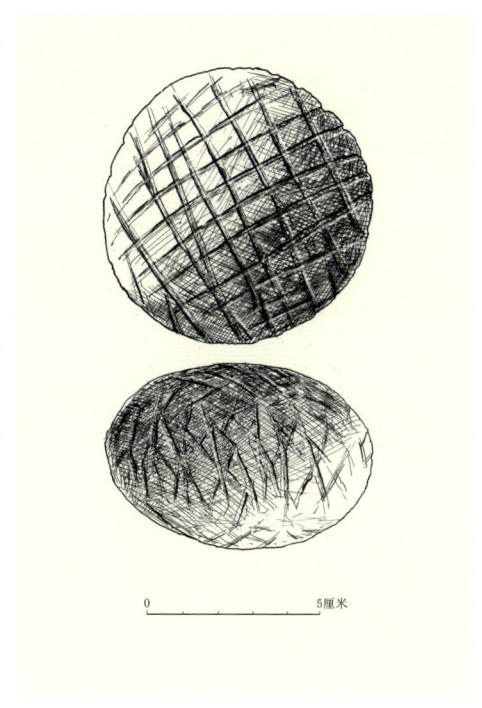
b

宽缘处为素面。器身与穿孔垂直的方向上可见两道竖行范线。害长3.5、径4.9、缘径6.4、辖长6.6厘米，重87克。

铜錾1件。

M23:24，长方形底上有一圆钮，通体光素。径1.7、高2.2、长3.6厘米，重17克。（图二一一）

小铜环1件。

M23:31，椭圆形环状，一缘有3个波浪形起伏。最大径1.3厘米，重0.8克。（图二一二）

2. 陶器

陶甄1件。

M23:1，夹砂灰陶，扁球体，球体遍布刻划较深的网格纹。球体内有一物，摇动球体可发出声响。最大直径7.2、高4.7厘米，重132克。（图二一三）

陶罐1件。

M23:17，夹细砂灰陶，器表呈深灰色。卷沿，尖圆唇，束颈，肩部斜折，局部内凹，在肩腹相接处形成最大径，下腹斜收，底微内凹。肩部有轮修痕迹。器形不甚规整。口外径8.6、内径6.3、肩径12.8、通高8.4厘米。

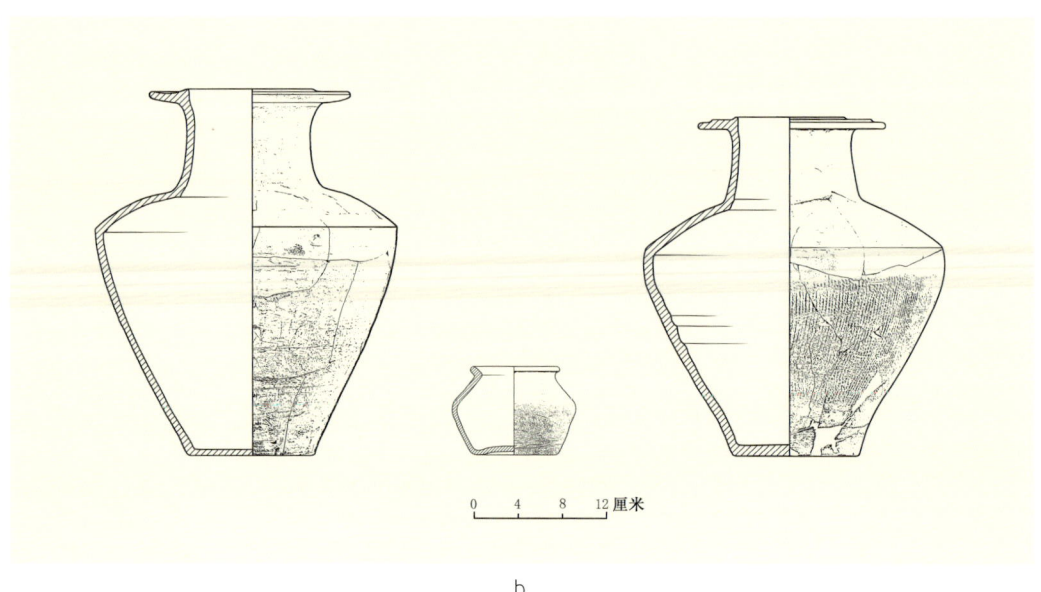

图二一四 M23 出土陶器
1、3.陶壶（M23:20、21）
2.陶罐（M23:17）

陶壶 2 件。

M23:20，泥质灰陶，器表磨光，呈浅灰色。口微侈，宽平沿，沿面略微内凹，近内、外缘处有凸棱，内缘高于外缘，尖圆唇，高领，肩面外鼓，肩腹相接处有一道明显的折棱，下腹斜收，平底。肩部中央有细密规则的网格状暗纹，领、肩、腹部有明显的轮修痕迹。口外径 18.5、内径 11.5、肩径 27.2、通高 31.5 厘米。

M23:21，泥质灰黑陶。宽平沿，沿面近内、外缘处有凸棱，内缘高于外缘，近外缘处有一周下凹，方唇，高领，肩面微外鼓，肩腹相接处有一道明显的折棱，下腹斜收，平底。腹部主体饰细密规整的竖向绳纹，肩部、腹部上端及下部的绳

图二一五 M23 出土玉芯
a. 玉芯（M23:2-2）
b-c. 玉芯（M23:27、28）

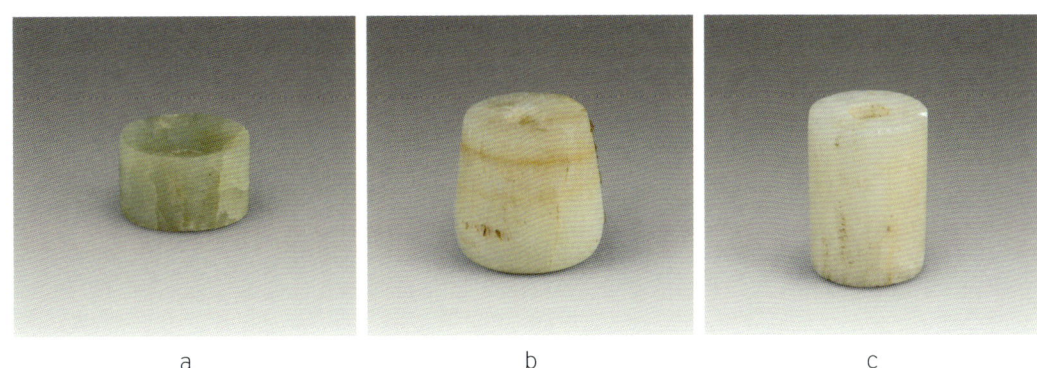

图二一六 M23 出土玉片
a～c 玉片（M23:5-1、2、3）

纹均被抹平。底部也饰杂乱的细绳纹。沿面、肩部有明显的轮修痕迹。口外径17.1、内径9.5、肩径25.5、通高27.8厘米。（图二一四）

3. 玉、石、骨、蚌器

玉芯 3件。（图二一五）

M23:2-2，浅绿色圆柱体，顶面与底面皆内凹，表面打磨光滑。直径2.4、高1.5厘米，重19克。

M23:27，白色，一端粗，一端细，剖面为梯形。小端中央有一未穿孔。打磨光亮。孔径1.4、孔深0.7、上直径2.3、下直径2.7、高2.3厘米，重37克。

M23:28，白色圆柱体，两端各有一孔，未打穿。打磨光亮。孔径1.2、孔深0.6、直径2.1、高3厘米，重29克。

玉片 3片。（图二一六）

图二一七 玉刀 M23:7

a

b

c

d

图二一八 M23 出土玉圭

a–d 玉圭（M23:26-1、2、3、4）

M23:5-1，残，浅绿色窄长条形，两面均凸起一脊，是玉料开片过程中的切割痕迹。两缘有 6 个方形缺口，两端各有一个方形缺口，表面打磨光滑。残长 11.0、宽 1.3、厚 0.1 厘米，重 3 克。

M23:5-2，残，浅绿色长方形，两面均凸起一脊，是玉料开片过程中的切割痕迹。玉面镂有两面钻孔，表面打磨光滑。残长 5.0、宽 2.6、厚 0.1 厘米，重 3 克。

M23:5-3，残，浅绿色窄方形，两面均凸起一脊，是玉料开片过程中的切割痕迹。两缘有 4 个方形缺口，一端有 1 个方形缺口。表面打磨光滑。残长 5.0、宽 1.3、厚 0.1 厘米，重 1 克。

玉刀 1 件。

M23:7，残，浅黄白色，刃部作半弧形，刃身为矩形。两面均凸起一脊，是玉料开片过程中的切割痕迹。器表穿有 8 个单面钻孔。残长 29.0、宽 4.3、厚 0.1 厘米，重 30 克。（图二一七）

玉圭 4 件。

图二一九 M23 出土玉笄
a. 玉笄（M23:8-3）
b. 玉笄（M23:32-2）

a　　　　　　　　　　　　b

图二二〇 石片 M23:5-4

M23:26-1，残，浅绿色长方形，一端较窄，一端较宽，两面均有脊，是玉料开片留下的切割痕迹。残长 9.2、最宽 2.2、厚 0.2 厘米，重 10 克。

M23:26-2，残，浅绿色长方形，两端等宽。一面凸起一脊，是玉料开片留下的切割痕迹。残长 8、最宽 1.2、厚 0.1 厘米，重 6 克。

M23:26-3，残，浅绿色长方形，中间较宽，两边窄。两面均有脊，是玉料开片留下的切割痕迹。残长 8.6、最宽 1.9、厚 0.2 厘米，重 7 克。

M23:26-4，残，浅绿色半弧形，两面均有脊，是玉料开片留下的切割痕迹。残长 2.3、最宽 1.3、厚 0.1 厘米，重 1 克。（图二一八）

玉笄 2 件。（图二一九）

M23:8-3，残，黄褐色，一面为弧面，一面为平面，一端较为窄平，一端较为宽厚。表面打磨光滑。残长 5.1、宽 0.5、最厚 0.2 厘米，重 4 克。

M23:32-2，残，黄褐色，一面为弧面，一面为平面。笄首有一周刻划痕，并立有一小圆柱作榫。笄身中断。打磨光滑。残长 7.7、宽 0.8、厚 0.4 厘米，重 1 克。

石片 1 片。

M23:5-4，残，黑色长条形，一面凸起一脊，是开片过程中的切割痕迹。两缘不规则残缺，表面打磨光滑。残长 9.9、宽 2、厚 0.1 厘米，重 3 克。（图二二〇）

墓葬分述 | 197

图二二一 M23 出土石圭

石圭 17 件。

除 2 件较为完整外，均断为数节，其中圭首 7 件，说明石圭至少有 9 件。均为褐色砂岩制成，加工细致，形制规整，表面打磨光滑。(图二二一)

M23:25-1，较完整，两缘成相折的直线，肩窄底宽。长 12.6、最宽 1.5、厚 0.4 厘米，重 14 克。M23:25-2，较完整，两缘成相折的直线，肩底同宽。长 14.2、最宽 1.7、厚 0.4 厘米，重 24 克。

圭首 7 件。M23:25-3，圭首，残长 5.1、最宽 1.5、厚 0.4 厘米，重 6 克；M23:25-6，圭首，残长 6.8、最宽 2.2、厚 0.4 厘米，重 12 克；M23:25-8，圭首，残长 4.3、最宽 1.7、厚 0.4 厘米，重 5 克；M23:25-9，圭首，残长 6.1、最宽 1.6、厚 0.4 厘米，重 8 克；M23:25-10，圭首，残长 8.5、最宽 2.1、厚 0.4 厘米，重 15 克；M23:25-11，圭首，残长 7.5、最宽 1.8、厚 0.4 厘米，重 12 克；M23:25-14，圭首，残长 1.6、最宽 1.6、厚 0.3 厘米，重 2 克。

圭身残片，8 件。M23:25-4，圭身，残长 3.5、最宽 1.4、厚 0.3 厘米，重 4 克。M23:25-5，圭身，残长 3.3、最宽 1.8、厚 0.4 厘米，重 6 克；M23:25-7，圭身，残长 5.8、最宽 1.7、厚 0.4 厘米，重 9 克；M23:25-12，圭身，残长 6.4、最宽 1.4、厚 0.3 厘米，重 9 克；M23:25-13，圭身，残长 4.5、最宽 1.3、厚 0.3 厘米，重 6 克；M23:25-15，圭身，残长 2.6、最宽 1.5、厚 0.4 厘米，重 4 克；M23:25-16，圭身，残长 1.7、最宽 1、厚 0.4 厘米，重 2 克；M23:25-17，圭身，残长 2.2、最宽 1.2、厚 0.4 厘米，重 2 克。

图二二二 石饰 M23:30-1、2（左）

图二二三 石块 M23:32-1（右）

图二二四 骨篦梳 M23:3、M23:8-1

a　　　　　　　　　　b

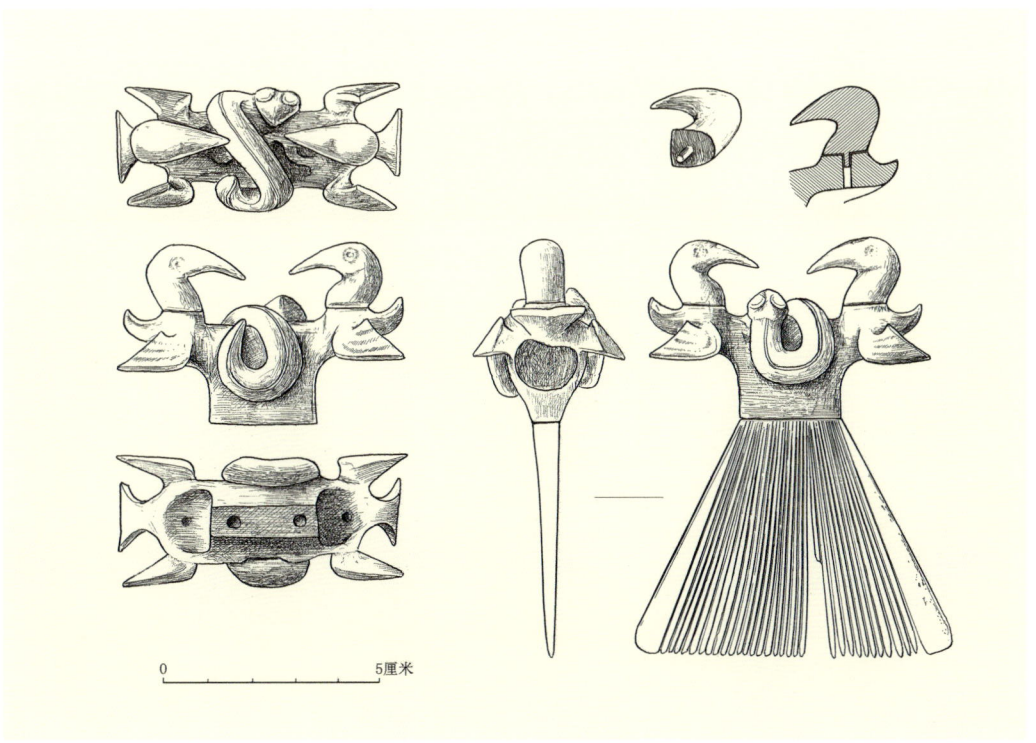

c

墓葬分述 | 199

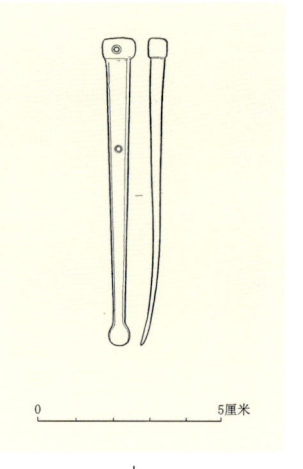

图二二五 骨耳勺 M23:8-2

图二二六 骨器 M23:9（左）
图二二七 蚌壳 M23:4（右）

石饰 2 件。

M23:30-1，灰黑色，扁椭圆体，尖部有一单面钻椭圆形孔。长 1.8、宽 1.3、厚 0.2 厘米，重 1 克。

M23:30-2，灰黑色，不规则扁椭圆体，较宽侧有单面钻椭圆形孔。长 1.8、宽 1.5、厚 0.3 厘米，重 2 克。（图二二二）

石块 1 块。

M23:32-1，残，黑色三棱锥体。一侧面与底面打磨光滑，最大面与另一不规则侧面未经加工，最大面微内凹。高 4.0、底长 2.7、底高 1.3 厘米，重 8 克。（图二二三）

骨篦梳 2 件。（图二二四）

M23:3，骨质。原由梳身和梳背两部分组成，梳背已朽，梳身顶端有槽，以承梳背，梳齿部分残断。长 4.9、顶宽 3.1、顶厚 0.5、槽宽 0.3、深 0.4、齿部残宽 4.8 厘米，重 6 克。

M23:8-1，由梳身和梳背两部分组成。梳身，骨质，断为两部分，可知梳身为两块骨料榫卯相接而成，梳身顶端出榫，以承梳背，梳齿部分残断；梳背，木质，梳背上部为一对长喙张翅鸟，中间盘伏着一条蛇。梳背下部有一方座，座底有两卯孔，用以衔接梳身。鸟首为榫接而成，可转动，鸟身与蛇身均可见朱绘。梳身长5.6、梳背高3.9、梳背长6.0、梳厚0.5、齿部残宽7.5、通长9.5厘米，梳身重13、梳背重23、总重36克。

骨耳勺 1件。

M23:8-2，耳勺柄部为略鼓正方体，穿有5个单面钻孔，勺身为长方体，上宽下窄，中部穿有一双面钻孔。勺尖为半弧形，微翘。长8.4厘米，重4克。(图二二五)

骨器 1件。

M23:9，残，柱体，器体崩裂成板状，表面残有红色朱砂。残长6厘米，重18克。(图二二六)

蚌壳 1件。

M23:4，白色，残。表面可见生长节。残长4.4、宽4.0、高1.2厘米，重4克。(图二二七)

漆器 1包。

M23:2-2，1包，残。可见器表有红色的漆，重202克。

十、M25

M25位于发掘区的西北部，被严重盗扰，盗洞在墓口的东北角，呈长方形，长1、宽0.4米，墓室内东、北部均被盗扰，M25东距M23约4.5米，地势缓平。

(一) 墓葬形制

墓开口于耕土层下，墓口距地表0.5米，方向45度。长方形竖穴，口大底小，墓口长5.3、宽4.25、墓底长4.9、宽3.95、深5.9米。墓壁倾斜，壁面因夯压略显粗糙，墓底平坦。

填土为黄褐色五花土，经夯实，质地坚硬，未见有包含物。

(二) 葬式葬具

木质葬具均已朽尽，仅见灰痕，从灰痕推测葬具为单椁双棺，椁室平面呈"口"形，四角各外伸0.05米，通长4.8、通宽3.85、立板厚0.25、横向铺设底板厚0.1米，

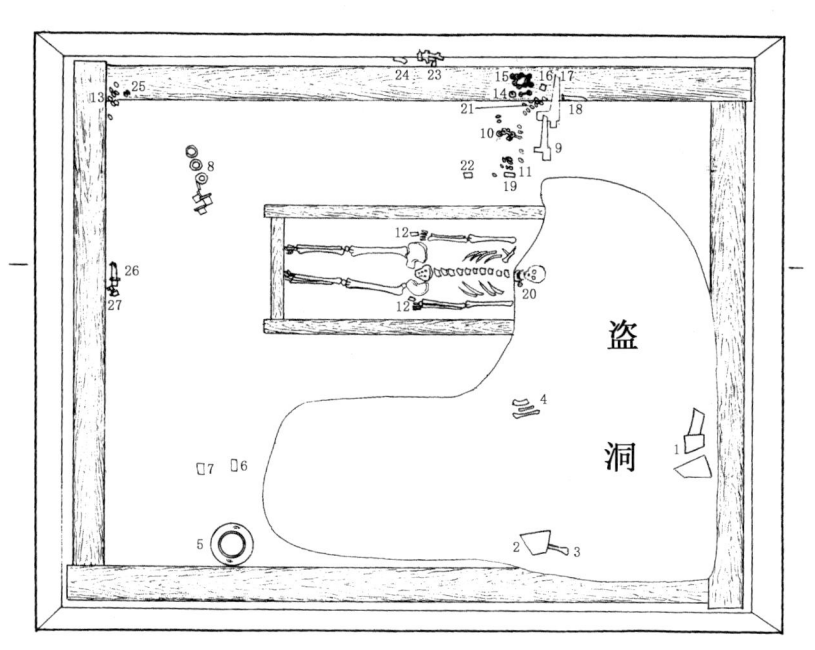

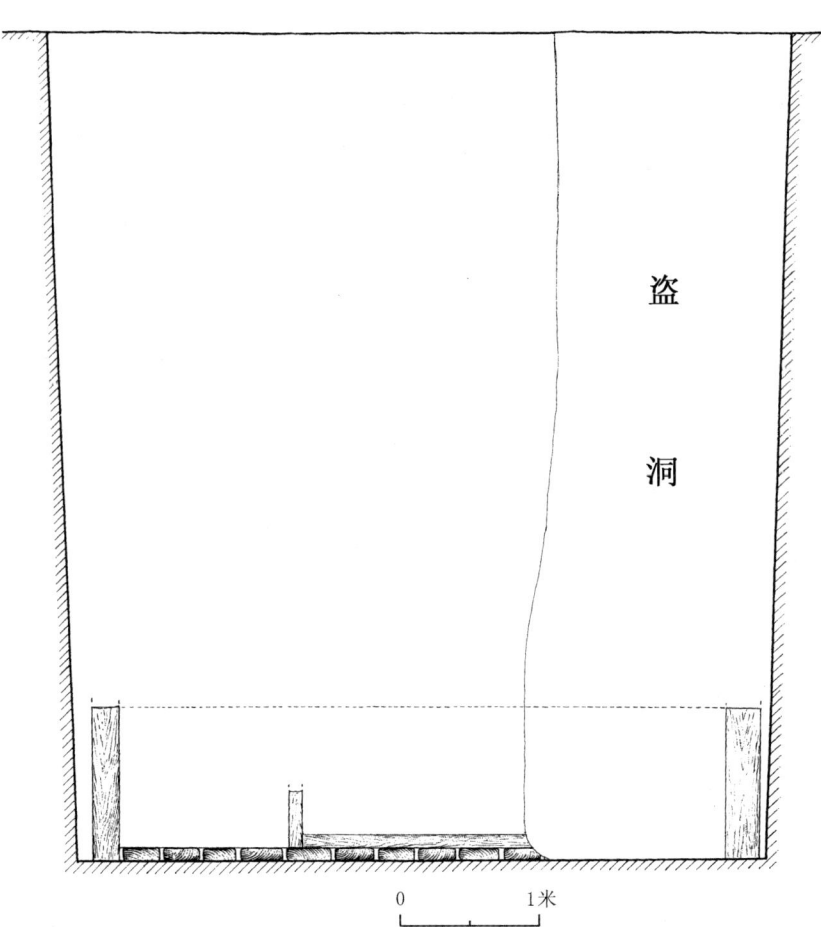

图二二八 M25 平、剖面图
1、2. 石磬 3、4. 兽骨 5. 铜瓿 6、7. 铜片 8. 铜车軎 9、17、23、26. 铜戈 10、15. 铜马衔 11、21、25. 贝币 12. 玉片 13. 铜贝币 14、16. 骨饰 18. 铜矛头 19. 玉器 20、22. 玉芯 24. 骨马镳 27. 铜件

宽度不等，0.25～0.3、椁痕高1.1米。外棺位于椁室中部偏西，平面呈"口"形，北端被盗扰破坏，立板外伸0.06米，残长1.9～2.25、宽1.5、厚0.1、痕高0.7米。内棺位于外棺中部偏西，平面呈"口"形，立板外伸0.05米，北端被盗扰破坏，残长1.75、宽0.95、厚0.1、痕高0.45米。

图二二九 铜甗 M25:5

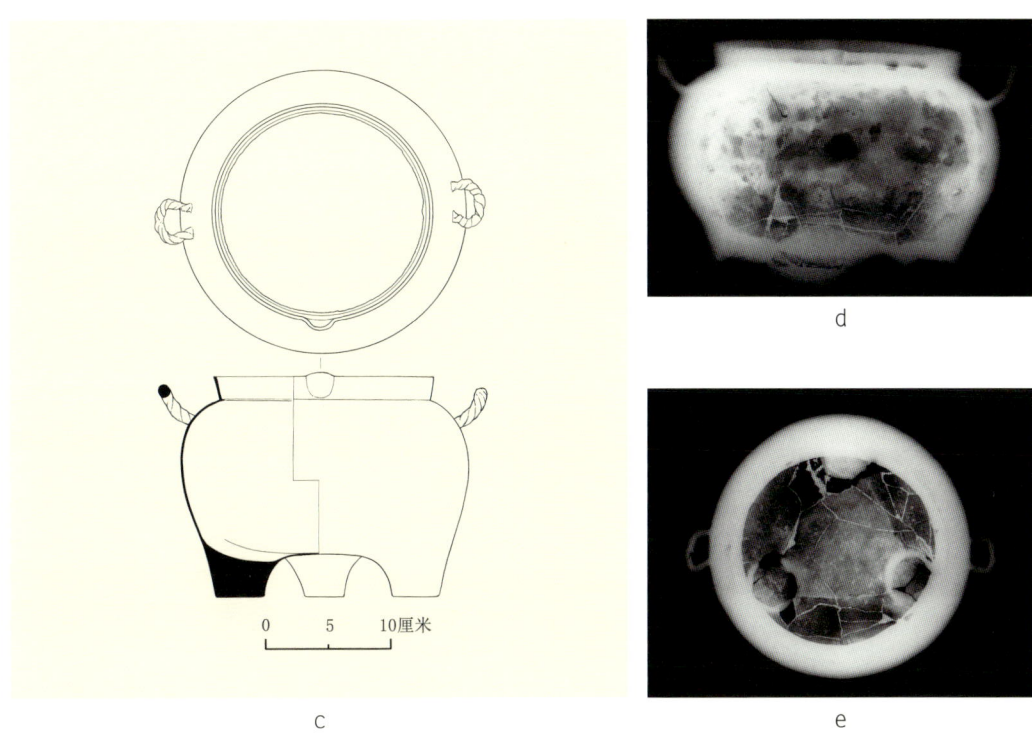

人骨保存较好，仰身直肢，头向北，面向上。(图二二八)

(三) 随葬品

随葬器物共27件，因盗扰严重，个别器物已有移位，不同功用器物分别放置于椁室与外棺之间的东、南、西、北部，小件饰品则放置于人骨的头、手部位。铜甗1件、铜戈6件、铜矛头1件、铜贝币1件、铜片1件、铜饰1件、玉柱1件、玉芯2件、玉片1件、残石磬、马衔、马镳、车辖、贝币、骨饰等。

1. 青铜器

铜甗 1件。

图二三〇 铜戈 M25:9

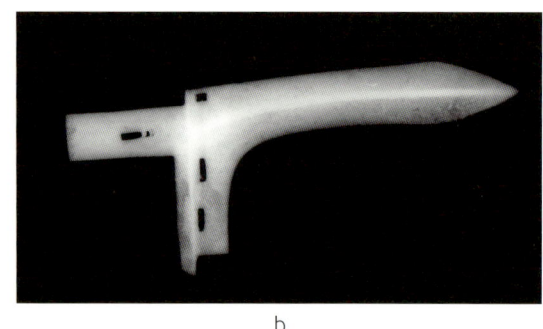
b

c

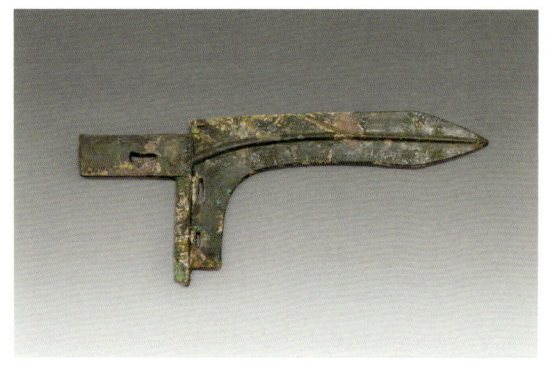
a

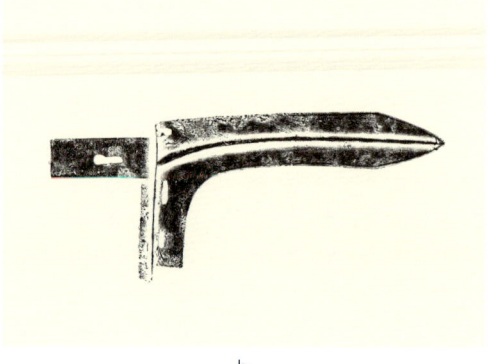
b

图二三一 铜戈 M25:17

M25:5，仅余鬲部。口微侈，束颈，内有一周凸棱用以承箅，口沿处有一小口流，圆肩，联裆较矮，三个矮粗的实心足，在内底形成三个圆形的浅平窝，肩部有两个外撇的绚索纹不规则半环形耳。通体素面。器身袋足正中各有一道竖行范线与底部的三角形范线在袋足的足跟相交，可知三足是和器身一次浇铸而成的。器身下半部发黑，有较厚的烟炱，应是长期使用的缘故。口径17.5、最大腹径24.5、裆高2.8、通高17.4厘米，重2148克。（图二二九）

铜戈 6件。

M25:9，援部较长，为长条形，援首是三角形，上刃平，援中部有一条加强

a　　　　　　　　　　b　　　　　　　　　　c

图二三二 铜戈 M25:23

a–c. 铜戈（M25:23-1、2、3）

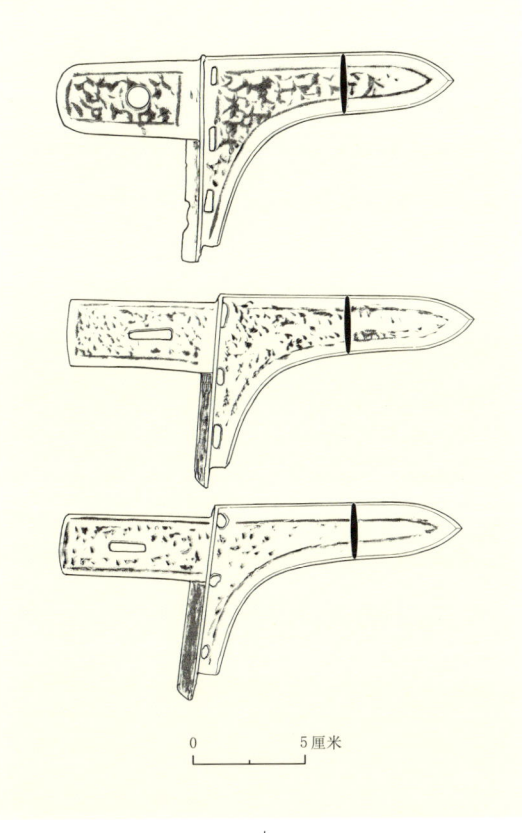

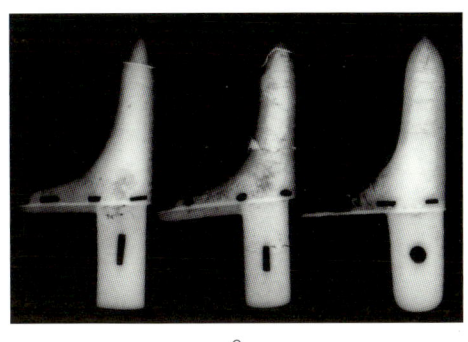

e

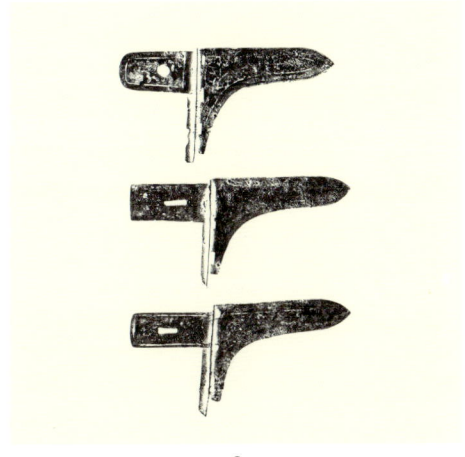

f

d

0　　5厘米

图二三三 铜戈 M25:26

墓葬分述 | 205

图二三四 铜矛头 M25:18（左）

图二三五 铜车䡅 M25:8（右）

筋，有胡，阑侧有三个长方形穿，内作长方形，中有一长方形穿。通长 29.9、援长 21.7、阑长 12.4、内长 7.7、内宽 3.0 厘米，重 398 克。（图二三〇）

M25:17，援部较长，为长条形，援首是三角形，上刃平，援中部有一条加强筋，有胡，阑侧有三个长方形穿，内作长方形，中有一长方形穿。器表残留有木柲绑缚的痕迹。通长 29.9、援长 21.7、阑长 12.3、内长 7.9、内宽 3.0 厘米，重 393 克。（图二三一）

M25:23，3 件。（图二三二）

M25:23-1，援部为长条形，上刃平，面平无中脊，胡较短，阑侧有三个长方形穿，内作长方形，中有一长方形穿。器表两面均有虎斑纹。通长 18.3、援长 11.5、内长 6.6、内宽 3.0、阑长 9.0 厘米，重 135 克。

M25:23-2，援部为长条形，上刃平，面平无中脊，胡较短，阑侧有三个不规则圆形穿，内作长方形，中有一长方形穿，内三边有一周凹槽。器表两面均有虎斑纹。通长 18.3、援长 11.3、内长 6.6、内宽 2.9、阑长 8.9 厘米，重 120 克。

M25:23-3，援部为长条形，上刃平，面平无中脊，胡较短，阑侧有三个长方形穿，内作圆角长方形，中有一圆形穿，内部四边有一周凹槽。器表两面均有虎斑纹。通长 17.8、援长 11.3、内长 6.2、内最宽 3.6、阑长 9.5 厘米，重 144 克。

M25:26，残。仅余援部，援部为长条形，面平无中脊，中部有虎斑纹。胡部残断。残长 10.8、援宽 2.9 厘米，重 58 克。（图二三三）

铜矛头 1件。

M25:18，双刃，整体呈柳叶形，中起脊，圆骹，正中有一圆形穿，圆形銎，内有残留的木屑。銎口径1.9、叶长9.3、通长16.5厘米，重92克。(图二三四)

铜车軎 6件。

M25:8，2件较高，4件较矮。(图二三五)

M25:8-1，軎为十二棱的圆筒形，軎身较长，一端有外折的宽缘，近缘处两面有长方形穿孔，穿中贯辖，辖首及辖尾各有一横穿，辖首饰兽面，余皆为素面。器身与穿孔垂直的方向上可见两道竖行范线。軎长7.1、径4.9、缘径8.1、辖长8.3厘米，重398克。

M25:8-2，軎为十二棱的圆筒形，器形不甚规整，略呈椭圆形，口沿有缺，軎身较长，一端有外折的宽缘，近缘处两面有长方形穿孔，穿中贯辖，辖首及辖尾各有一横穿，辖首饰兽面，余皆为素面。器身与穿孔垂直的方向上可见两道竖行范线。軎长7.1、径5.0、缘径8.0、辖长8.4厘米，重356克。

M25:8-3，軎为圆筒形，軎身较短，一端有外折的宽缘，近缘处两面有长方形穿孔，穿中贯辖，辖首有一横穿，辖首饰兽面，軎身是粟点衬地的疏朗的蟠蛇纹，宽缘处为素面。器身与穿孔垂直的方向上可见两道竖行范线。軎长4.4、径5.1、缘径8.0、辖长8.1厘米，重253克。

M25:8-4，軎为圆筒形，軎身较短，一端有外折的宽缘，近缘处两面有长方形穿孔，穿中贯辖，辖首有一横穿，辖尾残缺，无穿，辖首饰兽面，两眼突出，軎身近口沿处有一周凸弦纹，凸弦纹下部饰清晰的粟点衬地的疏朗的蟠蛇纹，宽缘处为素面。器身与穿孔垂直的方向上可见两道竖行范线。軎长5.0、径5.1、缘径8.0、辖长6.0厘米，重346克。

M25:8-5，軎为圆筒形，軎身较短，一端有外折的宽缘，近缘处两面有长方形穿孔，穿中贯辖，辖首及辖尾各有一横穿，辖首饰兽面，軎身是粟点衬地的疏朗的蟠蛇纹，宽缘处为素面。器身与穿孔垂直的方向上可见两道竖行范线。辖和軎身铸在一起，无法拔出。軎长4.2、径5.2、缘径8.0、辖长8.3厘米，重263克。

M25:8-6，軎为圆筒形，軎身较短，一端有外折的宽缘，近缘处两面有长方形穿孔，穿中贯辖，辖首及辖尾各有一横穿，辖首饰兽面，两眼突出，軎身近口沿处和近底部各有一周素带，中间饰清晰的粟点衬地的疏朗的蟠蛇纹，宽缘处为素面。器身在穿孔上方可见两道竖行范线。軎长4.5、径5.0、缘径8.0、辖长8.1厘米，重272克。

图二三六 铜马衔 M25:15（左）

图二三七 铜马衔 M25:17（右）

铜马衔 10 件。

M25:15，7 件，形制相近，大小相次。由两节环杆衔扣而成，两端为大环，中间为两较小的套结环一平一侧相套合，环的断面为扁平的椭圆形。马衔侧面有范线。侧面的环套相接处有专门铸出的凹槽，以便灵活转动。（图二三六）

M25:15-1，一端的圆环较细，通长 23.9、两节分别长 12.5 和 12.6 厘米，重 171 克；

M25:15-2，通长 22.9、两节分别长 11.6 和 12.5 厘米，重 207 克；

M25:15-3，通长 23.7、两节分别长 12.0 和 12.5 厘米，重 206 克；

M25:15-4，通长 22.2、两节分别长 11.4 和 11.5 厘米，重 261 克；

M25:15-5，通长 21.0、两节分别长 10.8 和 10.9 厘米，重 168 克；

M25:15-6，通长 18.2、两节分别长 10.0 和 9.5 厘米，重 135 克；

M25:15-7，通长 18.4、两节分别长 10.2 和 10.3 厘米，重 140 克。

M25:10，3 件。由两节环杆衔扣而成，两端为大环，中间为两较小的套结环一平一侧相套合，环的断面为扁平的椭圆形。马衔侧面有范线。侧面的环套相接处有专门铸出的凹槽，以便灵活转动。（图二三七）

M25:10-1，通长 22.2、两节分别长 11.5 和 11.7 厘米，重 266 克；

M25:10-2，通长 18.3、两节分别长 10.3 和 9.8 厘米，重 138 克；

M25:10-3，一端的大环有一缺口。通长 17.8、两节分别长 10.4 和 9.3 厘米，重 131 克。

铜合页 5 套（件）。（图二三八）

图二三八 铜合页 M25:6

a　　　　　　　　　　　　　b

c　　　　　　　　　　　　　d

M25:6，一套两件，页面为长方形铜片夹，两面皆有 10 个小圆孔以固定中间之夹物，页面上部中央有一圆拱形穿。页体也是一长方形铜片夹，正面有 7 个不甚规则的小圆孔，背面有 6 个小圆孔，中间两边有两个圆拱形穿，页面的圆拱形穿可套接在页体两个穿中间的空隙处。素面。页面长 5.8、宽 4.0、页体长 4.4、宽 3.9、通长 7.2 厘米，重 113 克；

M25:7，与 M25:6 形制相同，合页上下部锈蚀在一起，页体上部中央的圆拱形穿有残缺。页面长 5.7、宽 4.0、页体长 4.6、宽 4.0、通长 8.0 厘米，重 116 克。

M25:27，两件，形制相近。体为一弯折的长方形铜片夹，下底略宽于上顶，两面下底皆有 3 个圆形穿孔以固定中间之夹物，页体上部中央有一圆拱形穿。

M25:27-1，页体上部中央的圆拱形穿较宽，上顶宽 3.4、下底宽 3.8、高 5.4、圆拱形穿宽 1.6 厘米，重 44 克。

M25:27-2，页体上部中央的圆拱形穿较窄，上顶宽 3.4、下底宽 3.8、高 5.4、圆拱形穿宽 1.2 厘米，重 46 克。

采集一件，体为一弯成拱形的长方形铜片夹，两面皆有 4 个不规则穿孔以固定中间之夹物。页体上部中央有一实心的圆管，圆管上端有一下折的环形钮。

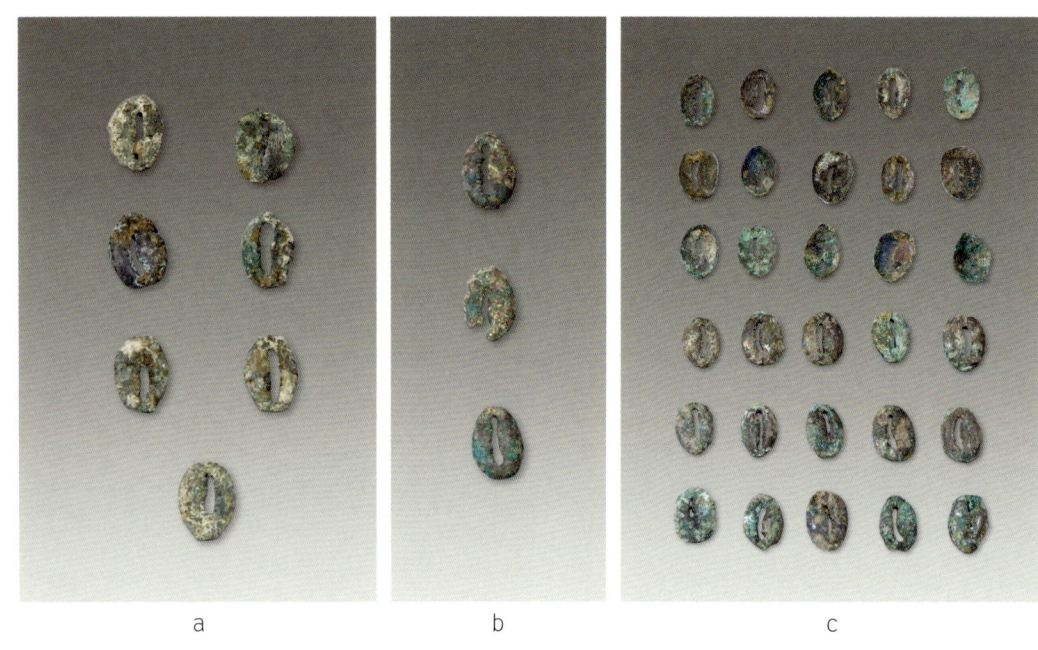

图二三九 M25 出土铜贝
a. 铜贝（M25:11-1）
b. 铜贝（M25:13）
c. 铜贝（M25:25）

下底略有残缺。体边长 3.8、高 4.5 厘米，重 78 克。

铜贝。（图二三九）

M25:11-1，完整的有 7 枚，余皆残断。最大者长 2.1、宽 1.4 厘米；最小者长 1.9、宽 1.3 厘米，总重 132 克。

M25:13，3 枚，总重 5 克。

M25:25，完整的共 957 枚，修复 84 枚，还有一些残缺的，总重 1300 克。

2. 玉石骨器

玉柱 1 件。

M25:19，圆柱形，灰黑色，磨光，两端均有一个圆形钻孔，中部没有贯通。素面，器表有刻划痕迹。直径 2.5、孔径 0.9、孔深分别为 1.4 和 1.3、通高 4.9 厘米，重 70 克。（图二四〇）

玉芯 2 件。

M25:20，圆柱形，白色，磨光，中心有一个圆形钻孔上下通透。器表刻有阴线勾云纹。直径 1.8、孔径 0.6、通高 1.6 厘米，重 9 克。（图二四一）

M25:22，灰黑色，磨光，一端较粗，一端较细，细的一端有圆形钻孔，粗的一端边缘磨平，无棱角。素面。粗的一端直径 2.8、细的一端直径 2.4、孔径 1.0、孔深 1.5、通高 3.6 厘米，重 63 克。（图二四二）

玉片 2 件。

图二四〇 玉柱 M25:19

图二四一 玉芯 M25:20

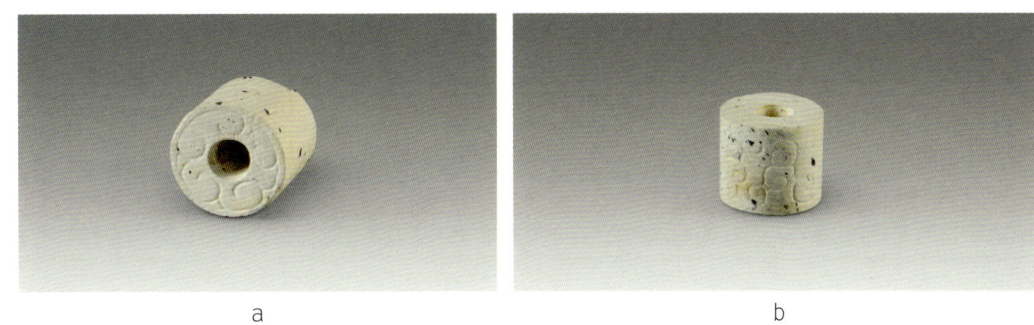

a　　　　　　　　　　　　　b

图二四二 玉芯 M25:22

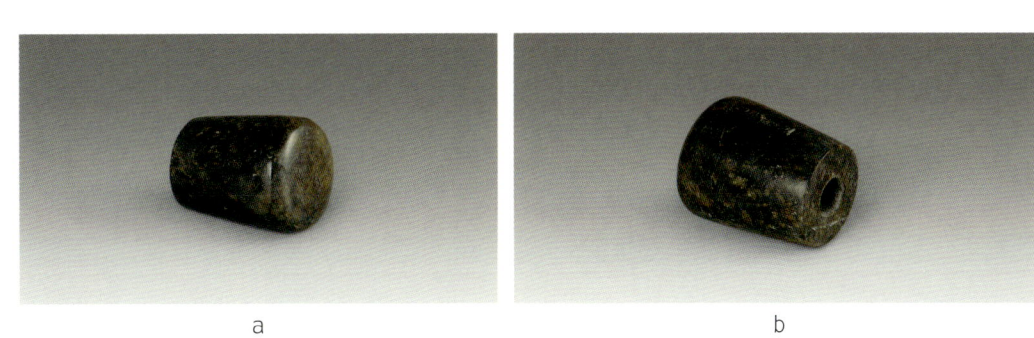

a　　　　　　　　　　　　　b

图二四三 玉片 M25:12

M25:12，均残，白色发黄。（图二四三）

M25:12-1，长条形，两长边均有一小缺口。两侧各有一道竖向切痕。残长3.2、宽2.2厘米，重2克。

M25:12-2，微弧，两长边均有一小缺口。残长2.2、宽1.1厘米，重0.8克。

骨镞 4件。

M25:24，浅黄白色，间有绿色。由兽骨刮削磨制而成，形制相近，体微曲，

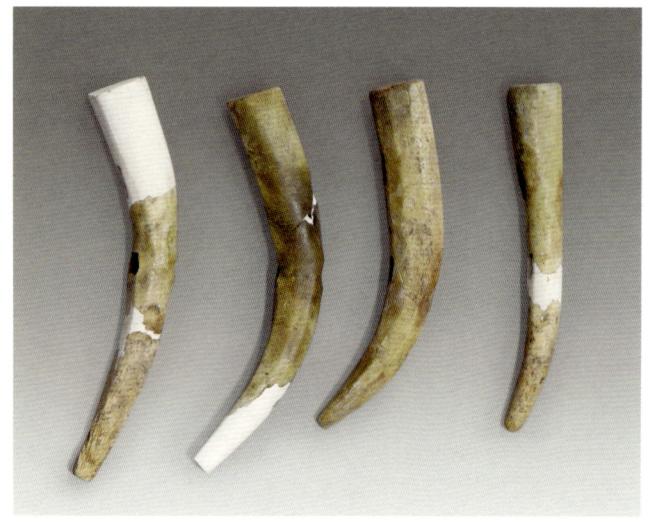

图二四四 骨镞 M25:24（左）

图二四五 骨管 M25:24-5（右）

图二四六 骨饰件 M25:16、M25:14

a　　　　　　　　　b

图二四七 骨贝 M25:21

呈兽角形，其截面呈不规则的八角形或不规则圆形，中间偏粗的一端体侧有两个长方形穿孔，两穿孔中间略细。（图二四四）

M25:24-1，长 14.3 厘米，重 27 克；

M25:24-2，长 15.5 厘米，重 42 克；

M25:24-3，长 15.4 厘米，重 36 克；

M25:24-4，长 14.2 厘米，重 43 克。

骨管 1 件。

M25:24-5，八棱形，略微弯曲，一端较大，一端较小。长 7.8 厘米，重 21 克。(图二四五)

骨饰件 2 件。(图二四六)

M25:16，由动物肢骨割截磨制而成，被沁为黄绿色，管状，其中部一面横开有一宽凹槽。直径 1.5、孔径 0.8～1.0、槽宽 0.6、通高 3.2 厘米，重 7 克。

M25:14，圆形，被沁为黄绿色，一面磨光，中部隆起，另一面齐平，有许多小孔，中部有一圆孔。直径 4.0、孔径 0.6、高 0.9 厘米，重 8 克。

骨贝原为兽骨的颜色，后因大部分受沁而呈绿色或黄色，由兽骨割据、磨制而成，仿海贝形，正面凸起，中间有缝，缝间两边刻成细线锯齿纹，背面均有两个钻孔与正面的缝相通。M25:11-2，完整的有 50 枚，有 1 枚断为两半。最大者长 2.6、宽 1.5 厘米，最小者长 1.9、宽 1.3 厘米，总重 182 克。

M25:21，完整的共 1595 枚，修复的 84 枚，另有残损的碎块，总重 3629 克。(图二四七)

十一、M36

M36 位于发掘区的东部，西邻 M37，地势略呈缓坡，墓开口于耕土层下，墓口距地表 0.4～0.5 米，方向 40 度。

(一) 墓葬形制

长方形竖穴，口底同大，长 3.5、宽 2.55、深 1.7 米。墓壁陡直，壁面平光，墓地平坦。填土为黄褐色五花土，质地松软，未见有包含物。

(二) 葬式葬具

木质葬具均已朽尽，仅存灰痕，从灰痕推测葬具为单椁双棺，椁室平面呈长方形，长 3.45、宽 2.5、立板宽 0.2、残痕高 0.6 米。外棺位于椁室的中部偏北，平面呈长方形，长 2.15、宽 1.1、板厚 0.1、残痕高 0.5 米。内棺位于外棺室的中部，

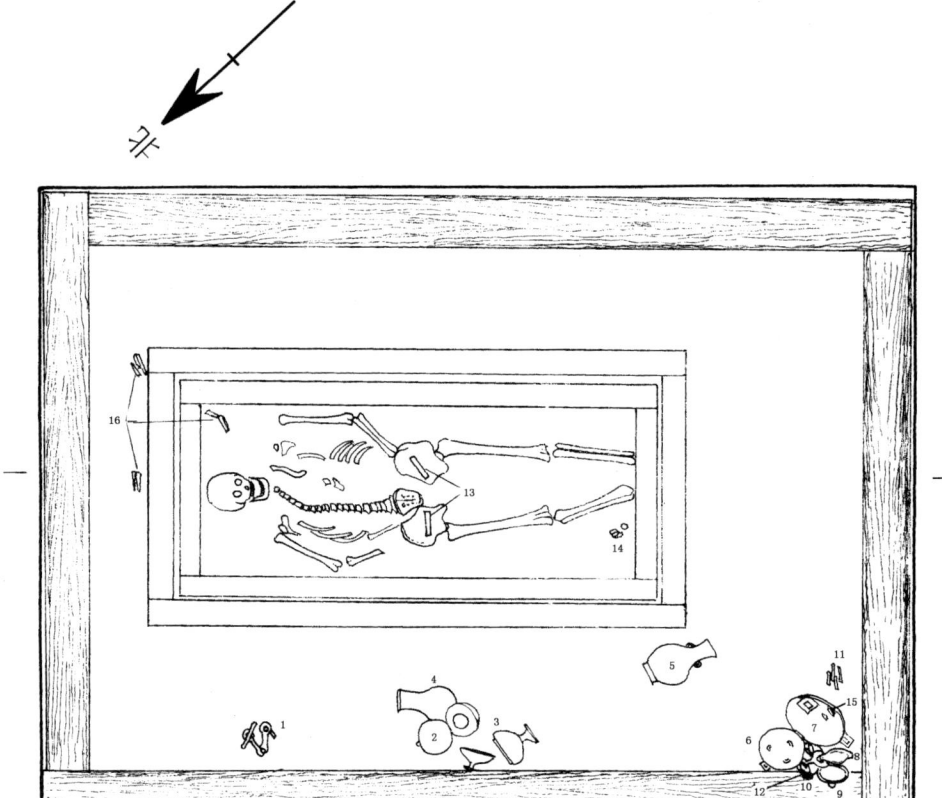

图二四八 M36 平、剖面图
1. 马镳 2. 铜豆 3. 陶豆 4. 陶壶 5. 铜壶 6. 铜鼎 7. 陶盘 8. 陶匜 9. 铜舟 10. 马镳 11. 铜车器 12. 陶鼎 13. 玉片 14. 玉片 15. 骨币 16. 骨器

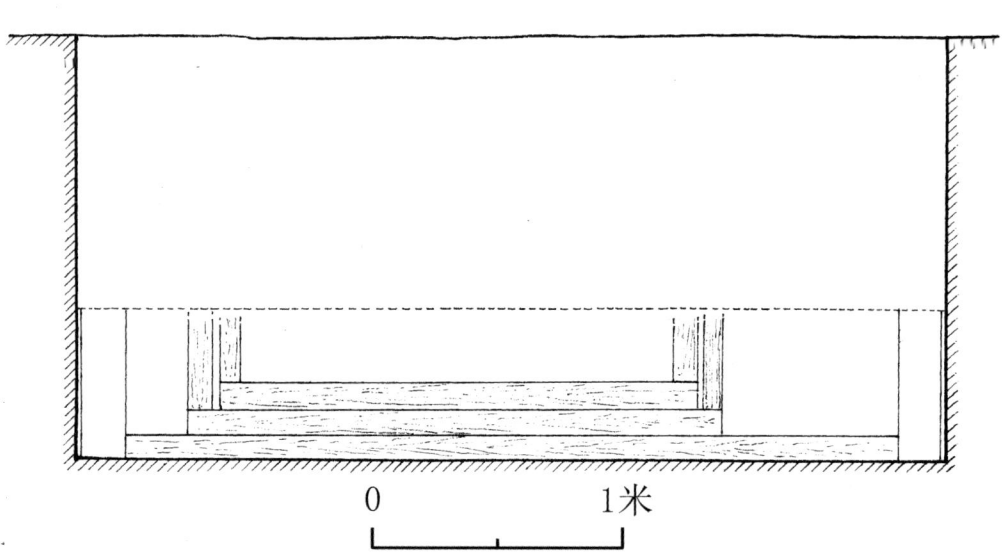

长 1.93、宽 0.85、板厚 0.1、残痕高 0.35 米。

人骨保存较好，仰身直肢，头向北，面向上。（图二四八）

（三）随葬品

随葬器物共 16 件，质地有铜、陶、玉、石、骨。礼器、日用器及车马器放置于椁室与外棺之间的西部和西南部，小件玉饰则放置于骨架的盆骨与脚部。铜

图二四九 铜鼎 M36:6

a

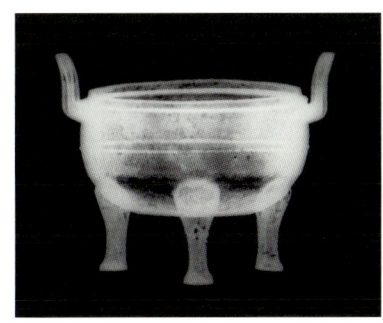 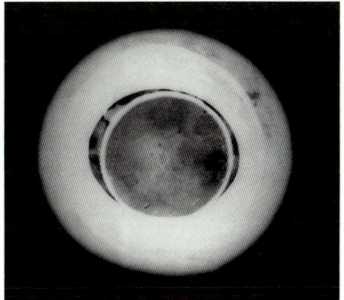 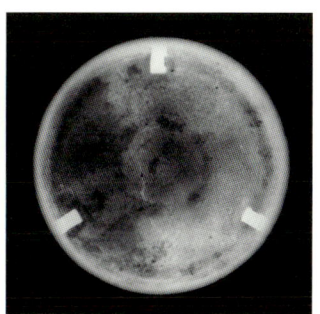

b

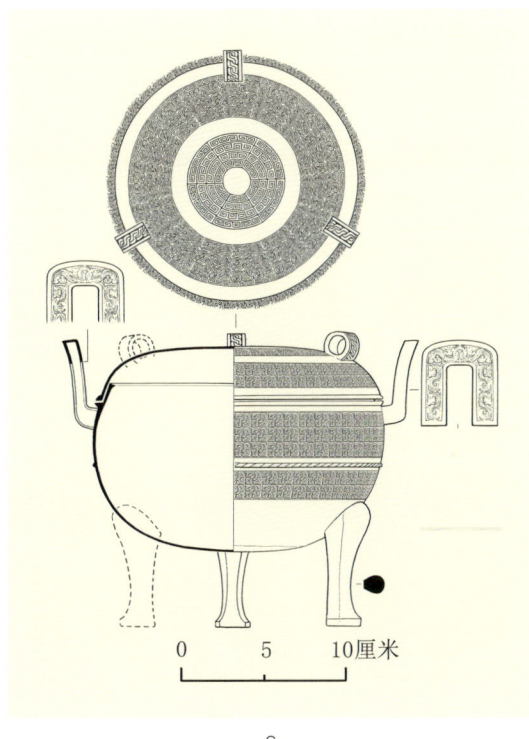

0 5 10厘米

c

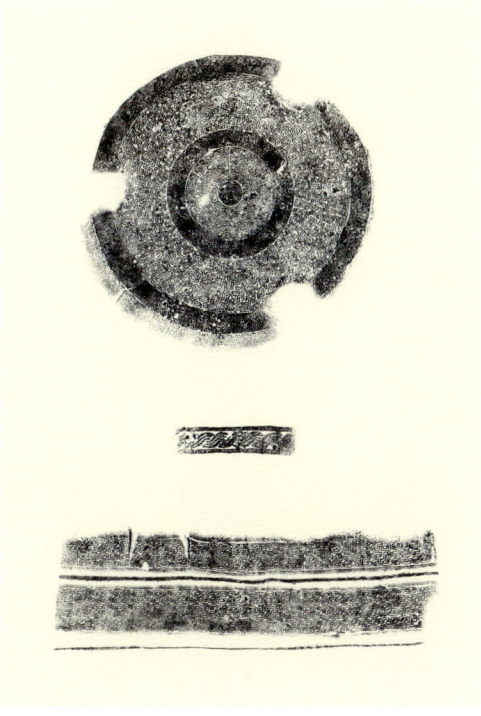

d

墓葬分述 | 215

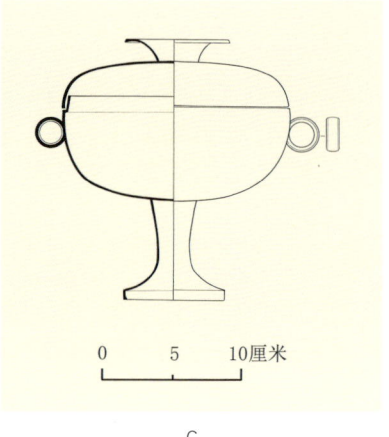
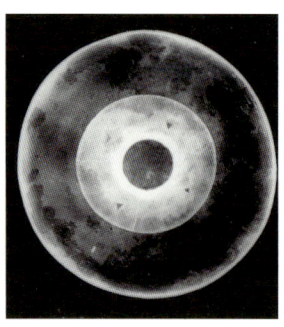
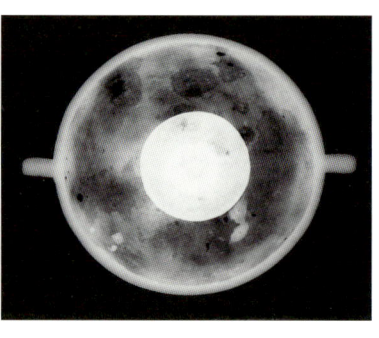

图二五〇 铜豆 M36:2

鼎1件、铜壶1件、铜豆1件、铜舟1件、骨镞3件、车軎2件、马衔2件、陶豆1件、陶壶1件、陶盘1件、陶匜1件、陶鼎1件。

1. 青铜器

铜鼎 1件。

M36:6，有盖，弧形略鼓，上有三个环形钮，盖口沿下折略外侈，成为母口；鼎身圆鼓，上腹内收，偏上部有一道凸棱，用以承盖，凸棱上有子口，鼎下腹内收，底部近平，下腹承以三个较粗短的蹄形足，鼎身上腹有两个对称的略微外撇的圆角方形附耳。盖面上有多层纹饰，由内向外分别是：正中心有一素面圆环，外围环绕有四层雷纹，雷纹之外环以素带，素带之外是一周三层较粗的蟠螭纹和一层雷纹，雷纹之外又以素带相隔，素带之外是一周两层较细的蟠螭纹。鼎腹正中有一周较细的凸起的绚纹，绚纹上部饰以一周三层、下部饰以一周两层较粗的蟠螭纹。环钮上饰有一周绚纹，鼎耳的正面与背面均饰S形的龙纹，磨损不清。鼎底部可见圆形范线，局部已被磨平，腹部仅可见一道竖向的范线与底部的圆形范线相交。口径16.3、耳距21.7、腹深10.2、腹最大径18.0、通高18.0厘米，重1311克。（图二四九）

铜豆 1件。

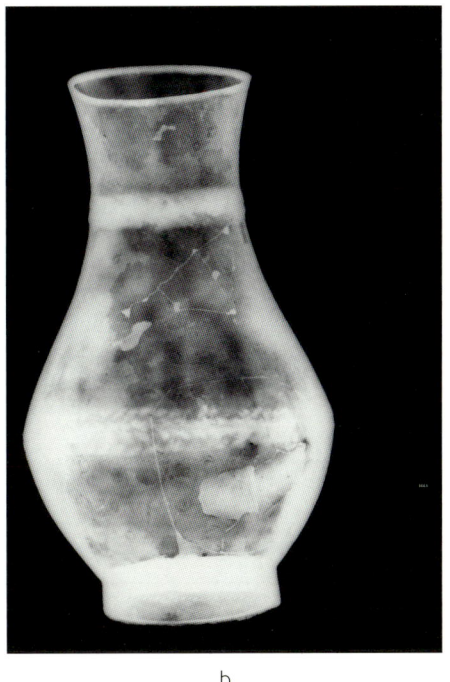
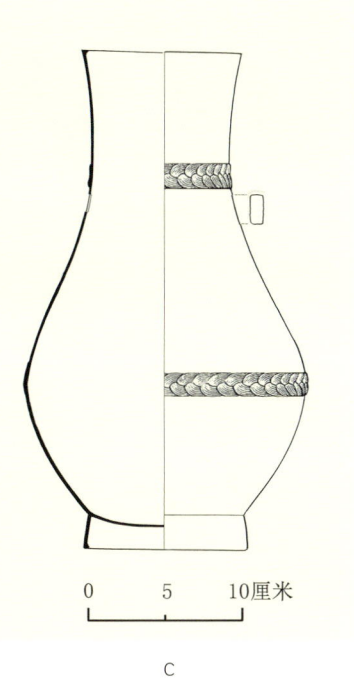

a　　　　　　　　　　　　b　　　　　　　　　　　c

图二五一 铜壶 M36:5

M36:2，有盖，弧形略鼓，其上有喇叭状捉手；豆身敛口，上端内折形成子口，弧腹外鼓，圜底，下承以细长的喇叭形豆柄，豆柄内部残留芯土，豆柄下端转折形成矮圈足。豆身上腹有两个环耳，环耳内被残留的芯土填实。通身光素，近腹中部有一道细的凸弦纹。豆柄与豆身相接处，可见浇铸豆身过程中溢出的铜液压在豆柄上，可知豆柄为先铸，豆身为后铸。腹部的环耳被压入豆身，其铸造也应早于豆身。口径14.6、腹最大径15.5、圈足径7.6、通高18.5厘米，重695克。（图二五〇）

铜壶 1件。

M36:5，侈口，平沿略微内斜，长颈，中部微束，颈下部有铺首衔环耳（铺首已残，仅剩两环），两侧各残留一个长方形的榫口。铜壶颈部剖面为椭圆形，沿榫口方向的尺寸明显大于相对方向的尺寸。腹部圆鼓，中部形成最大径，下腹内收，平底，下有矮圈足。颈部和腹的最大径处分别饰以一周细密的绚索纹。在沿榫口方向的绚索纹上可见相对的竖向范线痕迹，其余部分的范线被磨平。圈足内残留有芯土。壶内发现一褐色砂岩石圭。圭残长7.0、最大宽1.3、厚0.3厘米；环内径2.3、外径4.0厘米；壶口径10.3、腹最大径17.0、底9.9、通高30.5厘米，重1187克。（图二五一）

铜舟 1件。

M36:9，器身平面呈椭圆形，平沿，束颈，下腹弧收，圜底带圈足。器腹短轴方向置双环耳。通身光素。圈足内残留有范土。环耳一个压入器壁，一个高出

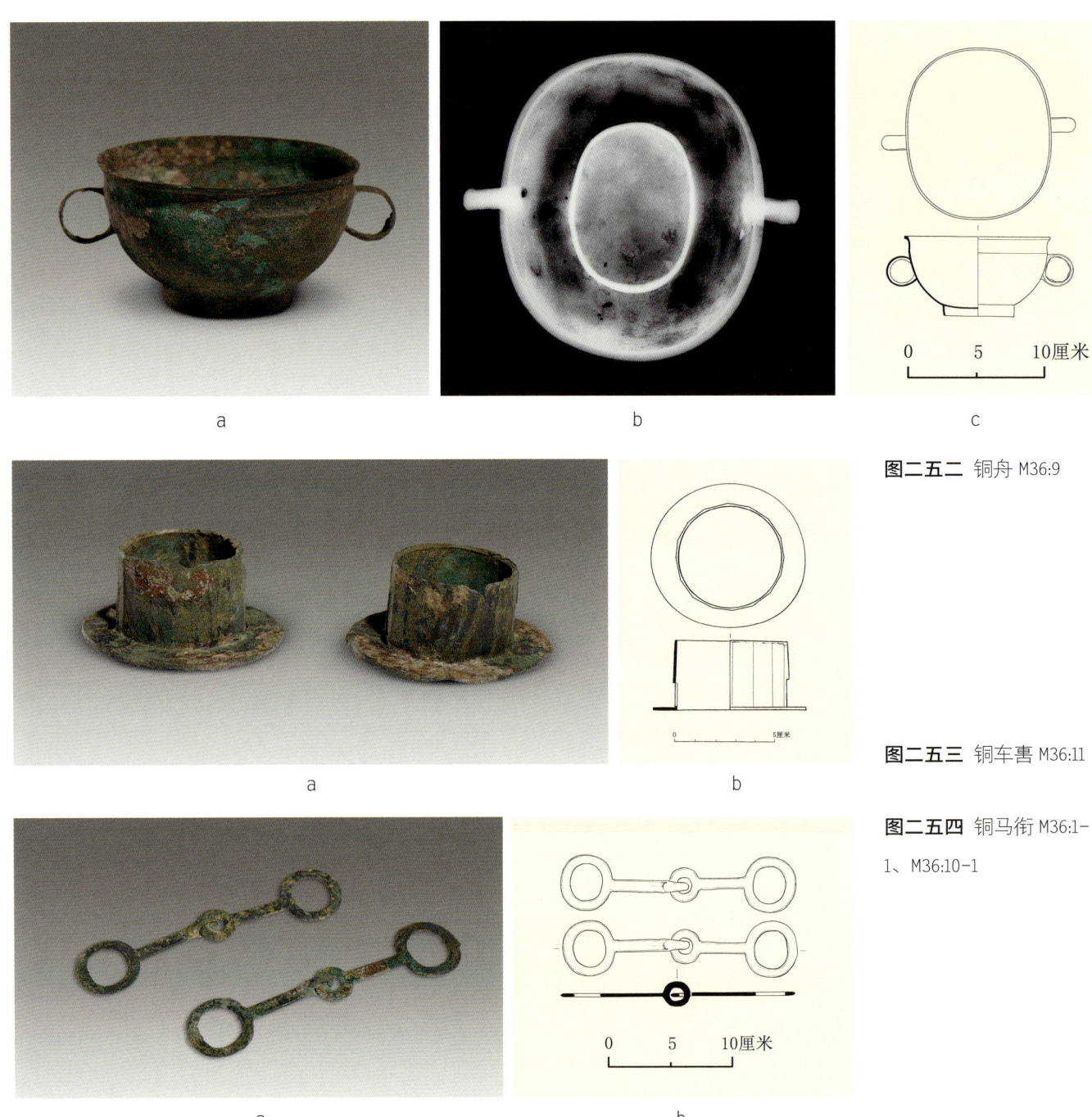

图二五二 铜舟 M36:9

图二五三 铜车軎 M36:11

图二五四 铜马衔 M36:1-1、M36:10-1

器壁，可知环耳为先铸，之后再铸舟身。未见明显的范线痕迹。口径 11.5×9.8、腹深 4.0、通高 5.5 厘米，重 168 克。（图二五二）

铜车軎 2 件。

M36:11，一对铜车軎，大小形制相同。圆筒形，有竖向的长棱，车軎一端有外折的宽缘，近缘处两面有长方形穿孔，未见车辖。宽缘上可见两道范线。此对车軎应当不是实用器，专作随葬之用。M36:11-1，径 5.2、缘径 8.4、通高 3.8 厘米，重 117 克；M36:11-2，径 5.0、缘径 8.2、通高 3.8 厘米，重 112 克。（图二五三）

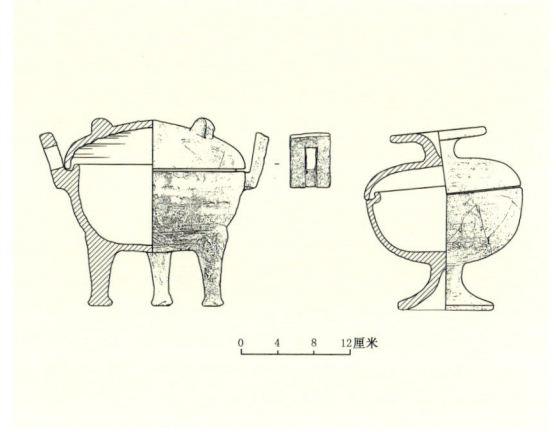

a b

图二五五 M36 出土陶器
1. 陶鼎（M36:12）
2. 陶豆（M36:3）

铜马衔 2 件。（图二五四）

M36:1-1，铸缝较总体呈扁平状，由两节环杆衔扣而成，两较小的套结环一平一侧相套合，衔体铸缝较为明显。素面。大环外径 4.4、小环外径 2.5、通长 19.5 厘米，重 71 克。

M36:10-1 总体呈扁平状，由两节环杆衔扣而成，两较小的套结环一平一侧相套合，衔体铸缝较为明显，局部残留浇铸的茬口。非实用器。素面。大环外径 4.4、小环外径 2.5、通长 19.5 厘米，重 68 克。

2. 陶器

陶鼎 1 件。

M36:12，泥质灰陶。鼎身与鼎盖以子母口相承。鼎盖为弧面，盖面平均分布三个实心的半环形钮；鼎身子口内敛，弧腹内收，平底；器身上部有两个长方形附耳，下部有三个蹄形足。器表原有深灰色陶衣，绝大部分剥落，仅局部残留。盖面有同心圆状的刻划纹，器身接近底部有两道凹弦纹。盖口径 19.2、鼎口径 18.1、腹深 8.7、通高 19.9 厘米。（图二五五—1）

陶豆 1 件。

M36:3，泥质灰陶。豆盘、豆盖以子母口相承。豆盖为弧面，上有喇叭形捉手；器身子口内敛，弧腹内收，下附喇叭形圈足。通体光素，原有一层深灰色陶衣，多数剥落，仅局部有残留。器身可见轮修痕迹。豆柄与器身相接变形，造成器物倾斜。器盖口径 17.0、钮径 10.5、器身口径 15.2、足径 10.4、通高 20.6 厘米。（图二五五—2）

陶壶 1 件。

墓葬分述 | 219

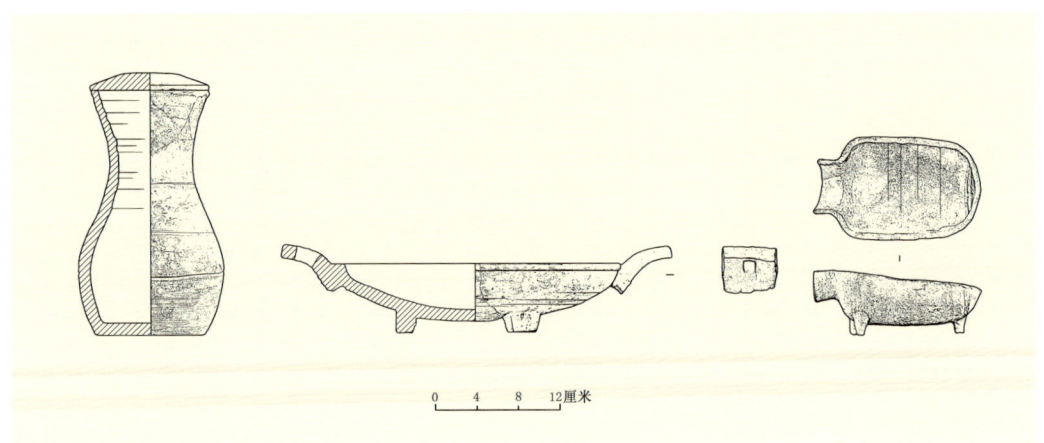

图二五六 M36 出土陶器

1. 陶壶（M36:4）
2. 陶盘（M36:7）
3. 陶匜（M36:8）

M36:4，泥质灰陶。盖面为弧形小平顶，盖内微凹，有圆圈状暗纹。壶身，侈口，平沿，长颈微束，腹部圆鼓，平底。颈、上腹及腹最大径处各有一道凹弦纹。器表原有深灰色陶衣，绝大部分剥落，仅局部有残留。器表、器身可见轮修痕迹。盖径 10.8、口径 11.0、腹径 13.5、底径 10.2、通高 24.8 厘米。（图二五六—1）

陶盘 1 件。

M36:7，泥质灰陶。平沿，浅盘，盘内壁为弧形，底部中央突出一小乳钉。两附耳向外弧折，盘底有三个矩形小足。盘外底有同心圆纹饰，盘外壁可见轮修痕迹。盘径 27.7、深 5.3、足高 1.7、通高 8.5 厘米。（图二五六—2）

陶匜 1 件。

M36:8，泥质灰陶。平沿，敞口槽状流，流口齐平，腹部平面呈椭圆形，匜体内外凹凸不平，圜底，下接三个实心锥状足。通高 5.6、通长 15.9 厘米。（图二五六—3）

220 | 墓葬分述

图二五七 M36 出土玉片
a. 玉片（M36:13-1、2）
b-c. 玉片（M36:14-1、2）

a

b

c

3. 玉石骨器

玉片。

M36:13，2 件。长条形，黄褐色，较长的两边各有四个方形小缺口，其中三个角平直，另外一个角平缓。（图二五七—a）

M36:13-1，长 7.5、宽 1.8、厚 0.2 厘米；

M36:13-2，长 7.5、宽 1.8、厚 0.2 厘米。

M36:14，1 件完整，其余残。浅绿色。

M36:14-1，长方形，两条短边中部各有一个钻孔。长 2.2、宽 1.85、厚 0.05、孔径 0.1 厘米；（图二五七—b）

M36:14-2，残，原应为长方形，其中三条边平直，另外一条边为断裂口。在完整的短边一侧中部有一个钻孔。残长 2.4、宽 1.7、厚 0.05、孔径 0.1 厘米。（图二五七—c）

骨镞 3 件。

M36:1-2，断裂成四块，其截面呈不规则八角形或不规则圆形，中间可见一个长方形穿，残块中较粗大的部分的上端可见饰有雷纹，较清晰。穿长 1.4、宽 0.4 厘米，重 24 克。

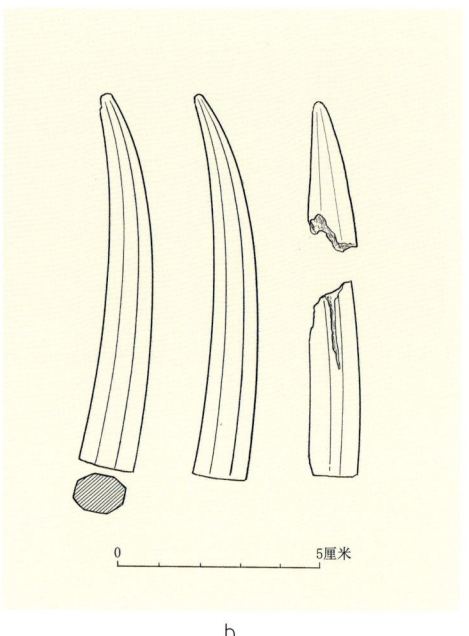

a　　　　　　　　　　　　　　　　b

图二五八　骨镞 M36:1-2、M36:10-2、3

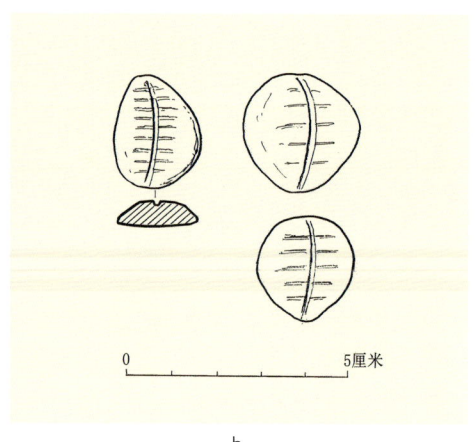

a　　　　　　　　　　　　　　　　b

图二五九　骨贝 M36:15

M36:10-2，较完整，绿中带黄色，体微曲，呈兽角形。其截面呈不规则八角形或不规则圆形，中间有两个长方形穿。上部到第一穿孔处饰以雷纹，较清晰，近尖端处雷纹则不甚清晰。顶端长2、宽1.7、穿长1.3、宽0.5、通长14.6厘米，重31克。

M36:10-3，不完整，绿中带黄色，体微曲，呈兽角形。其截面呈不规则八角形或不规则圆形，中间有两个长方形穿。顶端长2、宽1.8、穿长分别为1.3、1、宽0.5、通长15厘米，重35克。(图二五八)

骨贝　5枚。

M36:15，原为兽骨的颜色，后因受沁而发白或者发黑，由兽骨割据、磨制而成，仿海贝形，正面凸起，中间有缝，缝间两边刻成细线锯齿纹，背面均有两个钻孔与正面的缝相通。(图二五九)

图二六〇 M24 平、剖面图

1. 陶豆 2. 陶罐 3. 石圭
4. 祭骨 5. 陶罐 6. 石圭

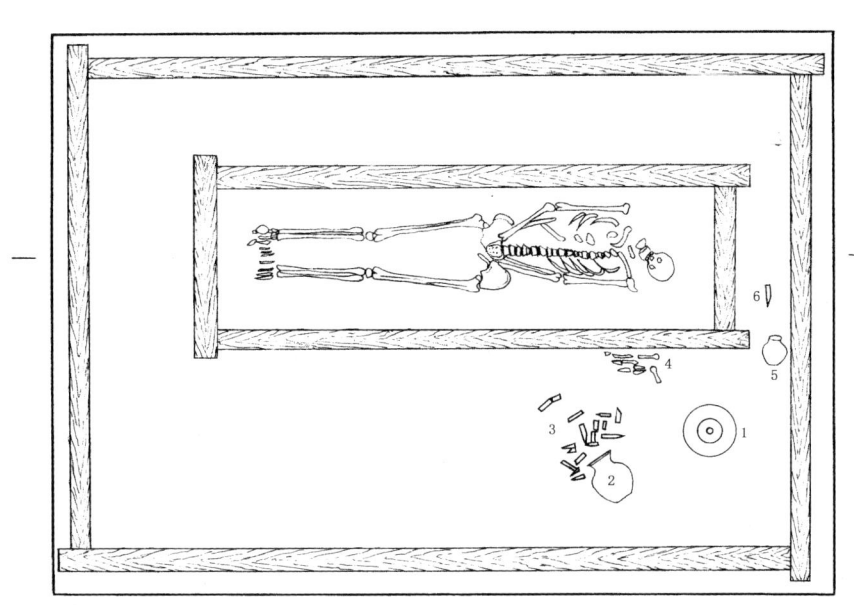

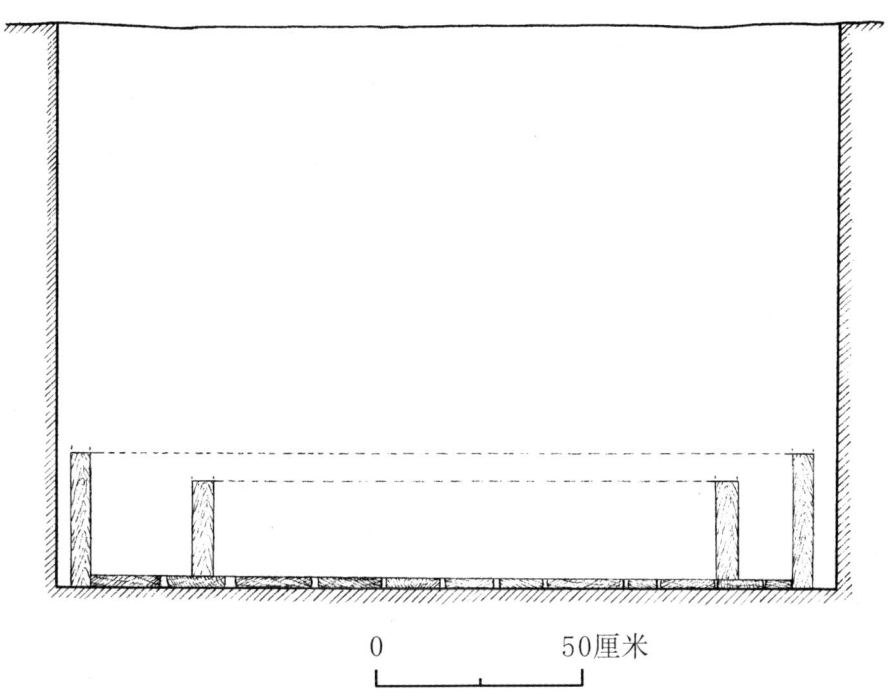

3.2 陶器墓

十二、M24

M24位于发掘区的东北部，M21的东部。

（一）墓葬形制

长方形土坑竖穴墓，方向45度。墓葬开口于耕土层下，墓口距地表0.3米。墓口长3.48、宽2.5、深2.5米。口底同大，墓壁平整、陡直，墓底平坦。填土为黄褐色五花土，土质较松软，无包含物。

（二）葬式葬具

木质葬具仅存灰痕，从灰痕推测葬具为一棺一椁。椁室平面呈"口"形，四角外伸0.05米，长3.34、宽2.35、厚0.1米，底板由12块宽窄不等的木板横向铺设，宽0.12～0.3米，灰痕残高0.6米。棺位于椁室的中部偏西北，平面呈"口"形，立板北端各外伸0.07米，南端挡板各外伸0.05米，通长2.5、通宽0.9、厚0.1、灰痕残高0.4米。

人骨保存较好，仰身直肢，头向北，面向上。(图二六〇)

（三）随葬品

随葬器物均放置于棺椁间的东北部，有陶鬲1件、陶罐2件、陶盖豆1件、石圭若干。

1. 陶器（图二六一）

陶鬲 1件。

M24:3，夹砂灰陶。圆唇，颈微束，平裆，颈部有两个环形耳，其中一耳与一足相对，另一耳位于另外两足中央。通身饰绳纹，颈部靠上的绳纹被磨光，局部残留较浅的纹痕。颈部和器身相接处有一道附加的泥条堆纹。口径13.3、腹径17.2、通高12.6厘米。

陶罐 2件。

M24:2，泥质灰陶。圆唇，平沿外折，束颈斜直，鼓肩，下腹斜收，平底。通体饰绳纹，后经磨光，肩、腹局部尚残留有较浅的纹痕。陶器表面局部凹凸不平，应是手制的。口径12.0、肩颈16.0、底径9.5、通高19.5厘米。

M24:5，泥质灰陶。圆唇，敞口，束直颈，鼓肩，下腹斜收，平底。肩、腹局部有较浅的弦纹痕。陶器表面局部凹凸不平，应是手制的。口径12.0、肩颈18.4、底径9.5、通高19.5厘米

陶豆 1件。

M24:1，泥质灰陶。豆盘、豆盖以子母口相承。豆盖为弧面，上有喇叭形捉手；器身子口内敛，弧腹内收，下附喇叭形圈足，器身口沿下有三道瓦楞纹，器盖及器身可见轮修的痕迹。器盖口径18.8、钮径10.6、器身口径16.8、足径12.2、通高22.8厘米。

图二六一 M24 出土陶器

1. 陶鬲（M24:3）
2. 陶豆（M24:1）
3～4. 陶罐（M24:2、5）

a

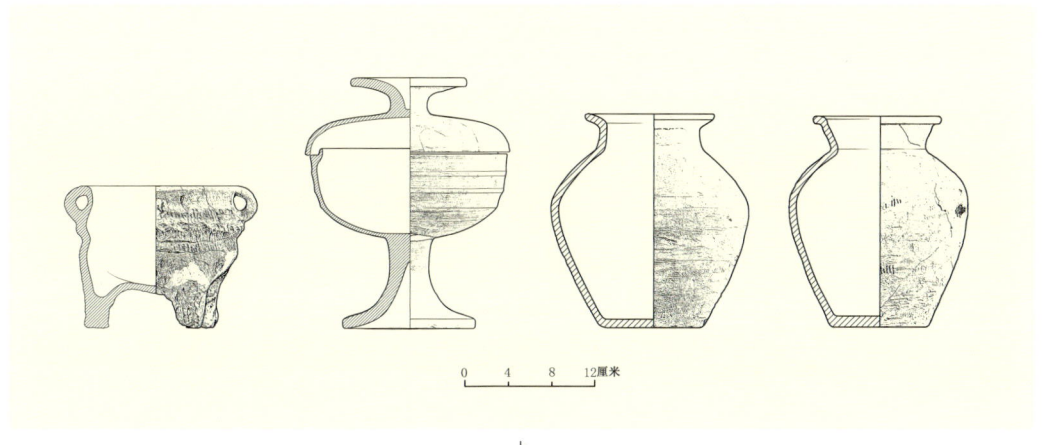

b

2. 石器

石圭仅有 1 件完整，余均残，有圭首 8 件，说明随葬石圭至少应有 9 件。圭身残片有 14 件，均为灰色砂岩制作而成，制作较为精细，表面打磨光滑。

石圭 1 件。M24:4，圭首长 3.2、肩宽 1.5、厚 0.3、残长 11.8 厘米。圭首 8 件。M24:5，圭首长 3.4、肩宽 1.5、厚 0.3、残长 10.9 厘米；M24:6，斜刃圭首长 3.1、肩宽 1.4、厚 0.3、残长 9.6 厘米；M24:7，圭首残长 0.6、肩宽 1.3、厚 0.3、残长 7.4 厘米；M24:8，圭首残长 1.4、肩宽 1.5、厚 0.3、残长 7.0 厘米；M24:9，圭首残长 1.3、肩宽 1.5、厚 0.3、残长 5.4 厘米；M24:10，圭首长 3.0、肩宽 1.3、厚 0.3、残长 5.0 厘米；M24:11，圭首残长 1.1、肩宽 1.5、厚 0.3、残长 4.2 厘米；M24:12，圭首残长 3.1、肩宽 1.5、厚 0.2、残长 3.6 厘米。

圭身残片 14 件。M24:13，宽 1.5、厚 0.2、残长 5.9 厘米；M24:14，宽 1.6、厚 0.3、

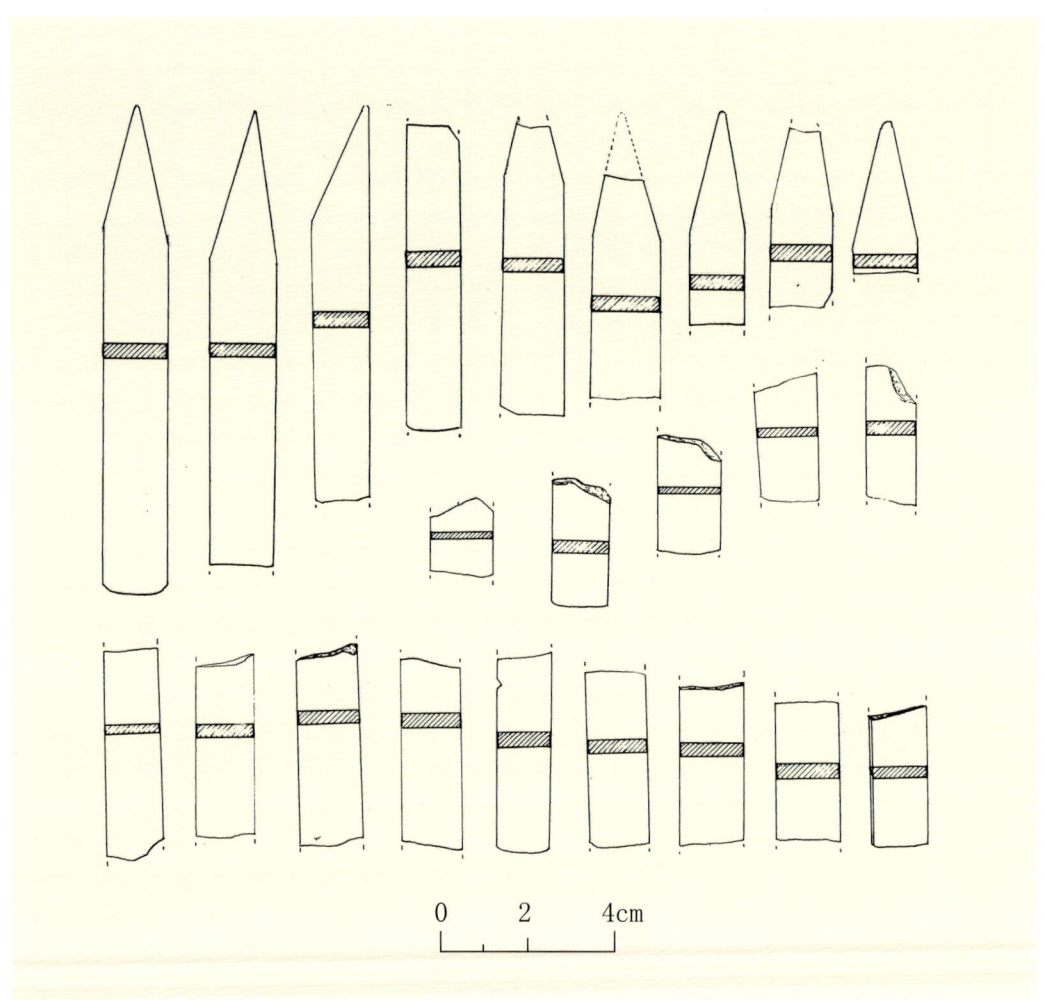

图二六二 M24 出土石圭

残长 5.1 厘米；M24:15，上宽下窄，宽 1.5～1.6、厚 0.3、残长 5.1 厘米；M24:16，宽 1.5、厚 0.3、残长 5.0 厘米；M24:17，上宽下窄，宽 1.4～1.3、厚 0.3、残长 5.1 厘米；M24:18，宽 1.5、厚 0.3、残长 4.6 厘米；M24:19，宽 1.6、厚 0.3、残长 4.2 厘米；M24:20，宽 1.6、厚 0.3、残长 3.6 厘米；M24:21，宽 1.6、厚 0.3、残长 4.2 厘米；M24:22，上宽下窄，宽 1.4～1.6、厚 0.3、残长 3.5 厘米；M24:23，宽 1.6、厚 0.2、残长 3.2 厘米；M24:24，宽 1.5、厚 0.1、残长 3.0 厘米；M24:25，宽 1.5、厚 0.3、残长 3.2 厘米；M24:26，宽 1.5、厚 0.1、残长 2.0 厘米。(图二六二)

十三、M32

M32 位于发掘区的东部，东依 M33，地势平缓，墓开口于耕土层下，墓口距地表 0.5 米，方向 320 度。

（一）墓葬形制

长方形竖穴，口底同大，长 3.1、宽 1.9、深 1.4 米，墓壁陡直，壁面平光，

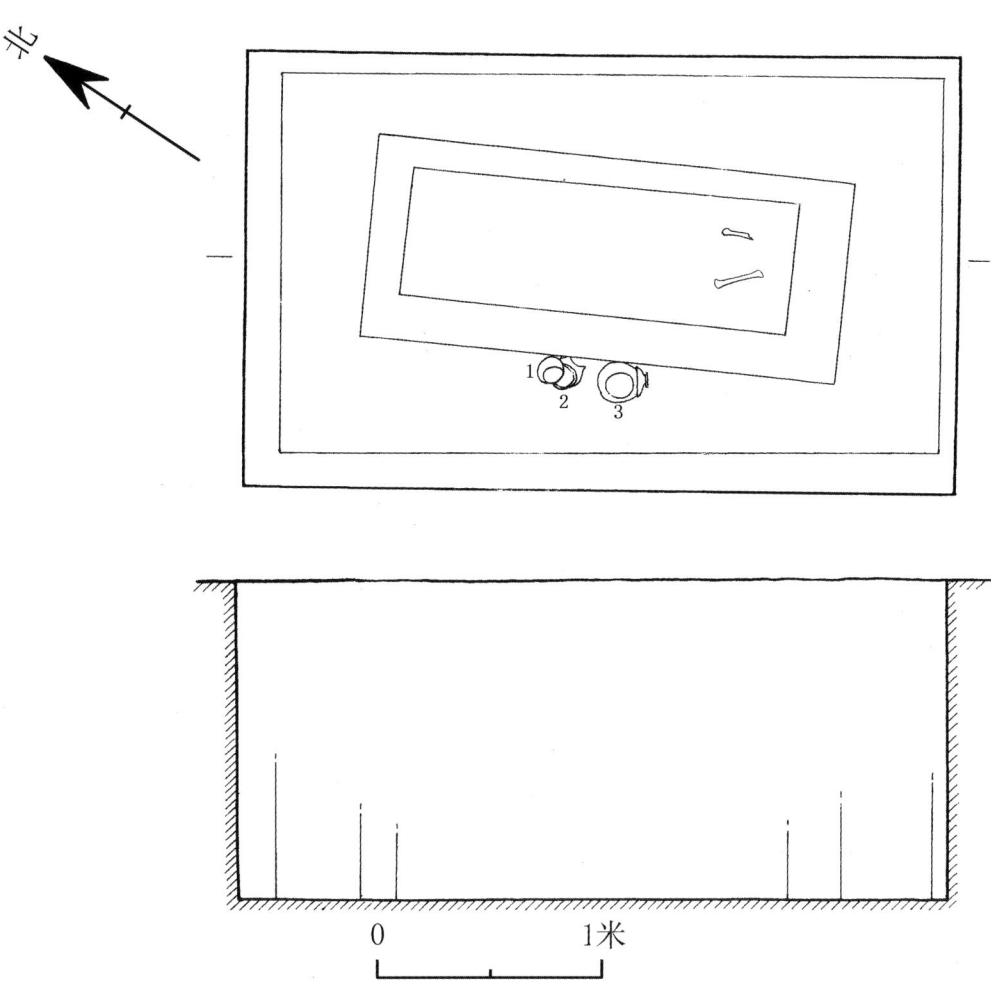

图二六三 M32 平、剖面图
1.陶罐 2.陶鬲 3.陶豆

墓底平坦。填土为浅黄色五花土，质地松软，未见有包含物。

（二）葬式葬具

木质葬具仅存灰痕，从灰痕推测葬具为一椁两棺，椁室平面呈长方形，长 2.87、宽 1.63、残痕高 0.48 米。外棺位于椁室的中部，南端向西倾斜，平面呈长方形，长 2.08、宽 0.9、残痕高 0.38 米。内棺位于外棺室的中部，与外棺同向倾斜，平面呈长方形，长 1.7、宽 0.55、残痕高 0.28 米。

人骨仅存有两截腿骨，在内棺的南部，可知头向北，推测应为仰身直肢。（图二六三）

（三）随葬品

随葬器 3 件，有陶罐、陶鬲、陶豆各一件，均放置在外棺与椁室之间的西部。

陶罐 1 件。

M32:1，泥质灰陶。直口，高领，鼓肩，下腹斜收，平底。肩、颈相接处有

墓葬分述 | 227

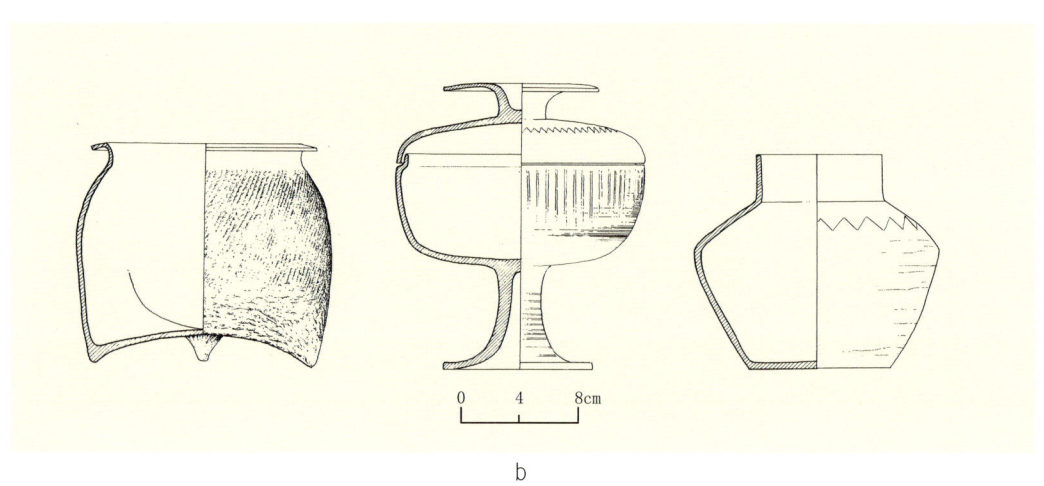

图二六四 M32 出土陶器

1. 陶鬲（M32:2）
2. 陶盖豆（M32:3）
3. 陶罐（M32:1）

一道刻划的折线纹，器表可见轮修的痕迹。口径 9.4、肩径 12.0、底径 10.5、通高 15.7 厘米。

陶鬲 1 件。

M32:2，夹砂灰陶。卷沿外折，方唇，束颈，溜肩，深腹，联裆。器身饰较规整的斜向绳纹，裆部及三足绳纹较粗。颈部绳纹被抹平，局部残留很浅的印痕。器身有较厚的烟炱，为实用器。口径 15.8、腹径 18.1、腹深 14.0、通高 16.0 厘米。

盖豆 1 件。

M32:3，泥质灰陶。器身与器盖以子母口相承。豆盖为弧面，上有喇叭形捉手；器身子口内敛，弧腹内收，下附喇叭形圈足。通身有暗纹。器盖饰数周圆形的暗纹，边缘有一周锯齿状暗纹；豆身有竖向的暗纹，豆柄上有横向的暗纹。盖口径 18.4、盖钮径 11.5、器身口径 17.2、足径 11.0、通高 21.3 厘米。（图二六四）

图二六五 M35 平、剖面图

1. 陶鬲 2. 石圭 3. 陶豆
4. 陶罐 5. 石饰 6. 骨饰

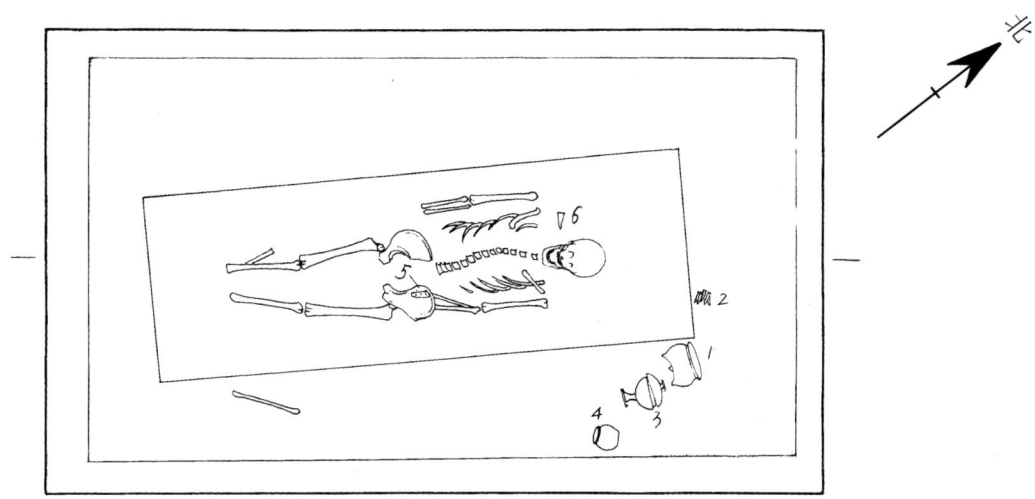

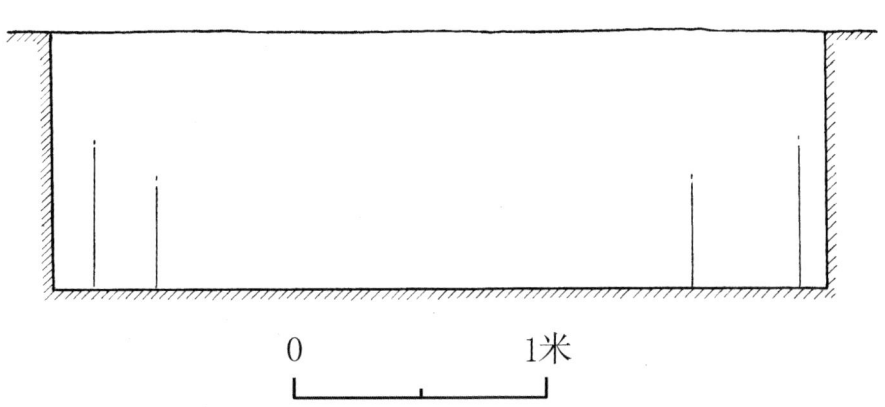

十四、M35

M35位于发掘区的中北部，西邻M34，东依马坑，地势平缓。

（一）墓葬形制

长方形土坑竖穴墓，方向40度。墓开口于耕土层下，墓口距地表0.3米。长3.4、宽2.05、深1.13～1.16米。口底同大，墓壁平整、陡直，墓底平坦。填土为黄褐色五花土，质地松软，未见有包含物。

（二）葬式葬具

木质葬具仅存灰痕，从灰痕推测葬具为一棺一椁，椁室平面呈长方形，长3.08、宽1.77米，厚度不详，灰痕残高1.15米。棺室位于椁室的中部，南端向东倾斜，平面呈长方形，长2.35、宽0.82米，厚度不详，灰痕残高0.45米。人骨保存较差，仰身直肢，头向北，面向上。（图二六五）

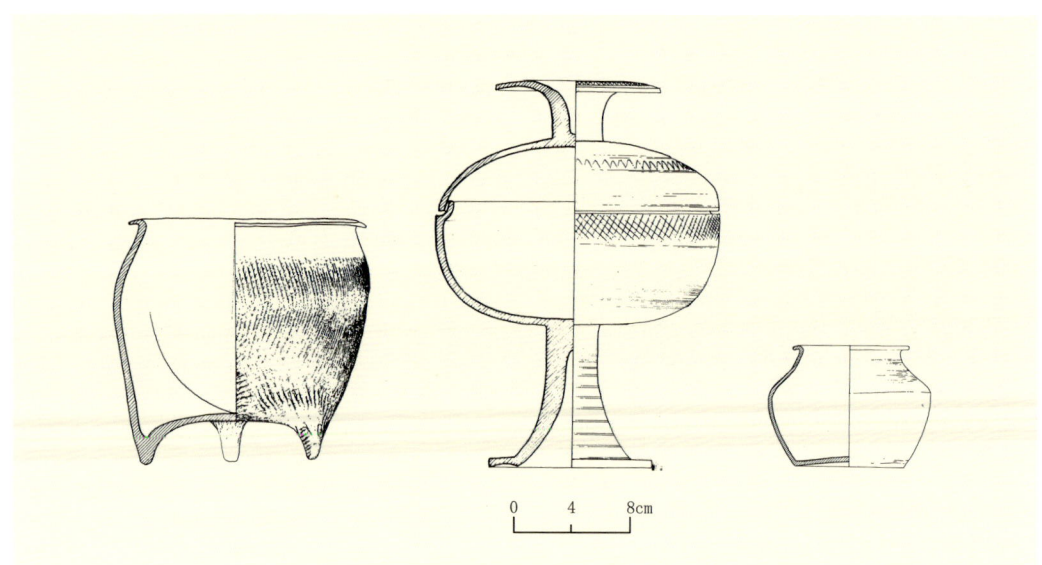

图二六六 M35 出土陶器
1. 陶鬲（M35:1）
2. 陶盖豆（M35:3）
3. 陶罐（M35:4）

（三）随葬品

随葬器物共6组件，分别放置于椁室与棺之间的东北角，有陶鬲1件、陶豆1件、陶罐1件、石饰1件、骨管1件、残石圭。

1. 陶器

陶鬲 1件。

M35:1，夹砂灰陶。平沿外折，尖圆唇，束颈，鼓腹，联裆。器身上部饰比较规则的绳纹，裆部及袋足饰较粗的绳纹。器身有较厚的烟炱，鬲内发现有鸡骨，应为实用器。该鬲在烧制过程中变形，口部不周正。口径13.5～19.0、腹径18.4、腹深14.4、通高17.2～18.0厘米。

盖豆 1件。

图二六七 M35出土玉、石、骨器

1. 石饰（M35：5）
2. 骨管（M35:6）
3～11. 石圭（M35:2、7～14）
12、13. 玉片（M35:15、16）

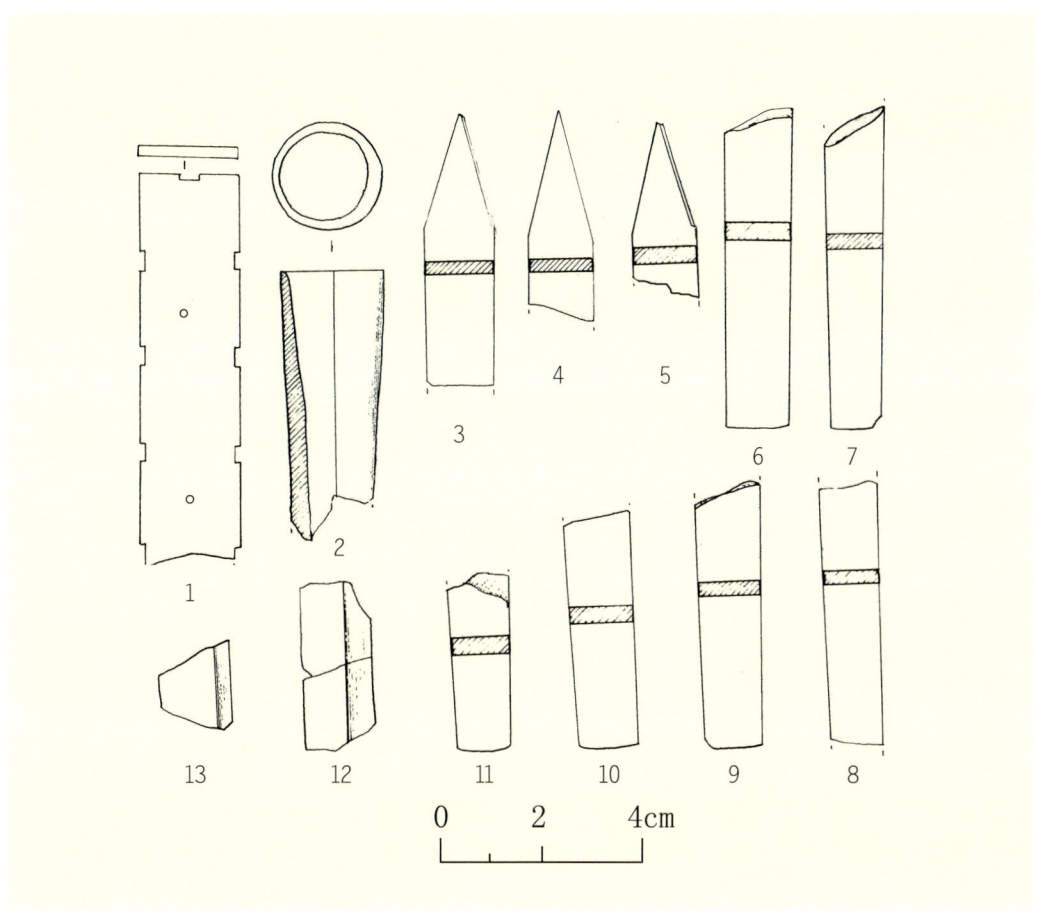

M35:3，泥质灰陶。豆盘、豆盖以子母口相承。豆盖为弧面，上有喇叭形捉手；器身子口内敛，弧腹内收，下附喇叭形圈足，盖钮边缘及器盖边缘均饰折线暗纹，器身上端饰网状暗纹，下端及柄部饰横向暗纹。器盖口径18.4、钮径10.8、器身口径17.2、足径10.1、通高26.0厘米。

陶罐 1件。

M35:4，泥质灰陶。小折沿，尖圆唇，弧肩内凹，下腹斜收，底微内凹。口径8.7、肩颈12.0、底径8.2、通高12.0厘米。（图二六六）

2. 玉石骨器

骨管 1件。

M35:6，残。白色。椭圆形，骨壁厚薄不匀，一端较粗，另一端较细。粗端孔径2.3～2.4、残长6.0厘米。

玉石器 12件。

石饰 1件。

M35:5，残。浅绿色。长条状，器身有两个双面钻穿孔，孔径0.1厘米。器身上端有一个小凹槽，左右两侧对称分布有4对小凹槽，最下端的一对凹槽有残损。宽2.1、厚0.2、残长8.8厘米。

石圭 9件，残。均为灰色砂岩制作而成，制作较为精细，表面打磨光滑。有圭首3件，说明石圭至少有3件，余为圭身残片。

圭首 3件。M35:2，圭首长2.1、肩宽1.3、厚0.3、残长5.4厘米；M35:7，圭首长2.3、肩宽1.3、厚0.4、残长4.3厘米；M35:8，圭首长2.1、肩宽1.2、厚0.4、残长5.4厘米。

圭身残片 6件。M35:9，上宽下窄，宽1.2～1.3、厚0.35、残长6.4厘米；M35:10，上宽下窄，宽1.1～1.3、厚0.3、残长7.2厘米；M35:11，上宽下窄，宽1.0～1.1、厚0.25、残长5.3厘米；M35:12，上宽下窄，宽1.1～1.2、厚0.2、残长5.4厘米；M35:13，上宽下窄，宽1.1～1.3、厚0.2、残长4.7厘米；M35:14，上宽下窄，宽1.0～1.2、厚0.4、残长3.5厘米。

玉片 2件。

均残，均为青白玉质。M35:15，极薄，表面有一道切割痕迹。厚不及0.1、残长3.8厘米；M35:16，极薄，表面有一道切割痕迹。厚不及0.1、残长2.0厘米。(图二六七)

十五、M37

M37位于发掘区的东北部，西邻马坑，东依M36，地势较为平缓。

(一) 墓葬形制

长方形土坑竖穴墓，方向40度。墓开口于耕土层下，墓口距地表0.55米。长3.2、宽2.3、深0.6米。口底同大，墓壁平整、陡直，墓底平坦。填土为黄褐色五花土，质地松软，未见有包含物。

(二) 葬式葬具

木质葬具仅存灰痕，从灰痕推测葬具为一棺一椁，椁室平面呈长方形，不甚规整，南端两角外伸0.05～0.08米，通长3.1、通宽2.25、立板宽0.2、灰痕残高0.3米。棺位于椁室的西南部，平面呈长方形，长2.2、宽1.03、板厚0.1、残痕高0.2米。

人骨保存较好，仰身曲肢，头向北，面向上。(图二六八)

图二六八 M37 平、剖面图

1.陶豆 2.陶壶 3.陶罐
4.陶鼎 5.陶豆 6.骨饰

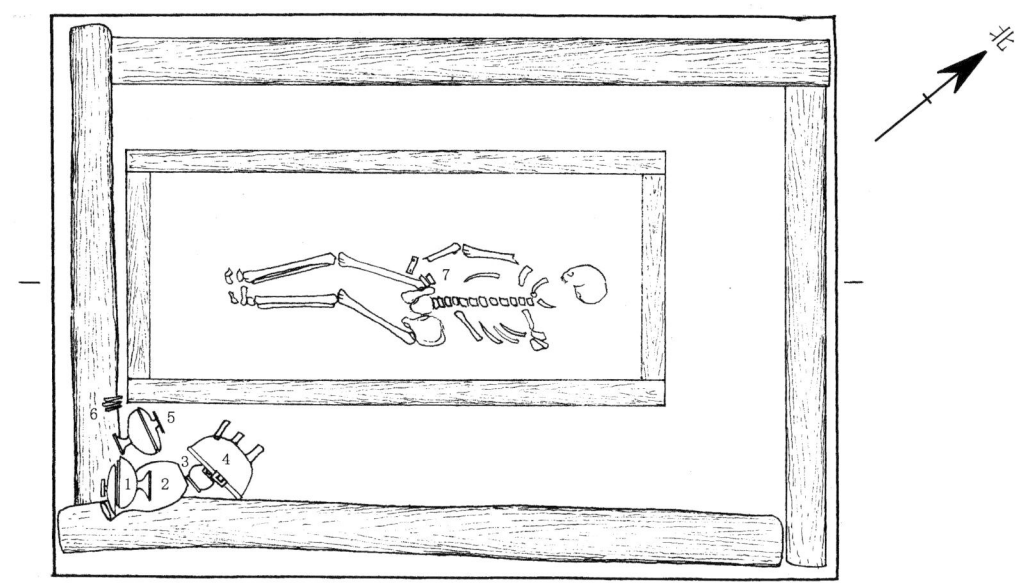

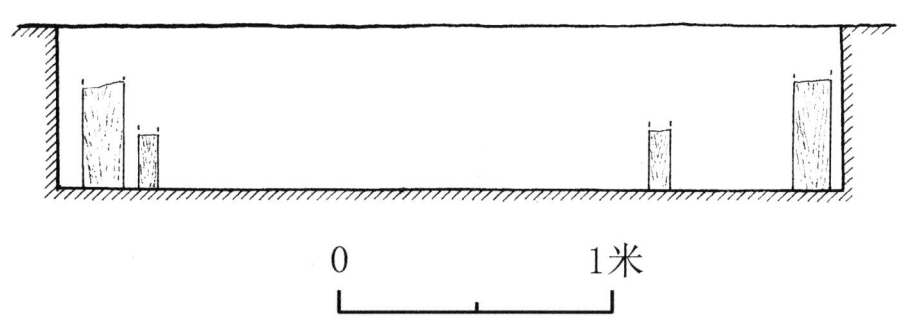

（三）随葬品

随葬器物共 7 件。1 件玉片放置于内棺骨架的盆骨处，其余则放置于椁室与棺之间的东南角，有陶鼎 1 件、陶壶 1 件、陶豆 2 件、陶罐 1 件、骨器 1 件、玉片 1 件。

1. 陶器

陶鼎 1 件。

M37:4，泥质灰陶。鼎身与鼎盖以子母口相承。鼎盖为弧面，盖面平均分布有三个实心的半环形钮；鼎身子口内敛，弧腹内收，圜底；器身上部有长方形附耳，下部有三个蹄形足；器盖边缘有一道凸弦纹，器身附耳偏下处有一道凹弦纹。盖口径 19.2、鼎口径 17.2、腹深 10.1、通高 21.4 厘米。

盖豆 2 件。

M37:5，泥质灰陶。豆盘、豆盖以子母口相承。豆盖为弧面，上有喇叭形捉

图二六九 M37 出土陶器
1. 陶鼎（M37:4）
2～3. 陶豆（M37:1、5）
4. 陶壶（M37:2）
5. 陶罐（M37:3）

手；器身子口内敛，弧腹内收，下附喇叭形圈足。通体光素，器身可见轮修痕迹。器盖口径 16.7、钮径 10.0、器身口径 15.0、足径 9.3、通高 18.8 厘米。

M37:1 与 M37:5 形制相似。

陶壶 1 件。

M37:2，泥质灰陶。侈口，平沿，长颈微束，腹部圆鼓，下有高圈足。腹部饰三道凹弦纹，器身可见轮修痕迹。口径 9.7、腹径 15.2、底径 11.2、通高 32.0 厘米。

陶罐 1 件。

M37:3，泥质灰陶。侈口，尖圆唇，束颈，腹部圆鼓，下腹内收，有实心的台底；上腹可见轮修的痕迹，下腹有刻划不规则的折线纹和横向的 S 形纹饰。

图二七〇 M37 出土玉器

1、2. 玉饰（M37:7、6）

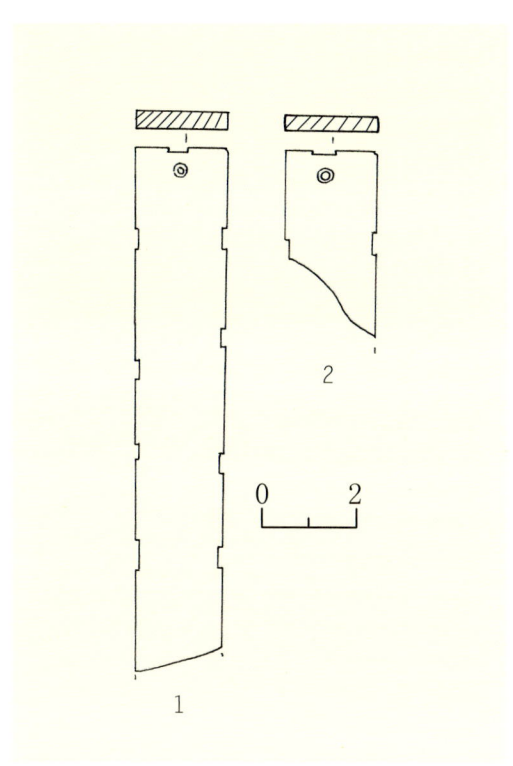

口径 7.7、腹径 10.9、底径 6.9、腹深 5.8、通高 8.0 厘米。（图二六九）

2. 玉石骨器

玉饰 2 件。残，均为白色。

M37:7，长条状，局部钙化。上端有双面钻穿孔，孔径 0.1 厘米。器身上端有一个小凹槽，左右两侧各分有四个小凹槽。宽 1.2、厚 0.3、残长 9.1 厘米。（图二七〇－1）M37:6，长条状，局部钙化。上端有双面钻穿孔，孔径 0.1 厘米。器身上端有一个小凹槽，左右两侧各残留一个小凹槽。宽 1.2、厚 0.3、残长 3.3 厘米。（图二七〇－2）

第四章 墓葬分组与年代

4.1 墓葬分组

瓦窑坡墓地发现的 17 座墓葬中，铜器墓有 11 座，其中有 3 座铜器墓出土陶器，有 4 座墓葬仅见陶器。由于出土铜器的墓葬数量多，器类也比较丰富，而出土陶器的墓葬数量少且随葬陶器的数量也少。因此，下面的年代组的划分，分别以铜器和陶器两类器物来展开，之后将其整合。

在综合分析铜容器的器物组合、形制特征和纹饰风格的基础上，本书将 11 座铜器墓按时代先后的不同分为四组。

第一组，M18、M26、M29、M30。

从器物组合来看，M18 有鼎、盆[1]、罍、舟、盘、匜；M29 有鼎、甗、敦、盆、鉴、舟、盘、匜；M30 有鼎、鬲、豆、簠、盆、簋、壶、舟、盘、匜；M26 为二次葬，仅发现 1 件铜鼎。可以看出，M18、M29、M30 三座墓葬比较固定的器物组合是鼎、盆、舟、盘、匜，在此基础上各自增加了一些其他器类。高明先生曾指出，春秋中期殉葬制度开始出现由鼎、敦、舟、盘、匜组成的一套适用于大中小贵族墓统一殉葬的礼器组合[2]。

从器物的形制特征来看，M18、M29、M30 三座墓葬中均出土了平盖、粗蹄形足、近平底样式的鼎，这种类型的鼎亦见于闻喜上郭村 76M17[3]、乡宁嘉父山 M4[4]、枣庄徐楼 M1[5]。此外，M26、M29 两墓还出土有平盖、深腹、蹄形足，

---

[1] 此型器物有的报告中将之称为"簠"，如《临猗程村墓地》；也有称之为"敦"的，如《晋系青铜器研究：类型学与文化因素分析》。对此名称不作探讨，本文采用"盆"这一名称，与"敦"用途相同，以区别于敦。
[2] 高明：《中原地区东周时代青铜礼器研究》，载《考古与文物》，1981 年第 4 期。
[3] 山西省考古研究所：《1976 年闻喜上郭村周代墓葬清理记》，见《三晋考古》（第一辑），山西人民出版社，1994 年。
[4] 嘉父山考古队：《嘉父山墓地发掘收获》，载《文物世界》，2009 年第 6 期。
[5] 枣庄市博物馆等：《山东枣庄徐楼东周墓发掘简报》，载《文物》，2014 年第 1 期。

附耳下端呈半圆形转折的一类鼎，见于上马 M1013[1]。盆、舟是春秋中期新出现的器类。盘均是附耳三蹄形足，附耳上有兽面装饰，不同于春秋早期的圈足或圈足下接三小足样式。匜为管状流，呈兽首状，上有兽面纹装饰，三蹄形足，尾端有一环形或龙形鋬耳，与春秋早期流行的四扁足、槽形流样式不同。舟均为平底。盆为喇叭形捉手盖、束颈、双环耳、平底样式。

从纹饰方面来看，三座墓葬出土的器物以上下相互缠绕的蟠螭纹为主要纹饰，这种纹饰见于洛阳西工区 M8832 出土铜鼎 M8832:3 的腹部[2]。作为辅助纹饰的阴刻三角卷须纹，见于上马墓地 M13 的铜鉴颈部[3]，洛阳中州路西工段 M2415 和西工区 M8832 的器物上也有类似的三角卷须纹[4]。

综合以上三方面来看，第一组四座墓葬的年代应处于春秋早期到春秋中期铜器风格转变的时期，在器类、形制和纹饰方面都出现了很多新的元素，但也保留了一部分春秋早期的风格，如横鳞纹、波曲纹还在使用，尚未形成固定的独特的自身风格。

第一组的四座墓葬中，M29 与 M30 墓葬规模相当，距离也很近。但 M30 中出土的器类有簋、簠、壶等春秋早期常见的器类，只是纹饰风格更加平面化和细密化，因此从组合上来看，可能 M30 的年代要比其他三座墓的年代略早。

第二组，M17、M21。

从器物组合来看，两座墓葬的铜礼器组合均为三鼎二（一）敦一舟一盘一匜。相比上一组器类减少，这与墓葬等级有关系，但主要器类相同，形成了较为固定的器物组合。

从器物的形制特征来看，鼎都是附耳三蹄形足的子母口鼎，蹄形足较瘦高，弧形盖或平盖微弧，盖面上为三环钮，腹部圆鼓，与上一组整体扁平、盖钮呈曲尺形样式的鼎不同；敦子母口，双环耳，三蹄形足；舟、盘、匜与上一组形制基本相同，舟仍为平底，匜为槽形流，腹部变浅，盘除了兽面装饰的附耳外，也出现了立耳斜折的新样式。

从纹饰特征来看，纹饰变得细密化，以细密规则的蟠虺纹为主，辅以雷纹、

---

[1] 山西省考古研究所：《上马墓地》，文物出版社，1994 年。
[2] 洛阳市文物工作队：《河南洛阳市西工区 M8832 号东周墓》，载《考古》，2011 年第 9 期。
[3] 山西省文物管理委员会侯马工作站：《山西侯马上马村东周墓葬》，载《考古》，1963 年第 5 期。
[4] 中国科学院考古研究所：《洛阳中州路（西工段）》，科学出版社，1959 年。
    洛阳市文物工作队：《河南洛阳市西工区 M8832 号东周墓》，载《考古》，2011 年第 9 期。

三角几何纹、圆涡纹等，整体风格为细腻繁缛。M21则为一组素面的器物。

综合以上来看，这一组墓葬延续了上一组的礼器组合，形成了固定的器物组合，器物的形制特征和纹样特点也有了自己相对稳定的风格。本组器物较多见于上马墓地和临猗程村墓地，在河南辉县、洛阳地区也有出土，可见，这一时期在中原地区形成了较为稳定的区域特征。此外，M17铜鼎盖部比M21铜鼎盖部更加圆弧，因此在本组中M21年代要略早于M17。

第三组，M20、M22、M23。

从器物组合来看，礼器组合仍以鼎、敦、舟、盘、匜为主，器类上M22增加了铜镈。

在器物形制上，铜鼎的盖面变鼓，由三环钮变为喇叭形捉手，蹄形足由瘦高向粗矮方向发展，腹变得圆缓。铜敦变得较扁圆。铜舟由平底开始出现圈足。铜盘出现了环耳相套、兽形卷尾足的新样式。匜为管状流，相比第一组简化了兽首状，尾端有一环形鋬耳。铜镈为子母口，盖面上有三环钮，口沿下有两个绳索状的长方形附耳，喇叭形圈足较高。

纹饰方面，在细密的蟠虺纹的基础上，直角填充式变形蟠螭纹[1]也流行起来，侯马铸铜遗址出土的陶范中有类似的纹饰[2]。粟点衬地的蟠蛇纹和垂叶兽面纹也使用较多。

与这一组器物较类似的仍主要见于中原地区，区域特征在加强。

第四组，M25、M36。

这一组有两座墓葬，器物与上一组有较大差别。在器物组合中，食器盖豆的地位上升，敦使用得较少，基本组合形式由鼎敦（盆）舟盘匜变为鼎豆舟盘匜，壶也使用得较多。高明先生认为，"盖豆自春秋晚期开始出现"，自此鼎豆壶盘匜的组合代替了鼎簋舟盘匜的组合[3]。

器物形制上，鼎的腹部变浅，蹄形足更低，盖面上为三个扁环钮；壶的最大腹径上移；盖豆的柄较瘦高。纹饰变化不大，仍主要是蟠虺纹，辫形绹索纹流行起来。

M25严重被盗，但仍出土了铜鉴、铜甗鬲部、铜戈、铜軎等器物。M25出

---

[1] 这种纹饰名称见于：朱凤瀚：《中国青铜器综论》，上海古籍出版社，2009年，第589页。
[2] 山西省考古研究所：《侯马铸铜遗址》，文物出版社，1993年。
[3] 高明：《中原地区东周时代青铜礼器研究（中）》，载《考古与文物》，1981年第4期。

土的 1 件铜甗 M25:5，仅余鬲部。口微侈，束颈，内有一周凸棱用以承箅，口沿处有一小口流，鼓肩，联裆较矮，三个矮粗的实心足，在内底形成三个圆形的浅平窝，肩部有两个外撇的绚索纹不规则半环形耳。通体素面。从鼓肩、裆部和柱足都较矮的特征，可看出这件铜甗的年代应较晚。该墓出土的铜鉴属于吴式鉴，腹中部置有两个环形耳，唇部及上腹部分别装饰有两周细密的羽状纹，颈部及腹部装饰有变形蟠螭纹，与陶寺北 M2016M1 鉴[1]、上海博物馆藏吴王夫差鉴较为相近。因此，也可将 M25 归入第四组。

铜器墓中，M17 中出土的陶器有鬲、罐；M23、M22、M20 中出土的陶器均为壶和小罐；M36 中出土的陶器为鼎、豆、壶、盘、匜；这些墓葬中陶器组合的变化与上述根据铜器墓中铜器风格变化的分组是一致的。

只出土陶器的墓葬共有 4 座，其中 M24、M32、M35 出土鬲、豆、罐；M37 出土鼎、豆、壶、罐。从陶器组合上来看，很明显这四座墓葬可以分为两个年代组，其中 M24、M32、M35 这三座墓葬的年代相近；M37 的年代要晚一些。

M24、M32、M35 这三座墓葬中出土器物组合基本一致，其中 M24 中出土的陶鬲（M24:3）颈部有双耳，其中一个耳与一个鬲足相对，这种形态的鬲在晋南地区非常少见，兼具双耳罐和陶鬲的特征；该墓出土的罐（M24：2）形制也很少见。这两件器物可能具有一定的土著特征。M35 出土的鬲，肩部偏上有一道折痕，形制与 M17 出土的陶鬲相近，年代应当大致相当。这三座陶器墓，大致可以归入第三组墓葬中。

M37 中出土的陶鼎与铜器墓 M36 中出土的鼎相近，该墓年代应与 M36 大致相当，可以归入第四组墓葬中。

---

[1] 山西省考古研究院、临汾文物局、襄汾县文物局：《山西襄汾陶寺北墓地 2016M1 发掘简报》，载《文物季刊》，2022 年第 1 期。

图二七一 乡宁嘉父山 M4 出土的铜容器

4.2 年代判断

第一组

第一组墓葬中,我们先来看在瓦窑坡墓地出土数量较多的一种鼎,共出土 9 件,各鼎大同小异。如 M18:2,子母口,平盖,盖面中心有一环钮,边缘均匀分布有三个饰有回首张口状龙纹的曲尺形立钮;子口内敛,腹部较扁,下接三个粗壮的蹄形足,腹部两侧各有一个长方形附耳。盖面上饰两周蟠螭纹带,腹中部有一道凸弦纹,上下饰相互缠绕的蟠螭纹。

M29 出土有 1 件镬鼎 M29:8,腹部较浅,蹄形足粗壮,素面。乡宁嘉父山 M4 曾出土两件与此形态基本相同的浅腹鼎(图二七一—b、c),且共出土甗、盆、舟、盘、匜等器物(图二七一),形制与本组同种器物基本相同,因此,嘉父山 M4 与本文第一组墓葬年代应相差不远。M18 出土的 1 件铜罍 M18:7,侈口,方唇,束颈,鼓肩,下腹斜收,底部略呈小台底。肩部有一对兽状环耳,环耳各套接一个圆环。肩及上腹均饰细密的纹饰,肩部由上到下依次是三角卷须纹带、蟠螭纹、

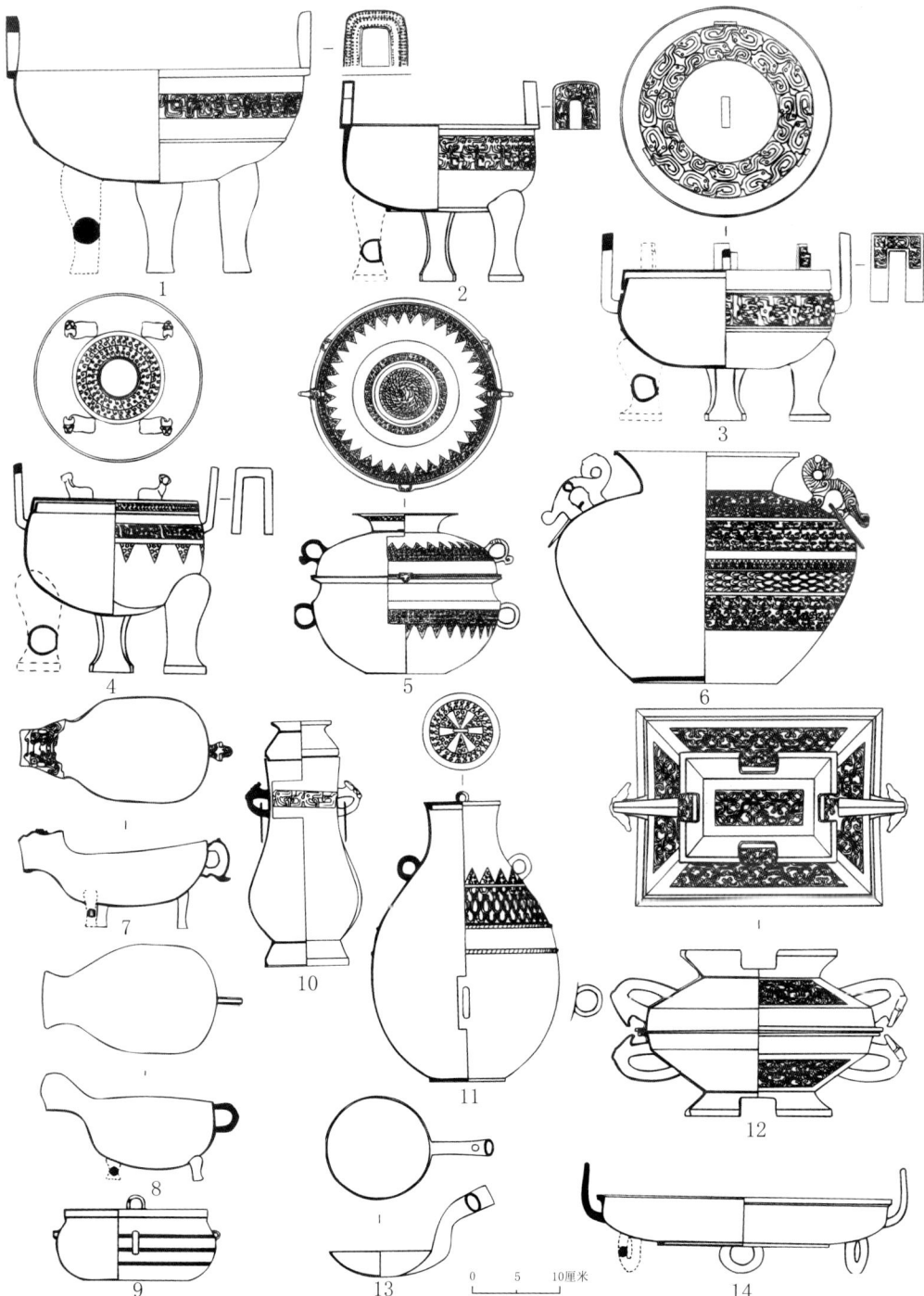

图二七二 洛阳市西工区 M8832 出土的铜容器

1. A 型鼎（1） 2. B 型鼎（3） 3. C 型鼎（5） 4. D 型鼎（11） 5. 铜簠（13） 6. 铜罍（7） 7、8. 铜匜（25、12） 9. 铜舟（26） 10. 方壶（2） 11. 圆壶（15） 12. 铜簋（18） 13. 铜勺（22） 14. 铜盘（17）

横鳞纹、蟠螭纹，腹部由上到下依次为三角纹卷须纹带、蟠螭纹、横鳞纹、蟠螭纹，纹饰带之间有素带相隔。套接的环耳上饰两周 f 形纹饰。洛阳市西工区 M8832 出土的铜罍 M8832:7（图二七二—6）、玉皇庙 M2 出土的铜罍 M2:5[1]，与 M18 这件铜罍形制纹饰基本相同。

---

[1] 北京市文物研究所：《军都山墓地》，文物出版社，2007 年。

242 | 墓葬分组与年代

这种鼎在闻喜上郭村76M17[1]和乡宁嘉父山M4（图二七一—a）也有出土，薛国墓地M2[2]和枣庄徐楼M1（图二七三—1）也有这种类型的鼎，但更为矮扁，蹄形足更粗壮，附耳更高大。

洛阳市西工区M8832与铜罍共出土的有鼎、簋、簠、壶、舟、盘、匜等（图二七二）。其中B型鼎（图二七二—2）与M29的镬鼎形态相似，浅腹，腹部的蟠螭纹与本文第一组流行的蟠螭纹相同。C型鼎M8832:5（图二七二—3）与薛国墓地M2和枣庄徐楼M1的鼎形制相同，与瓦窑坡墓地M18:2这类型鼎形制相仿，应为同一类型鼎在不同地区的不同表现。C型鼎腹部纹饰（图二七二—3）与瓦窑坡M29出土的铜鉴M29:2最下层纹饰相同，这种纹饰也见于中州路西工段M2415铜盘和铜簠的腹部[3]，李学勤先生认为M2415的年代为春秋中期偏早[4]，从M2415出土器物的形制来看，如圈足盘、槽形流四足匜，都较多地保留了春秋早期的风格，因此其年代要比我们第一组墓葬的年代早。西工区M8832的铜簠（图二七二—12）与瓦窑坡M30的铜簠M30:30形制相似，圈足缺口的形状不同。盘、匜也表现出了明显不同于春秋早期的新风格。D型鼎腹部的卷须纹在我们的本组器物中也很多见。综上来看，洛阳西工区M8832的器物与瓦窑坡第一组墓葬的器物有颇多共性，年代应相差不远，简报认为M8832的年代为春秋中期[5]。

枣庄徐楼M1出土的器物有鼎、簋（也就是本文中的盆）、簠、铺、罍、舟、盘、匜等（图二七三），器物组合与第一组墓葬相同，盆、簠、舟、盘、匜的形制也颇为相似，只是装饰风格不同，徐楼M1的器物多使用嵌红铜工艺，纹饰为凸起的细腻的蟠螭纹和交体龙纹。铜簠M1:7（图二七三—3）的器口直壁上使用了阴线刻的三角卷须纹饰。徐楼M1出土的3件铜鼎及2件铜铺是宋公固为女儿所做的媵器[6]，宋公固在位时间为公元前588至前576年，因此这批铜器的年代应为春秋中期偏晚。这为瓦窑坡第一组墓葬的断代提供了参考。

下面重点讨论一下这组墓葬中比较特别的几件器物，并辅助判定年代。

第一组墓葬中的M30出土了两件精美的大圆壶，造型基本相同。有盖，呈八片莲花瓣状，盖为子口，套入壶口内；壶身侈口，长颈，溜肩，鼓腹下垂，圈

---

[1] 山西省考古研究所：《1976年闻喜上郭村周代墓葬清理记》，见《三晋考古》（第一辑），山西人民出版社，1994年。
[2] 山东省济宁市文物管理局：《薛国故城勘查和墓葬发掘报告》，载《考古学报》，1991年第4期。
[3] 中国科学院考古研究所：《洛阳中州路（西工段）》，科学出版社，1959年。
[4] 李学勤：《东周与秦代文明》，上海人民出版社，2007年。
[5] 洛阳市文物工作队：《河南洛阳市西工区M8832号东周墓》，载《考古》，2011年第9期。
[6] 枣庄市博物馆等：《山东枣庄徐楼东周墓发掘简报》，载《文物》，2014年第1期。

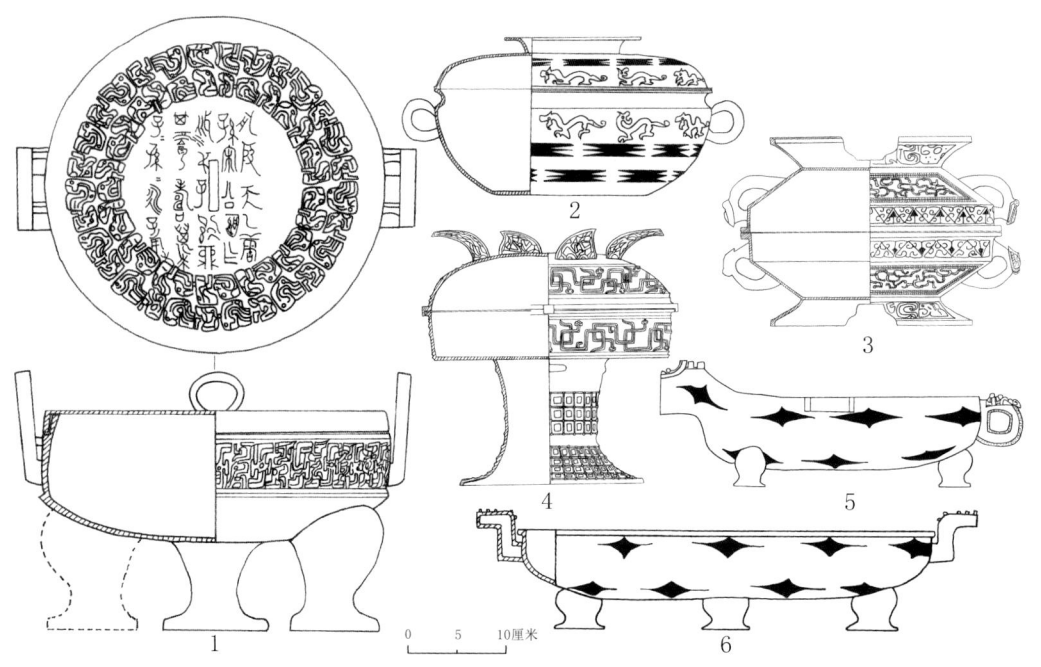

图二七三 枣庄徐楼 M1 出土的部分铜容器
1. 铜鼎（39） 2. 铜簠（44） 3. 铜簋（7） 4. 铜铺（24） 5. 铜匜（38） 6. 铜盘（5）

足。颈两侧各有一兽头衔环耳，兽头上面另立着一小的兽头。壶盖边缘饰窃曲纹，花瓣面边缘为"人"字形鳞纹，内部为蟠虺纹。壶身颈部饰一周波曲纹和一周窃曲纹，腹部饰两周波曲纹，均以云雷纹为地纹，中间以素带相隔，圈足饰垂鳞纹。兽头衔环耳的环面上饰一周三角涡纹和一周涡纹。

这两件铜壶与上马墓地出土的铜壶 M15:7（图二八一—3）相比，腹最大径靠下。高明先生曾做过研究，"发现东周铜壶的时代特征，主要是壶腹的变化，具体的演变过程，则在壶腹的最大径逐步上移"[1]。由此特征可见，M30 的这两件大圆壶的时代要早于上马墓地 M15 的年代。此外，M30 的这两件铜壶的纹饰仍是西周晚期以来较流行的以云雷纹为地纹的窃曲纹和波曲纹，可见时代较早。环耳上的三角卷须纹在洛阳中州路西工段 M2415 的出土器物上较为多见，M2415 的年代为春秋中期偏早。由此看来，这两件铜壶的年代应为春秋中期。

M29 出土了两件精美的铜鉴，形制相同，纹饰略异。宽平沿，束颈，斜腹，平底。颈腹相接处平均分布有四个兽首衔环，其中两个中间在颈部有一个流，流口为兽首状。M29:1，颈部饰一组两层蟠螭纹和一周折线三角纹，腹部饰三组蟠螭纹，纹饰带之间以素带相隔。M29:2，颈部和腹部共饰四组蟠螭纹，之间以素带相隔。与这两件铜鉴形制相似的鉴还见于上马墓地 M13[2]、长治分水岭 M269[3] 和临猗

---

[1] 高明：《中原地区东周时代青铜礼器研究（中）》，载《考古与文物》，1981 年第 4 期。
[2] 山西省文物管理委员会、侯马工作站：《山西侯马上马村东周墓葬》，载《考古》，1963 年第 5 期。
[3] 山西省考古研究所、山西博物院、长治市博物馆：《长治分水岭东周墓地》，文物出版社，2010 年。

图二七四 辉县琉璃阁甲墓出土的部分铜容器

程村墓地 M1002[1] 等墓葬中。分水岭 M269 的铜鉴腹部饰散螭纹和横鳞纹，同出土的铜鼎 M269:8 使用的较宽的直角填充式变形蟠螭纹为本文第三组墓葬中才流行的。由此看来，这两件铜鉴的年代应略早于分水岭 M269 的年代。

M30 出土了两件形制相同的铜簠。长方形，盖、身形制相同，两者扣合。斜壁，口沿处有一段直壁，下附长方形圈足。圈足中央有"凸"字形的缺口。盖、身短边中部各附加两个半环形兽首錾钮。盖顶及斜面均饰两层一组的蟠螭纹条带。对青铜簠进行研究的文章有张婷的《两周青铜簠初步研究》[2] 和胡嘉麟的硕士论文《两周时期青铜簠研究》[3]。M30 的这两件铜簠属于张婷文章中的 Ae 型，

---

[1] 中国社会科学院考古研究所、山西省考古研究所、运城市文物局、临猗县博物馆：《临猗程村墓地》，中国大百科全书出版社，2003 年。
[2] 张婷：《两周青铜簠初步研究》，载《四川文物》，2009 年第 1 期。
[3] 胡嘉麟：《两周时期青铜簠研究》，陕西师范大学硕士学位论文，2007 年。

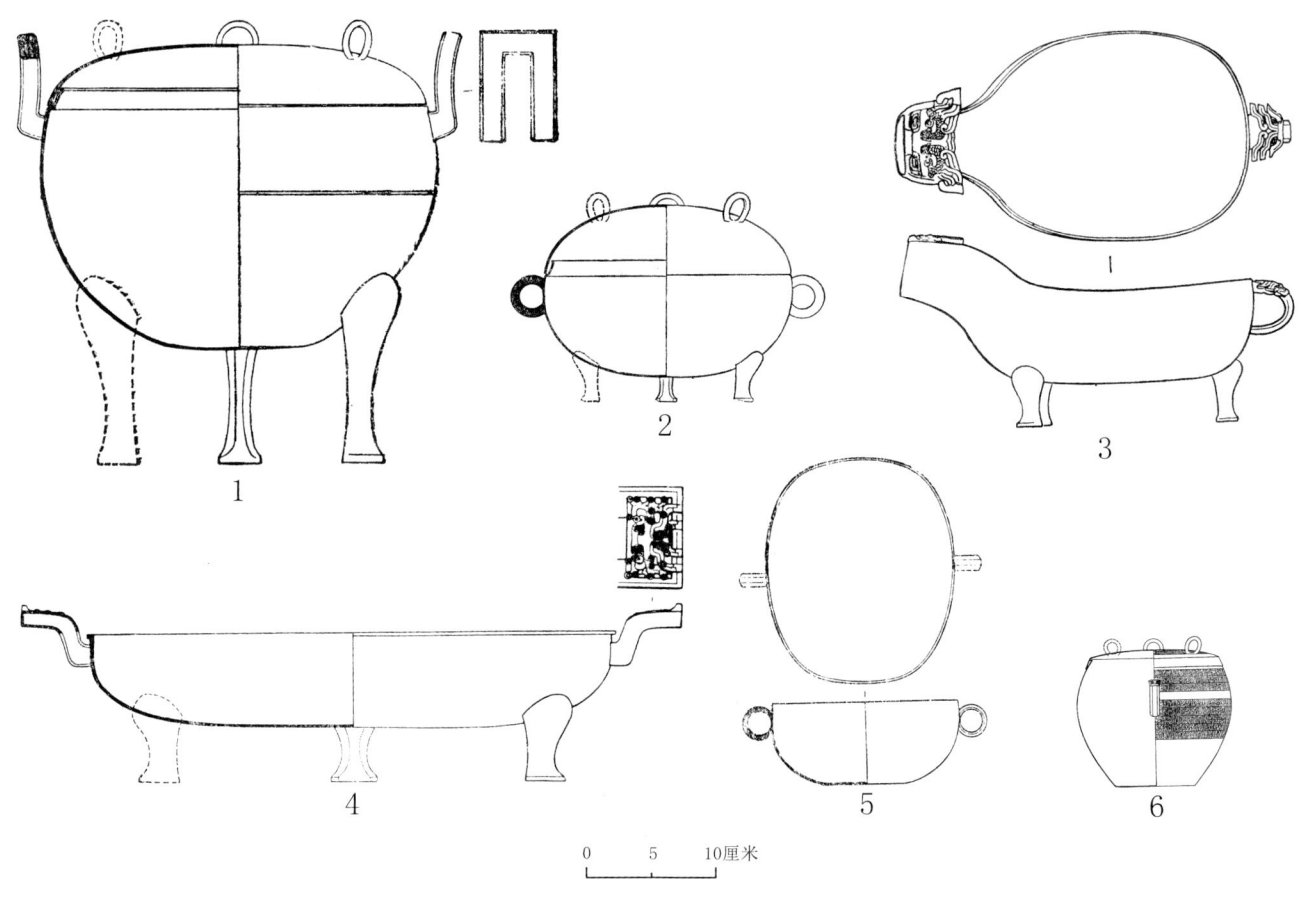

图二七五 上马墓地 M1027 出土的铜容器
1. 铜鼎（4） 2. 铜敦（1） 3. 铜匜（7） 4. 铜盘（8） 5. 铜舟（10） 6. 铜罐（9）

"凸"字形缺口的长方形圈足，年代为春秋早中期。她的文章中曾提到，春秋早中期是铜簠发展的兴盛期，特点是腹部变深，器身和器盖的口沿下出现一段折壁，并且随着时间的推移折壁由短变长。这一时期出现了"凸"字形缺口，内凹较大，圈足外侈。M30 的铜簠正好符合春秋早中期的特征，而且这对簠纹饰已经变为蟠螭纹，具有了春秋中期新的时代特点。

M30 出土的两件形制相同的铜簠，方唇，口沿略微斜折，腹微鼓，平底，下附有八个倒三角形镂孔的圈足，腹上部饰两带兽首的半环形双鋬，器盖隆起，上有喇叭形捉手，口沿上有三个小卡扣与器身盖合，腹身和器盖上饰蟠螭纹。春秋中晚期，铜敦和铜盆的流行代替了西周时簠的地位，与鼎相配使用，这一时期的铜簠非常少。已发表的资料中未见与这两件铜簠完全相同的器物，唯一可以比较的是辉县琉璃阁墓甲出土的方座簠（图二七四），与这件簠器型相似，但腹较深，无双鋬，盖与器腹上饰较宽的变形蟠螭纹，这种纹饰出现在本文瓦窑坡墓地的第三组墓葬中，因此第一组墓葬的年代应早于琉璃阁墓甲的年代。

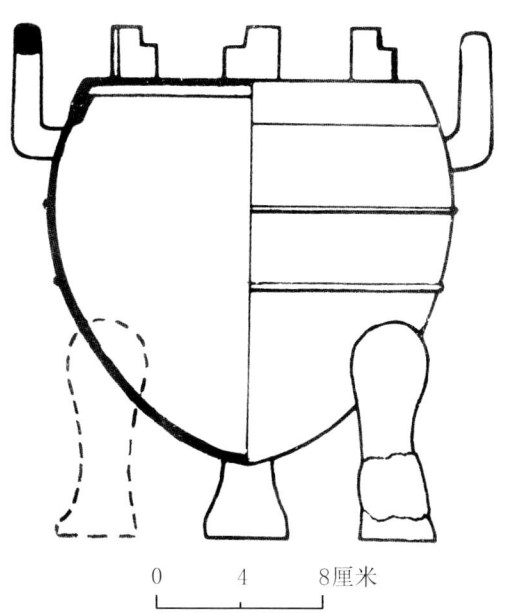

图二七六 临猗程村墓地

铜鼎 M1120:1

综上讨论，瓦窑坡墓地第一组墓葬的出土器物，在器物组合、形制特征和纹饰风格方面，与乡宁嘉父山 M4、洛阳西工区 M8832 和枣庄徐楼 M1 三座墓葬共性很多，因此在给第一组墓葬断代时，我们可以参考这三座墓葬的年代，应在春秋中期偏晚段。徐楼 M1 出土的 3 件铜鼎及 2 件铜铺是宋公固为女儿所做的媵器[1]，宋公固在位时间为公元前 588 至前 576 年，为这一组铜器的绝对年代提供了一个相对准确的年代范围。

第二组

第二组墓葬中，铜鼎为子母口，弧形盖或平盖微弧，三环钮，附耳，蹄形足瘦高。

M17 的 3 件鼎形制相同，大小略异。M17:2，腹部圆鼓，圜底近平，盖面和上腹部饰蟠螭纹。这种类型的鼎与上马墓地的 Ba 型鼎形制相同，如 M1027:4（图二七五—1），素面，同出土的器物还有敦、舟、盘、匜、罐等，器物皆为素面，唯罐的腹部和盖面饰细密的蟠螭纹。洛阳中州路西工段的 III 式鼎 M4:40 也是此类型鼎，纹饰也相同，同出土的有敦、簠、罍、盘、匜等，年代为春秋中期。在《晋系青铜器研究：类型学与文化因素分析》一书中，将此型鼎归为 Jc 类器，即是在商文化和周文化两种文化的交互影响下形成的具有鲜明地方特色的晋式青铜器[2]。

---

[1] 枣庄市博物馆等：《山东枣庄徐楼东周墓发掘简报》，载《文物》，2014 年第 1 期。
[2] 赵瑞民、韩炳华：《晋系青铜器研究：类型学与文化因素分析》，山西人民出版社，2005 年。

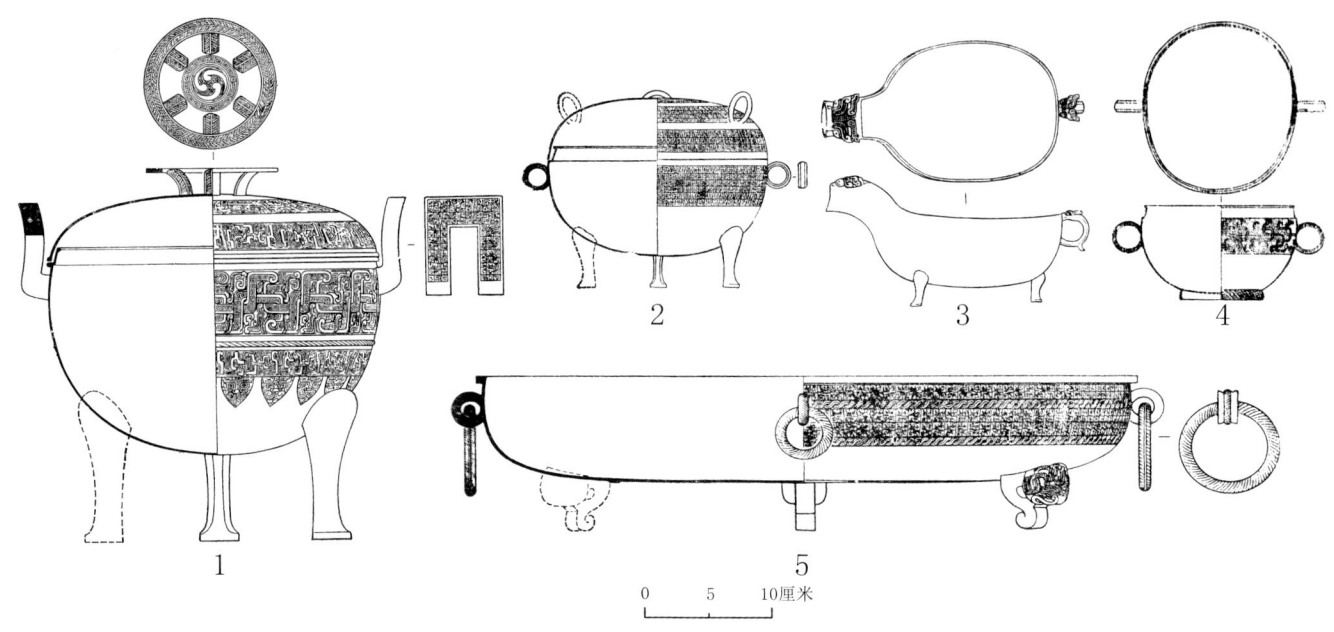

图二七七 上马墓地 M1026 出土的铜容器
1. 铜鼎（1） 2. 铜敦（3）
3. 铜匜（6） 4. 铜舟（7）
5. 铜盘（8）

M21 铜鼎深腹、圜底略尖。临猗程村墓地曾出土 1 件铜鼎 M1120:1（图二七六），球形鼓腹极深，尖底，蹄形足粗壮，通体厚重，或可将其与 M21 的鼎视为同一类型鼎。赵瑞民先生认为程村的这件铜鼎"器型接近淅川下寺 M3:9 鼎，显然受楚文化因素影响"[1]。

本组器物中广泛使用的四方连续的蟠虺纹，在侯马铸铜遗址出土过这种纹饰的陶模[2]。（图二八三—1）

这一组墓葬中出土的器物，在承袭了上一组的整体风格后，纹饰变得细密化，如广泛使用的四方连续的蟠虺纹。当然，不只是中原地区如此，其他地区的纹饰也有细密化的趋势。年代比第一组的年代略晚，应处于春秋中晚期之际。

第三组

第三组墓葬中，器物组合延续了前两组形成的组合。铜鼎基本形制没变，仍为子母口附耳盖鼎，由三环钮变成了喇叭形捉手，蹄形足变矮。纹饰上，上一组的蟠虺纹继续流行，直角填充式变形蟠螭纹开始出现，粟点衬地的蟠蛇纹、垂叶兽面纹也出现较多，敦钮上出现了麦穗纹的装饰。可与本组器物进行比较的有上马墓地 M1026（图二七七），无论在器物组合方面，还是器物形制、纹饰方面都极为类似。其中圈足舟（图二七七—4）与 M20 的铜舟 M20:8 几乎完全相

---

[1] 赵瑞民、韩炳华：《晋系青铜器研究：类型学与文化因素分析》，山西人民出版社，2005 年。
[2] 山西省考古研究所：《侯马铸铜遗址》，文物出版社，1993 年。

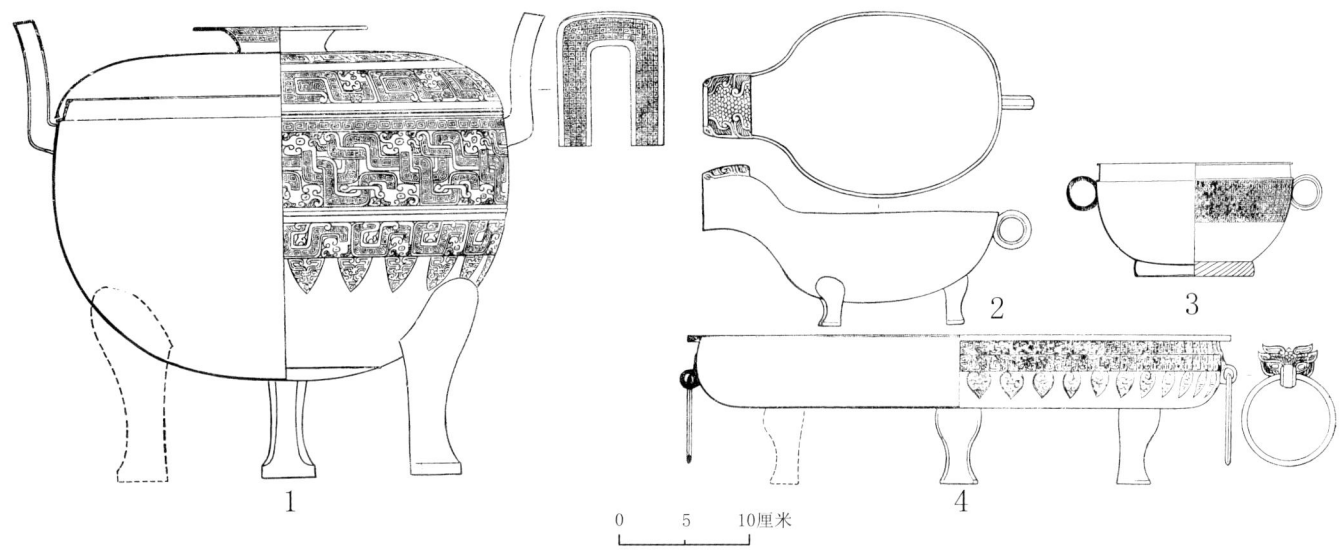

图二七八 上马墓地M4006出土的铜容器
1. 铜鼎（5） 2. 铜匜（8）
3. 铜舟（7） 4. 铜盘（6）

同，铜盘（图二七七—5）与M23的铜盘M23:18都为环耳相套、兽形卷尾足样式。环耳套环的装饰手法，较多见于楚文化墓葬中，是楚文化铜盘的典型特征[1]。可见这件铜盘吸收了楚文化因素，体现了晋文化与楚文化的相互交流。杨建军先生认为上马墓地M1026的年代为春秋中期晚段[2]。

铜鼎M23:22腹部与盖面的纹饰与上马墓地M4006的铜鼎M4006:5（图二七八—1）的纹饰完全相同，为龙首状的变形蟠螭纹。侯马铸铜遗址出土了类似纹饰的陶范[3]（图二八三—2）。M4006还出土有舟、盘、匜，都与本组同类器物相似。可见年代也比较接近。

M23出土的铜器组合，乃至于鼎、敦、盘、匜等器物的形制与上马墓地M1026（图二七七）、M4006（图二七八）等墓葬中出土的铜类器物十分接近。《上马墓地》中将上述两座墓葬的年代定在该墓地分期的四期7、8段，年代大约相当于春秋晚期偏早阶段。

M22出土了1件铜鍑M22:9，子母口，弧形盖，三环钮，绳索状附耳，喇叭形圈足，整体呈椭圆形，纹饰为细密的蟠虺纹。铜鍑作为起源于北方民族的青铜炊器[4]，在晋国地区也多有发现，尤其是春秋中晚期，如侯马墓地和临猗程村墓

---

[1] 山西省考古研究所：《侯马铸铜遗址》，文物出版社，1993年。
[2] 杨建军：《三晋东周铜器墓初论》，载《中原文物》，2005年第3期。
[3] 山西省考古研究所：《侯马铸铜遗址》，文物出版社，1993年。
[4] 郭物：《青铜鍑在欧亚大陆的初传》，见《欧亚学刊》（第一辑），中华书局，1999年。

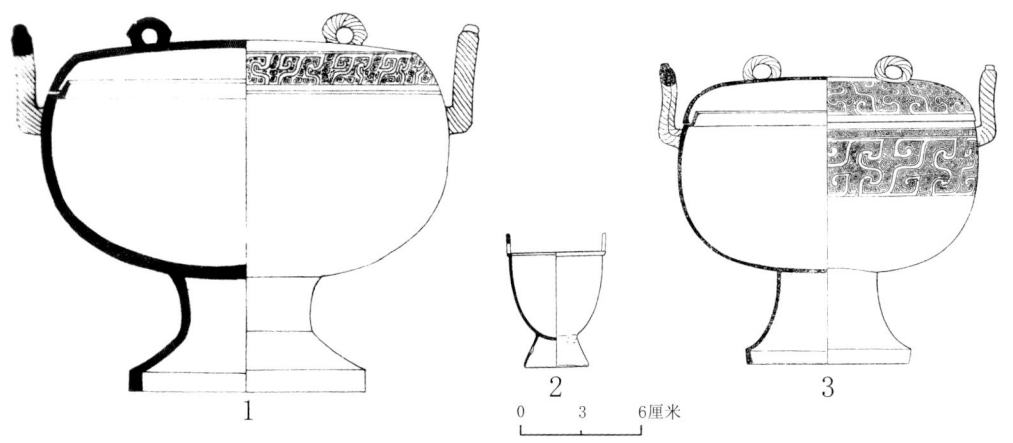

图二七九 铜镟比较
1. 原平刘庄塔岗梁东周墓铜镟
2. 上马墓地铜镟 M2008:45
3. 浑源李峪东周墓铜镟

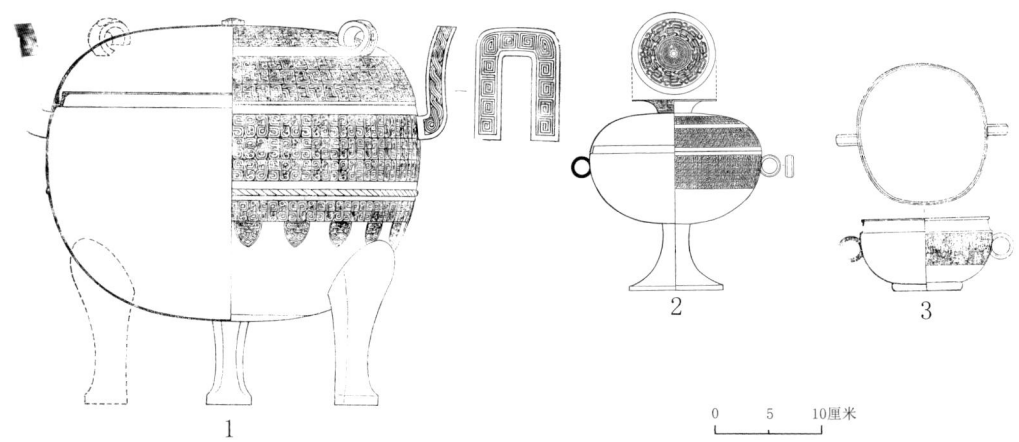

图二八〇 上马墓地 M1002 出土的铜容器
1. 铜鼎（7） 2. 铜豆（4）
3. 铜舟（5）

地都有出土。这件铜镟附耳、圆腹、高圈足的特征不同于上马墓地 M2008:45（图二七九—2）的立耳、斜腹、矮圈足，且上马墓地的这件铜镟很小，素面，应为明器。同为附耳的见于春秋晚期的原平刘庄塔岗梁东周墓（图二七九—1）和浑源李峪东周墓（图二七九—3），但形制和纹饰均相差甚多。琉璃阁甲墓出土的髹漆蟠螭纹盖豆（图二七四，二排左三），有盖，盖隆起，顶较平，中间有六柱环形捉手，器身有子口，附耳外曲，圜底，喇叭形座较低，盖、身饰变形蟠螭纹。虽称为盖豆，却与 M22 的铜镟很相似，六柱环形捉手和变形蟠螭纹都是第三组墓葬中较为流行的，同出土的铜鼎、铜敦也与本组的铜鼎铜敦形制纹饰相似。关于琉璃阁甲乙二墓的年代，李学勤先生认为，"鉴于甲乙墓青铜器有些器形还保留春秋前期的型式，如圈足下有三小足的瓦纹簠、足上有镂孔花纹的铺等，同时也出现了不少新的器形和纹饰。总的说来，我们认为应列为春秋中期"[1]。宋玲平认为墓

---

[1] 河南博物院、台北历史博物馆：《辉县琉璃阁甲乙二墓》，大象出版社，2003 年。

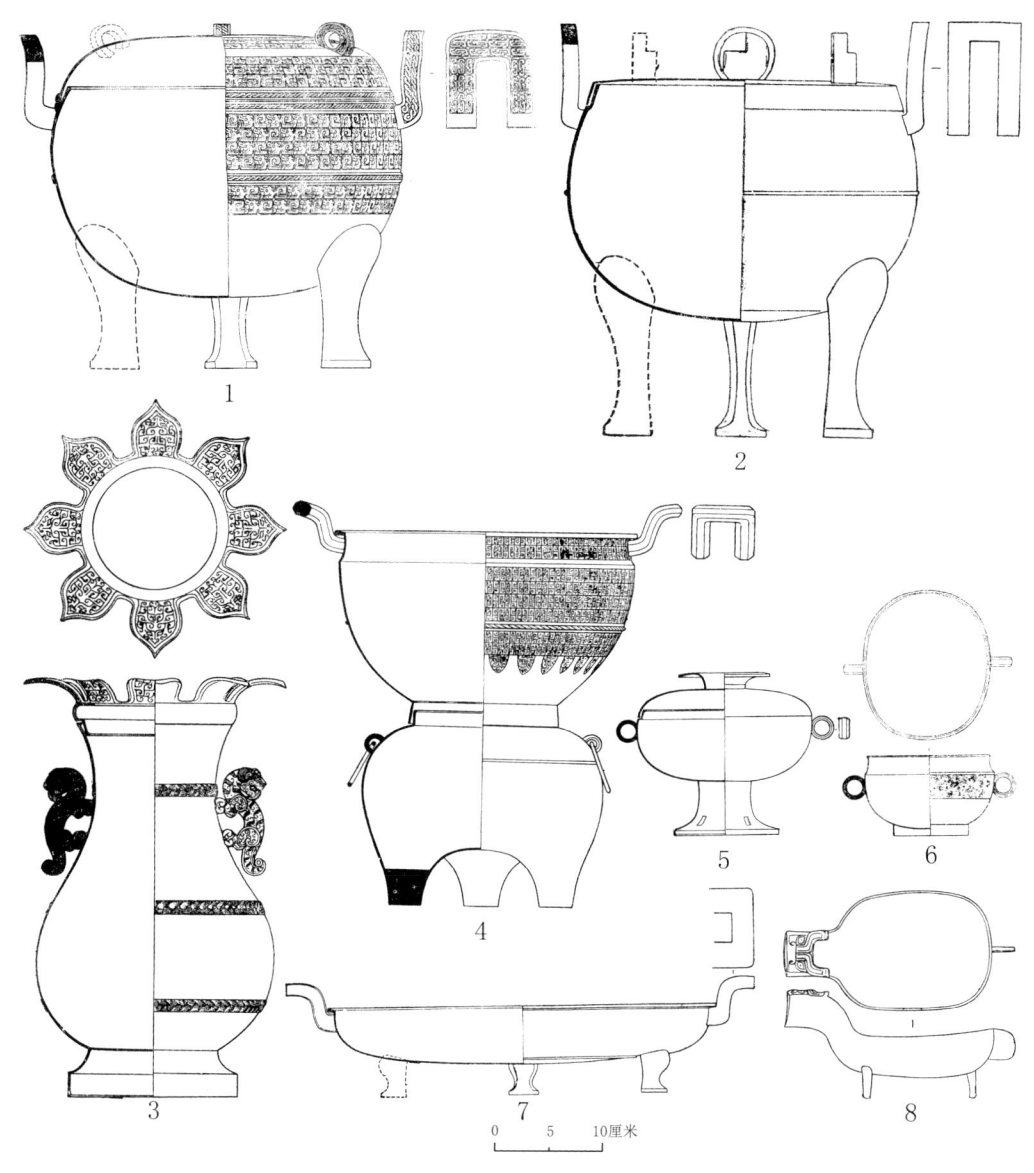

图二八一 上马墓地 M15 出土的铜容器
1、2. 铜鼎（16、29） 3. 铜壶（7）
4. 铜甗（13） 5. 铜豆（10）
6. 铜舟（15） 7. 铜盘（9）
8. 铜匜（14）

甲墓乙为春秋晚期早段[1]。现在，大多数学者公认辉县甲乙二墓应是春秋中晚期之际[2]。

M22 这件铜鍑，在保留北方民族铜鍑基本形制的基础上，融合了中原地区的装饰特色，如三环钮、附耳、以蟠螭纹为主纹饰，与瓦窑坡墓地出土的其他器物相一致，是在吸收北方文化因素的基础上进行的创新改造，以融合自身文化，体现了中原地区与北方各民族的文化交流。

综上，笔者认为第三组墓葬的年代应在春秋晚期早段比较合适。

---

[1] 宋玲平：《再议辉县琉璃阁春秋大墓的国别》，载《故宫博物院院刊》，2003年第4期。
[2] 河南博物院、台北国立历史博物馆：《辉县琉璃阁甲乙二墓》，大象出版社，2003年。

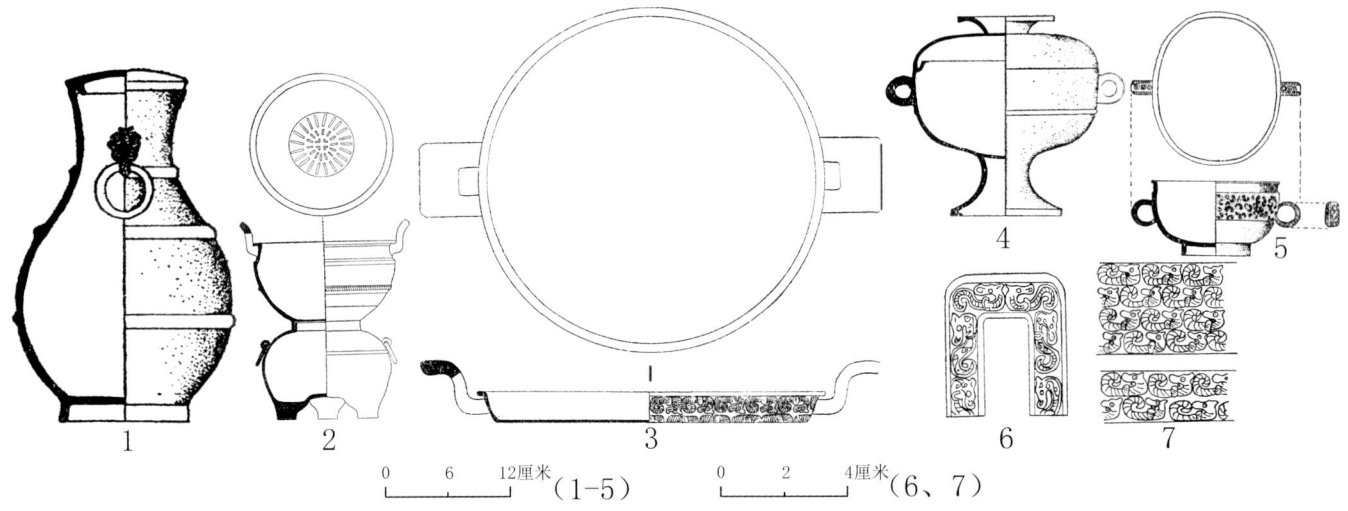

图二八二 邯郸百家村 M57出土的铜容器及纹饰
1.铜壶（8）2.铜甗（1）3.铜盘（43）4.铜豆（5）5.铜舟（26）6.铜鼎（2）附耳正面蟠螭纹 7.铜鼎（2）腹部蟠螭纹

第四组只有M36、M37两座墓葬，M36出土了铜鼎、铜豆、铜壶、铜舟各1件。这一组的器物组合不同于前三组，食器豆的地位上升，敦或有或无。铜鼎蹄形足更低矮，盖面上的三环钮为扁环形，饰有绹索纹，器身、盖上饰细密的蟠虺纹。从出土陶器来看，M36出土了鼎、豆、壶的陶器组合，不同于前几座墓葬的鬲、豆、罐组合，东周时期陶器组合有一个从鬲、豆、罐到鼎、豆、壶的转化[1]，因此，从这方面来看，M36的年代也要明显晚于前几座墓葬。

与M36出土铜器相似的有上马墓地的M15和M1002。M1002出土了1件铜鼎、1件铜豆和1件铜舟（图二七一），与M36的器物组合基本相同，器物形制也相同，纹饰都为四方连续的蟠虺纹。M15出土了铜鼎3件、铜豆2件、铜壶2件、铜甗1件、铜盘1件、铜匜1件、铜舟2件，铜鼎M15:16（图二八一—1）与M36的铜鼎形制相同，腹部和盖面上的蟠螭纹，在侯马铸铜遗址出土过类似这种纹饰的陶范[2]。该墓铜豆（图二八一—5）的圈足较低，有镂孔装饰；铜壶（图二八一—3）较M36的铜壶要华美，有盖，长颈，鼓腹，高圈足，盖为莲花瓣状，花瓣面饰兽首纹，盖为子口，套入壶口内，颈两侧各有一虎形耳作回首卷尾状，器身饰3周辫形绹纹。M36的铜壶原为铺首衔环耳，铺首已残，仅剩两环耳，腹最大径处于腹中部位置，在颈部和腹最大径处各饰一周辫形绹纹。与M29的大圆壶相比，腹最大径明显靠上，这正好符合高明先生的结论，东周时期壶的变化在于腹最大径的逐步上移。

---

[1] 中国科学院考古研究所：《洛阳中州路（西工段）》，科学出版社，1959年。
[2] 山西省考古研究所：《侯马铸铜遗址》，文物出版社，1993年。

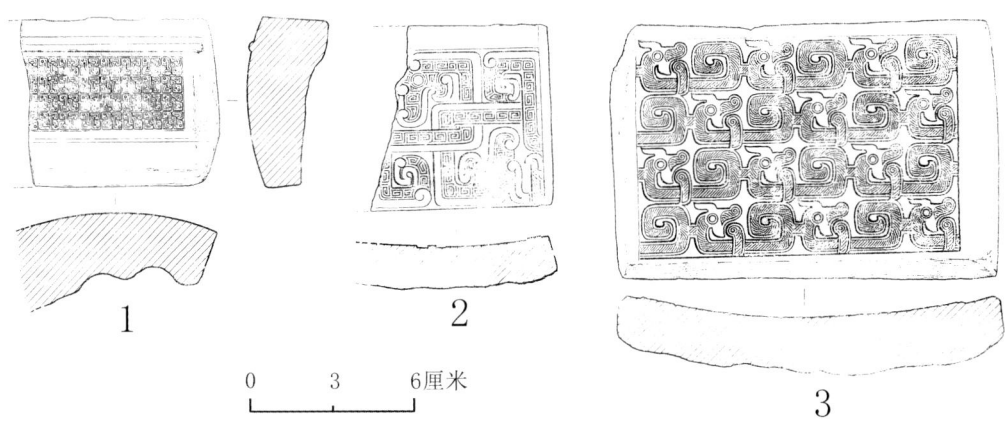

图二八三 侯马铸铜遗址出土的部分纹饰陶模和陶范
1. 蟠虺纹模Ⅱ T17H37:2
2. 蟠螭纹范Ⅱ T16H25:4
3. 蟠螭纹范Ⅱ T81H126:41

邯郸百家村 M57 出土的铜壶（图二八二—1）与 M36 的铜壶非常相似，有盖，兽面衔环。同出土的器物还有鼎、甗、豆、盘、舟、匜（残损），器物组合与上马 M15 相同。铜鼎 M57:2 附耳正面的蟠螭纹（图二八二—6）与 M36 铜鼎附耳正面的蟠螭纹相同，腹部的蟠螭纹（图二八二—7）与上马 M15:16 的纹饰相同。盖豆（图二八二—4）短柄深盘，与上马 M15 的盖豆相似。可见，邯郸百家村 M57 与上马 M15 的年代应比较接近，瓦窑坡 M36 的年代也应与此二墓年代相差不远。简报中认为百家村 M57 同其他墓葬的年代都为战国中期[1]，可观察发现，M57 的年代明显要比 M3 早，M3 中已出现鬲形鼎和器身器盖完全相同的铜敦，这些是偏晚时期出现的器物，在 M57 中未见，因此把 M57 断为战国中期是不恰当的。杨建军先生把百家村 M57 和上马 M15 的年代定为春秋晚期晚段[2]。

综合来看，瓦窑坡墓地的年代从春秋中期偏晚延续到了春秋晚期到战国早期之际。从文化面貌来看，与晋系墓葬的葬俗十分接近，应属于广义的晋文化范畴。瓦窑坡墓地的发现反映出春秋时期晋国对吕梁山地的开发，是晋文化向北方发展的直接反映。

---

[1] 河北省文化局文化工作队：《河北邯郸百家村战国墓》，载《考古》，1962 年第 12 期。
[2] 杨建军：《三晋东周铜器墓初论》，载《中原文物》，2005 年第 3 期。

第五章 结 语

综合来看，可从瓦窑坡墓地出土资料中得到以下几点认识：

一、墓葬年代

瓦窑坡墓地发现的墓葬，根据出土遗物的差异，可分为如下四组：

第一组，包括铜器墓M18、M26、M29、M30，年代大约相当于春秋中期偏晚阶段；

第二组，包括铜器墓M17、M21，年代大约相当于春秋中晚期之际；

第三组，包括铜器墓M20、M22、M23，陶器墓M24、M32、M35，年代大约相当于春秋晚期偏早阶段；

第四组，包括铜器墓M25、M36，陶器墓M37，年代大约相当于春秋晚期偏晚阶段。

二、墓地属性

从文化面貌来看，瓦窑坡墓地的葬俗与晋系墓葬的葬俗十分接近。而与瓦窑坡墓地性质相近的墓地，在乡宁县嘉父山也有发现[1]。这些墓葬材料应属广义的晋文化范畴。瓦窑坡墓地的发现反映出春秋时期晋国对吕梁山地的开发，是晋文化向北方发展的直接反映。

此外，瓦窑坡墓地所在的隰县，是东周文献中记载的"蒲"地，据《史记·晋世家》记载，晋献公（公元前676—前651）在位时，大量消灭晋国周围的小国，曾让重耳和夷吾分别掌管晋国北部的边地"蒲"和"屈"。至迟在晋献公时期，晋国的势力已经深入到了吕梁山南缘。在"骊姬之乱"中，重耳为避难逃至蒲地。

---

[1] 嘉父山考古队：《嘉父山墓地考古收获》，载《文物世界》，2009年第6期。

整体来看，瓦窑坡墓地的这批资料对于认识春秋时期高等级贵族墓葬的葬俗和器用制度提供了难得的实物资料。尤其是其中的M29、M30两座高等级的墓葬，填补了三晋地区春秋中期高等级墓葬的空白。此外，这批材料对于深入认识春秋时期侯马铸铜作坊兴起前后晋国青铜器的技术演进和原料变迁提供了十分难得的材料。

附录 1

加速器质谱（AMS）^{14}C 年代测试报告

北京大学加速器质谱实验室、第四纪年代测定实验室

Lab 编号	样品	样品原编号	碳十四年代（BP）	树轮校正后年代 1σ(68.2%)	树轮校正后年代 2σ(95.4%)
BA152312	动物骨骼	M18	2435±30	728BC(5.2%)716BC 709BC(6.5%)694BC 657BC(1.2%)654BC 542BC(55.2%)416BC	751BC(21.5%)683BC 669BC(7.7%)637BC 625BC(1.0%)615BC 592BC(65.1%)406BC
BA152313	动物骨骼	M29	2430±25	701BC(1.9%)696BC 540BC(66.3%)414BC	748BC(18.4%)685BC 666BC(5.5%)642BC 587BC(0.4%)581BC 556BC(71.1%)406BC
BA152314	动物骨骼	M17	2155±30	351BC(29.5%)303BC 210BC(36.2%)164BC 128BC(2.5%)121BC	357BC(35.4%)282BC 258BC(1.3%)245BC 236BC(58.7%)95BC
BA152315	动物骨骼	M21	2455±25	748BC(29.0%)685BC 667BC(10.8%)641BC 588BC(2.0%)580BC 559BC(26.3%)487BC	754BC(30.3%)681BC 670BC(17.2%)610BC 595BC(48.0%)415BC
BA152316	动物骨骼	M23	2315±25	402BC(68.2%)383BC	410BC(95.4%)361BC
BA152317	动物骨骼	M20	2480±30	756BC(11.1%)728BC 717BC(3.6%)706BC 694BC(5.6%)679BC 671BC(47.9%)542BC	774BC(94.9%)482BC 441BC(0.5%)434BC
BA152318	人骨	M22	2320±25	403BC(68.2%)385BC	411BC(95.4%)361BC
BA152319	人骨	M25	2525±25	788BC(28.7%)750BC 683BC(11.1%)668BC 638BC(28.5%)590BC	794BC(33.7%)736BC 689BC(14.3%)663BC 648BC(47.4%)547BC

注：所用碳十四半衰期为 5568 年，BP 为距 1950 年的年代。

树轮校正所用曲线为 IntCal13 atmospheric curve (Reimer et al 2013)，所用程序为 OxCal v4.2.4 Bronk Ramsey (2013)；r：5。

1. Reimer,P.J.,Bard,E.,Bayliss,A.,Beck,J.W.,2013.IntCal13 and Marine13 radiocarbon age calibration curves 0–50,000 years cal BP,Radiocarbon 55, 1869–1887.

2. Christopher Bronk Ramsey 2015,https://c14.arch.ox.ac.uk/oxcal/OxCal.html.

附录 2

隰县瓦窑坡墓地随葬动物分析

贾 尧

山西省考古研究院　太原　030001

瓦窑坡墓地 M17、M18、M20、M21、M23、M25 及 M29 出土部分铜鼎内发现少量祭祀所用的动物骨骼，为了解其用牲种类，对此批动物骨骼进行了鉴定分析，并探讨了当时随葬用牲种类和用牲方式的特点。

一、鉴定结果

（1）M17

M17:2 铜鼎内随葬有羊的左侧肱骨、肩胛骨、髋骨，右侧胫骨、髋骨、跟骨、距骨，指/趾骨 2 件，左、右侧肋骨各 6 件及胸椎 4 件，所属部位为左前肢、右后肢及部分中轴骨。从骨骺愈合程度判断其年龄在 6 个月以下。(图 1 ～图 3)

（2）M18

M18∶3 铜鼎内随葬有一只近完整的乳猪，不见其左侧跟骨、右侧距骨、掌骨及部分腰椎，从牙齿萌出及骨骺愈合程度判断其年龄在 4～5 个月之间。(图 4、图 5)

（3）M20

M20∶12 铜鼎内随葬有羊的右侧肩胛骨、左侧尺骨和桡骨，胸椎 2 件，左侧肋骨 3 件，右侧肋骨 7 件及部分软肋，所属部位为左、右前肢及中轴骨。从骨骺愈合程度看其年龄在 1～2.5 岁。(图 6、图 7)

（4）M21

M21∶5 铜鼎内随葬有羊的右侧肩胛骨、桡骨、尺骨、腕骨，左侧肋骨 2 件，胸椎 2 件，所属部位为右前肢及中轴骨。从骨骺愈合程度看其年龄在 6～10 个月。

M21∶9 铜鼎内仅随葬两件羊的左侧肋骨。

图 1 M17:2 随葬羊骨

图 2（左） M17:2 羊跟骨表面切割痕

图 3（右） M17:2 距骨表面切割痕

图 4（左） M18:3 猪下颌骨内侧切割痕

图 5（右） M18:3 猪头骨枕髁处切割痕

图 6 M20:12 随葬羊骨

图 7 M21:5 随葬羊骨

图 8（左）M23:13 随葬羊骨

图 9（右）M23:15 随葬羊骨

图 10（左）M23:15 羊骨锥弓表面切割痕

图 11（右）M23:15 羊股骨头表面切割痕

(5) M23

M23 有四件铜鼎内随葬动物，属肢解的同一绵羊个体。从骨骺愈合程度看其年龄大于 3.5 岁。

M23:13 内随葬左侧肱骨、右侧肋骨 2 件及少量软肋，属左前肢及部分中轴骨；

M23:15 内随葬左侧髋骨、股骨、髌骨以及胸椎 2 件，属左后肢及部分中轴骨；

M23:16 内随葬右侧髋骨、腰椎 1 件及右侧肋骨 2 件，属右后肢及部分中轴骨；

M23:22 内随葬左侧肩胛骨、尺骨、桡骨、腕骨及左侧肋骨 2 件，属左前肢及部分中轴骨。（图 8～图 15）

(6) M25

铜器编号不详，随葬有羊的右侧胫骨、左侧肩胛骨以及牛的右侧股骨，羊的骨骺已愈合，牛的股骨近端骨骺尚未愈合。

图 12(左) M23:16 随葬羊骨

图 13(右) M23:22 随葬羊骨

图 14(左) M23:16 羊骨锥体表面切割痕

图 15(右) M23:16 羊耻骨表面切割痕

(7) M29

M29：5 铜鼎内随葬有一只近完整的乳猪，不见其左侧胫骨、左右侧跖骨及部分胸椎、腰椎，根据牙齿萌出推断其年龄在 5～6 个月。

M29：44 铜鼎内随葬有羊的左侧尺骨、桡骨及右侧股骨、胫骨，所属部位为左前肢及右后肢，根据骨骺愈合程度推断其年龄在 3 岁以下。（图 16、图 17）

M29：45 铜鼎内随葬有山羊的左右侧肩胛、尺骨、桡骨、肱骨、股骨、胫骨、髋骨，胸椎 5 件，腰椎 3 件，左侧肋骨 8 件，右侧肋骨 9 件，所属部位为左、右侧前后肢及中轴骨。根据骨骺愈合程度判断其年龄在 3～3.5 岁。

二、比较分析

（1）随葬动物种类及组合

瓦窑坡墓地随葬动物种类有牛、羊（根据骨骼形态可鉴别出绵羊、山羊

图 16(左) M29:44 内随葬羊骨

图 17(右) M29:44 内随葬羊肢骨部分

的均已单独标注，无法鉴定的均以羊统称）和猪，以羊为主，猪次之，牛最少。组合形式有四种：① 牛、羊组合：M25；② 单独随葬羊：M17、M20、M21、M23；③ 羊、猪组合：M29；④ 单独随葬猪：M18。《大戴礼记·曾子天圆》记载："诸侯之祭，牲牛，曰太牢；大夫之祭，牲羊，曰少牢；士之祭，牲特豕，曰馈食。"可见随葬牛、羊组合的墓葬等级要高于随葬羊、猪组合或单独随葬羊、猪的墓葬，随葬羊、猪组合或单独随葬羊的墓葬要高于单独随葬猪的墓葬。根据此来推断墓葬等级显然过于片面，还需结合墓葬规格、随葬品数量及组合等因素综合考虑。

（2）随葬动物年龄结构

结合牙齿萌出及骨骺愈合程度对随葬动物的年龄进行鉴定，仅发现牛的一件股骨及部分肋骨，年龄在 3.5 岁以下；羊的年龄构成可能为三段：10 个月以下，1～2.5 岁，大于 3 岁，其随葬年龄无规律；随葬的两只猪的年龄均在 6 个月以下，均为幼年，可见其在猪的年龄选择上有一定的控制，选用幼牲祭祀。周人祭祀尚用幼牲，《礼记·郊特牲》："用犊，贵诚也。"曲村、虒祁遗址等祭祀所用牛、羊牲即以幼犊为主。

（3）动物随葬方式

首先，在部分肢骨、脊骨及肋骨的关节部位可见明显的肢解切割痕迹，痕迹浅显，多成排平行分布，肢解部位固定，可见其肢解手法之娴熟；其次，在羊、猪的骨骼上均发现有肢解痕迹，均是被肢解后使用的，即使是近完整的猪牲也是被肢解后放入鼎中的。羊牲的随葬方式有两种：一种为仅随葬部分肋骨或肢骨，另一种为肢骨和肋骨、脊椎骨组合使用。羊牲的随葬部位不见头骨，且随葬的肢骨均不用掌骨、跖骨至蹄骨的脚蹄部位。《仪礼·士丧礼》载："其实特豚，四鬄，去蹄，两胉、脊、肺。"注：去蹄，去其甲，为不洁清也。可见猪在祭祀时是不用脚骨部分的。但从瓦窑坡墓地的随葬情况来看，在羊的随葬上是不用头骨及脚骨的，而猪基本上是近完整的个体。此外，《仪礼·既夕礼》载："厥明，陈鼎五于门外，如初。其实。羊左胖，髀不升，肠五，胃五，离肺。豕亦如之，豚解，无肠胃。"遣奠尚用羊牲、猪牲的左前肢，但瓦窑坡墓地随葬的羊、猪左右侧前后肢均有使用，且常组合使用，可见其动物的随葬方式与文献记载存在差异，具有一定的地域特色。同时，从羊牲的随葬上还可看出，有单独随葬部分肢骨和脊、肋骨的，如 M17、M20；也有将单个个体肢解后分装进不同的鼎内随葬的，如 M21、M23；还有将不同个体肢解后将其部分肢骨、中轴骨分装进不同的鼎内随葬的，如 M29，这些差异应与其墓葬等级及用鼎数量有关。

三、小结

瓦窑坡墓地随葬动物种类以羊为主，次为猪，牛最少；随葬动物的组合有牛、羊组合，羊、猪组合及单独随葬羊或猪，以单独随葬羊牲多见，不同的随葬组合应与其墓葬等级有关；羊牲的随葬年龄无规律，幼年、成年均有，猪牲的随葬年龄存在选择性，均以 6 个月以下的幼猪随葬；在羊牲的随葬上，多以肢骨、脊骨或肋骨组合使用，且不随葬头骨及掌骨、跖骨至蹄骨的脚骨部位，左、右侧肢骨均使用。随葬的猪牲基本为完整个体，且经肢解，缺失的骨骼部位无规律可循，可能是受保存条件的影响，随葬时应为完整的个体。

瓦窑坡墓地随葬动物在用牲方式上与文献记载的有吻合，亦存在差异，显示出一定的地域特色，为研究周代的丧葬习俗、祭祀礼仪及鼎食制度提供了新的对比资料。

隰县瓦窑坡墓地出土动物骨骼鉴定表

单位号	属种	年龄	部位	痕迹
M17:2	羊	6个月以下	肱骨(左1)、肩胛骨(左1)、髋骨(左1、右1)、胫骨(右1)、跟骨(右1)、距骨(右1)、指/趾骨(2)、肋骨(左6、右6,有第一肋骨)、胸椎(4,包含最后一节胸椎)	跟骨齿突前外侧有2道割痕,距骨内、外脊背侧各有2道割痕,距骨内髁有1道割痕,痕迹较深、细、短
M18:3	猪	4～5个月	不见左侧跟骨、右侧距骨、掌骨,腰椎多不见,近完整个体	右侧枕髁有1道浅、细的割痕,右侧下颌上升支髁突下外侧有1道较深的割痕
M20:12	羊	1～2.5岁	肩胛骨(右1)、尺骨(左1)、桡骨(左1)、胸椎(2)、肋骨(左3、右7)、部分软肋	肩胛骨远端内侧(近肩臼处)有2道短的割痕,尺骨鹰嘴突有2道割痕,桡骨近端前侧内、外各有数道割痕,右肋骨体远端内侧有1道割痕,右侧第一肋骨骨体近端内侧有3道割痕,胸椎左横突后有1道割痕
M21:5	羊	6～10个月	肩胛骨(右1)、桡骨(右1)、尺骨(右1)、腕骨(右5)、胸椎(2)	尺骨冠状突内侧有2道割痕,桡骨近端前侧内、外各有2道割痕,胸椎横突后侧、肋骨头关节面各有1～2道割痕,痕迹浅、细、短
M21:9	羊	不详	肋骨(左2)	一件肋骨结节内侧有2道割痕
M23:13	绵羊	大于3～3.5岁	肱骨(左1)、肋骨(右2)、少量软肋	肱骨远端内脊上有3道斜向短、浅的割痕,肋骨颈内侧有3道较深的割痕
M23:15	绵羊	大于3～3.5岁	髋骨(左1)、股骨(左1)、髌骨(左1)、胸椎(2)	耻骨腹侧(髋臼处)有1道割痕,股骨头上有2道旋切的割痕,股骨远端内髁有4道割痕,胸椎左、右横突后侧及椎弓后侧各有1～5道割痕,痕迹均较浅、细、短
M23:16	绵羊	大于3～3.5岁	肋骨(右2)、髋骨(右1)、腰椎(1)	耻骨腹侧有2道割痕,腰椎椎体腹内侧有1道割痕,痕迹浅、细
M23:22	绵羊	大于3～3.5岁	肩胛骨(左1)、尺骨(左1)、桡骨(左1)、腕骨(左5)、肋骨(左2)	桡骨近端骨体内侧有6～10道割痕,外侧2道有割痕,痕迹浅、细、短

单位号	属种	年龄	部位	痕迹
M25（铜器内）	羊牛		羊胫骨（右1）、羊肩胛骨（左1）、牛股骨（右1）	
M29:5	猪	5～6个月	左侧胫骨、左右侧跗骨、胸椎、腰椎多不见，应为完整个体	一件左侧肋骨体外有1道浅、细的割痕，右侧下颌骨上升支髁突下外侧有1道割痕，左侧肩胛骨肩臼内侧有1道较深的割痕，左侧枕髁有1道较深的割痕，左侧股骨远端前侧有4道较深的割痕
M29:44	羊	3岁以下	尺骨（左1）、桡骨（左1）、股骨（右1）、胫骨（右1）	骨表可见蠕虫状痕迹，植物根系作用
M29:45	山羊	3～3.5岁	肩胛骨（左1、右1）、尺骨（左1、右1）、桡骨（左1、右1）、肱骨（左1、右1）、股骨（左1、右1）、胫骨（左1、右1）、髋骨（左1、右1）、胸椎（3）、腰椎（3）、肋骨（左8、右9）	均为割痕，平行，浅、细、短。肱骨：左侧肱骨大结节后侧有3道割痕，右侧肱骨大结节外侧有3道割痕，滑车内侧有2道；桡骨：右桡骨近端外侧有4道，左桡骨近端内侧有8道，外侧有2道；股骨：右股骨头一组凌乱割痕，大转子后侧有1道割痕；胫骨：左侧胫骨内外髁间突前侧各一组，胫骨远端内侧有1道，右侧胫骨外髁间突前侧有2道；髋骨：右侧髂骨体腹侧有1道（近髋骨窝处），髋臼（耻骨部分）腹侧边缘9道；4件胸椎：右横突背侧有1～3道，较长；3件腰椎：椎体腹侧、后关节面腹内侧、后关节突腹侧有1～3道；5件左侧肋骨：3件头、颈部有2～3道，2件结节处有1～2道；8件右侧肋骨：5件头、颈部有3～5道；3件头、颈部、结节处各有2～4道

附录 3

隰县瓦窑坡墓地人骨的 C、N 稳定同位素检测报告

侯亮亮[1]、王洋[2]

1. 山西大学考古文博学院　太原　030006
2. 山西省考古研究院　太原　030001

一、材料与方法

为了重建隰县瓦窑坡墓地先民的食物结构，管窥当时的生业经济，随机选取 M22 和 M25 墓葬出土的两个个体的 2 例股骨样品进行分析（表1）。

骨胶原的提取，主要参照 Richards 和 Hedges 的方法[1]。切取骨骼样品 2 克左右，用金刚钻头打磨去除内外表面污染，将清理后的样品用去离子水在超声仪中震动约 10 分钟，去除表面的二次污染，称重记录样品的重量。将称重后的样品放入 0.5mol/L 的盐酸溶液，在 4℃下浸泡。每隔一天更换一次酸液，直至骨头酥软，没有气泡出现。用去离子水将骨样清洗至中性后，加入 0.125mol/L 的 NaOH 溶液 4℃浸泡 20 小时，再次用去离子水清洗至中性。将处于中性的骨样放于 0.001mol/L 的 HCl 溶液中在 70℃下加热 48 小时。待骨样完全溶解于溶液中后，趁热过滤至试管中，得到骨胶原溶液。将试管中的溶液倾斜放于冰箱冷冻室内，零下 20℃冷冻数天。将冷冻好的样品放于冷冻干燥机冷冻干燥 48 小时，得到骨胶原。对所得骨胶原称重，计算骨胶原提取率（表1）。

表 1　隰县瓦窑坡墓地人的出土单位及各项测试数据

实验室号	单位	种属	部位	骨胶原提取率(%)	C(%)	N(%)	C:N	$\delta^{13}C(‰)$	$\delta^{15}N(‰)$
NKU270	M22	人	股骨	11.0	44.5	15.8	3.3	-8.3	11.4
NKU271	M25	人	股骨	17.5	43.5	15.6	3.3	-7.7	10.6

骨胶原稳定同位素的测定在中国农业科学院测试中心进行。测试仪器为配置有 Vario 元素分析仪的 IsoPrime 100 稳定同位素质谱仪。测试 C、N 元素含量所用的标准物质为磺胺（sulfanilamide）。C、N 稳定同位素比值，分别以 IEAE-600、IAEA-CH-6 标定的碳钢瓶气（以 VPDB 为基准）和 IEAE-600、IAEA-N-2 标定氮钢瓶气（以 AIR 为基准）。此外，每测试 10 个样品中插入一个实验室自制骨胶原标样（$\delta^{13}C=-14.7\pm0.1‰$，$\delta^{15}N=7\pm0.1‰$）。样品的 C、N 稳定同位素比值以 $\delta^{13}C$ 和 $\delta^{15}N$ 值表示，分析精度均小于 ±0.1‰。测试数据见表1。

二、骨骼污染判断

骨骼在埋藏过程中，受到湿度、温度及微生物等因素的影响，其结构和化学组成将发生改变。判断骨骼样品中的骨胶原是否被污染，是进行 C、N 稳定同位素分析的前提。

判断骨胶原是否污染的最重要指标当属骨胶原提取率、骨胶原的 C、N 含量和 C/N 摩尔比值。由表1可知，样品的骨胶原提取率分别为 11.0% 和 17.5%，低于现代样品骨胶原的含量（20%）[2]，说明骨样在埋藏过程中骨胶原已经部分降解；样品分别在 43.5%～44.5% 和 15.6%～15.8% 之间，接近于现代样品（C、N 含量分别为 41%、15%）[3]；样品的 C/N 摩尔比值为 3.3，落于未受污染样品的范围内（2.9～3.6）[4]。

由此可以看出，2例取出的骨胶原，均可用作 C、N 稳定同位素分析。

三、结果及讨论

股骨的 C、N 稳定同位素值可以判断墓主人生前10年左右的食物结构情况。M22 和 M25 的 $\delta^{13}C$ 值接近 (-8.3‰ 和 -7.7‰)，说明他/她长期稳定的食物类型(包括植物或动物)以 C_4 食物为主。同时，M22 和 M25 的 $\delta^{15}N$ 值都非常高（11.4‰ 和 10.6‰），说明他们长期食用了大量的动物蛋白。

结合 C、N 稳定同位素原理，可以认为他们主要以粟黍为食物，同时食用了大量以粟黍类食物为食的动物的蛋白。因此，他们应该主要是以粟黍农业及其为基础的家畜饲养业为生。

相对于 M25 而言，M22 的 $\delta^{15}N$ 值较高（11.4‰），说明他/她的食物来源包含了更多的动物蛋白，这说明不同个体的肉食资源获取量可能存在差异。

四、小结

通过对隰县瓦窑坡墓地 M22 和 M25 墓葬出土的两个个体的 2 例股骨样品的 C、N 稳定同位素分析，可以得出以下结论：

1. 先民主要以粟黍为食物，并食用了大量以粟黍类食物为食的动物的蛋白。

2. 先民主要以粟黍农业及其为基础的家畜饲养业为生。

3. 不同个体的肉食资源获取量可能存在差异。

参考文献

[1] Richards M.P., Hedges R.E.M. Stable isotope evidence for similarities in the types of marine foods used by Late Mesolithic humans at sites along the Atlantic Coast of Europe. Journal of Archaeological Science, 1999, 26: 717–722.

[2] Ambrose S H, Butler B M, Hanson D H, et al. Stable isotopic analysis of human diet in the Marianas Archipelago, Western Pacific. American Journal of Physical Anthropology, 1997, 104: 343–361.

[3] Ambrose S.H. Preparation and characterization of bone and tooth collagen for isotopic analysis. Journal of Archaeological Science, 1990, 17: 431–451.

[4] DeNiro M.J. Post-mortem preservation of alteration of in vivo bone collagen isotope ratios in relation to palaeodietary reconstruction. Nature, 1985, 317: 806–809.

附录 4

隰县瓦窑坡墓地遗骸 DNA 研究报告

杜盼新[1]，王晓毅[2]，蒙海亮[1]，韦兰海[3]，李辉[1]

1. 复旦大学生命科学学院现代人类学教育部重点实验室，上海 200433
2. 山西省考古研究院，太原 030001
3. 厦门大学社会与人类学院人类学与民族学系，厦门 361005

一、前言

古 DNA(ancient DNA，aDNA) 是指保留在古代生物遗骸和遗迹中的遗传物质，是一种重要的遗传资源。古 DNA 研究是以分子生物学技术为基础发展起来的一个新兴领域，通过古 DNA 研究能够分析古代生物的谱系、分子演化理论、人类的起源和迁移、动植物的家养和驯化过程等[1]。20 余年来，古 DNA 实验技术不断发展。分子克隆、PCR、下一代测序技术、引物延伸捕获和芯片杂交捕获等扩增和测序技术的不断涌现，分别引领了古 DNA 研究的三次革命，极大地推动了古 DNA 研究的发展和成熟[2]。近年来，古 DNA 技术已应用到考古学上，为遗址中出土的古代遗骸的个体、家族和族群等的鉴定工作提供了来自遗传学的证据，也为考古研究提供了更多有价值的信息。

隰县瓦窑坡墓地位于隰县县城西北。2005 年，临汾市文物局联合隰县文物局对该墓地进行了发掘，共清理 17 座墓葬，其中 M17、M18、M20、M21、M22、M23、M25、M26、M29、M30、M36 出土了众多精美的青铜器。瓦窑坡墓地这批中高等级墓葬的发现，填补了山西地区在春秋中晚期高等级墓葬的空白。隰县为古蒲邑所在地，是晋国的重要邦邑，研究者推测瓦窑坡墓地的墓主人可能为当地手握大权的地方军事长官及其家族。该墓地以晋文化为主，同时也体现了春秋中晚期晋国与南方楚国、北方戎狄民族等频繁的文化交流。有鉴于此，复旦大学现代人类学教育部重点实验室李辉课题组对瓦窑坡墓地 M22 和 M25 的遗骸开展了本次古 DNA 研究。

二、研究材料

本次研究所用样本分别来源于瓦窑坡墓地 M22 和 M25 墓主的牙齿。样本具体信息见表 1。

表 1 本次研究样本的基本信息

样本编号	墓号	部位	保存状况	性别
B91607	M22	牙齿	中等	男
B91608	M25	牙齿	较好	男

三、实验及分析方法

(1) DNA 提取

本次实验严格按照古 DNA 研究的操作规范[3]对样本进行处理：①去污染预处理；②样品的钻孔取粉；③DNA 抽提采用提取率更高的磁珠吸附法[4]。

(2) 多重 PCR 扩增与测序

针对古代样本中 DNA 高度降解的特点（片段大小 70-150bp），我们采用短扩增子多重 PCR 靶向捕获技术，并参考东亚常见的父系类型自主设计了 485 个 Y-SNP 和 47 个 Y-STR 扩增子。

① Panel 设计

本实验设计的 SNP-panel 覆盖东亚常见父系单倍群类型，如单倍群 O（包含 218 个位点）、N（包含 40 个位点）、Q（包含 39 个位点）和 C（包含 36 个位点）等；STR-panel 包含法医常见的 STR 位点，如 DYS391、DYS392、DYS393 和 DYS439 等。关于所设计位点的详细信息，请参考本实验室已发表文章 Wen et al, J Hum Genet .2019[5].

② 文库构建与测序

基于多重 PCR 的方法[6,7]，本次实验对 485 个 Y-SNP 位点设计多重 PCR 引物并在引物末端连上 Illumina 通用测序接头。先进行多重 PCR 扩增、产物纯化和文库混合，最后，通过 Hiseq X Ten 平台进行高通量测序。

③ 数据分析

对于原始下机数据，首先通过 cutadapt 软件[8]去除接头，并采用 trimmonmatic 软件[9]过滤低质量 reads，然后用 bwa[10]（参数：aln）将过滤后的 reads 与 hg19 参考基因组进行比对。我们采用 bedtools（https://bedtools.readthedocs.io/en/latest/）从上一步的 BAM 文件提取出成功比对到人类全基因组的所有 reads，再将这些 reads 采用 bowtie2 软件[11]和 X、Y 染色体参考序列重新比对，生成新的 BAM。对于第二步的 BAM 文件，我们采用 BAMClipper 软件[12]，根据引物物理位置从 BAM 文件去除引物序列得到最终 BAM 文件。最后，采用 samtools (version 1.8) 和 bcftools (version 1.8) 分别对 Y 染色体目标区域进行变异位点的识别，生成 VCF（Variant Call Format）文件。

（3）线粒体捕获与测序

为了探讨墓主的母系来源，本实验采用液相探针靶向捕获技术，对样本的线粒体基因组进行捕获测序。

① 文库构建

严格按照古 DNA 标准操作流程，并参考文献[13][14]来构建全基因组文库。

② 探针捕获与测序

构建的全基因组文库，在液相状态下与设计的 RNA 探针进行杂交捕获[15][16]。捕获后文库通 Hiseq X Ten 平台进行高通量测序。

③ 数据分析

获取读长为 150bp 的测序数据（fastq），首先通过 cutadapt（v1.8）去除接头序列，并使用 bwa 软件将高质量的片段（reads）与 hg19 参考基因组进行比对。而后，通过 mapDamage2[17]等软件确定 reads 的损伤模式、长度分布等，从而鉴定样本是否为古 DNA 片段。最后，采用 samtools (version 1.8) 和 bcftools (version 1.8) 进行变异位点的识别（VCF）。根据 vcf 变异位点并使用 IGV 软件人工检查判断得到线粒体突变位点注释文件，采用 Haplogrep2[18]软件推断个体的线粒体单倍型。

线粒体污染评估：使用 schmutzi 软件[19]针对线粒体数据进行污染评估，根据古 DNA 特有的损伤模式，结合常见线粒体单倍群数据库比对，得到古 DNA 线粒体的一致性序列和现代人污染比例及污染者可能所属的单倍群信息。

四、实验结果

（1）父系 Y-STR 鉴定结果

对于 47 个 Y-STR 位点，B91607 和 B91608 各检出了 40 和 38 个位点，检出率分别为 85% 和 81%。两个样本的 STR 分型结果见表 2。在两个样本都成功检出

表 2 样本 Y-STR 分型结果

编号	DYS388	DYS391	DYS392	DYS393	DYS434	DYS435	DYS439	DYS443	DYS446	DYS453	DYS454	DYS460	DYS462
B91607	12	6	14	13	9	10?/11	11	15	14	11	12	10	14
B91608	12	6	14	14	-	-	11	15	14	11	12	10	13

编号	DYS472	DYS476	DYS492	DYS502	DYS508	DYS511	DYS512	DYS513	DYS530	DYS531	DYS533	DYS538	DYS541
B91607	8	11	11	8	12?/13	10	9	20	9	11.1?	10	11	16
B91608	8	11	11	8	13	10	9	20	9	11.1?/11	12	11	16

编号	DYS549	DYS556	DYS565	DYS568	DYS570	DYS573	DYS576	DYS578	DYS585	DYS590	DYS613	DYS616	DYS640	DYS641
B91607	12	11	13	11	20	10	19	8	11	9	16	16	11	10
B91608	12	11?/12	13	11	20	10	19	8	11	10	16	16	11	10

的 35 个位点中，只有 4 个位点存在差异，并且位点的差异步数之和仅为 5。这说明 B91607 和 B91608 在父系上存在较近的亲缘关系。

我们挑选法医常用的 17 个 Y-STR 位点，将目标样本的分型结果放入 10 万东亚现代人数据库中进行共享单倍型分析，共挑选出 65 例与目标样本最为接近的个体。之后，我们将 65 个现代人与山西隰县的古代样本进行网络连接分析 (network)。根据网络图我们发现，与隰县样本存在相同 STR 单倍型的为山西汉族、河南汉族、甘肃汉族和南方汉族的个体，说明上述个体与隰县样本的遗传关系最为密切。

（2）父系 Y-SNP 鉴定结果

通过多重 PCR 的方法，我们确定了样本 B91607 和 B91608 的父系遗传类型为 Qα1b-F4759+,Y564-。Y-SNP 的分型结果见表 3。根据 YFull 的 YTree v8.09.00 谱系树（https://www.yfull.com/tree/Q-Y521/），该单倍群的形成时间约为距今 3000 年，最近共祖时间约为距今 2900 年。后者与该墓葬的埋葬时间（春秋中期，距今 2500～2600 年）十分接近。参考 Sun[20] 构建的单倍群 Q-Y560 (Q-F4759 的上游) 的谱系树，我们发现与隰县样本最为接近的均为汉族。除汉族外，属于藏缅语族的纳西族和不丹人与隰县样本的遗传关系也较为密切，分化时间分别为距今 4400 年和 4800 年。此外，Q-F4759 位于单倍群 Qα-M120 的下游，而后者被推测起源于西伯利亚地区，距今 3000～5000 年之间在中国北方和西北地区经历了大规模人口扩张[20]，之后形成了汉族的六大奠基者父系类型之一[21]。

表3 样本Y-SNP分型结果

样本编号	平均深度(×)	平均覆盖度(＞2×)	485 SNPs	Y Haplogroup
B91607	244.52	96%	466	Q-F4759+,Y564-
B91608	200.6	94%	430	Q-F4759+,Y564-

（3）母系线粒体鉴定结果

通过线粒体探针捕获测序技术，我们获得了高质量的线粒体全序数据（见表4）。通过分析已覆盖的线粒体区域，我们成功判定了样本的突变位点信息，并确定了它们分别属于单倍群D5a2a*和F1g1（见表5）。

表4 样本的mt捕获测序结果

样本编号	平均深度(×)	平均覆盖度(＞2×)	污染评估	mt Haplogroup
B91607	313.6	100%	<1%	D5a2a*
B91608	100.89	99.9%	<1%	F1g1

表5 样本的突变位点及单倍群归属

样本编号	突变位点	单倍群
B91607	73G 150T 263G 489C 523d 524d 750G 752T 1107C 2706G 4769G 4883T 5178A 5301G 7028T 7765G 8701G 8860G 9180G 9540C 10397G 10398G 10400T 10873C 11719A 11944C 12026G 12705T 14766T 14783C 15043A 15301A 15326G 16172C 16189C 16223T 16266T 16362C	D5a2a*
B91608	73G 249d 263G 750G 1438G 2389T 2706G 3398C 3621C 3970T 4769G 6392C 6962A 7028T 8701G 8860G 10310A 10609C 11719A 12406A 12882T 13928C 14766T 15317A 15326G 16189C 16304C 16362Y 16519C	F1g1

样本B91607的母系遗传类型为D5a2a*，在中国汉族群体中广泛且低频分布，比如最高分布频率的群体为天津汉族（1.17%），其次为江西汉族（0.8%）和上海汉族（0.64%）[22]。样本B91608的母系遗传类型为F1g1，该类型主要分布在中国

南方汉族[22]和东南亚的苗瑶语[23-24]人群中，除了在泰国北部的苗瑶语人群中有高达57%[24]的占比外，在其他人群的占比均低于2.5%[24]。之后，我们检索已发表的现代人线粒体全序数据（https://www.mitomap.org/cgi-bin/haplo_group），发现和样本B91607最为接近的为一例浙江台州汉族（仅存在一个位点的差异）和一例山西大同汉族（仅存在两个位点的差异），和样本B91608最为接近的为一例浙江汉族（仅存在三个位点的差异）。

五、讨论及展望

通过对隰县古代样本进行Y染色体和线粒体的分析，我们可以得到以下认识：

（1）从父系角度分析，隰县古代样本和现代汉族个体的遗传关系最为密切。

（2）从母系角度分析，隰县古代样本同样和现代汉族个体的遗传关系最为密切。

（3）隰县两个古代样本在父系上存在较近的亲缘关系。

接下来，我们准备从全基因组水平对隰县的所有样本进行研究，试图为解决以下三个问题提供参考。

（1）个体水平：推测墓主人身份

从父系遗传角度，我们可以根据姓氏和Y染色体的对应关系，在10万人数据库中找到与隰县样本Y-SNP类型一致的现代样本。之后，根据这些现代人的姓氏信息和家谱资料，我们可以部分还原隰县样本的姓氏信息。当然，在多数情况下，姓氏和Y染色体之间并不一定有十分严格的对应关系。因此，要推测墓主人身份，我们主要还是在判定年代的基础上，查阅历史资料，并进行严格考证。

（2）家族水平：厘清家族内部间亲缘关系；探讨与其他贵族之间的亲缘关系

隰县墓地共清理出墓葬17座。考古工作者推测，该墓地很有可能为镇守此地的高级军官的家族墓地。因此，我们可以通过对该墓地样本进行全基因组分析，在此基础上厘清家族成员间的亲缘关系。此外，我们可以通过分析隰县样本和同时期其他贵族样本之间是否存在亲缘关系，来研究春秋时期各贵族之间的联姻问题。

（3）群体水平：华夏和戎狄；草原人群融入农耕人群

① 华夏和戎狄

通过对出土铜容器所包含的文化因素进行分析，我们得知该墓地是以晋文化占主导，同时吸收了北方戎狄的文化因素。由于晋国特殊的地理位置，晋人不可避免地会与北方戎狄民族发生交流融合。因此，隰县墓地的人群属于晋国贵族还是当地的戎狄首领，是一个重要的问题。为了帮助解决这个问题，我们可以从全基因组水平比较隰县人群与汉族（可代表华夏）和藏缅/阿尔泰人群（可能跟戎狄有关）之间的遗传距离、遗传成分相似性和继承关系，从遗传学角度对墓主的群体归属进行判定。

② 草原人群融入农耕人群

隰县样本的父系类型为 Qα1b-F4759+,Y564-，其上游类型为 Qα-M120，后者被推测起源于西伯利亚地区，距今 3000～5000 年之间在中国北方和西北地区经历了大规模人口扩张[20]，之后融入了汉族[21]。在现代人群中，Qα-M120 绝大部分分布于中国境内的汉语和藏缅语（如纳西族和哈尼族）人群中，少部分零星分布于新疆的少数民族、内蒙的蒙古族和境外的蒙古族人群中[20]。同时，整理已发表的古 DNA 数据，Qα-M120 在青铜中晚期（距今约 3500～3000 年）蒙古国东部的 Ulaanzuukh 类型墓葬[25-26]中被发现；在铁器时代早期（距今约 3000～2300 年）蒙古国东部的石板墓墓葬[25-26]、山西绛县横北倗国墓地[27-28]和宁夏彭阳王大户墓地[29]密集出现。因此，我们推测 Qα-M120 至少在青铜和铁器时代伴随着草原人群的兴盛，已从北方和西北地区大规模进入中原，之后融入汉族，并形成汉族的六大奠基者父系类型之一[21]。山西隰县的人群很可能也参与了这个草原人群融入农耕人群的过程。

参考文献

[1] Hofreiter M, Serre D, Poinar H N, et al. Ancient DNA. Nat Rev Genet. 2001;2(5):353-9.

[2] Wang CC, Li H. Three Revolutionary Changes in the Development of Ancient DNA Analysis Techniques. Communication on Contemporary Anthropology.2010;16(S):35-42.

[3] Pääbo S, Poinar H, Serre D, et al. Genetic analyses from ancient DNA. Annu Rev Genet. 2004, 38:645-679.

[4] Rohland N, Glocke I, Aximu-Petri A, Meyer M. Extraction of highly degraded DNA from ancient bones, teeth and sediments for high-throughput sequencing. Nat Protoc. 2018, 13(11):2447-2461.

[5] Wen SQ, Bao RY, Zhou BY, et al. China National DNA Martyry: a beacon of hope for the martyrs' coming home. J Hum Genet. 2019 ;64(10):1045-1047.

[6] Zheng Z, Liebers M, Zhelyazkova B, et al. Anchored multiplex PCR for targeted next-generation sequencing[J]. Nature Medicine. 2014; 20(12):1479-1484.

[7] Kim EH, Lee HY, Yang IS, et al. Massively parallel sequencing of 17 commonly used forensic autosomal STRs and amelogenin with small amplicons[J]. Forensic Sci Int Genet. 2016;22:1-7.

[8] Martin M. Cutadapt removes adapter sequences from high-throughput sequencing reads[J]. Embnet Journal. 2011; 17(1).

[9] Bolger A M, Lohse M, Usadel B. Trimmomatic: a flexible trimmer for Illumina sequence data[J]. Bioinformatics. 2014; 30(15):2114-2120.

[10] Li H. and Durbin R. Fast and accurate short read alignment with Burrows-Wheeler Transform. Bioinformatics. 2009; 25:1754-60

[11] Langmead B, Salzberg S. Fast gapped-read alignment with Bowtie 2. Nature Methods. 2012; 9:357-359.

[12] Au C H, Ho D N, Kwong A, et al. BAMClipper: Removing primers from alignments to minimize false-negative mutations in amplicon next-generation sequencing[J]. Scientific Reports. 2017; 7(1).

[13] Rohland N, Harney E, Mallick S, et al. Partial uracil-DNA-glycosylase treatment for screening of ancient DNA. Philos Trans R Soc Lond B Biol Sci. 2015; 370: 20130624.

[14] Meyer M, Kircher M. Illumina sequencing library preparation for highly multiplexed target capture and sequencing. Cold Spring Harb Protoc. 2010; 5.

[15] Fu Q, Meyer M, Gao X, et al. DNA analysis of an early modern human from Tianyuan Cave, China. Proc Natl Acad Sci U S A. 2013; 110(6):2223-7.

[16] Maricic T, Whitten M, Pääbo S. Multiplexed DNA Sequence Capture of Mitochondrial Genomes Using PCR Products. PLoS One. 2010; 5(11):e14004.

[17] Ginolhac A1, Rasmussen M, Gilbert MT, et al. mapDamage: testing for damage patterns in ancient DNA sequences. Bioinformatics. 2011;27(15):2153-5.

[18] Hansi W, Dominic P, Anita K B, et al. HaploGrep 2: mitochondrial haplogroup classification in the era of high-throughput sequencing:[J]. Nucleic Acids Research.2016;44(Web Server issue):W58-W63.

[19] Renaud G, Slon V, Duggan A T, et al. Schmutzi: estimation of contamination and endogenous mitochondrial consensus calling for ancient DNA[J]. Genome Biology.2015;16(1):224.

[20] Sun N, Ma PC, Yan S, et al. Phylogeography of Y-chromosome haplogroup Q1a1a-M120, a paternal lineage connecting populations in Siberia and East Asia. Ann Hum Biol. 2019 ;46(3):261-266.

[21] Wen SQ, Tong XZ, Li H. Y-chromosome-based genetic pattern in East Asia affected by Neolithic transition. Quaternary International. 2016;S1040618215302299.

[22] Li YC, Ye WJ, Jiang CG, et al. River Valleys Shaped the Maternal Genetic Landscape of Han Chinese. Mol Biol Evol. 2019;36(8):1643-1652.

[23] Duong NT, Macholdt E, Ton ND, et al. Complete human mtDNA genome sequences from Vietnam and the phylogeography of Mainland Southeast Asia. Sci Rep. 2018;8(1):11651.

[24] Kutanan W, Shoocongdej R, Srikummool M, et al. Cultural variation impacts paternal and maternal genetic lineages of the Hmong-Mien and Sino-Tibetan groups from Thailand. Eur J Hum Genet. 2020;28(11):1563-1579.

[25] Jeong C, Wang K, Wilkin S, et al. A Dynamic 6,000-Year Genetic History of Eurasia's Eastern Steppe. Cell. 2020;183(4):890-904.

[26] Wang CC, Yeh HY, Popov AN, et al. The Genomic Formation of Human Populations in East Asia. bioRxiv 2020.03.25.004606; doi: https://doi.org/10.1101/2020.03.25.004606.

[27] Zhao YB, Zhang Y, Li HJ, et al. Ancient DNA evidence reveals that the Y chromosome haplogroup Q1a1 admixed into the Han Chinese 3,000 years ago. Am J Hum Biol. 2014;26(6):813-21.

[28] Zhao YB, Zhang Y, Zhang QC, et al. Ancient DNA reveals that the genetic structure of the northern Han Chinese was shaped prior to 3,000 years ago. PLoS One. 2015;10(5):e0125676.

[29] Zhao YB, Li HJ, Cai DW, et al. Ancient DNA from nomads in 2500-year-old archeological sites of Pengyang, China. J Hum Genet. 2010;55(4):215-8.

后 记

《山右吉金：隰县瓦窑坡东周墓地考古发掘报告》是国家文物局"隰县瓦窑坡墓地出土青铜器保护修复""隰县文物旅游局馆藏青铜器、锡器保护修复"项目及国家社会科学基金课题"隰县瓦窑坡墓地田野考古发掘报告"等项目科研成果的集中展现。

瓦窑坡墓地出土青铜器的保护、修复、整理及研究工作历时十余年。这期间，由王晓毅研究馆员组织实施，临汾市文物局、临汾市博物馆、隰县文化和旅游局及山西省考古研究院联合对瓦窑坡墓地出土青铜器进行了全面的保护修复、资料整理及考古研究，现已出版研究性图录2部，完成相关科研课题6项，发表简报论文9篇，硕博论文3篇，培养博士研究生1人、硕士研究生2人、文物修复师10余人。这些科研成果凝聚了科研团队40余人的辛勤劳动和汗水，是大家共同努力的结晶和见证。

田野发掘数据由狄跟飞、王进提供。青铜器文字描述由陈小三、王晓毅、狄跟飞、王进、南普恒、牛玉环、林聪荣、靳健、苗忠煜、秦帅帅等完成。器物绘图由李夏廷、孙先徒完成。器物照相由李建生、厉晋春、程虎伟、陈鑫完成。器物拓片由周瑜完成。青铜器保护修复方案编制由王晓毅、南普恒、王洋、陶彦辰完成。文物修复由南普恒、王洋、田进明、李晋军、程玉龙、周瑜、田伟、王强、郭宇涛、靳健、赵祯、赵研、李少雄完成。三维扫描由高振华、程虎伟、陈鑫、梁孝、屈国庆、屈海泽完成。检测分析由南普恒、罗武干、金普军、凌雪、解晋、王鑫、吴琼、李理等完成。照相、修复、X光拍照及资料整理中王丽萍、杜海龙等做了大量协调和辅助工作。装帧设计和编辑排版中，山右吉金的郭顺、赵雁贤做了大量工作。

本报告各章节编写的执笔人员分别是：第一章、第二章，狄跟飞、陈小三执笔；第三章3.1铜器墓M29、M30，王晓毅、陈小三、狄跟飞、王进执笔。M18、

M20、M21、M22、M36，陈小三、王晓毅、狄跟飞、王进执笔。M17，狄跟飞、王晓毅、王进、陈小三执笔。M23，南普恒、陈小三、王晓毅、狄跟飞、王进执笔。M25、M26，王艳忠、刘文杰、陈小三、狄跟飞、王进执笔；3.2陶器墓M24、M32、M35、M37，王进、陈小三执笔；第四章、第五章，陈小三执笔。王晓毅对全书各章节进行了通稿审定。

付梓在即，谨向为瓦窑坡墓地田野发掘、资料整理、文物修复、检测分析、报告编写及出版提供支持和付出辛劳的专家、同事及朋友表示衷心的感谢和诚挚的敬意。

限于作者水平，报告中难免有不足或错谬之处，恳请广大读者批评指正。

2023年11月

图书在版编目（CIP）数据

山右吉金：隰县瓦窑坡东周墓地考古发掘报告 / 山西省考古研究院，临汾市博物馆，隰县文化和旅游局编著；王晓毅，狄跟飞，王进主编. —太原：山西人民出版社，2024.5
ISBN 978-7-203-13340-7

Ⅰ. ①山… Ⅱ. ①山… ②临… ③隰… ④王… ⑤狄… ⑥王… Ⅲ. ①周墓—墓葬（考古）—发掘报告—隰县 Ⅳ. ①K878.85

中国国家版本馆CIP数据核字（2024）第070920号

山右吉金：隰县瓦窑坡东周墓地考古发掘报告

编著：山西省考古研究院 临汾市博物馆 隰县文化和旅游局
主编：王晓毅 狄跟飞 王 进

责任编辑：刘小玲
复审：李 颖
终审：梁晋华
装帧设计：山右吉金
出版者：山西出版传媒集团·山西人民出版社
    地址：太原市建设南路21号 邮编：030012
    发行营销：0351—4922220 4955996 4956039 4922127（传真）
    天猫官网：https://sxrmcbs.tmall.com 电话：0351—4922159
    E—mail：sxskcb@163.com 发行部 sxskcb@126.com 总编室
    网址：www.sxskcb.com

经销者：山西出版传媒集团·山西人民出版社
承印厂：北京雅昌艺术印刷有限公司
开本：889毫米×1194毫米 1/16
印张：18.125
字数：280千字
版次：2024年5月 第1版
印次：2024年5月 第1次印刷
印数：1—2000册
书号：ISBN 978-7-203-13340-7
定价：580.00元

如有印装质量问题请与本社联系调换